문화정치학 서설

한국 진보정치의 새로운 구상

나남
nanam

홍성민

서울대학교 외교학과 졸업
프랑스 파리 10대학 정치학 박사
한국학중앙연구원 연구교수 역임
현재 동아대학교 정치외교학과 교수

저서
《포스트모던의 국제정치학》, 《문화와 아비투스》,
《피에르 부르디외와 한국사회》, 《정치사상, 정치리더십, 한국정치》,
《지식과 국제정치》, 《문화와 계급》(공저) 등

역서
《권력과 지식》, 《임상의학의 탄생》, 《근대성과 육체의 정치학》 등

나남신서 1396

문화정치학 서설
한국 진보정치의 새로운 구상

2009년 5월 5일 발행
2009년 5월 5일 1쇄

지은이_ 홍성민
발행자_ 趙相浩
발행처_ (주) 나남
주소_ 413-756 경기도 파주시 교하읍
출판도시 518-4
전화_ (031) 955-4600 (代)
FAX_ (031) 955-4555
등록_ 제 1-71호(79.5.12)
홈페이지_ http://www.nanam.net
전자우편_ post@nanam.net

ISBN 978-89-300-8396-6
ISBN 978-89-300-8001-9 (세트)
책값은 뒤표지에 있습니다.

나남신서 · 1396

문화정치학 서설

한국 진보정치의 새로운 구상

홍성민 지음

나남
nanam

Cultural Politics

New Paradigm for Radical Politics in Korea

by

Hong, Seong Min

nanam

— 저자 서문 —

이 책은 지난 10년 동안 다양한 기회를 통해서 필자가 발표했던 글들을 모은 것이다. 그동안 한국사회는 질적으로, 양적으로 크게 변화했고, 필자는 이러한 변화를 이론적으로 설명하고자 했는데, 여기에 모아 놓은 글에 그러한 문제의식이 일부 반영되어 있다.

한국사회의 변화는 외형적으로는 민주화의 목표에 대하여 다시 한 번 숙고하게 만들었고, 사회운동의 차원에서는 진보의 새로운 행보가 무엇인가를 고민하지 않을 수 없게 했다. 그리하여 최근 우리 학계에서도 질적인 민주화가 필요하다는 문제의식이 생겨났다. 그러나 그 의미가 아직 분명하지는 않다. 새로운 시대에 부응하여 정치학의 연구대상도 신속하게 바뀌어야 하지만, 학계의 대응이 그다지 유연해 보이지 않는다. 이러한 맥락에서 보면 이 책은 시대가 요구하는 정치적 전망을 찾으려고 노력했던 정치학자의 작은 몸부림이다.

이를 위해서 필자는 서구의 민주화 모델을 한국사회의 상황에 맞도록 수정하려고 시도했으며, 정치학의 범위를 확장시켜 인접학문과 연계시키려고 노력했다. 또 성급하게 정책대안을 제시하기보다는 현실을 꼼꼼하게 관찰하는 분석적 자세를 잃지 않으려 했으며, 특수한 한국현실의 문제를 보편적인 이론틀 안에서 해결하려는 균형적인 태도를 유지하고자 했다. 그리고 기존 정치학의 흐름에서 보면 새로운 차원의 방법론을 사용하고자 했는데, 필자는 이것을 '문화정치학'이라고 이름 붙이고 싶다.

새로운 방법론이 필요했던 이유는 한국에서 정치권력의 속성이 바뀌고 정치영역이 확대되었기 때문이다. 1987년 이전 체제는 국가권력의 정당성이 문제가 되었던 시기였고, 이때 중요한 과제는 정치권력의 법적 절차를 확보하는 것이었다. 따라서 정치학과 법학은 동전의 양면처럼 권력의 형식성을 강조하였고, 이러한 흐름은 자연스럽게 민주주의 모델들을 연구하는 일에 집중되었다. 그러다가 87년 이후 정치의 영역이 시민사회로 확장되기 시작한다. 1990년대의 10년간은 시민단체의 숫자가 폭발적으로 증가했으며, 이들이 주도적으로 다양한 사회적 쟁점과 해결책을 제시하였다. 그리하여 과거에는 민주화논리에 비추어 주변적인 것으로 간주되었던 쟁점들, 예컨대 환경, 여성, 지역성, 외국인 등이 한국사회에서도 뜨거운 토론의 대상이 된 바 있다. 정치학과 사회학의 동거시대가 열린 것이다.

그런데 필자가 보기에 2000년대에 이르러 다시 한 번 정치영역이 팽창했다. 개인주의의 시대가 도래한 것이다. 특히 2002년 대선은 한국사회에 새로운 정치의 모습이 등장한 결정적인 계기였다. '노사모'의 활동은 그동안 정치학에서 정치주체로 간주했던 계급, 정당, 이익단체들의 범주로는 설명되지 않는 특이한 형태였다. 노사모는 일정한 이념성을 가지고 있으면서도 매우 감성적이었고, 정치적 지향은 분명하지만 계급적 기반을 뛰어 넘고 있어서 전통 정치학의 관점에서는 쉽게 설명할 수 없었다. 특히 이 시기에 두드러지는 특징은 사적 영역에서 시작된 감성이 공적 무대의 정치에 큰 영향을 주기 시작했다는 것이다. 네티즌의 활동은 사적 영역과 공적 영역을 자유분방하게 넘나들면서 여론을 만들었고, 사회운동의 중추역할을 했다. 이러한 현상은 2008년 대선에서도 다시 한 번 확인되었다. 2008년 대선은 진보노선에 절망한 민심이 보수세력에게 표를 준 것이라고 해석할 수도 있다. 그러나 이명박 정권의 도덕적 결점을 꼬집어보면 도대체 유권자들의 표심을 결정하는 것이 이성적인 정책인지, 발전을 기대하는 감성적 폭발인지 구분하기 어렵다.

바로 여기에서 한국정치의 특성을 설명할 수 있는 단초를 찾을 수 있다(적어도 나는 그렇게 생각했다). 다시 말해 보통사람들의 마음이 어떻게 흘러가는지 알아야 새로운 정치의 방향성을 설정할 수 있다고 판단한 것이다. 바야흐로 정치학은 정신분석, 기호학, 언어이론, 감성이론과 접목되어야 한다. 이것은 "정치적인 것"이 형성되는 과정을 파악하는 데 매우 유용하다.

과거 국가와 시민사회의 문제는 이미 주어진 제도의 틀 안에서 사회적 쟁점을 사고하는 과정이었기 때문에, 이 시기에 정치란 국가기구의 정당성이나 시민사회의 경제적 형평성을 따지는 것이 중요한 과제였다. 그러나 2000년대 이후에 한국사회는 인간들 사이에 형성되는 관계들의 총체가 국가권력이나 시민사회의 특징을 결정짓게 되었다. 따라서 이 시기부터 정치란 정형화된 제도나 경제가 아니라 시기에 따라, 사안에 따라 쟁점이 늘 변화하는 과정 그 자체가 된다. 제도중심의 "정치"와 대비하여 이것을 문화중심의 "정치적인 것"이라고 이름붙일 수 있다. 이렇게 되면 한 사회의 특징과 진보의 목표도 형식적 제도에 의해서 결정되는 것이 아니라 인간들의 상호공존관계, 연대의 형식, 감정의 유대방법 등에 따라 달라진다. 그런데 한국에서 정치적 진보는 이 문제를 정확히 인식하지 못했을 뿐만 아니라, 매우 소홀하게 생각해 왔는데, 이것은 진보정치의 태생적 한계 탓이다.

정치적 모순을 내부적 개혁이 아니라 외부적 힘에 의하여 일시에 파괴하고 새로운 사회질서를 추구하려는 것이 정치적 진보의 속성이다. 진보정치는 이러한 모순을 타파할 수 있는 힘을 결집하기 위해서 주도계급을 기반으로 하여 연대한다. 근대정치사상사에서 맑시즘의 사고틀이 전형적인 예가 된다. 맑스는 헤겔의 국가형태를 계급적 기반에서 인식했으며, 시민사회에서 실현되는 질서와 자유가 모두 부르주아의 계급적 이해관계를 관철시키는 도구에 불과하다고 비판한 바 있다. 즉 현대사회의 작동방식은 계급이익을 떠나서 이해될 수 없기 때문에, 정치적 진보의 방향성은 계급이해를 혁신하는 방식에 따라 달라질 수밖에 없다. 이러한 맥락에서 보면 정치적 진보는 계급정치에 바탕하고 있다.

그런데 계급의 성격과 규모가 문제이다. 맑스는 부르주아 사회를 지배하는 지배계급의 특성을 소유권의 관점에서 해석했고, 여기서 자본주의의 근본모순이 발생한다고 보았다. 따라서 이러한 모순을 해결할 수 있는 혁명의 주도계급은 자연스럽게 소유권의 혜택으로부터 배제된 프롤레타리아로 규정된다. 그렇지만 이것은 형식상 자기모순이다. 부르주아의 범주에서 제외된 부분이 프롤레타리아로 구분되므로, 부르주아의 성격과 규모가 정확히 설명되지 않을 뿐만 아니라, 프롤레타리아의 특성도 애매하게 남기 때문이다. 이것이 근대정치사상사에서 계급개념이 갖는 태생적 한계이다. 즉 (생산수단의) 소유 여부가 사회집단을 규정하는 기준이 됨에 따라서 사회집단의 내면적 속성과 편차를 설명할 수 있는 가능성을 스스로가 배제하고 만 것이다. 현대정치에서, 특히 한국 진보정치의 주체를 새롭게 탐색하는 과정에서, 계급정치의 발상은 논의의 시작이자, 곧바로 한계가 되는 이유가 바로 여기에 있다. 따라서 계급개념(진보의 주체)을 근대적 사고라는 보다 넓은 범위에서 비교분석하여, 한계를 발견하고 그 해결책을 찾아야 한다. "주도계층", "역사적 주체", "계급" 따위들은 근대적 발상에서 특별한 사회적 배경을 가지고 태어난 개념이기 때문이다.

이를 위해서는 정치영역에 대한 고정관념에서 벗어나야 한다. 고전적 의미에서 정치란 공적 영역에서 전개되는 권력에 대한 정당화과정이었다. 근세기에 들어와 공적 영역에 경제가 중첩되었지만, 일상생활이나 미학적 취향 따위들은 여전히 공적 영역에 해당하지 않았다. 왜냐하면 공적 영역이란 기본적으로 이성적 인간행동을 전제하는 영역이기 때문이다. 그런데 공적 영역에서 등장하는 개인의 행동에는 감성적 요인이 많이 개입되어 있다. 더 이상 고전적인 분류를 고집할 수 없는 상황이 된 것이다. 서구사회는 1960년대 이후, 한국사회는 1990년대 이후, 이른바 "소비사회"로 진입하면서 개인들의 행동양식이 노동의 범주를 넘어서 사적 영역으로 확대되었고, 이것이 공적 영역의 정치적 가치관에 영향을 주기에 이르렀다. 현대정치에서, 특히 한국정치에서 공적 영역과 사적 영역의 구분이 점차 모호해지고 있고 언어적 표상과 이미지가 큰 역할을 하고 있다.

더구나 진보적 주체를 확인하기 위해서 계량화작업을 시도하는 것 또한 인간의 행위를 일정한 조건으로 환원시키려는 태도이기에 한계가 있다. 계량화될 수 없는 변수가 있다는 사실을 인정하고, 이것을 사상적 직관으로 인지하는 작업이 병행되어야 한다. 예를 들어 과거에 대한 기억, 전통적인 인맥관계, 사회적 공간에서의 자아의식, 미래에 대한 예측 등이 계급정체성을 구성하는 매우 중요한 요인이다. 이것을 수량화하는 것은 사실상 불가능하다. 정지된 시점에서 사회집단의 이념과 성향을 읽어내는 차원을 뛰어넘어 시간의 계열 속에서 끊임없이 움직이고 있는 보통사람들의 가치관과 정서를 읽어내는 것이 진보의 주체를 밝히는 작업에서 매우 시급하다.

따라서 진보의 주체를 계급적 차원에서 고집스럽게 찾을 수는 없다. 아파트의 아줌마, 전업주부, 대형교회의 교인들, 취업준비생 등과 같이 학문적으로는 범주화되기 어려운 집단들이 현실 정치투표에서는 매우 막강한 결집력을 나타낸다. 또 이들은 부동산문제, 교육문제, 북한문제, 사회복지의 확충 등과 같은 제반 사회문제들에서 시기적으로, 지역적으로 각기 다른 반응을 보인다. 이들을 단일한 사회세력으로 파악할 수 없으며, 맥락과 상황에 따라서 달라진다. 그러므로 진보의 주체는 주어진 실체가 아니라, 늘 변화하고 있는 구성의 과정일 뿐이다.

이렇게 보면 학문적인 수준에서 해결해야 할 과제가 분명해진다. 즉, 그들의 정체성이 어떤 과정을 거쳐서 형성되며, 어떤 과정을 거쳐서 그들의 정치적 가치관이 표현되는지 알아야 한다. 이 책에서 필자는 그 과정을 3가지 차원으로 구분해서 생각해 보았다.

첫째는 국제정치적 맥락이다. 한국사회는 국내정치의 역동성이 언제나 국제정치의 권력관계로부터 큰 영향을 받고 있다. 따라서 국제정치를 무시한 국내정치의 연구란 사실상 무의미하다. 모든 한국정치는 곧바로 국제정치라고 말해도 과언이 아니다. 그동안 국제정치의 영향력은 군사력이나 경제적인 변수로 이해되었지만 이 책에서 필자는 문화적 요인이 국내정치에 개입하는 방식에 주목하였다. 그래서 지식과 취향을 중점적인 연구대상으로 설정했던 것이다. 지식은 주로 국가정책과 시민사회 내에서 상징투쟁의 자원이 되며, 취향은 개인의 사생활을 지배하면서 개별적인 정책에 개인들의 정치적 가치관을 형성한다.

두 번째는 국가-시민사회의 차원이다. 국가-시민사회는 정치체제의 정당성을 확보하는 절차이다. 여기에서는 언제나 권력투쟁이 상징적인 형태를 보인다. 그래서 우리는 새로운 정치적 전망을 탐색하면서 서구의 민주화 모델 자체가 서구사회에서 등장한 독특한 상징투쟁의 결과물이었다는 사실을 이해해야 한다. 그런 논리의 연장선에서 보면 한국의 자유주의 성격을 밝히는 작업은 한국사회에서 유통되는 지식의 사회적 성격과 매우 밀접하게 연결되어 있다. 또한 지역주의라는 한국정치의 특성도 이러한 맥락에서 쉽게 이해할 수 있다.

셋째는 시민사회와 개인의 관계이다. 진보진영이 그동안 계급이라는 단위를 바탕으로 한국정치를 이해하려 했다면, 이제는 계급을 보다 유연하게 인식해야 한다. 여기에 아비투스라는 개념이 유용하며 이를 통해서 네티즌의 정치적 역할을 새로운 각도에서 조명해 볼 수 있다.

이러한 맥락에서 보면 어떤 정책이 이념적으로 매우 올바르다고 하여도, 보통사람들의 정서에 맞지 않는다면 새롭게 재고할 수 있어야 한다. 이것이 진보정치의 새로운 특성이 되어야 한다. 다시 말해 옳은 정책과 좋은 정책이 존재할 수 있으며, 이러한 충돌이 현실정치의 관건이라는 사실을 받아들여야 한다. 그동안 진보정치는 보통사람들의 정서를 집중적으로 고려하지 않았으며, 옳은 정책만이 있을 뿐 좋은 정책이 존재한다는 사실조차 인정하지 않았다. 이제는 계급+정체성, 이념+감성, 옳음/그름+좋음/싫음의 융합을 시도하여 정치의 목표와 정책을 모색해야 한다.

그렇다면 다중적 진보주체가 지향하는 사회는 어떤 모습인가? 그것은 반드시 사회민주주의인가? 이 질문에 대한 대답은 우회적으로 찾을 수 있다. 적어도 한국에서 진보정치는 일정한 모델을 설정하고 그 목표를 향해 돌진하는 방식을 지양해야 한다는 것이다. 민주주의 모델을 상정하고 그것이 아니면 이단이고, 비겁한 타협이라고 매도하는 수준에서 벗어나야 한다. 물론 이념적인 수준에서 자유와 평등이 진보의 중요한 가치이며, 이를 실현하기 위한 정책적 대안으로 사회민주주의 모델이나, 복지국가 모델을 제시할 수 있다. 그러나 그 내용과 성격은 시기적으로 달라질 수 있기에 제도의 틀에 갇히지 말아야 한다. 따라서 진보정치는 2차적 연대(사회체제)에서 1차적 연대(감성)로 사회운동의 강조점을 바꾸어야 한다. 형식과 명칭이 중요한 것이 아니라 내용이 어떻게 채워지는가가 중요하다.

세월이 흐르면 정치의 목표가 변화하듯이, 인생의 의미도 나이가 들어감에 따라 조금씩 달라지는 모양이다. 20대 후반, 공부만 할 수 있다면 나의 모든 것을 희생해도 좋다는 마음으로 유학생활을 시작했던 기억이 있다. 그런 서언 탓이었을까? 너무도 가혹한 시련을 견디며 공부해야 했던 30대는 필자에게 고독과 오기의 시기였다. 그러나 세월이 흘러 이제 40대 후반이 된 지금 필자는, 필자의 지식이 이 사회의 개혁에 작은 도움이 되기를 간절히 바라고 있다. 학자로서 매순간 느끼는 능력의 한계가 늘 무겁고, 때로는 인생에 대한 회한도 그만큼 짙게 드리우지만, 아직은 이 땅에 살아남아 공부하고 가르치며, 글을 쓸 수 있다는 것만으로도 감사할 수 있기에, 이제는 우리사회를 위해 작은 봉사를 해야 할 차례가 되었다는 마음으로, 그것이 필자에게 남겨진 마지막 사명이라는 다짐으로 지난 10년을 지내왔다. 그런데 그 비장한 마음에 비해 모아 놓은 글이 이 정도인가! 독자들에게 그저 부끄러울 뿐이다.

더구나 지난 세월, 아이들과 함께 할 시간이 부족해 안타까운 마음이었다. 특히 사춘기를 지나는 딸아이 곁에서 아빠 노릇을 제대로 못해 늘 미안했다. 오늘은 이 책을 들고 딸 유라에게 아빠가 무슨 생각을 했고, 어떤 사회를 꿈꾸며 살아 왔는지 말해 주어야겠다. 그렇게라도 애절했던 아빠의 마음을 용서받아야겠다.

2009년 3월
홍 성 민

나남신서 · 1396

문화정치학 서설

한국 진보정치의 새로운 구상

차 례

제 1 부 국제정치-국내정치

제 2 부 국가-시민사회

제 3 부 시민사회-개인

제 4 부 새로운 대안을 찾아서

서 론

제 1 장 한국의 국가정체성과 문화분석
한국의 문화정치학 서설

한국의 국가정체성과 문화분석

한국의 문화정치학 서설

1. 문제제기

외환위기를 전후로 동북아시아에서 경제발전의 성과와 실패를 논하는 자리가 많았고, 그에 발맞추어 한국의 국가기능과 성격에 대한 논의가 활발하게 전개된 바 있다. 그렇지만 이른바 동아시아 성장론을 둘러싼 논쟁이 어지럽고 혼란스럽게 보일 뿐 현실의 문제를 정확히 인식하는 데 성공한 것으로 보이지 않는다. 예를 들어 동아시아 성장의 예외성을 설명하는 이론틀로서 자유로운 기업활동에 주목하는 시장중심론(Balassa, 1988; World Bank, 1993 참조), 국가의 능동적인 개입과 효과적인 산업정책의 수행을 강조하는 발전국가론(Deyo, 1987; Amsden, 1989; Evans, 1995 참조), 그리고 동아시아 국가의 인종적 특수성 — 근면성, 교육에 대한 투자를 통해서 고급 인적 자원을 키워내는 사회적 분위기 — 등을 강조하는 유교문화론(Rozman, 1992; Tu Wei-Ming, 1992; 김일곤, 1999) 또는 아시아 가치론[1] 따위들이 등장

1 아시아 가치론은 아시아의 경제성장을 근거로 反서구적인 정치저항의 경향을 의미한다.

한 바 있고, 이러한 논쟁들 속에서 한국의 국가 정체성에 대한 다양한 개념규정들이 이루어져 왔다. 그러나 필자의 눈에는 이러한 논쟁이 한국의 현실을 진단하고 처방하는 데 부족했던 것으로 보인다.

그에 대한 다양한 설명이 가능하겠으나(김석근, 1995; 이승환, 1999), 필자는 다음과 같이 그 이유를 정리해 보고자 한다. 첫째, 현실정치의 변화를 설명하는 데 필요한 적절한 방법론적인 고찰이 부족했다. 현실문제를 서술적으로 기술(*description*)하는 정도에서 논쟁이 그치고 말았다는 점이다. 둘째, 사회문제를 분석하고 대처하는 분석의 틀(*paradigm*) 자체가 서양의 시각에서 유래하는 경우가 많아 논의의 적실성이 떨어진다는 것이다.[2] 세 번째 이유는 국가론을 다루는 인접학문의 연결관계가 원활하지 못하여 국가의 정체성이 매우 한정된 분과학문의 영역에서 협소하게 다뤄졌기 때문이다. 다시 말해 종합적으로 이루어져야 할 국가론의 대상과 방법론, 연구주제 등이 각 분과별로 흩어져 있어, 국가의 성격과 기능의 일면만이 강조되었을 뿐이다.[3]

따라서 국가 정체성을 설명하기 위해서는 사회구성체를 바라보는

2 외환위기를 전후로 하여 미국 국제정치학계에서 가장 자주 등장했던 화두가 동북아시아 경제를 '정실경제'(*crony economy*)로 표현하는 개념이었는데, 가히 이러한 담론의 이면에는 동양을 바라보는 서구적 시각의 이념적 지배논리가 담겨 있다고 할 수 있다. 특히 미국식 정치발전론의 영향아래 경제발전이 정치적 민주화를 유도한다는 단순도식이 유행했던 시절이 있는데, 이것은 국가론에서 정치경제적 접근방법을 우선적으로 인정하도록 만들었다는 의심이 간다. 환란위기 이후 한국학계에서 진행된 국가 정체성에 대한 논의 속에는 경제발전을 중심변수로 하고, 국가나 개인의 역할은 부수적인 것으로 간주하는 이론적 악습이 여전히 남아 있는 것으로 보인다.

3 국가의 기원을 다루는 분야는 역사학에서, 대외적으로 표현되는 국가의 이념적 성격은 국제정치학에서, 국가의 계급론적인 성격은 사회학에서 주로 다루어 왔다.

새로운 시각이 필요하다. 필자의 이러한 입장을 설명하기 위해서 잠시 기존의 강단정치학에 대하여 비판해 보도록 하자. 그동안 한국의 강단정치학은 국가의 성격을 설명하기보다는 국가건설의 특성과 유형을 밝혀내는 데 관심을 기울여왔다. 그리고 그 흐름은 크게 보아 다음과 같은 두 가지로 분류된다. 첫째 유형은 민족국가 단위의 자생적 발전경로에 무게중심을 두는 경우이며,[4] 두 번째 유형은 자본주의 세계체제의 구조적 틀 내에서 개별국가의 배치에 관심을 두고 근대국가의 기원을 찾으려는 시도이다.[5] 필자는 근대국가 건설의 기원을 설명하는 이와 같은 유형의 설명틀을 양분하여 전자를 정치적 설명방법, 후자는 경제적 설명방법이라고 부르고자 한다. 전자가 국내 정치의 변수에 관심을 기울인다는 의미에서 내생적 접근법 또는 미시적 접근법이라고 한다면, 후자는 자본주의 전체의 구조를 염두에 두고 있다는 의미에서 외생적 접근법 또는 구조적 접근법이라고 할 수도 있다.[6]

---

4 서유럽의 근대국가 건설에서 대외적인 전쟁이나 자금동원과 관련된 재정적 요인 따위가 결정적 역할을 한 것으로 분석하고 있으며, 이러한 내부적 요인을 통해서 민족주의에 바탕을 둔 근대국가 건설이 개별국가 단위로 이루어졌다는 것이다(Tilly, 1975; Mann, 1986 참조).

5 왈러스타인에 따르면 국가란 자본주의 세계경제의 발전과정에서 파생된 하나의 결과이며 이러한 체계 안에서 개별국가의 자율적인 행위가능성은 줄어들고 일정한 역할에 자동순응할 뿐이다. 예를 들어 중심부-반주변부-주변부의 기능적 분화는 국가의 형성과정뿐만 아니라 정치변동의 동인마저도 노동분업의 구조적 역학과 역사적 변화에 정확히 상응하게 한다(Wallerstein, 1974 참조).

6 물론 국가형성의 기원과 변동을 설명하는 강단정치학의 내용을 이처럼 두 가지 형태로 한정짓는 것은 분명 무리가 있다. 사실 세계체제론의 경우에도 경제적 기능분화와 더불어 정치적 이해관계가 어떻게 국가간의 관계를 새로운 형태로 구성해 내느냐를 따지는 미시적이며 정치적 설명논리가 담겨 있다. 서유럽 근대국가의 기원을 국내정치의 내적 요인에서 찾으려는 이른바 자생론자들에게도 국외정치의 외생변수가 어떻게 국내

필자의 관점에서는 이러한 두 가지 유형이 변증법적으로 통합된 형식으로 이론틀이 정리될 때 비로소 한국을 비롯한 동북아 국가의 정체성이 설명될 수 있다.

여기에는 경제적 발전과정을 이해하기 위해서 국가의 기능을 설명하는 것이 아니라, 국가의 기능적 특성과 사회구성체 안에서의 위상을 먼저 이해하고, 이것이 경제적 변수에 미치는 영향을 설명하는 방식을 도입해야 한다. 또한 시민사회와 조응하는 개인들의 계급적 역할이 분석되어야 한다. 즉 대외적으로 표현되는 하나의 국가 정체성은 권력기구로서의 국가-시장으로 기능하는 시민사회-의사소통의 최소단위인 주체의 형성과정이라는 3가지 축이 맞물려 움직이는 유기체로서 파악될 필요가 있다. 이렇게 보면 기존의 학계에서 언급하는 국가의 성격은 권력기구의 성격에 한정되었던 반면, 이 논문에서 다루는 국가 정체성이란 국가-시민사회-주체라는 3각축의 유기적 구성에 의해서 표현되는 사회구성체의 특성에 해당한다.

이 논문은 이러한 문제의식에서 한국의 국가 정체성을 설명하기 위한 새로운 패러다임을 모색해 보려는 이론적 시도이다. 이를 위해서 우선 분과학문별로 흩어져 축적된 연구성과를 비판적으로 고찰하고, 이를 극복하기 위한 대안을 마련하기 위한 인식틀을 탐색하고자 한다.

정치와 연결되어 있으며, 또한 정치적 변수 이외에 경제적 구조가 어떻게 국가건설의 형태를 바꾸어 놓는가를 질문하는 구조론적인 외생적 접근법에 대한 고려가 살아 있기 때문이다. 예를 들어 페리 앤더슨의 《절대주의 국가의 계보》에서는 로마법의 발견이 중세에서 근대국가로 옮겨가게 되는 중요한 역할을 하게 되었다는 설명이 등장한다. 이것은 앤더슨이 경제적 생산관계를 통해서 근대국가의 건설의 기원을 설명하려는 전체적인 흐름에 비추어 보면 매우 이례적인 분석이며, 이것은 분명 경제적 요인으로 근대국가 건설의 기원을 모두 환원할 수 없음을 보여주는 좋은 보기라고 할 수 있다.

더구나 그동안 국가론의 주제가 국가건설이나 국가의 역할에 한정되어 왔는데, 이에 비추어 보면 국가 정체성이라는 개념은 기존의 학계의 통념으로는 익숙하지 않은 연구대상이라고 할 수 있다.

따라서 국가 정체성이라는 개념이 필요한 이유와 설명방식을 이론화해야만 한다. 그런데 이러한 연구범위와 대상설정은 정치학에 한정되기보다는 사회학이나 철학의 영역을 넘나드는 간학문적 영역(*inter-disciplinary domain*)을 필요로 한다. 필자는 이러한 문제의식을 두고 국가 정체성을 연구하는 학문적 태도를 문화학 연구(*cultural studies*)라고 부르고자 한다.[7]

---

7 물론 지금까지 한국의 사회적 특성을 설명하려는 시도가 없었던 것은 아니다. 1980년대 있었던 "사회구성체논쟁"이 대표적인 경우이며(박현채, 1990; 정성기, 2002 참조), 정치변동의 관점에서 시대별 특징을 설명하려는 이론적 시도도 있었다(조희연, 1998 참조). 그런데 필자의 눈에는 이러한 성과들은 여전히 부분적이다. 사회구성체논쟁이 한국사회의 성격을 역사적이며 거시적인 관점에서 논의했다는 점에서 인정받을 수 있으나 분석적이라기보다는 정치운동을 위한 당위적 성격이 강했던 반면, 정치변동론에 대한 연구가 개념틀을 유지했지만 분석의 수준이 단면적이어서 사회구조의 유기적 연결관계를 밝혀주기에는 부족했다는 것이다.

필자는 한국의 국가 정체성을 논하기 위해서는 '총체적 사회사실'(*le fait social total*)의 관점에서 바라볼 필요가 있다고 강조하고 싶다. 마르셀 모스가 사용한 이 개념은(Mauss, 1950 참조) 독립변수-종속변수의 상관관계를 추적하는 기존의 실증적 사회과학의 방법론적 한계를 넘어서, 일견 관련이 없어 보이는 다양한 요인들이 서로간에 유기적인 관계를 맺고 있으며, 이처럼 실증적인 통계수치로는 포착되지 않는 관계를 찾아내는 것이 사회과학의 임무라는 사실을 강조하고 있다. 이 논문에서 필자의 학문적 태도는 바로 '총체적 사회사실'을 찾으려는 모스의 입장과 맥을 같이하고 있다. 특히 이것은 정치나 경제로 환원할 수 없는 제 3의 요인을 추적하려고 하는데, 이때 제 3의 요인을 종합하여 문화적 현상이라고 이름붙일 수 있을 것 같다. 이러한 맥락에서 — 즉, 방법론의 차원에서, 분석의 대상설정의 차원에서 — 필자는 이 논문의 연구를 문화학 연구의 한

2. 정치경제론에서 문화국가론으로

위에서 제기한 학문적 과제를 염두에 두고 볼 때 국가 정체성을 설명하는 데 동원되었던 강단정치학의 기존 이론들은 다음과 같은 몇 가지 비판을 피할 수 없다.

(1) 국가건설의 요인을 설명하는 기왕의 담론구조는 제도적 차원에서 국가에 접근하고 있는데, 이것을 근본적으로 비판해야만 한다. 예를 들어 왈러스타인은 국가를 자본축적을 가능하게 하는 구성물로 인식한 반면, 틸리는 군사적 조직이나 정치적 조직의 구성물로 국가를 이해하고 있다. 이처럼 국가를 조직이나 법적 구성물로 이해하는 방식은 구조적 차원에서 국가의 형식을 이해하는 강점은 있으나, 행위자(*actor*)로서의 국가의 구체적 행동경로를 설명하지 못하는 한계를 갖는다. 다시 말해 정치적 요인을 강조하건, 경제적 구조를 강조하건 국가의 성격을 일반적인 형식으로 설명하는 방식은 개별국가의 행위가 상황에 따라서 달라지는 특수성과 차별성을 충분히 설명하지 못하는 단점을 갖는다.

(2) 국가를 설명함에 있어 합리적 행위론의 가설에 대하여 진지하게 반성해야만 한다. 위에서 언급한 정치-경제적 접근과 함께 국제정치이론에서 일반적으로 통용되는 이른바 '현실주의적 국제정치론'에 기대어 보면, 국가란 '자국의 이해'(*national interest*)라는 추상적 지표를 근거로 매우 합리적인 결정을 실행하는 의사결정체라고 간주된다. 그러나 실제로 국제관계에서 국가간의 관계는 법적인 주권형식을 넘어서

부분이라고 생각한다.

매우 심각한 종속관계로 이루어지는 것이 보통이다. 이러한 불평등의 관계는 비단 군사적이거나 경제적인 요인에 한정되기보다는 전쟁이나 갈등을 둘러싸고 전개되는 다양한 해석의 가능성을 규정하는 이른바 이념적 투쟁의 양상에서도 그대로 나타난다. 이러한 가치관이나 국제적 관습에 대한 충돌이 국제무대에서는 국가의 행동을 크게 제약하는 요인으로 작동하고 있음을 포착해야 한다.

(3) 국가의 성격을 설명하는 국제정치이론은 국내정치의 계급갈등을 포함하는 부분까지 이론의 지평을 확장시켜야 한다. 국가에 대한 학문적 관심사는 일반정치학이나 사회학, 역사학에서 더 많았고, 따라서 학문적 성과 또한 국제정치학 분야에서보다 더 많이 축적되어 온 것이 사실이다. 그런데 아이러니하게도 그동안 미국식 국제정치학은 국가를 중심적 분석단위로 설정하면서도 국가의 성격을 논하는 국내정치적 요인은 상대적으로 소홀하게 다룬 면이 없지 않다.[8] 오히려 사회학 분야에서 1980년대 한국 학계에 회자되었던 '관료적 권위주의 모델'이 국가 외부의 자본경쟁이 국내정치에서 계급관계의 갈등을 초래하는 방식과 그에 따른 국가 정체성의 변화과정을 설명한 바 있다. 그런데 사회학이나 역사학에서 축적된 국가이론에 대한 성과를 살펴보면 국제무대에서 활동하는 국가의 성격을 이해하기 위해서는 국내정치 안에서 전개되는 계급갈등에 대한 이해가 필수적이라는 사실을 알 수 있다.[9]

---

8 물론 연계이론(*linkage*)이라는 이름하에 국제-국내의 요인을 상관성을 지적하는 이론적 흐름이 없었던 것은 아니나, 그 분석의 수준이 실로 수사적 레토릭(*Rhetoric*)을 넘어서지 못한 것이어서, 과연 국제-국내의 연계라는 의미가 무엇인지 제대로 밝혀진 바가 없다.

9 이것을 방법론의 차원에서 다시 설명한다면 다음과 같다. 국가건설의 기원을 미시적인 정치요인으로 설명하는 방식과 경제적 구조요인으로 설명하는 방식은 이분법적 한계를 넘어서야 한다. 즉 미시-거시의 연계를 통

(4) 국가를 형식적 제도나 법률적 표현양식으로 이해하기보다는 사회적 권력의 그물망으로 이해하는 새로운 시각이 필요하다. 국가란 국가권력-시민사회-주체라는 3각축의 장(*champ*)으로 이해될 수 있으며, 각각의 관계는 서로 다른 논리에 의해서 유기적으로 연결되고 있는 것이다. 예를 들어 국가권력-시민사회를 이어주는 힘의 논리는 상동(*homologie*)적 관계로 표현될 수 있는 반면, 시민사회-주체를 연결해주는 과정은 아비투스(*Habitus*)의 논리에 의해서 지배되는 것이다.[10] 그런데 이러한 3각축은 국내정치의 권력배분 논리뿐만 아니라 국제정치로부터 유입되는 서로 다른 힘의 논리, 예를 들어 정치-경제-문화의 영향력에 크게 좌우된다. 그런데 정치-경제의 논리는 보다 가시적으로 거시적인 차원에서 강제되는 경우가 보통이어서 분석자의 시각에 보다 선명하게 포착되는 반면, 문화적 영향력은 매우 미시적이고 비가시적인 경우가 많아 그동안 분석의 중심에서 제외되어 왔다. 한국에서의 문화학 연구가 주목해야 할 부분이 바로 이 대목이다.[11]

한 국가건설의 설명방식이 (국제)정치영역에도 동원되어야 한다는 것이다. 이것은 3항에서 언급한 국내정치-국제정치의 연계를 세련화시키는 문제와도 밀접하게 관련된다. 동아시아의 경제를 이끌었던 요인으로 강조된 바 있는 '발전국가론'의 예를 두고 본다면, 국가의 강제적인 발전정책이 국가의 성장요인으로 가능하기 위해서는 우선 세계자본축적의 논리에서 차지하는 경제적 배치의 문제를 고려하지 않을 수 없다. 나아가 개별국가들이 시민사회에서 맺는 관계, 관료들의 충원 방식, 또한 국가의 정책을 국민들에게 설득시킬 수 있는 문화적 환경 따위가 반드시 고려되어야 한다. 다시 말해 성장의 동력을 끌어내기 위해서는 국내정치의 계급갈등을 완화하고, 하나의 목표지점으로 끌어갈 수 있는 국가의 능력이 필요한데, 이것은 지금까지 (국제)정치의 이론에서는 사각지대로 남아 있다.

10 상동(*homologie*)적 관계와 아비투스(*Habitus*)는 피에르 부르디외(Pierre Bourdieu)의 개념을 빌려다 쓴 것이다. 자세한 것은 뒤에서 설명하기로 한다.

(5) 문화적 영향력은 일반적으로 미시적이며 비가시적이기 때문에 국가 정체성을 연구하는 과정에서 세심한 모델화 작업이 요구된다. 국제정치의 권력적 요소가 국내정치로 유입되는 과정은 크게 보아 두 가지로 나뉠 수 있다. 하나는 언어적 영향력이며, 다른 하나는 취향을 통한 영향력이다. 전자가 주로 국가권력-시민사회의 작동과정에 크게 관여한다면, 후자는 시민사회-주체의 연결관계에서 주로 개인적인 취향에 영향을 준다. 따라서 이 두 가지 요인이 서로 변증법적으로 고려되어야 한다. 언어를 매개로 한 상동적 관계를 통해서 이루어진 국가 정체성의 변화과정은 후일 시민사회와 개인취향의 아비투스적 관계를 통해서 보완되어야만 한다.

11 그러나 한국과 같이 국제정치의 영향력이 매우 강하게 작동하는 경우에 국내정치의 권력배분의 논리와 국가권력-시민사회-주체의 3각축의 연결관계를 결정하는 힘의 논리는 상당부분 외부적인 결정력과 밀접하게 연결되어 나타난다. 따라서 국가를 국가권력-시민사회-주체의 3각축을 이어주는 총체적 표현물로 이해하는 경우, 한국이 국제정치로부터 영향 받는 정치-경제-문화적 요인의 영향력이 매우 섬세하게 분석되어야만 한다.

3. 새로운 모델의 탐색: 문화국가론의 기초

위에서 제기된 문제의식을 토대로 (국제)정치이론분야에서 새로운 국가론을 구축하기 위해서 다음과 같은 과제가 해결되어야 한다. ① 국제정치-국가의 연결관계를 설명하기 위한 이론적 탐색과정이다. 이것은 주로 국제정치의 영역에서 다루어오던 국제적 외생변수가 문화적으로 어떤 경로를 통해서 국내로 유입되고 영향을 주는가를 설명하는 과제이다. ② 국가-시민사회의 연결관계를 설명하는 과정이다. 여기서는 국가의 기능과 역할이 시민사회에 어떤 방법으로 영향을 주며, 또 반대로 시민사회에서의 세력관계가 국가에 어떻게 영향을 주는가를 탐색해야 한다. ③ 시민사회-주체의 축으로서 개인화 과정의 변화과정을 추적하는 부분이다. 여기서는 개인들의 정체성이 사적 영역과 공적 영역의 상호연관성 속에서 형성되는 특수한 과정을 밝혀내는 것이 관건이다. 이러한 연구대상을 그림으로 표현하면 〈그림 1-1〉과 같다.

〈그림 1-1〉 문화학 연구의 대상

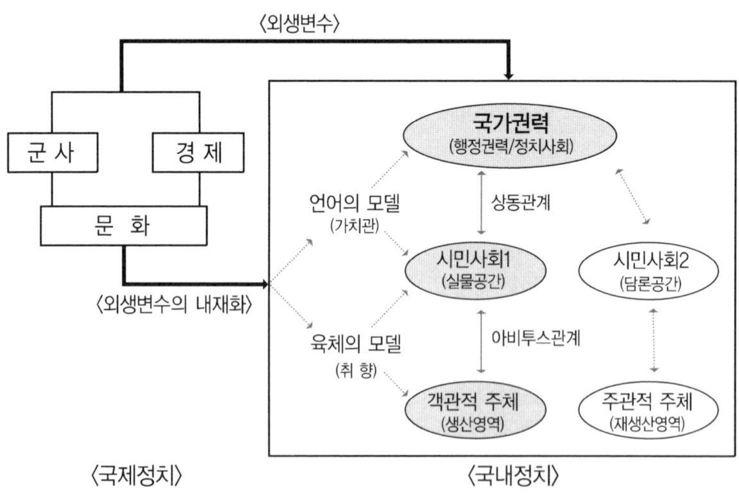

1) 국제정치-국가: 국제정치에서 문화의 의미

그동안 학계의 연구동향을 살펴보면, 국가형성과 관련하여 군사나 경제적 영향력이 제3세계의 국가건설에 미치는 영향을 분석하는 이른바 제도분석이 주요한 흐름이었다.[12] 그러나 오늘날 국제정치의 흐름을 살펴보면, 이와 같은 외생적 변수가 국내정치에 미치는 영향보다는 비가시적인 요인—문화적 요인—의 영향력이 점차 커지고 있다는 것을 알 수 있다. 예를 들어 지식을 기반으로 하는 표상작용이나 문화콘텐츠에 의한 소비취향의 영향력 따위가 대표적이다. 따라서 보이지 않는 영향력을 분석하기 위해서는 기존의 제도연구와는 다른 차원의 분석모델이 수립되어야 한다. 필자는 바로 이와 같이 외부로부터 유입되는 비가시적인 문화요인들이 국내정치로 유입되는 과정을 **외생변수의 내재화**라고 부르고자 한다. 이때 중요한 사실은 문화적 유입과정이 군사나 경제적 요인 못지않게 불평등을 강제하는 성격을 갖고 있음에도 불구하고, 분석자의 시각에서 이러한 부분들이 쉽게 포착되지 않는다는 것이다.[13]

---

12 이에 대한 전반적인 이론적 흐름을 정리한 글로 이성형(2004)과 서경교·김웅진(2001)을 참조.

13 히라노 겐이치로가 자신의 저서 《국제문화론》(겐이치로, 2004)에서 정의내린 문화의 개념범주가 바로 이러한 예에 해당한다. **국제관계를 보는 데 필요한 문화의 접근방법**이라는 항목에서 문화를 '생활양식의 체계'라고 개념정의하고, 국제정치 또한 문화적인 관계라고 규정한다(41쪽). 근대국가가 극히 문화적인 단위이며 이러한 문화적 배경을 기초로 유럽식 국제관계가 성립되었고, 이것이 오늘날과 같이 세계적인 차원으로 확산되었다고 해석한다. 그러나 이러한 입장은 문화인류학적 관점을 넘어서지 못하고 있다. 그가 적극적으로 불평등한 국제정치의 현실을 이해했다면 국제적 수준에서 전개되는 경제적 착취가 문화적 지배의 논리에 근거하고 있다는 점을 보다 면밀하게 분석해야만 했을 것이다.

이러한 의미에서 세계정치를 문화적 단위로 파악하면서도 국제관계의 불평등성을 적극적으로 강조하고 있는 메이어의 논문(Meyer, 1999)에 관심을 가질 만하다. 그의 분석에 따르면 국제정치에 규범을 강제할 수 있는 중심국가가 없음에도 불구하고 국제무대에서 민족국가 간에 일정한 규칙이 존재한다는 사실은 정당성을 뒷받침하는 문화적 가치체계가 세계정치 안에 이미 정착되어 있음을 의미한다. 이러한 관점에서 보면 근대 세계정치체계는 민족국가라는 자유로운 행위자들의 모임이 아니다. 다만 권위적 가치에 근거하는 협정과 동맹 그리고 선언에 기초한 문화적 단위이다. 이러한 맥락에서 오늘날과 같은 미국식 헤게모니가 국제정치를 장악하기 이전에 형성된 문화적 가치체계의 단위라고 할 수 있다.

예를 들어 학문적 수준에서 국제정치를 인식하는 담론으로부터, 법적이고 제도적인 가치를 형성하는 국가간의 담론들, 국가간의 동맹을 인정하고 약속을 준수하도록 강제하는 규범적 선언서들이 모여 근대 세계정치의 단위와 체계를 이루어 냈다. 그리고 이러한 선언서와 학문적 담론을 기초로 하여 오늘날 근대국가의 민족적 주권이 인정되고 있을 뿐만 아니라, 국제기구나 초국가적 단체들이 집단적 선의를 위해서 활동하고 있는 것이다. 이러한 맥락에서 보면 우리는 전문가들의 담론 속에서 세계정치를 경험하고 있는 것이다.

그런데 메이어의 시각에는 다음과 같은 문제가 있다. 국제정치에서 이루어지는 정치/경제의 질서가 나/타자 사이에 쌍무적으로 합의된 문화적 가치체계에 의존한다고 가정할 때, 마치 나/타자의 구분이 매우 평등한 것처럼 보인다. 그러나 실제 국제정치에서는 두 국가 간의 쌍무적 계약관계(동맹, 협정, 선언서 등)나 초국가기구가 주도하는 다양한 정치질서의 형태(UN, IMF, WTO 등)가 중립적이거나 형식적 법률의 차원에 머물고 있는 경우는 거의 없다. 오히려 국제정치의 문화적 가치체계와 규범적 질서는 군사와 정치, 경제력의 차이에 기반하고 있는 불평등 국제관계가 그대로 반영된다. 따라서 형식적으로는 법적 중립성을 표방하는 경우에도 그 이면에는 매우 심각한 이념적 왜곡이 존재하는 경우가 대부분이다. 또 그렇게 근대국가의 형성이 강제된 이후에 국내정치에서 다양한 사회문제가 제기되고 있음에도 불구하고, 강대국 중심의 국가/경제 모델에 대한 신중한 반성이 있는 것이 아니라 그것이 재생산되는 현상에 대한 연구가 필요하다.

이러한 맥락에서 필자는 국제정치에서 문화의 위치를 다음과 같이 정의하고자 한다.

> 국제정치에서 문화란 개별국가의 정치사회를 지배하고, 시민사회의 생활세계를 디자인하는 방식으로서 이것은 세계정치 무대에서 발생하는 전문가들의 담론을 기반으로 출발하지만, 그 쌍무적 계약이라는 형식적 외양에도 불구하고 매우 불평등한 관계를 지속적으로 만들어 내는 이른바 상징적 지배의 형태를 띤다.

특히 한국의 경우 국가의 속성이나 기능을 설명할 때 국제관계에서 비롯되는 문화적 영향력이 매우 크다고 할 수 있는데, 특히 상징적 지배의 효과를 분석하는 것이 매우 시급한 과제라고 하겠다.

상징적 지배를 연구하기 위한 분석의 대상으로 필자는 두 가지 영역을 제안하고자 한다. 하나는 지식의 이전과 관련된 분야이고, 둘은 소비취향의 국제적 전파와 관련된다.

첫째, 한국의 국가성격을 논하는 자리에서 학문의 종속과 국가형성의 상관관계를 밝히는 것이 가능해 보인다. 예를 들어 1950년대 이승만 정권 당시의 미국 원조를 기반으로 한 국가건설의 시기, 60년대와 70년대의 박정희의 근대화론을 기반으로 한 경제개발론의 시기, 80년대 이후 현재에 이르는 신자유주의론의 시기에 어떠한 사상적 배경을 가진 사람들이 정권을 잡았고, 그들 아래서 관료로 충원된 사람들의 학문적 기반이 무엇이며, 그들에 의해서 추진되었던 구체적인 발전정책들과 시민사회에 유포되었던 홍보전략들을 심층적으로 추적해 보면, 한국의 국가 정체성의 변형을 가져온 근본적인 동력을 알 수 있게 될 것이다. 특히 1980년대 이후 민주주의와 시장경제의 규범이 범세계적으로 확산되고 있으며, 이러한 규범들은 선진 제국의 정부들과 국제기구 및 학술단체 등에 의해 보편적으로 수용될 수 있는 것으로 천명되고 있다. 따라서 이러한 국제적 규범들을 보편적인 것으로 간주하게 만드는 국제정치적 요인은 무엇인지, 국내정치의 수용과정은 어떠했는지를 추적해 보는 것이 매우 시의적절하다고 하겠다.[14]

두 번째는 소비취향을 통해서 전개되는 국제적 라이프스타일의 전파가 국내정치에 주는 영향을 분석하는 작업이다. 지식의 전파가 대학

14 지식이전에 관련하여 1990년대 미국국제정치학회에서는 국제지형에서 순환되는 지식이 외교정책이나 경제정책에 어떠한 영향을 주는가를 연구한 저서들이 출간된 바 있다(Goldstein and Keohane, 1993). 그런데 이러한 연구들은 정치적 아이디어를 외교정책에 인과론적으로 연결시킴으로써 아이디어가 외교정책이나 국가행위에 미치는 영향의 정도를 발견하려고 시도했다. 이것은 물질적 이익에 기초한 효용을 극대화하려는 합리적 행위자의 가정에 기반하고 있던 현실주의 패러다임에 커다란 변화를 주었다. 그러나 미국주도의 지식이나 아이디어가 제3세계에 수입되는 과정이 면밀하게 연구되지 않았다는 한계를 갖는다. 더구나 국제무대에서 강요되는 보편적 규범이 경제발전, 민주주의, 인권 등과 같은 개념적 보편성을 띠고 등장하지만, 제3세계에 이러한 규범이 적용될 때 현실적으로는 이른바 상징적 폭력의 효과를 동반한다는 점과, 이것이 국가권력기구의 변화를 수반하고, 궁극적으로는 국가 정체성에 영향을 준다는 사실까지 포착되지는 못했다. 따라서 이러한 한계를 극복하고, 국제무대에서 강조되는 보편적 규범이 제3세계로 전파되는 과정에서 발생하는 정치적 효과에 주목하는 것이 이 연구가 해결해야 할 주요한 과제 중의 하나이다. 이러한 문제의식을 가지고 남미의 국가발전과 국가 정체성의 변화를 연구한 선구적 작업으로는 Dezalay(1992, 1993b, 2000, 2004)의 작업을 꼽을 수 있다.

이나 연구소와 같은 제도나 기관을 통해서 이루어진다고 한다면, 국제적 라이프스타일의 변화는 개인들의 사생활을 통해서 이루어지는 것이 보통이다.[15] 사실 그동안 (국제)정치학의 영역에서 사적 영역에서의 소비취향은 분석의 대상에서 배제되어 왔던 것이 사실이다.[16] 그러나 바버의 《지하드 대 맥월드》(Benjamin R. Barber, 2003)라는 책의 제목이 암시하듯이, 세계적인 규모로 확산되는 미국식 음식문화가 개인들의 사적 취향을 지배하고, 이것은 다시 공적 영역의 정치적 가치관에 큰 영향을 주고 있다는 점을 간과해서는 안 된다. 따라서 사적/공

15 예를 들어 영화나, 오락게임, 음악과 같은 문화산업의 소프트 프로그램이 중요한 영향을 미치는 매체이며, 이와 더불어 외국의 패스트 푸드점의 확산이 진전됨에 따라 개인들의 소비취향이 점차 서구화되어 가는 점이 연구의 대상으로 강조되어야 한다.

16 최근 미국을 중심으로 문화를 중심으로 한 국제정치 역학을 설명하려는 시도가 생기고 있다. 그러나 이것은 라이프스타일에 대한 연구라기보다는 문화산업에 초점이 맞추어진 것으로 정치경제론의 변형이라고 할 수 있다. 대표적인 예가 바로 실리우드(Siliwood)에 대한 연구이다. 실리우드는 지난 한 세기 동안 글로벌 영화산업의 종주로 군림해왔던 할리우드(Hollywood)의 스튜디오들이, 정보화시대를 맞이하여 첨단 IT분야 실리콘밸리(Silicon Valley)의 기업들과 제휴하는 현상을 지칭한다. 실리우드는 정보화시대의 새로운 영화산업 패러다임의 부상을 지칭하는 동시에 할리우드와 군산복합체의 결합과정에서 드러난 미국의 기술혁신모델을 엿보게 한다. 또한 실리우드는 정보화시대를 맞이하여 확대 재생산되고 있는 미국 세계패권의 문화적 측면을 반영하며, 더 나아가 새로운 권력개념을 바탕으로 부상하는 21세기 문화제국의 정치질서를 극명하게 대변한다(김상배, 2006 참조). 그러나 필자가 보기에 실리우드의 개념은 이처럼 문화산업의 영향력이 한국과 제3세계의 시민사회와 개인의 일상생활에 미치는 영향력을 분석하는 데 한계를 갖는다. 이러한 한계를 극복하기 위해서는 개인들의 생활취향과 육체의 관리가 세계적으로 확산되어 하나의 소비망으로 구축되어 가는 현상을 미시적으로 분석할 필요가 있다. 이 점에 대해서는 Bayart(2004) 참조.

적 영역의 분리를 극복하고 이 두 영역의 상호관계를 파악하는 것이 시급한 연구의 과제라고 하겠다.

2) 국가 - 시민사회: 상동적 관계

일찍이 국가-시민사회의 관계에 주목했던 분야는 한국정치학의 민주화론이다. 1980년대 후반을 기점으로 시민사회론이 유행하면서 한국의 학계에서는 국가와 시민사회의 관계를 설명하려는 다양한 이론적 시도가 있었고, 이를 기반으로 민주화의 가능성을 새롭게 모색해 보기도 했다. 이러한 이론적 관심사는 1990년대에 현실 사회운동의 차원에 그대로 반영되어 문자 그대로 시민사회론의 전성기를 맞이하기에 이르렀다. 그러나 10년 넘게 시민사회론의 활동과 사회운동이 한국사회 변혁의 중심축으로 자리잡아 왔으나, 그 성과와 한계를 지적함에 있어 시민사회론에 대한 기대가 처음과 같지 않음을 인정하지 않을 수 없다.[17]

따라서 국가-시민사회의 관계설정을 근본적으로 재점검해 볼 필요가 있다.[18] 이러한 맥락에서 적어도 국가는 권위주의적 권력기구이고, 시

---

17 최장집이 잘 지적하듯이, 권위주의적 속성이 강한 한국의 사회에서 시민사회란 국가권력이 깊숙이 작동하는 영역이며, 이것은 서구와는 달리 자율적인 공론장이 작동하기 어려운 태생적 한계를 갖는다. 즉, 한국의 시민사회는 권위주의 국가에 대항하는 반항적 조직으로서 시작되는 경우가 대부분이며, 따라서 시민사회의 의사결정구조가 정치사회로 진입하는 데 여러 가지 장애요소가 많았던 것이 사실이다. 최장집은 그 대표적 사례로 집권엘리트와 관료들의 보수주의적 성향을 지적하고 있으며, 민주화 이후의 시기에는 시민사회에서 언론의 영향력이 크게 작동하고 있다는 점을 강조하고 있다(최장집, 2002: 190~193).

18 이미 손호철이 국가-시민사회의 세력관계를 설정함에 있어 다양한 이론적 변형과 그에 따른 공과를 정확히 평가내린 바 있다(손호철, 1995 참

민사회는 여기에 대항하는 민주진영의 세력이라고 생각하는 이분법적 사고를 탈피해야 한다. 이러한 문제의식에서 국가권력과 시민사회의 중간영역으로 정치사회의 영역을 제안한 모델은 여전히 설득력을 갖는다(최장집, 1993, 3부 3장 참조). 그러나 오늘날 한국정치구도를 놓고 볼 때, 행정부와 정치사회 간의 정치적 성향이 점차 달라지고 있음을 인정하지 않을 수 없다. 따라서 이제 국가-시민사회의 관계를 설정하기 위해서는 과거와 같은 영역구분에 머물기보다는 각각의 영역이 갖는 내적 연관성(지배의 투영관계)을 포착해 내야만 한다. 여기서 한국에서 국가-시민사회의 관계를 특수하게 규정하는 특징들을 몇 가지로 정리해 보자(다음의 설명을 그림으로 표현해 보면 〈그림 1-2〉와 같다).

첫째, 시민사회 안에서 전개되는 정치적 역량의 차이가 정치사회에도 상당부분 반영되고 있다. 밥 제솝이 이미 언급한 대로(제솝, 2000, 9장 참조), 국가란 시민사회의 힘의 관계를 반영하는 것인데, 여기서 학문적으로 해결해야 할 과제는 시민사회 안에 존재하는 사회세력 사이에 걸쳐 드러나는 경제적 힘의 차이가 어떻게 정치권에 반영되는가를 찾는 것이다. 이를 해결하기 위해서는 국가권력의 영역을 행정권력(행정부의 영역)과 정치사회(정당정치의 영역)로 구분하는 것이 유용하며, 두 영역의 구성과정이 동일하지 않다는 점을 인식하는 것이 필요하다.

조). 그러나 논점이 국가와 시민사회의 영역구분에 머물고 있었다는 비판이 가능해 보인다. 예를 들어 손호철은 시민사회와 국가의 경계를 어떻게 구분하는 것이 설명력이 있는가에 주목했다. 그래서 "시민사회는 국가를 뺀 모든 것이라고 볼 것인가"라는 논의로부터, "국가-시민사회-토대", "국가-정치사회-시민사회"와 같은 기능적 분류에 강조를 두어 설명력이 높은 분석틀을 찾는데 주력했던 것으로 보인다. 그러나 현 정세에서 필요한 것은 각 영역의 상호관계를 규정하는 내적 메커니즘을 밝히는 일이다.

〈그림 1-2〉 국가-시민사회

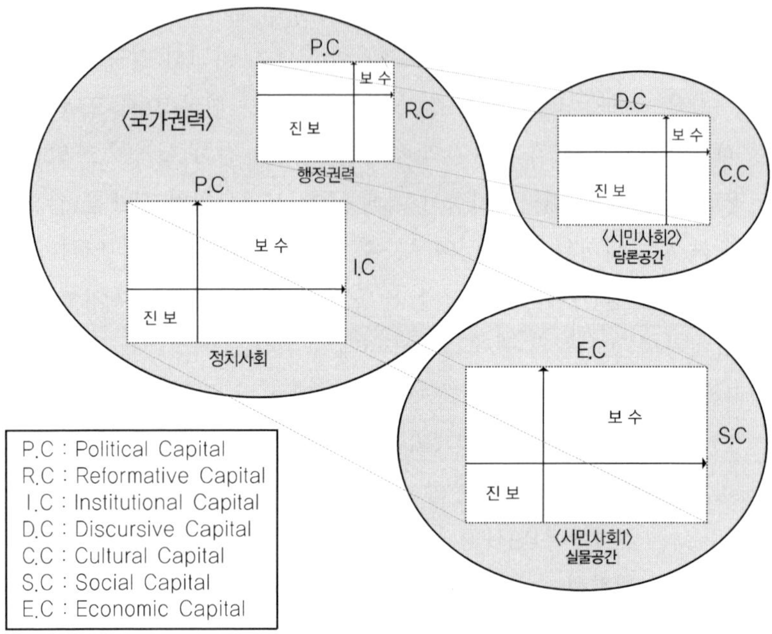

둘째, 시민사회에서 사회적 세력의 차이는 경제적 생산관계에서 유래하며 이것이 계급적 격차를 반영하고 있다. 그렇지만 정치적 이슈를 인식하고 표현하는 이른바 상징적 역량의 차이는 경제적 역학관계로 환원될 수 없다. 다시 말해 계급관계에 근거해서 시민사회에서 전개되는 이해관계의 갈등을 설명하는 것은 일정한 한계를 갖는다. 따라서 시민사회의 새로운 모습으로 담론공간을 상정해 볼 수 있다.

이 공간은 시민사회의 경제적(*economic capital*) + 사회적(*social capital*) 지배관계의 반영으로 생각해 볼 수 있으나, 그렇다고 실물공간의 복사물은 아니다. 담론공간은 담론적 자본(*discursive capital*) + 문화적 자본(*cultural capital*)이 규정하는 공간으로서, 이곳은 자본의 힘이 완전히 장악할 수 없는 비물질적 영역이다. 이렇게 보면 시민사회는 실물공간

(시민사회 1) + 담론공간(시민사회 2)으로 나누어 생각해 볼 수 있다. 여기서 상징적 역량의 차이란 정치적 담론을 만들어 내고 유통시킴으로써 정치적으로 개인들을 포섭하는 문화적 지배의 차원을 포함한다. 한국사회에서 실물공간의 갈등이 자본/노동의 대립으로 형성되며 이것이 한국의 제도권 정치를 만들어 내는 주요모순이라고 할 수 있다. 한편, 담론공간은 상징형태의 이해관계가 대립하는 담론투쟁의 장으로서 경제적 주요모순이 다양한 형태로 모습이 바뀌어 간다.[19]

셋째, 담론공간에서 전개되는 문화적 차원의 지배논리를 이해하기 위해서 시민사회의 경제적 세력관계가 일정한 전이과정(*transposition*)을 거친다는 사실을 인식해야 한다. 그동안 국가-시민사회론이 간과했던 부분이 이 부분이다. 국가-시민사회의 관계설정은 상당부분 맑스의 토대와 상부구조의 메타포로부터 연유하거나 이를 변형한 경우가 많은데, 이런 식으로 정치를 인식하게 되면 정치적 이슈에 따라서 달라지는 정치행위자들의 전략적 입장의 차이를 충분히 설명할 수 없게

---

19 현 정세에서 경제적 층위에서 나타나는 계급간의 대립은 신자유주의를 둘러싼 자본/노동의 충돌이겠지만, 이것이 담론공간에서는 다른 형태로 전이(*transposition*)되는 경우를 종종 보게 된다. 예컨대 동북아의 평화안정을 정착시키기 위한 국가발전전략이나 남북간의 핵문제 따위들이 실물적 이해관계의 충돌과 직접적으로 관계되지는 않지만, 담론공간에서 이러한 쟁점들이 경제적 대리관계를 전이시켜 정치권의 투쟁구도를 바꾸어 놓는 일이 종종 있다. 사실 지역주의나 님비(NIMBY)현상의 이면에도 이러한 상징적 전이의 효과가 스며있다고 할 수 있다. 즉 전통적인 정치학에서는 개인들의 정치적 가치관이 형성되고 표현되는 심층에 시민사회 안에서 전개되는 경제적 이해관계를 위치시키는 것이 통례였으나, 사회심리학적 차원에서 보면 가치관의 형성과 정치적 실천의 차원이 반드시 물질적 이해관계로 환원될 수는 없다. 오히려 여기에는 매우 정교한 담론적(상징적) 이해관계의 수준이 개입하고 있다. 이것이 개인적으로 필자가 생각하는 오늘날 한국사회의 정치적 특징 중의 하나이다.

된다. 따라서 정치를 시민사회 안에서 활동하는 개인들의 이해관계(*interests*)를 표상하고, 인식하고, 관철하려는 과정으로 이해하는 자세가 필요하다. 그런데 개인들이 자신의 이해관계를 인식하는 계기에는 지식의 표상적(*representative*) 강제논리가 작동한다는 사실에 주목해야 한다. 즉 개별정치행위자들은 자신들의 계급적 이해관계를 자각하기보다는 정당정치의 강령이나, 언론의 기사, 방송의 토론들을 통해서 정치적 표상을 주입받게 되는 것이 보통이다. 이때 정치적으로 담론과 이미지를 만들어 내는 전문가들과 이것을 수용하는 개별행위자들의 관계는 결코 중립적이거나 동등한 관계가 될 수 없다. 즉, 정치적 동원의 차원에서뿐만 아니라 담론을 발설하는 사람들의 사회적 위치에 따라 동일한 내용의 담론도 서로 다른 무게를 지니게 된다.

넷째, 시민사회의 경제적 대립관계가 국가권력에 반영되는 차원(정당정치, 입법부)과 담론공간의 투쟁과정이 국가권력에 반영되는 차원(행정권력)이 반드시 일치하지도 않는다. 따라서 시민사회의 영역을 실물영역과 담론공간으로 나눈 것처럼, 이에 대응하는 국가권력도 정치사회와 행정권력으로 구분해 볼 수 있다. 적어도 한국의 정치구도에서 행정권력은 정치적 동원능력과 개혁적 동원능력에서 일정한 세력관계가 형성된다고 말할 수 있다. 그런데 행정권력과 정치사회의 정치구도는 국가권력의 차원에서만 이루어지는 것이 아니라 시민사회의 실물부분과 담론부분의 역학관계 또한 반영하고 있다. 경제적 이해관계가 상징적 표상의 논리에 따라 변환되면서 시민사회의 역학관계가 국가권력에 반영되는 관계를 상동성(*Homologie*) (Bourdieu, 1981 참조)의 관계라고 규정해 볼 수 있다.

이러한 구성요소를 전제로 한국 시민사회의 작동과정과 특징을 설명해 보자. 우선 시민사회 안에서 제반 사회집단들 사이의 역학관계는 경제적 자원과 사회적 자원의 두 축에 의해서 결정된다. 여기서 사회적 자원이란 생산영역에서의 전통적인 계급관계를 의미한다. 예를 들어 자본가 계급이 물리적 동원능력에서 노동자 계급보다 유리한 사회적 입장을 선점하고 있으며, 이것이 시민사회 내에서 그들의 경제적 이해관계를 관철시키는 발언권을 강화시키는 정도를 결정한다. 그러나 현실의 한국정치는 이러한 경제능력-사회권력의 단순논리로 설명될 수 없는 부분이 점차 커지고 있다. 예를 들어 계급적 시각에서 보면 노동자나 농민과 같은 피지배 계급에 속하는 사람들이 정치적 입장을 표명하는 경우에 오히려 자본가 쪽의 비전과 가치관에 편승하는 경우를 종종 보게 된다.

이러한 상황을 설명하기 위해서 시민사회의 역학관계는 경제의 축을 넘어서는 새로운 문화의 설명축이 필요하게 된다. 이것이 바로 이론적으로 담론공간을 설정하는 이유이다. 여기서 문화의 축이란 정치적 표상에 관련하는 것으로, 정치전문가들이나 지식인들이 만들어 내고 유포시키는 정치적 비전이나 이미지들의 작동과정과 밀접하게 연결되어 있다.

한편, 시민사회의 투쟁의 결과는 정권(행정권력)의 차원으로 반영되는 경우도 있지만, 대부분은 정치사회로 투영된다. 한국에서는 국회의원선거를 통해서 정치사회 영역의 투쟁의 결과가 표현되는 만큼 시민사회의 힘의 논리가 반영되는 영역은 차라리 정치사회라고 보아야 할 것이다. 따라서 행정권력과 정치사회의 개혁적 수준이 불일치하는 이유는 바로 개인들의 정치적 열망이 표현되는 방식과 시민사회의 투쟁의 결과가 표현되는 방식이 서로 달랐기 때문이다.

그런데 여기서 주목할 사실이 있다. 서양정치구도에서 이러한 진보와 보수의 대립은 국내정치의 역학관계나 자본과 노동의 대립에서 결정되지만, 한국 상황에서는 지식인이나 관료들과 같이 일견 정치나 경제의 대립구도에서 한발 물러나 있는 듯이 보이는 사람들의 입장과 태도에 의해서 큰 영향을 받는다는 사실이다. 전문관료들이나 대학교수와 같은 지식인들이 직접적으로 정치적 입장을 표명하는 일은 드물지만 실제로 국가정책을 입안하고, 홍보하고, 결정하는 과정에서 이들의 영향력은 막강하다. 그리고 관료와 지식인들의 정책수립과 수행과정은 늘 객관적이고 과학적인 입장에서 진행되는 듯이 보이지만, 여기에는 외국으로부터 유래하는 지식의 수입과정이 크게 작동하고 있다는 사실을 간과해서는 안 된다. 한국의 고위관료나 대학교수들의 상당수가 외국유학을 경험했으며, 그들의 정책판단에 외국의 지적 편견이 남아 있다는 사실은 구체적인 자료가 없더라도 인정할 수 있는 사실이다(김현경, 2006 참조). 국내정치에서 이러한 영향력은 늘 객관성과 과학성이라는 이름에 가려지고 있다. 바로 이것이 외생변수가 국내정치로 유입되어 내재화되는 과정이다.

3) 시민사회-주체: 아비투스의 관계

문화론적 관점에서 시민사회와 개인 간의 관계를 새롭게 설정하기 위해서는 계급개념에 대한 비판에서부터 시작하는 것이 유용하다. 계급이라는 단위는 몇 가지 현실적 한계에도 불구하고 시민사회의 개인들의 행위유형을 설명하는 데 여전히 효과적이며, 따라서 계급개념이 갖는 이론적 유용성과 한계를 점검함으로써 현대 사회의 새로운 특징을 포착하는 것이 가능할 것으로 기대되기 때문이다.[20] 이러한 태도는

20 그런데 계급개념에 대한 이론적 적실성과 현실적용 가능성에 대한 회의가 시작된 배경에는 1960년대부터 서구사회에서 시작된 이른바 대량소비사회라는 시대적 특징이 자리 잡고 있다. 대량소비사회는 생산관계를 기반으로 한 계급적 적대관계를 무의미하게 만들었으며, 오히려 소비의 영역에서 새로운 갈등의 양상이 등장하게 된다. 따라서 근대적 의미에서의 계급정치에 대한 회의론이 강하게 대두된다. 한편, 1990년대를 전후하여 한국사회도 본격적인 소비사회로 진입했다고 생각되는 징후들이 나타나

한국사회에서 시민사회-주체의 관계설정을 새롭게 시도하는 이 논문에도 매우 유용해 보인다. 따라서 우선 전통적인 계급개념을 둘러싼 논쟁점들을 검토하고 이를 토대로 한국사회에서 시민사회-주체의 관계설정을 문화론적 관점에서 정립하는 데 필요한 이론적 과제가 무엇인지 정리해 보도록 하자.

첫째, 계급의 위치에 상응하는 개인들이나 집단들의 의식과 행위가 일치하지 않는다는 점이다. 둘째, 경제질서를 넘어서는 이른바 사회문화적 영역에서 비롯되는 계급을 어떤 방식으로 인정할 것인가라는 문제가 제기된다. 셋째는 인간의식과 행위를 설명하는 방법론의 문제다.[21] 이러한 맥락에서 보면 현대 자본주의 구조에서 시민사회 안에 등장하는 개인들의 행위양식을 이해하기 위해서는 세 가지 이론적 과제가 주어진다. ① 공적 영역(생산영역)과 사적 영역(경험영역)의 분리에 대한 통합가능성, ② 인간행위 양식을 설명하는 구조적 요인과 미시적 요인의 종합, ③ 개인들의 정체성 형성과정에 개입하는 국가권력과 사회권력의 형식들이 그것이다. 이러한 과제를 해결하기 위한 이론적 노력을 제시하고자 한다(〈그림 1-3〉 참조).

고 있다. 그리하여 계급을 둘러싼 현실과 이론의 혼란은 최근에 정체성의 위기라는 이름으로 등장하여 외국에서뿐만 아니라 국내에서도 새로운 해결책을 찾으려는 시도가 다양하다. 이에 대해서는 다음을 참조할 것(Dunn, 1998; Dubet et Martuccelli, 1998; Touraine, 2005; 김왕배, 2001).

21 이 세 가지 문제들에 대한 상세한 설명은 홍성민(2003b)을 참조할 것.

〈그림 1-3〉 주체화 과정

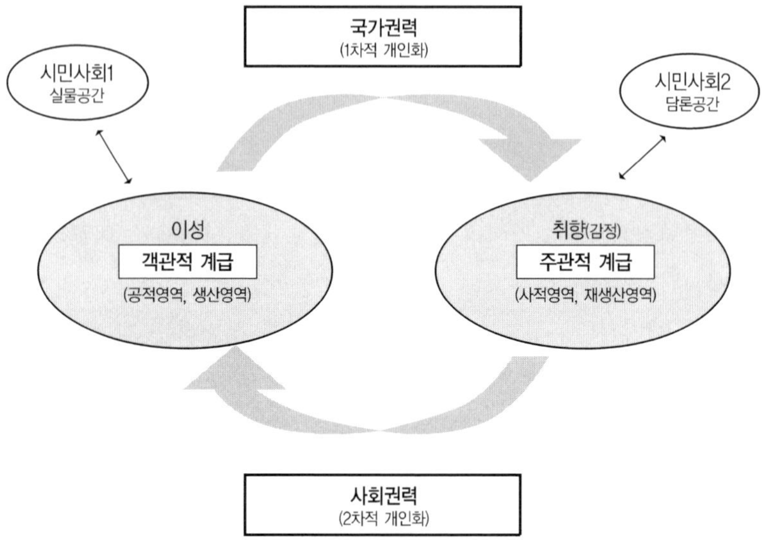

① 생산영역(객관적 계급)/사적 영역(주관적 계급)에 대한 분리는 근대 정치학의 시작과 더불어 현실정치를 이해하는 데 필요한 이론적 전제였다. 그런데 이러한 이론적 가정에 대하여 본격적인 의문이 시작된 것은 포스트모더니즘이 등장한 시기와 일치한다.[22] 그런데 여전히 남아 있는 문제는 생산영역/사적 영역의 연결관계를 어떤 식으로 설명하고, 어떠한 모델을 통해서 개인들의 행위양식을 설명하는 분석틀을 정립할 수 있는가에 모아진다. 따라서 필자는 다음과 같이 제안한다. 두

---

22 푸코, 보드리야르, 부르디외 등으로 대표되는 프랑스의 포스트모던 계열의 사상가들이 분석의 영역으로 강조한 부분이 그 동안 무시되어 왔던 일상생활의 사적 경험의 영역이었다. 이러한 일련의 연구성과들은 공적/사적 영역을 분리를 당연한 이론적 전제로 받아들였던 근대정치학의 토대를 뒤흔드는 효과를 가져왔다. 이에 따라 공공담론의 정치를 주창하는 아렌트나 하버마스의 정치학이 크게 공격을 받았다고 할 수 있다.

영역의 분리를 부정하는 차원에 머물러서는 안 되며, 보다 적극적으로 두 영역의 상호관계를 질문해야 한다. 이때, 정치주체로 개인들의 행위양식이 구성되는 과정이 설명되어야 하며, 또한 이러한 설명방식이 갖는 기존의 계급모델과의 차별성이 분명해야 한다.

그러므로 생산관계를 강조하는 계급개념에 사적 영역의 개인적 경험들을 융합해 내는 방법을 찾아내야만 한다.[23] 사적 영역을 계급개념 안으로 수용하려는 학자들의 노력들은 주체의 형성과정이 일상생활에서 시작된 것이라는 문제의식에서 출발한 것이다. 이러한 시도들의 성공여부는 수많은 사생활의 경험들을 어떻게 분석적 모델로 흡수하여 통일된 조작적 변수로 활용할 것인가에 달려 있다.

지금까지 사적 경험의 세계를 계급분석 모델로 흡수하려는 노력 중에서 학계에서 공인된 분석틀은 언어의 모델이다. 그런데 언어모델의 인식론적 기반은 1960년대를 풍미했던 바르트식의 구조주의 언어학인 바, 이러한 구조주의의 인식론에는 기본적으로 주체들의 역동성이 배제되고 있다는 한계가 있다.[24]

② 이를 위해서는 개념적으로 보다 탄력적인 정체성(*identity*)이라는 용어를 사용하는 것이 유용해 보인다. 우선 정체성 개념을 인정하면 개인들의 행위양식을 사회적 결과물로서만 파악하는 것이 아니라, 개인들이 하나의 주체로서 형성되어가는 내면적 요인에 대하여도 주목할

23 사적 경험의 사례로는 교육, 소비, 주거, 오락, 여가 등과 같은 대상이 거론되고 이들을 변수화하는 노력이 이루어지고 있다(김왕배, 2001 참조).

24 이렇게 보면 생산관계에 사적 경험의 영역을 통합시키기 위해서 맑시즘의 정치경제학이 구조언어학으로 바뀌었지만 여전히 인식론적 배경은 구조주의적 인식틀을 벗어나지 못했다고 보아야 한다. 따라서 소비생활이나 일상생활을 강조하는 문화적 계급개념에 현실적응력을 높이기 위해서는 근본적으로 새로운 인식론을 모색해야만 한다(박해광, 2002 참조).

수 있는 계기가 마련되기 때문이다. 여기서 정체성에 대한 본격적인 논의를 진행함에 있어 피아제의 심리발달 단계에 대한 연구가 많은 이론적 함의를 갖는다.[25]

피아제의 《도덕발달론》의 핵심은 인간의 지성이 발달함에 따라서 사회적 규제에 대하여 구체적 인지과정을 수행하게 되며, 그 결과 외부적 강제에 순응하고 자발적 동의를 보낼 수 있는 단계로 인간의 의식이 성숙할 수 있다는 것이다. 이것은 학교교육에서 지성을 훈련함으로써 도덕적 개인을 만들어 낼 수 있다는 도덕교육론의 기초가 된다.

한편, 후대 학자들은 피아제의 주체화과정을 보다 적극적으로 사회화 과정으로 흡수하여 시민사회에서 개인들의 사회화 과정을 설명하는

---

25 아래의 논의는 뒤바(Dubar, 1996)의 책에 근거하고 있다. 피아제가 1932년에 발표한 《도덕발달론》(*Le jugement moral chez l'enfant*)은 아동의 심리발달단계를 설명하는 책이지만, 이것은 뒤르켐의 《사회분업론》(*De la division du travail social*)이나 《도덕교육론》(*Education morale*)에서 나타나는 구조주의 인간학의 한계를 비판하는 중요한 학문적 공헌이 숨겨져 있다. 뒤르켐에 따르면 개인의 정체성이 형성되는 사회화과정은 외부적 환경변화에 개인들이 자연적으로 순응하는 것이다. 따라서 그는 사회적 규제의 변화에 주목한다. 기계적 연대에서 유기적 연대로 사회형식의 모습이 변화하게 되면 그에 상응하는 도덕적 규범이 강제되고 여기에 적응하는 과정이 바로 사회화 과정이라고 그는 설명한다. 이렇게 보면 이 논문에서 거론하는 맑시즘의 정치경제학, 구조주의 언어학, 뒤르켐의 사회학은 모두 총론적 관점에서 인간 외부의 강제성에 의해 개인들의 주체형성과정을 설명하려는 이른바 구조주의적 관점을 견지하고 있다. 그런데 피아제의 《도덕발달론》은 외부적 변화에 상응하는 개인들의 자발적 협조와 순응의 과정을 강조함으로써 개인들의 내적 동기의 변화가 사회적 주체화 과정 즉, 사회화과정에 적극적으로 개입한다는 점을 밝혀내고 있다. 피아제에 따르면 아동의 심리발달 6단계 중에서 4단계와 5단계는 각각 개인이 사회적 규제에 강제적으로 순응하는 단계와 사회적 규제에 협조하는 단계로 구분되는데, 이때 4단계에서 5단계로의 질적 변화에 일정한 심리적 변화과정이 있다는 것이다.

데 활용하기도 하는데, 페슈론의 작업(Percheron, 1974)이 대표적이다. 그에 따르면 개인들이 사회 안으로 편입되어 사회적 주체로 형성되는 과정에서 두 단계를 통과하게 된다고 한다. 첫째는 흡수(*assimilation*) 단계로, 이때 개인은 자신의 욕망에 따라서 사회적 규제나 강제를 바꾸려 한다. 둘째는 조정(*accommodation*) 단계로서 이 때 개인은 사회적 강제에 자신을 변화시키려고 노력한다. 피아제로부터 페슈론으로 이어지는 심리발달단계에 근거해 보면 개인들의 정체성은 흡수와 조정이라는 상호 이율배반적인 단계를 끊임없이 거치면서 주체외부의 요인과 주체내부의 요인을 지속적으로 변화시켜가는 것이다.[26]

순응과 조정의 변증법적 과정은 사회학의 용어로 설명하면 외재적 요인의 내재화(*intériorisation*)와 내재적 요인의 외부화(*extériorisation*)라고 표현할 수 있다. 그런데 사회화의 과정이 이 두 가지 요인의 변증법적 과정에 의해서 이루어진다고 할 때, 과연 어떤 사회적 요인들이 주체의 안으로 내면화 되었다가, 어떠한 계기에 주체외부로 출현하

26 따라서 개인이 사회적으로 획득하는 정체성은 단일한 형태를 갖지 않는다. 다시 말해 경제적 기반에 근거한 계급적 정체성은 수많은 정체성의 변화과정 중에서 나타나는 하나의 요인에 불과하다. 그렇다면 정체성의 변화를 유발하는 사회적 조건은 무엇인가? 이러한 근본적인 질문에 대해 페슈론의 작업은 정치적 조건에 관련하여 몇 가지 예를 들고 있다. 우선 정치구조의 측면에서 언어의 표상을 꼽고 있으며, 이에 대한 주체 내면의 변화요인으로는 아버지의 직업, 주거조건, 유아기의 심리적 조건 등을 나열하고 있다. 만일 페슈론의 발달심리학의 논의를 성인을 대상으로 한 주체화과정이라고 확대해석해 보면, 외부적 강제의 출현을 구조적 요인의 등장으로 생각할 수 있고, 이것을 자동적으로 인정하는 것이 순응(*assimilation*)이라고 할 수 있을 것이다. 이렇게 보면 구조주의 인간학은 바로 순응의 단계만을 강조한 인식사조에 해당한다. 그렇다면 조정의 단계에 대한 이론적 사고가 구조주의 인간학과 결합하여 새로운 주체화 과정을 설명할 수 있는 분석틀을 찾아내야만 한다.

게 되는가를 설명하지 않을 수 없다. 아마도 사회과학의 역사에서 계급개념을 둘러싼 수많은 논쟁들이 일어난 이유는 바로 이러한 근본적인 질문에 대한 해명이 명쾌하게 이루어지지 않았기 때문이다.[27] 그런데 필자의 판단으로는 주체의 사회화 과정을 찾아내려는 학문적 노력은 인식론보다는 사회철학적 질문에 더 가깝다. 이때 간과할 수 없는 핵심대상은 이해관계를 설정하는 개인들의 선택이 외부적 강제 즉 권력의 효과에 밀접하게 연결되어 있다는 점이다.

③ 주체형성의 문제를 권력과의 관계 속에서 본격적으로 고민한 사람은 알튀세이다. 이러한 관점에서 알튀세의 〈이데올로기와 이데올로기 국가장치〉는 주체형성의 과정을 탐구하는 학자들에게는 피해갈 수 없는 중요한 논문이다. 그런데 알튀세의 한계는 주체호명의 사회적 기제를 이데올로기 국가장치로 한정했으며, 여기에 대응하는 주체의 대응도 여전히 수동적인 것으로 묘사했다는 점이다. 이러한 맥락에서 보면 외부적 요인의 내재화 과정은 설명되고 있으나, 내재적 요인의 외재화에 대한 설명은 여전히 부족하다. 알튀세가 권력의 효과/주체형성의 문제의식을 가졌음에도 불구하고 위에서 지적한 이론적 한계를 벗어나지 못한 이유는 대문자에 복속하는 소문자 주체라는 정신분석의 일방적 인식론에서 벗어나지 못했기 때문이다.

이러한 한계를 극복하기 위해서는 개인들의 주체형성이 다양화되는 방식에 주목해야 하며, 이것이 궁극적으로는 생활세계에 퍼져 있는 무형의 사회권력과 맞물려 있다는 통찰력을 가져야 한다. 개인들이 사적영역에서 경험하는 다양한 취향의 영역은 사회적 권력의 효과에 의해서 지배되고 있으며, 이것은 이미 국가권력의 가시적인 형태를 넘어선

---

27 이 문제를 존재론의 수준에서 해명하려고 시도한 철학자가 바로 베르그송이다. 베르그송에 대한 논의는 홍성민(2000c)을 참조할 것.

다. 개인들의 취향을 관장하고 이에 따른 가치관을 주조해 내는 이른바 상징적 권력이 존재한다는 것이다. 개인들은 국가권력에 의해서 조정되기도 하지만, 또 때로는 자본주의 소비 메커니즘에 의해서 직접적으로 복속되면서, 국가권력의 형식을 강고히 한다. 다시 말해 사적 영역에서 길들여진 개인들의 취향이 공적인 영역에서의 정치적 판단력과 밀접하게 연결되어 있으며,[28] 개인들의 사생활에서 형성되는 취향들이 개인들의 주체형성에 매우 밀접하게 관련되어 있다. 그러므로 주체형성의 다양성은 생활세계에서 출발하며, 거기에는 제도적 권력으로 이해될 수 없는 은밀한 상징적 권력의 효과가 작용한다. 따라서 생활세계에 확산되는 사회권력(문화권력, 상징적 권력)이 구체적으로 움직이는 경로를 찾아야 한다. 부르디외의 이론적 자산은 이러한 질문에 많은 이론적 해결책을 제공한다.[29]

부르디외의 통찰력은 주체형성의 과정을 사회적 권력효과와 관련시키고 있다는 점에서 이 논문에서 제기한 문제의식에 매우 충실하게 부

---

28 구체적인 실증조사가 이루어져야 하겠지만, 우리는 다음과 같은 몇 가지 사례를 상상해 볼 수 있다. 일상생활의 여가시간에 아무런 저항 없이 미국식 소비자본주의가 만들어 낸 패스트 푸드점에서 식사를 하는 사람들과 전통적인 한국식당이 익숙한 사람들 중에서 미국의 세계패권주의에 저항하는 비율은 어떤 쪽이 높을 것인가? 또 디즈니가 만들어 낸 만화영화 〈신데렐라〉나 〈도날드 덕〉을 보면서 자라온 세대들이 어른이 되어서도 계속 허리우드 영화를 보는 사람과 동일한 세대에서 전통극과 마당극에 익숙한 사람들 중에서 미국의 이라크 침공을 비판하는 비율이 어느 쪽이 더 높을까? 여기서 미국식 패스트 푸드점과 한국의 전통음식점을 대비하거나, 허리우드 영화와 한국 전통극을 대비하고 있는 이유는 오늘날 한국사회를 지배하는 사회권력(상징적 권력)의 상당부분이 국외로부터 유입하고 있다는 문제의식을 반영하고자 함이다.

29 부르디외의 사상에서 구별짓기의 사회적 효과와 정체성의 상호관계는 홍성민(2000a)의 3부를 참조할 것.

합된다.[30] 그런데 여기서 한발 더 나아가 이러한 사회적 권력의 근원이 세계적으로 확산되는 유연적 생산구조 안에서 이루어지고 있음을 확인할 필요가 있다. 필자는 이를 **취향의 세계화 구조**라고 부르고자 하는데, 이러한 문제의식은 부르디외의 문제의식을 넘어서고 있다. 따라서 이 문제를 해결하기 위해서 필자는 네그리의 《제국》(네그리·하트, 2001; 홍성민, 2002b 참조)에 다시 한 번 기대어 보고자 한다. 네그리가 《제국》에서 이미 밝혔듯이, 오늘날 세계적 규모로 확산된 금융자본의 생산논리는 정보네트워크를 매개로 전 세계의 노동자들을 하나의 노동체계 안으로 **실질적으로** 포섭하고 있다. 생산양식이 세계적 규모로 보편화됨으로써 각국의 시민사회에는 특정한 욕망의 형태만이 충족될 수 있는 경제구조가 형성된다. 그런데 이것은 순차적으로 소비영역에서 개인들의 미학적 취향과 가치관을 강제하게 되면서, 일정한 계급의 문화적 헤게모니를 공고히 하는 구실을 한다.[31] 이러한 관점에

---

30 그런데 주체형성과 권력관계를 주목했다는 점에서 했다는 점에서 부르디외의 아비투스는 주체형성의 과정을 밝혀낸 공과를 인정할 수 있다. 그러나 그는 여전히 계급적 위치를 통해 개인의 취향을 설명하려는 구조주의적 성향에서 완전히 벗어났다고 보기는 어렵다. 예를 들어 사회적 공간에서 부르주아적 위치를 점유하고 있는 사람은 부르주아적 취향을 가지며, 하층계급은 하층적 아비투스를 갖는다고 설명하고 있는데, 이것은 부르주아적 취향/하층취향을 결정하는 선험적 구조가 존재할 때만 가능한 설명이다. 부르디외의 구조주의적 한계에 대해서는 홍성민(2000a) 9장을 참조할 것.

31 예를 들어 핸드폰이나 컴퓨터 오락 게임 등을 생각해 보자. 신자유주의 시대의 유연축적전략은 상품의 회전시간을 단축하는 것이 잉여창출의 핵심이다. 따라서 IT산업을 전략적 핵심으로 한 생산영역에서 잉여를 만들어 내기 위해서는, IT소비층에 대한 대대적인 선전공세를 취하게 되고, 이것은 소비문화의 즉흥성과 일시성을 촉발하게 된다. 최근에 세계적인 규모로 확산되는 자극적인 유행음악이나 영화장면들은 이러한 맥락에서 이해될 수 있다.

서 보면 네그리가 주장하는 '제국'의 시대를 맞이하여 생산/소비의 영역은 이미 안과 밖의 경계를 허물어 버리고 있으며, 개인들의 정체성은 직접적으로 두 가지 영역에서 동시에 영향을 받으며 주조되고 있는 것이다.

4. 결론

필자는 이 논문에서 국가 정체성을 설명하기 위해서 국가/시민사회와 시민사회/주체형성의 부분을 나누어 설명했다. 그러나 이 두 영역은 이론적으로 나뉠 수 있을 뿐 현실사회에서는 늘 맞물려 작동하고 있다. 다만 이 두 분을 나누어 설명한 것은 현실을 경험적으로 연구하고 그에 대한 성과를 정리하는 데 편리한 점이 있기 때문이다. 또한 규범적 차원에서 문화정책을 수립하거나 문화윤리를 정립하고 실현하는 단계에서 이러한 분리는 유용하게 활용될 것으로 기대된다.

한편, 이 논문은 부제로 '한국의 문화정치학 서설'이라는 명칭을 달고 있는 만큼 서론적 성격을 갖고 있다. 최근 학계에서도 문화연구에 대한 관심이 시작되는 만큼, 이 논문은 서구의 경험과는 다른 차원에서[32] 한국의 특수성을 감안하여, 문화연구의 필요성, 방법론, 연구대상을 "특별히 정치학의 관점에서" 실험적으로 모색해보자는 것이다. 그런데 한국에서 문화학 연구가 새로운 연구분과로 필요성을 인정받고 정착하기 위해서는 이론적 탐색만으로는 끝날 수 없다. 다시 말해 이론적 탐구를 기반으로 하여 그에 상응하는 분석의 대상을 설정하고,

---

32 문화학이라는 이름의 연구분야가 처음 시작된 나라는 영국이며, 연구대상은 주로 하위문화(*sub-culture*)에 집중되었다. 반면 미국에서는 대중문화(*mass culture*)나 매스컴 연구가 문화연구에 중심에 서 있다. 그리고 호주나 일본에서는 문화정책학(*culture policy*)이 각광을 받는 것으로 보인다. 이처럼 각국의 상황에 따라서 문화연구의 이론적 배경과 강조점이 달라진다. 이러한 맥락에서 필자는 한국에서 문화연구가 외국으로부터 유입되는 문화적 강제가 국내에서 내생적으로 흡수되어 시민사회와 개인의 정체성 형성에 미치는 영향을 분석하는 것이 시급하다고 판단하고 있다.

구체적인 실증작업을 할 수 있어야만 한다. 따라서 앞으로 문화학 연구를 위한 본격적인 토론과 비판이 요구된다.

제 1 부

국제정치-국내정치

정체성과 국제정치

'문명충돌론'의 정치사회학적 이해

제2장

1. '문명충돌론'과 정체성의 문제설정

변화가 안정을 압도하는 시기에 접어들고 있다. 미국에 대한 테러와 그에 대한 반작용으로 전개되는 미국의 보복전쟁은 오늘날 국제정치를 새로운 패러다임으로 이해하지 않을 수 없게 만들고 있다. 물론 표면적으로는 현실의 무력충돌이 미국의 패권과 중동의 지역주의의 대립으로 보일 수 있겠으나, 보다 근원적으로는 문화와 경제를 아우르는 현실정치의 모순이 깊게 배어 있다고 필자는 생각하고 있다. 더구나 미국의 패권에 대항하는 저항세력은 비단 아랍지역에 한정되지 않는다. 우리는 연일 방송보도를 통해 미국 주도의 세계화 흐름에 반대하는 유럽선진국 내의 항의시위를 상세히 알고 있다. 헌팅턴의 《문명의 충돌》은 서구와 비서구의 대립구도에서 서유럽과 미국의 연맹을 기본적인 전제로 간주했지만, 서구문명 간에도 수많은 갈등의 양상이 있음을 간과해서는 안 될 것이다.

그러나 기존의 국제정치이론을 통해 이러한 충돌의 근원이 충분히 설명될 수 있을지는 자못 의문스럽다. 이론의 한계가 더 이상 방치될 수 없는 처지에 이른 것이다. 국제정치 이론의 영역에서 대표적 관점으로 남아 있는 현실주의와 이상주의는 규범성을 전제로 한 세계관을 표현하고 있어서 현실설명력을 갖춘 분석이론이라고 보기는 힘들다. 그 밖의 신현실주의나 세계체제론은 구체적 국가행위를 설명하는 데 일정한 분석틀을 제공한 학문적 공과를 인정하지 않을 수 없으나 국지적으로 발생하는 현재의 갈등상황을 포착하기에는 분석수준이 지나치게 방대하다. 필자는 이러한 이론적 미궁을 돌파하기 위한 첫 단계로 우선 분석의 초점을 정체성의 형성과정에 맞추어야 한다고 강조하고 싶다. 다시 말해 정체성의 규정을 둘러싸고 대립하는 문화적 충돌과정이 타협점을 찾지 못하고 극단으로 치달은 결과로 오늘날과 같은 무력투쟁이 빚어지고 있다고 필자는 생각하는 것이다.

이러한 견지에서 사무엘 헌팅턴의 《문명의 충돌》(헌팅턴, 1997)에 대한 해석도 새롭게 바뀔 수 있다. 헌팅턴의 논점에서 간단히 정리하자면, 지금까지 전쟁의 양상이 이념의 차이에서 비롯된 민족국가들 사이의 충돌이었다고 한다면 새로운 세기의 국제정치적 갈등은 문명의 충돌이라는 것이다. 그에 따르면 오늘날 지구상에는 뚜렷이 구분되는 문명권이 5~6개 정도 존재하는데, 그 분류의 내용을 가만히 들여다보면 종교적 기준이 가장 중요한 분류의 척도가 되고 있다. 그러나 문명이란 종교적 가치를 넘어서는 일정한 삶의 양식이라고 개념정의한다면, 헌팅턴식의 문명권의 분류가 지극히 피상적 수준에 머물고 있다는 비판을 피하기 어려운 것이 사실이다.

그런데 헌팅턴은 미국의 보수주의 정권을 대변하는 관변학자라는 사실을 염두에 둔다면 그의 문명론적 시각이 현상을 기술하는 차원에 머물고 있다는 것이 크게 놀라운 것도 아니다. 그에게 중요한 것은 세계가 진정 문명충돌의 국면에 진입했는가를 검증하는 학자적 성실성보다는 미국의 외교정책이 이슬람권이나 아시아권을 상대로 보다 강경한 자국실리정책을 지향해야 한다는 논리적 근거를 마련하는 것이기 때문이다. 따라서 그의 생각을 뮐러의 《문명의 공존》(뮐러, 2000)과 대비하여 옳으니, 그르니 논박하는 것 자체가 학문적 실익이 없다(김기정,

2000; Saide, 2001 참조). 오히려 우리에게 시급한 일은 헌팅턴의 문명충돌론에서 제기된 문제의식을 좀더 정교한 분석틀로 세련화시켜 한국현실에서 국제정치의 변화를 이해하는 적절한 이론을 만들어 보는 것이라고 하겠다.

그런데 이러한 관점에서라면 《문명의 충돌》의 내용 중에서 우리의 이론적 관심이 끌리는 대목이 없지도 않다. 예컨대 문명충돌의 이유를 설명하는 과정에서 헌팅턴은 문명간의 차이가 “나는 누구인가”라는 물음이 어떤 방식으로 구성되는가에 깊숙이 연관되어 있다는 점을 잠깐 지적하고 있는데(Huntington, 1993: 27), 이것을 정치사회학적 관점에서 해석하자면 한 국가의 정체성 형성과정에 대한 문제제기로 이해될 수 있다. 필자는 이 질문을 보다 적극적으로 해석하는 과정에서 이론의 현실적응력이 한층 고양된 한국적 국제정치학의 이론틀을 만들어 보고자 하는 것이다. 헌팅턴에게 정체성의 문제의식은 구소련연방의 해체 이후에 등장하는 에스토니아나 아르메니아와 같은 일국 내의 다민족체제에서 보이는 민족주의나 인종주의와 연결되고 있지만, 조금만 시야를 넓혀 보면 정체성의 문제란 인종주의에만 국한될 수 없는, 오늘날 국제정치의 현장을 지배하는 중요한 작동요인이다. 오늘날 강력한 속도로 추진되는 이슬람 세계와 미국의 무력충돌 또한 보편성과 특수성의 대립, 혹은 나와 타자를 가르는 이질성의 대립이라고 설명할 수 있다.

따라서 이러한 문화적 대립관계를 이해하기 위해서는 민족 정체성을 주어진 실체로서 파악하는 인종주의적 관점에서 탈피하여 사회적 재현관계나 표상 속에서 인위적으로 형성된 것이라고 보는 시각이 필요하다. 민족 정체성의 형성은 인종이나 국경을 바탕으로 하지만 그 위에 문화적 재현체계가 정치적으로 작동한다. 그런데 이것은 최근 미국의 국제정치학에서 새롭게 부상하는 구성주의 이론의 분석틀과 상당부분 공통점을 가지고 있다. 더구나 구성주의의 이론내용을 면밀히 살펴보면 지금까지 국제정치 이론에서는 찾아볼 수 없었던 섬세한 정치사회학적 개념이 동원되고 있으며, 그 안에서 새로운 시각으로 현실국제정치를 이해하고자 하는 학문적 노력이 돋보인다.[1] 결국 헌팅턴의 문명충돌론의 문제의식을 보다 세련된 이론틀로 격상시키려 할 때 정체성문제가 중요한 분석대상이 될 수 있으며, 이때 구성주의 국제정치이론을 활용함으로써 이론적 세련화의 방법과 수준을 결정할 수 있을 것이다. 따라서 구성주의 이론에서의 정체성 개념규정을 살펴보고, 이에 대한 비판을 근거로 새로운 정체성 형성모델을 제시한 후, 이것이 한국의 정치현실에 던지는 함의를 검토해 보겠다.

1 새로운 국제정치학의 이론화 작업과 관련하여 미국에서는 새로운 반성의 흐름이 있다. 이른바 '제3의 논쟁'을 통해 기왕의 국제정치학의 한계를 논하는 자리에서 국제정치학의 연구자원이 상당히 그 범위를 확장시켰다고 볼 수 있다(Lapid, 1989; George and Campbell, 1990), 이 시점으로부터 국제정치영역에 정치사회학의 연구업적이 적극적으로 수용되는데(Biersteker and Weber, 1996; Bloom, 1990; Wendt, 2001), 그 중에서도 문화연구가 국제정치학의 큰 흐름을 형성하고 있다. 군사론, 정치경제론의 뒤이어 가히 국제정치문화론의 시대가 도래했다고 할 만하다(Ellis and Tomson, 1997; Katzenstein, 1996; Lapid and Kratochwil, 1996; Walker, 1993; 헌팅턴 외 편, 2001). 필자는 헌팅턴의 '문명충돌론'도 바로 이러한 국제정치문화연구의 한 흐름에서 해석하고 비판하고자 한다.

2. 구성주의와 정체성

물론 구성주의 이론에 대한 소개가 처음은 아니다. 몇몇 신진학자들을 통해서 우리학계에 그 내용의 핵심부분은 전달이 되고 있었으나(신욱희, 1998; 정진영, 2000; 전재성, 2000), 필자의 눈에는 지금까지 소개된 논문의 수준이 구성주의가 포함하고 있는 보다 심층적인 문제의식을 파헤치거나 비판하는 수준에는 미치지 못한 것으로 보인다. 사실 구성주의적 접근방법이란 철학이나 사회학에서 출발한 새로운 인식론의 조류이며,[2] 그 안에 내장된 방법론적 함의는 원인과 결과론으로 환원될 수 없는 인간행위의 불규정성을 포착하려는 다양한 흐름을 포괄하고 있다. 구성주의적 방법론을 국제정치에 접목시키려고 할 때 인식의 근원과 다양한 내용을 모두 포괄하려 한다면 우리는 이론의 미궁속으로 빠져 들어 현실의 다이내믹스를 놓치게 될 우려도 있다. 따라서 필자는 구성주의이론의 의미를 부각시키기 위해서 국가행위를 규정하는 요인으로서 정체성의 형성과정에 분석의 초점을 맞추고자 한다.

여기서 구성주의 국제정치이론의 핵심내용을 잠시 점검해 보자. 구성주의는 국제정치이론의 원칙적 분석단위로 국가를 상정한다. 여기서부터 국가간의 관계를 물질적 차이에서 설명하려는 신현실주의나 세계체제론을 비판하고 국가간의 관계를 상호주관적인 것으로 파악한다. 구성주의가 주류 국제정치학이론을 비판하는 인식의 지평은 대략 두 가지로 나눌 수 있다. 첫째는 기왕의 이론적 논의에서 배제된 상호주관적 구성의 측면을 자신들의 존재론에 핵심으로 삼게 됨으로써 국가행위와 국제정치구조가 상호작용한다는 이른바 변형이론을 주장하

2 구성주의의 인식론적 기반에 관해서는 Mouzelis(1995), Archer(1995)를 참조할 것.

는 것이다. 둘째는 방법론에 관련된다. 신현실주의가 국가를 상대적 이익을 추구하는 행위자로 파악한 반면, 신자유주의는 국가행위의 원천을 절대적 이익에서 구하고 있다는 점에서 크게 대조된다. 그런데 구성주의는 이러한 상대적 이익/절대적 이익의 구분이 외생적으로 주어진 선호체계이며 국가행위를 개체적 합리성의 차원에서 설명하려는 오류를 범하고 있다고 비판한다. 즉 구성주의 논리에 따르면 국가행위란 원인과 결과를 고려한 전략적 계산에 의해서 이루어지기보다는 자신이 처한 상황에 맞는 일정한 규범과 관습체계의 적응과정이다.

상호주관성을 강조하는 구성주의의 이론적 태도는 하버마스나 기든스와 같은 사회철학으로 크게 영향 받았음이 분명한데, 이것은 구성주의의 조류에서 크게 세 가지 부류로 나뉜다. 첫째 오너프(Onuf, 1989)는 하버마스나 기든스의 구조화 개념을 원용하여 국제정치현실이 사회적으로 구성되는 방식에 관심을 두며, 둘째 크라토크빌(Kratochwil, 1982)은 하버마스의 의사소통적 합리성의 견지에서 국제 레짐의 문제를 분석하며, 셋째 웬트(Wendt, 1987, 2001)는 주체-구조 문제와 규칙의 역할에 강조점을 두면서 과학적 현실주의라는 사회적 자원을 적극 활용한다. 그런데 이러한 분류는 인간행위와 구조의 상호관계를 설명하기 위해 고안된 정치사회학적 관점에서 새롭게 설명될 수 있다. 기든스의 《사회이론의 중요쟁점》(기든스, 1991)이라는 책의 목차가 잘 보여주듯이, 주체중심적 접근방법과 구조주의적 접근방법의 변증법적 종합의 시도로서 구조화이론이 제시된 것이다. 동일한 논리로 보면 국제정치에서 구성주의적 인식론이라는 것도 신현실주의로 대변되는 주체중심주의와 세계체제론으로 대변되는 구조중심의 양자의 이론적 한계를 넘어서려는 이론적 시도라고 이해하는 것이 적절하다.

특히 이 분야에서 선도적 이론가의 역할을 하는 인물은 웬트인데, 그의 이론전개를 통해 보다 면밀히 살펴보면 구성주의가 내세우는 상호주관성의 학문적 의미가 보다 뚜렷해진다. 웬트에 따르면 한 국가가 어떤 행위를 하였을 때 그 행위는 곧 다른 국가의 정체성 확립에 기준이 되며 이를 바탕으로 타국가의 행위유형이 결정된다는 이른바 거울이론(*mirror theory*)을 제시한다(Wendt, 1994). 나아가서 그는 국가간의 상호주관적 이해와 기대의 연쇄과정이 각 국가의 정체성과 국가이익을 규정하고, 이것이 발전하여 국제정치 무대에 하나의 관습과 제도를 만들어 낸다고 설명하고 있다(Wendt, 1995).

이러한 맥락에서 보면 그동안 국제정치 사회를 규정하던 홉스적 시각은 지나친 과장이다. 예컨대 전형적인 현실주의 국제정치관에서는 자국의 주권적 권리를 지키기 위해 무한정 자력구제의 논리가 횡횡하게 될 것이라고 예상했고, 따라서 세계질서와 평화는 무력의 균형을 통해서만 가능한 것으로 인식되었다. 그러나 구성주의 국제정치관은 일국이 타국에 대해서 가지는 일정한 간주관적 인지과정이 자연스럽게 상호간에 지켜져야 할 규범을 내재화시킴으로써 국제적 협조체제가 공고화된다고 보고 있다. 특히 크라토크빌이 실시한 국가이익의 역사성에 대한 분석은 개별국가의 주권성과 국가이익의 형성과정 자체가 국제정치의 관습체계와 깊게 연관되고 있음을 잘 보여 준다(Kratochwil, 1982).

한편, 국내에서 구성주의의 수용은 존재론적인 성격에 초점이 맞추어진 것으로 필자의 눈에는 비추어진다. 웬트의 해석을 부각시키고 있는 전재성은(전재성, 2000: 350) 개별국가가 미리 정해진, 혹은 존재론적으로 외적으로 주어진 이해관계에 의해서 외교정책을 수립하고 타국과 관계하는 것이 아니라고 말한다. 타국과의 관계구조 속에서 자신의 이해관계와 선호도를 구성해간다는 과정주의적 사고를 강조한다. 신현실주의나 신자유주의에서는 국가행위를 전략적 이성에 의한 계산적 행동으로 간주하는 데 반하여, 구성주의는 이러한 전략적 사고나 자력구제의 행동 등이 모두 국제정치를 무정부적 상태라고 간주하는 인식의 사회적 구성관계에서 유래하는 것이라고 본다.

그런데 여기서 필자는 구성주의를 이해하는 데 치명적인 오류 몇 가지를 지적하고자 한다. 정진영(2000)의 경우인데, 그는 구성주의의 특징을 다음과 같이 두 가지로 정리하고 있다. 첫째는 사회구조를 결정하는 우선적인 힘은 물질적인 것이 아니라 관념적인 것이며, 둘째는 행위자들의 정체성과 이익은 자연적으로, 외적으로 주어지는 것이 아니라, 공유된 관념들에 의해서 사회적으로 구성된다는 것이다. 그래서 그는 구성주의가 물질주의를 비판하고 관념주의를 채택하고 있으며 개체론에 반대하고 전체론의 입장을 채택하고 있다고 말한다.

필자가 보기에 이것은 대단히 위험한 단순화이다. 첫째, 적어도 사회철학적 관점에서 보자면 구성주의 국제정치이론의 원류격인 '발생론적 구성주의'(*genetic constructivism*) 문제의식은 개인의 행위를 규제하는 절차적 규칙이 어떠한 물질적인 근거를 기반으로 하여 탄생하는 가를 찾아보자는 데서 출발한 것이다. 기든스에 따르면 구조화의 개념은 "근본적으로 반복적인 사회생활의 특성과 관련되고 구조와 행위수행의 상호의존성을 보여주는 구조의 이중성과 관련된다. 여기서 구조의 이중성이란 사회체계의 구조적 속성이 그러한 체계를 구성하는 관행의 매개나 관행의 결과라는 것을 의미한다. 또 여기에는 인간행위를 촉발하는 수단을 공급하는 과거와의 연속성이 존재한다"(기든스, 1991: 98~99). 다시 한 번 강조하자면, 개인행위의 속성을 설명하기 위해서는 물질적 기반과 시간적 연속성에 대한 설명이 필요한 것이다.

둘째, 이것을 국제정치의 차원으로 확대시킨 구성주의에서도 동일한 명제가 반복될 수 있다. 즉, 국가행위의 기원은 국제정치의 물리적 기반과 역사성 속에서 설명되어야만 한다. 사실 이러한 문제제기는 웬트의 초기 논문에 이미 잘 나타나 있다. 그는 "국제정치에서 주체와 구조의 문제"(Wendt, 1987)라는 논문에서 개체론으로서의 신현실주의와 전체론으로서의 세계체제론을 각각 비판함으로써 양자의 결함을 극복할 수 있는 이론적 탈출구를 모색한 바 있다. 따라서 웬트의 인식론적 입장은 개체론과 전체론의 어느 한 부분을 선택적으로 채용한 것이라기보다는 양자의 변증법적 종합이라고 평가해야 옳다. 그러나 최근의 저서(Wendt, 2001)에서 웬트의 이러한 문제의식은 상당히 희미해지고, 이에 따라 웬트에 기대어 구성주의를 이해한 몇몇 한국의 국제정치학자들에게서도 인식의 혼란이 초래되는 것으로 필자는 판단한다.[3]

3 이렇게 보면 구성주의 이론틀에서 물질력에 대한 고려가 희석된 채, 구성주의 국제정치이론을 관념론의 한 형태로 파악하려는 한국 국제정치학자들의 인식론적 혼동의 주된 원인은 물론 웬트에게 있을 것이다. 그러나 그 잘못을 웬트에게 돌리는 것 자체가 너무도 무책임하다. 여기서 필자는 앞으로 한국의 (국제)정치학이 외국의 이론을 수용하는 과정에서 반드시 인식의 원류를 근본적으로 점검해야 한다고 말하고 싶다. 본문에서 줄곧 강조해 왔거니와, 구성주의 국제정치이론은 그 사상적 뿌리가 철학이나 사회학에서 출발한 것이 분명하며, 웬트 자신도 기든스나 부르디외와 같은 사회학자의 이름을 거론하고 있는 만큼, 이른바 구성주의라는 이름아래 국제정치를 새로운 방법으로 이론화하려는 작업들을 위해서는 바로 사상의 원류로 돌아가 구성주의 이론이 갖는 방법론적 함의나 인식론적 전제에 대하여 철저히 규명해야만 한다. 즉, 웬트를 읽어가면서 최소한 그가 참고하고 있는 기든스나 부르디외를 부분적이나마 이해하지 않고서는 미국 국제정치학자들의 논의를 그대로 답습하는 수준을 벗어나기 어렵다는 것이다. 분과학문의 구획이 지나쳐 사회학과 철학과 같은 인접학문의 연구성과를 접하는 데 상당한 어려움이 있는 것이 한국 국제정치학자들의 현실이다. 그러나 미국 국제정치학자들의 논의를 그대로 한국(국제)정치에 수용할 수 없지 않은가! 미국식 정치학이건, 유럽식 정치학이건 외국이론을 받아들이는 과정에서 우리 현실의 문제의식에 따라 그들의 이론에 대한 일정한 변용이 불가피하다는 사실에 공감하는 학자들이 보다 많아지기를 기대한다. 물론 외국이론의 한국적 토착화 작업이 처음부터 세련될 수는 없다. 여러 가지 오해가 생길 수 있으며, 또 추상화의 수준을 놓고 찬반이 있을 수 있을 것이다. 그러나 이러한 과정을 거치지 않고서는 한국의 (국제)정치학이 자신의 이론을 창조적으로 생산해낼 수 없다. 대단히 조심스럽고 신중하게 필자는 이 논문에서 바로 외국이론에 대한 한국적 토착화 작업을 수행하고 있는 것이다. 지역연구를 중심으로 하는 한국의 국제정치연구 흐름에 대비하여 이러한 작

이와 같은 원칙과 이론에 대한 발본적인 검토를 근거로 필자는 구성주의 시각을 국내에 수용함에 있어 한 가지 우려를 지적하고 싶다. 대체로 구성주의자들의 이론을 이해하고 그것을 소개하는 수준에서 미국의 문헌들이 인용되고 있다 보니, 구성주의의 현실적응성에 관련한 제안들이 우리 현실을 벗어나고 있다는 인상이 짙다. 우선 전재성(2000)이나 정진영(2000)의 논문에서 웬트는 가장 중요한 구성주의 이론가로 취급되며, 그럼으로써 국제정치의 역학관계에서 정체성과 이해의 변화가 현실국제정치에서 협력을 가져올 수 있다고 주장한 웬트의 입장이 그대로 수용되고 있다(Wendt, 1994, 1995). 예를 들어 고르바초프의 신사고 정책은 아프가니스탄의 철수, 핵 감축 등과 같은 기존의 소련정책의 관행에서 벗어난 파격적인 조치를 통해서 시작된 것이고, 이것은 결국 소련에게 적대적 타자였던 유럽국가들의 안보개념에 커다란 변화를 불러일으킴으로써 새로운 평화가 정착되었다는 것이다. 그래서 전재성과 정진영은 구성주의가 현실국제정치에 적용될 가능성의 하나로 국제제도론을 확립하거나 세계적 차원에서의 공통규범을 창출할 수 있는 이론적 자원으로 활용되기를 기대하고 있다.

여기서 필자는 이러한 평화주의적 발상이 잘못되었다고 반박하고 싶지는 않다. 다만 국제정치에서 규범과 정체성을 강조하는 구성주의가 또 다른 미국식 이데올로기로 악용될 수 있다는 사실을 경계하고자

업은 국제정치이론에 대한 이른바 메타이론적 연구라고 불러 볼 만하다. 국제정치를 이해하는 과정에서 서구로부터 유래하는 이론들이 한국정치의 표상과 이미지형성에 막강한 위력을 행사했다는 점을 부인하지 않는다면, 이러한 작업이 지나치게 추상적이어서 불필요한 연구분야라고 폄하할 수 없을 것이다. 오히려 이것이야말로 문화적 제국주의 한 양상이라고 불리는 오늘날의 후기 식민주의(*post-colonialism*) 상황에서 한국의 학문이 탈출할 수 있는 유일한 대안이 될 것이다. 한국정치학과 후기 식민지 상황에 대한 연구로서는 졸고(홍성민, 2001)를 참고할 것.

할 뿐이다. 다시 말해 구성주의이론에서 권력관계를 분석대상에서 배제한 채, 국제정치동학에서 상호주관성과 규범의 역할을 강조하는 이론적 함의가 자칫 미국식 패권에 동화될 것을 인정하는 이데올로기로 전락할 우려가 있다. 사실 파슨즈나 미드와 같은 일반사회학의 정체성 형성이론에 기대어 평가해 보기만 하더라도, 상호주관성에 의해서 형성되는 개인의 정체성은 일정한 사회시스템의 구조를 정당화해주는 해석체계를 거치게 되어 있다. 따라서 정체성 형성기제란 미시적으로 개인과 가족에 대한 개인화과정이며, 사회국가적으로는 보다 큰 집단과 정치조직, 혹은 계급구성에 필요한 이념과 이데올로기를 받아들이는 사회화 과정이다. 동일한 논리로 보면 국제정치에서 국가 정체성의 형성과정 역시 국제사회를 주도하는 헤게모니 국가의 정치적, 경제적, 문화적 논리를 받아들이는 일정한 '국가 길들이기'의 과정이 수반되지 않을 수 없게 된다. 결국 개인화와 사회화과정이 부정적인가 혹은 긍정적인가를 판단하는 것은 한 사회의 가치규범과 제도적 목적이 전제되지 않을 수 없다. 이때 가치와 제도의 성립자체가 일정한 권력관계를 전제한다는 사실만큼은 부인할 수 없을 것이다. 기든스가 구조화이론을 설명하는 대목에서 권력분석의 필요성을 강조하는 이유가 바로 여기에 있다.

이렇게 보면 '국가 길들이기'의 과정 안에 상존하는 권력의 효과를 어떻게 이해할 것인가의 문제가 구성주의 국제정치치론을 해석하는 데 있어서 중요한 과제로 남는다. 신현실주의나 세계체제론에서 다루었던 물리력이나 경제적 착취와는 성격이 다른 구성주의적 권력의 실체를 밝혀내고, 이것을 통해서 현실국제정치를 보다 근접하게 바라볼 수 있는 균형 잡힌 시각을 정립해야 한다. 이러한 작업이 선행되지 않은 채 협력과 평화의 제도화를 추구하는 것이야말로 '국가 길들이기'의 함정에 그대로 빠져있는 것이다.

그렇다면 구조화이론에서 바라보는 권력은 어떻게 개념화할 수 있는가? 여기서 기든스가 수행하는 이론적 관심을 통해 이 문제를 해결해 보도록 하자. 기든스(1991)는 행위수행과 구조의 역할관계를 설명하는 마지막 장에서 권력에 대해서 논하고 있다. 그런데 그 부제가 자못 의미심장하다. '자율성과 의존성의 관계'라는 제목 아래서 그는 권력이 크게 보아 지배적 제도나 재원으로부터 연유한다는 사실을 확인하는 동시에 개인의 행위양태를 통해서 표현된다는 점을 강조한다. 특히 후자의 논점을 설명하기 위해서 바흐라흐와 바라츠의 2차원적 권력개념과 룩스의 3차원적 권력개념을 상세하게 논구하고 있다. 이미 필자가 다른 기회를 통해 연구해 놓은 바가 있거니와(홍성민, 2000b) 2차원적 권력개념을 통해서 우리는 권력의 작동방식이 '편견의 동원'을 통해서 이루어진다는 사실을 다시 한 번 확인해 볼 필요가 있다. 나아가서 3차원적 권력개념을 통해서는 한 사회가 당연하게 받아들이고 있는 규범과 가치관의 근원을 재점검해 볼 필요가 있다.[4]

그러므로 이제 해결되어야 할 문제는 보다 분명해졌다. 과연 구성주의적 권력개념에서 국제정치적 자원의 역할을 하는 부분은 무엇이며, 동시에 개별국가들에게 일정한 규범을 당연한 것으로 만드는 국제정치에서의 3차원적 권력은 무엇인가를 밝혀야 한다. 필자가 이 문제에 천착하는 이유는 오늘날 펼쳐지는 국제정치학의 역학구도가 바로 이러한 양자의 균형이 동시에 허물어진 결과라고 보기 때문이다. 따라서 오늘날 문명의 충돌을 정치사회학적으로 이해하기 위해서는 20세기 국제정치질서를 떠받쳐온 물질적 기반을 파악하는 동시에, 이러한 물리력

4 물론 권력의 2차원, 3차원의 표상이 비단 정치사회학의 연구 성과만은 아니다. 국제정치학 분야에서 진행된 권력개념의 모형화에도 이와 비슷하게 시행된 권력의 개념화 작업이 있다. 즉 크라스너(Krasner, 1983)의 메타권력(*meta power*)을 2차원적 권력으로 본다면, 나이(Nye, 1990)의 포섭적 권력(*co-optive power*)은 3차원적 권력에 해당한다고 볼 수 있다.

에 의해서 비롯된 지배종속관계가 어떤 유형의 '사회화' 혹은 '길들이기'과정을 만들어 왔는지 추적해 보아야 한다. 이러한 의미에서 보면 정체성 개념을 통해서 국제정치를 새롭게 이해하려는 시도는 물리적 기반을 유보한 채 이념적 갈등만을 분석하겠다는 좁은 의미의 이데올로기적 분석을 넘어서는 것이다.

3. 권력과 정체성

구성주의 이론가 중에서 상호주관성에 근거한 인지형성과정을 설명하는 데 비교적 광범위하게 정치사회학의 연구성과를 수용한 오너프(Onuf, 1989)의 작업성과는 국제정치영역에서 간주관성에 의해서 형성되는 규범과 정체성이라는 것에 권력의 문제가 어떻게 개입하는지를 명확히 규명하는 데 유용한 자료가 될 수 있다. 오너프는 인간행위의 기초적 작동과정과 정체성 형성과정을 정치사회학의 차원에서 규명함으로써 국가행위와 정체성을 설명하려고 한다.

이 점은 그가 인지(*cognition*)의 문제를 심층적으로 다루면서 콜버그의 인지발달 단계론을 인용하는 점에서 분명해진다. 도덕발전의 수준을 3가지 차원(*preconventional*, *conventional*, *postconventional*)으로 구분한 콜버그의 논리를 차용한 오너프는 이것을 피아제의 규칙 순응적 단계, 규칙 유지적 단계, 규칙 형성적 단계의 3단계와 그대로 연계시킨다. 이러한 논리는 곧바로 정치권력의 유형과도 조응한다. 그는 막스 베버의 전통적 지배, 합리적 지배, 카리스마적 지배에 심리학적 규칙의 적응가능성을 타진하고 있다. 한편 국제정치에서의 헤게모니 지배와 헤테로니적 지배와의 차별성에 주목하면서 국가간의 불평등한 지배구조인 헤테로니적 지배가 어떻게 새로운 절차 형성적 규칙을 창출하는가를 연구했고, 궁극적으로는 헤게모니적 안정단계로 진입하는 과정에 대하여 집중분석하고 있다.

그런데 여기서 필자는 오너프의 이론적 입장에 대하여 두 가지 비판을 하고 싶다. 첫째로 콜버그의 인지발달 단계론은 바로 하버마스의 의사소통행위이론에서 도덕적 규범을 정당화하는 이론의 근거가 되고 있다는 점이다(하버마스, 1996). 하버마스의 철학적 입장에 대한 타당성 여부를 논하는 것은 이 논문의 취지에서 벗어나는 것이므로 여기서 길게 논구할 수는 없다. 하지만 하버마스의 입장과는 상이한 차원에서 인간행위의 원천과 도덕규범의 양식을 탐구했던 이른바 후기 구조주의자들의 논리들이 엄연히 존재하는데, 구성주의는 행위패턴을 설명하기 위해 하버마스를 아무런 검증 없이 수용함으로써 국가행위와 정체성의 형성문제를 설명하면서 인식의 불균형을 자초하고 있다.

둘째로 인간행위와 규칙 그리고 지배형식의 삼각관계를 설명하기 위해서는 보다 근원적인 문제를 새롭게 제기해야 한다. 앞서 언급한 바와 같이 규범과 정체성의 형성과정에는 반드시 일정한 행위의 반복과 이에 따른 내면화 과정이 필연적으로 동반한다. 여기에서 권력의 유형이 어떻게 결정되는가를 질문해야 한다. 즉 내면화의 과정자체가 권력의 모습을 결정하는 중요한 계기라는 사실을 인식해야 한다. 사실 국제정치질서의 안정과 평화라는 것도 결국 현실정치에서 유통되는 규칙과 절차가 당연한 것으로 인지되는 강도에 달린 것인 만큼, 국제정치무대에서의 "내면화 과정"을 명확히 하는 것이야말로 구성주의가 시도한 바 있는 정체성의 형성과정을 구체화시키는 필수적인 작업이다.

이렇게 보면 구성주의 국제정치이론이 등장하기 이전에 발표된 콕스의 논문 "사회세력, 국가, 그리고 세계질서"(Cox, 1986)는 국제정치학의 역학구도 안에서 국가 정체성의 형성 메커니즘을 찾아보려는 이 논문의 문제의식에 여전히 유용한 이론적 실마리를 제공한다.

콕스는 국가행위의 역사적 구조는 물리력과 이념 그리고 제도화의 삼각구조에 의해서 형성된다고 설명하는데 이 안에는 규칙, 행위, 정체성을 설명하려는 구성주의적 목표가 그대로 용해되어 있다. 즉 콕스는 이념을 "상호주관적인 의미 혹은 행동의 습관이나 기대치를 영구화시키는 경향이 있는 사회적 관계"로 개념 정의함으로써 미시적인 영역에서의 개별국가들의 행위양식의 근저를 탐구했다. 또 물리력을 세계적인 생산양식과 부의 문제와 연결시킴으로써 국가간의 상호주관성이 철저하게 물리력에 근거하여 생성된다는 점을 밝혀냈다. 마지막으로 제도화를 헤게모니개념과 연결시킴으로써 권력의 비가시적 요인이 어떻게 내면화되어 강력정치의 적나라한 폭력양상이 정치의 전면에서 숨겨질 수 있는가를 균형 있게 설명했다.

그러나 콕스의 문제제기는 국제정치 질서를 구성하는 세 가지 요인에 대하여 나열하고 있을 뿐 각각의 대상들을 보다 유기적으로 연결시켜 내는 수준까지 발전하지 못했다. 이러한 한계를 콕스의 문제의식을 구체화시키고 있는 김진영의 논문(1998)을 통해 살펴보도록 하자. 김진영은 현실의 국제정치 질서를 그람시의 헤게모니 개념을 빌려 설명하는데, 그 하위단위로서 경제적 측면(세계화시대의 자본축척 양식), 정치적 측면(신자유주의적 국가의 제도적 개혁), 이념적 측면(세계화의 자유시장 이데올로기의 담론을 창출하고 유포하는 행위)을 꼽는다(김진영, 1998: 341). 그런데 이러한 과정에서 국가의 행위를 설명하는 대목을 보면 "세계수준의 경제적 힘들이 국가를 제약함으로써 세계수준의 힘과 국민의 삶의 질을 매개하던 국가 종래의 권한이 축소됨으로써"(349쪽)라고 언급함으로써 국가의 쇠퇴가 외부적인 강제에 의해서 일방적으로 추진되는 것처럼 묘사하고 있다. "초국적 역사적 블록의 주도 이데올로기는 시장의 자유를 자연적이고 합리적인 질서로 간주하며 세계인의 공동번영을 가져오는 것으로 주장하는 신자유주의 이데올로기이다"라고 언급하고 있는데, 여기서 문제는 자국의 실리에 손해를 줄 수도 있는 신자유주의 이데올로기를 어떻게 국가가 스스로 수용하게 되는가에 대한 이른바 '국가 길들이기 과정' 혹은 '규칙의 내면화 과정'이 생략되어 있다는 것이다.

헤게모니적 지배란 직접적인 착취나 지배가 아니라 세계질서에 추종하는 일국의 자발적인 인정행위를 근거로 하는 것이다. 그러므로 도대체 "인정"의 확보가 어떻게 가능한가를 설명해야 한다. 더구나 외부적인 강제의 의해서 국가행위가 결정되고 만다면 그것은 결국 인식론적으로 고전적인 현실주의 관점에서 한 발도 빠져 나오지 못한 꼴이다.

4. 정체성의 형성과정: 언어의 모델과 육체의 모델

여기서 우리는 국가행위를 결정짓는 규범과 정체성의 형성과정을 설명하기 위해서 다음과 같은 몇 가지 사실을 확인해 볼 수 있다.

첫째는 오늘날 국가행위의 물질적 토대는 결국 자본주의 세계경제의 운영체제와 밀접하게 연결되어 있다는 점이다. 자본주의 생산양식이 국가행위의 기본 터전이라는 사실을 이해하지 못하는 한, 국가의 정체성 형성에 대하여 논의하는 것은 자칫 공허한 이념적 논쟁에 빠질 우려가 있다.

둘째, 그러나 자본주의 생산구조가 그대로 국가의 정체성을 규정한다고 생각하는 것은 전통적인 맑시즘의 사조에서 보면 속류 경제결정론의 함정으로 전락하고 만다. 네오 맑시즘의 문제틀에 근거해서 필자의 문제의식을 새롭게 정립해 본다면, 결국 국제정치무대에서 작동하는 물질적 근거를 배제하지 않으면서도 상부구조의 자율적 기능방식을 온전히 포착할 수 있을 때, 비로소 우리는 국가 정체성의 형성과정을 이해할 수 있게 된다. 나아가서 그것이 권력정치의 메커니즘 안에서 어떠한 방식으로 구체적인 국가행위를 결정하는가를 알게 된다.

셋째는 지금까지 구성주의와 관련된 논문에서는 집중적으로 다루어지지 않는 부분을 지적하고자 한다. 구성주의 이론에서 규칙형성적 단계를 강조하는 것은 기존의 국제정치관계를 극복하고 새로운 국제정치 질서로 이행하자는 목표를 설정한 것이라고 해석해 볼 수 있다. 이때 중요한 것은 과연 규칙유지적 단계에서 규칙형성 단계로 이행하지 못하도록 하는 이른바 권력구조의 재생산 메커니즘이 무엇인가를 밝혀내야만 한다는 것이다. 달리 표현하자면 현실 국제정치에서 전개되는 헤게모니적 지배와 그에 대응하는 저항의 논리가 어떻게 작동하는가를 알아야만 새로운 정체성의 형성과정을 설명할 수 있다.[5]

필자는 이러한 세 가지 요인들을 염두에 두면서 국가 정체성의 형성 과정을 설명할 수 있는 두 가지 모델을 이 자리에서 제안해 보고자 한다. 첫째는 언어모델로서 국가 정체성의 결정에 서구 중심적 지식의

5 이 대목에서 정체성 문제를 두고 한국의 국제정치학자들이 좀더 정교한 정치사회학적 감각을 가져보기를 기대해 본다. 사실 필자 자신도 지금까지 전개한 논의들이 대단히 추상적이라고 비판하는 학자들이 있을 것이라고 예상하고 있다. 만일 익명의 논평자의 말처럼 '어떤 기준으로 나와 너를 구분 하는가'를 밝히라고 주문한다거나, 특히 '문명에 의한 나와 너의 구분이 꼭 전쟁으로 치달아야 하는가'라는 문제에 대답하라고 촉구한다면 필자는 이렇게 대답하고자 한다.

우선 국제정치영역에서 권력을 가시적 군사력의 사용으로 한정시켜 생각하는 관점을 보다 유연하게 확장시켜 비가시적 영역이나 혹은 물리적 폭력을 넘어선 생활세계를 관통하는 권력의 효과에 관심을 가지기를 촉구하고 싶다. 또 나/남의 구분이라는 것은 일정한 기준을 가지고 우리 스스로가 만들어 가는 것이라기보다는 자신도 의식하지 못하는 동안(주체중심에 대한 비판) 내가 사용하는 언어와 나의 무의식적 습관 등에 의해서 자연발생적으로 이루어지는 것이다. 더욱 중요한 것은 그것이 끊임없이 재생산되고 있다는 점이다. 따라서 정체성을 논의하는 것이 지나치게 추상적이라거나 모든 것을 포괄하려는 모호한 이론적 시도라는 비판에 대해서 필자는 동의할 수 없다. 위에서 이미 지적한 바와 같이 필자의 목표가 서구이론에 대한 한국적 토착화라고 할 때, 한반도에서 전개되는 국제정치의 권력효과를 보다 현실적으로 포착하는 것이 급선무이다. 필자의 눈에는 군사력에 대한 사용가능성을 기반으로 한 상징적 충돌가능성이 남북관계의 긴장을 조성하는 근본요인으로 보인다. 즉, 생활세계의 수준에서 전개되는 권력의 참모습은 실제적 전쟁 상황이 아니라, 무력충돌을 우려하면서 등장하는 다양한 문화적(상징적) 담론들이 만들어 내는 부정적 효과이다. 이때 이러한 권력의 부정적 효과를 측정하는 방법이 바로 우리들이 일상생활 속에서 체득하고 있는 정체성의 형성과정을 밝혀내는 것이라고 본다. 한반도의 전쟁위협을 어떻게 종식시키나? 북한이나 중국을 어떻게 조정할 것인가? 등의 전형적인 질문이 오히려 필자에게는 추상적이고 공허하게 들린다.

유통과정이 나/타자의 이분법적 논리를 강요한다는 사실을 강조하고자 한다. 둘째는 육체의 모델로서 세계자본주의 생산양식 아래서 국가경제의 실질적 포섭관계를 토대로 국내와 국제 경제를 포괄하는 노동시스템의 연결관계를 밝혀볼 것이다. 이것을 근거로 선진국 중심의 자본축적 양식이 제 3세계의 소비행위와 욕망의 구조를 지배함으로써 대외적인 정치적 표상을 일정한 방향으로 강제한다는 사실을 점검하고자 한다. 필자가 여기서 제시하는 두 모델은 한국의 국제정치현실을 설명하는데 필요한 분석의 원형으로 작동할 수 있을 뿐이지 이것 자체가 곧바로 한국현실을 설명할 수는 없다.

우선 언어모델과 국가 정체성 형성과정의 관련성에 대해서는 사이드의 《오리엔탈리즘》(사이드, 1991)으로부터 논의를 시작하는 것이 유용해 보인다. 이 책의 의도는 서구지식의 재현체계가 비서구 세계에 대한 서구의 물질적, 정치적 억압의 역사에 어느 정도 연루되어 있는지를 밝히는 작업에 맞추어져 있다. 그 중에서도 사이드는 특히 동양과 서양의 관계 및 그 관계를 매개한 특정 담론 즉 오리엔탈리즘의 분석에 천착한다. 여기서 우선 오리엔탈리즘에 대한 개념규정을 정확히 할 필요가 있다. 오리엔탈리즘이란 정형화된 이분법적 재현체계를 통해 동양과 서양의 정체성을 구분하고 본질화하며 유럽과 아시아의 차이를 고착시키는 일련의 과정 혹은 결과이다.

이것은 서양인의 경험 속에서 동양이 차지하는 특별한 지위에 관련된 것으로서(사이드, 1991: 13) 유럽인의 마음속에 반복적으로 나타나는 타자의 이미지라고 할 수 있다. 이 말은 결국 동양이란 서양으로부터 타자화되고 은폐된 자신이자 스스로에게 내재된 타인의 이미지라고 할 수 있는데, 이러한 맥락에서 보면 오리엔탈리즘이란 동양을 지배하고 재구성하며 억압하기 위한 서양의 스타일인 것이다. 여기서 사이드의 말을 잠시 인용해 보도록 하자.

> 오리엔탈리즘이란 동양이라고 하는 독특한 존재가 문제로 되는 경우에는 언제나 불가피하게 그곳에 조준이 맞추어지는 (따라서 또한 언제나 그것에 포함된다) 관심의 네트워크의 총체라고 할 수 있다. 이 책은 이것이 어떻게 하여 생겼는가를 분명히 밝히고자 한다. 또한 이 책은, 유럽문화가 일종의 대리물이자 은폐된 자신이기도 한 동양으로부터 스스로를 소외시킴으로써 스스로의 힘과 정체성(*identity*)을 획득했다고 하는 점도 분명히 해명하고자 한다(사이드, 1989: 17).

따라서 사이드의 논리에 따르면 동양이라는 정체성은 서양의 존재를 전제하지 않고서는 가능하지 않다. 이것은 역으로 말해 국가 정체성의 형성과정에 관련하는 지식과 표상이 기본적으로 불균등하다는 사실을 웅변하는 것이다. 여기에는 구체적인 역사적 사례가 엄연히 존재한다. 그는 영국과 프랑스가 18세기에 추진했던 다양한 문화사업이 이러한 불균등한 지식과 표상성립의 단적인 예라고 지적한다. 이 사업은 이질적인 여러 영역(인문지리학, 오리엔트 지방의 풍토에 관한 방대한 자료의 해석, 동양관련 전문가들의 학술작업, 동양에 관련된 교수직, 종교에 관련된 문헌)들이 하나의 담론을 형성하여 18세기에 서양이 동양을 바라보는 일정한 정치적 표상을 만들어 냈다는 것이다. 그리고 이러한 표상이 지속될 수 있는 이유는 문화적 헤게모니가 작동했기 때문이다. 물론 헤게모니의 주도국은 변한다. 18세기에서 19세기 걸친 오리엔탈리즘의 표상을 주도했던 국가가 프랑스와 영국이었다면 20세기에는 주도국가가 미국으로 바뀌었다.

이러한 맥락에서 보면 한 국가의 정체성은 타자에 의한 평가적 가치를 토대로 결정된다. 국제정치에서 나/타자의 구분은 현실적으로 동양과 서양의 이분법 구도를 통해 유통되고 있다. 이러한 맥락에서 헌팅턴이 제기한 문명충돌론을 사이드적 관점에서 재해석해 보면 문명충돌의 보다 심층적 근원은 동서양을 인식론적으로 혹은 존재론적으로 가르고 있는 언어와 관념의 충돌이라고 할 수 있다. 다시 말해 국가

정체성은 지식권력 또는 문화권력에 의해서 구획되고 결정되는 것이다. 바로 이러한 이유로 해서 오늘날 국가 정체성의 문제를 거론할 때 '후기 식민주의'(*post-colonialism*) (홍성민, 2001; Brydan, 2000; 박지향, 2000 참조) 논쟁이 이론적 관심을 받게 된다. 정치적으로나 법적으로 독립을 쟁취한 제 3세계 국가가 문화적으로는 여전히 식민지 본국과의 관계에 종속되어 자신의 정체성을 상실하는 상태를 설명하는 후기 식민주의 논리를 통해 우리는 현실 국제정치에서 작동하는 권력과 정체성의 본질을 새롭게 이해할 수 있다.

대체로 국가 정체성을 불균등한 문화적 패권의 논리 아래서 설명할 때 학문적 관심을 갖지 않을 수 없는 부분은 지식 이전의 문제와 방송 부분이다. 전자에 대해서는 이미 필자가 다른 지면을 통해서 자세히 연구한 바 있기에(홍성민, 2001), 여기서는 방송의 영향력에 대해서 잠시 검토해 보도록 하자. 데이비드 몰리(1999)는 방송매체를 통해서 세계의 표정을 접하게 되는 시청자들이 세상이 강요하는 것과 자신이 원하는 것 사이의 갈등관계가 어떻게 정치적 정체성의 결정으로 이어지를 잘 보여주고 있다. 전 세계 통신사의 9할 이상의 지분을 갖고 있는 서구선진제국들은 동양인들의 마음속에 서양을 선(*the good*)으로 비추고 상대적으로 이슬람을 악(*the bad*)으로 비추도록 만들 수 있는 충분한 권력의 자원을 가지고 있다. 최근의 테러사건과 보복전쟁으로 야기된 일련의 방송사 보도를 보면 철저한 기호학적 분석이 없다고 하더라도, 미국중심의 보도에 국가의 정체성이 어떠한 방향으로 유도되고 있는지를 쉽게 짐작할 수 있다. 사실 방송매체를 통해 전달된 서구의 차별성과 우월성은 동양을 야만과 결핍의 세계로 묘사하는 효과를 낳게 된다.

둘째로, 육체의 모델을 통해 국가의 정체성을 살펴보자. 위에서 언급한 지식의 모델은 국가간의 문명적 수준을 분석단위로 전제했다면, 여기서 논하는 육체의 모델은 자본주의를 중심으로 하는 세계경제를 하나의 분석단위로 전제한다. 왈러스타인의 '세계체제론'을 연상할 수 있는 이러한 분석의 장점은 일국의 정체성 형성과정이 세계전체를 상위단위로 하는 제국(*empire*)의 존재와 결코 분리될 수 없다는 사실을 일깨워 주는 데 있다. 여기서 안토니오 네그리의 《제국》이라는 저작은 필자의 논점을 분명히 하는 데 대단히 유용하다. 우리는 여기서 현실 국제정치 무대에서 하나의 제국을 구성하는 근본 요인이 사법적 절차에 있기보다는 경제적 구성절차에 있다는 사실을 깨달아야 한다. 국가간의 관계를 규율하는 주권과 보편적 권리와 같은 법률적 원칙들의 이면에는 생산의 세계화를 요구하는 자본축적의 메커니즘이 존재한다. 따라서 유엔이나 세계은행과 같은 초국적 국제기구를 통해 세계질서의 균형을 설명하려는 시도는 자칫 제국의 구성을 이해하는 데 본질과 현상을 혼동하는 것이라 하겠다.

그렇다면 어떻게 세계적 규모에서 진행되는 자본축적의 논리가 육체를 관리하게 되는가? 사실 이 부분이 국가 정체성과 육체모델을 연상시키는 데 있어서 핵심부분이라 할 수 있다. 여기에는 미셸 푸코가 시도한 자본주의 발전과 훈육사회의 친화성에 대한 검토가 필수적이다. 푸코는 《감시와 처벌》에서 훈육사회의 도래가 자본주의 발전과 밀접하게 연결된다는 사실을 밝힌 바 있다. 이때 감옥, 공장, 병원, 대학과 같은 훈육제도들을 설명하는데, 이러한 사회적 장치들은 시민사회 내부로 침투하여 점차 개별자들의 생산실행의 패턴은 물론이고 일상생활에서의 습관마저 길들인다. 따라서 훈육사회는 자신의 생산과 재생산의 분절들을 지닌 채 자본과 국가의 통제 아래 포섭된다. 푸코의 분석은 대체로 19세기 말까지 한정된 근대성의 완성단계에 머물고 있는데, 이러한 문제의식은 오늘날 우리 앞에 전개되는 다양한 탈근대적 사회현상에서도 동일한 분석력을 갖는다는 것이 필자의 생각이다. 푸코에 대한 연구가 국내학계에서 이제는 충분히 축적된 편이고, 국제정치 분야에서도 푸코의 인용이 낯설지 않게 된 상황을 감안한다면 그에 대한 더 이상의 상술은 불필요한 것으로 보인다. 따라서 보다 본격적인 분석을 통해 국가 정체성의 문제를 푸코의 생체권력의 문제의식과 연계시켜 보도록 하자.

우선 푸코가 남긴 학문적 교훈 가운데 정치학이 주목해야 하는 부분은 역시 권력의 효과가 생활감각 및 욕망을 조절한다는 점이다. 이러한 감각과 욕망의 지배가 바로 생체권력의 기본적 특성이다. 그런데 오늘날 이러한 생체권력의 발원지는 감옥이나, 병원과 같은 근대적 제도들로부터 벗어나 소통체계, 정보네트워크, 혹은 다양한 복지체계로부터 유래되고 있다. 특히 네그리는 탈현대적 노동형태를 설명하기 위해서 "비물질적 노동"(*Travail immateriel*) (네그리 · 하트, 2001: 60)이라는 개념을 들고 나오는데, 이것을 통해서 우리는 생산과정의 변화로부터 새로운 노동자 주체의 변화를 설명할 수 있는 계기를 갖게 된다. 예컨대 컴퓨터화된 노동과정의 확산은 잉여가치의 생산이 인간의 육체노동의 투입에 의해서가 아니라 인간의 두뇌로부터 유래하는 창조적인 소프트웨어의 투입을 필요로 하게 만들었다. 따라서 현대 자본주의 생산과정에서는 인간의 지식, 소통, 언어 따위가 중요한 요인으로 등장하게 되는데, 이러한 요인들 자체가 인간 주체성을 구성하는 핵심부품임에 틀림없다.

특히 국가 정체성의 구성과 관련해서 세계적 규모로 진전되는 자본축적 양식은 상품생산의 실질적 포섭과정을 강화시켜, 국내경제와 국제경제의 경계를 무너뜨리고 상품생산의 논리에는 이른바 '지구적 기준'(*global standard*)이 적용되기에 이르렀다. 맑스에 따르면 형식적 포섭이란 상품의 생산과정자체에는 자본가의 개입이 이루어지지 않은 채 상품자체에 대한 자본의 통제가 이루어지는 상태를 말한다. 한편, 실질적 포섭이란 상품의 결과뿐만 아니라 상품생산의 구체적인 경로에까지 자본가들의 개입이 실현되는 상태를 말한다(《자본론》 1권 4편과 5편, '상대적 잉여가치의 생산'을 참조).

이러한 두 가지 포섭의 단계를 최근 국제경제질서와 관련시켜 보자. 적어도 1970년대 이전까지의 다국적 기업의 논리에서는 상품의 연쇄를 기반으로 국가간의 경제적 밀착도가 강화되기는 했지만 국제적 자본이 일국 내의 생산조건까지 간섭하지는 못했다. 반면, 80년대 이후 이른바 신자유주의 시대가 도래해 세계경제의 흐름이 초국적 기업과 자본의 논리에 포섭당하면서 이제 일국 내의 경제시스템과 생산관리방식은 완전히 국제적 자본의 힘에 노출된 것이다. 결국 오늘날의 자본주의 생산과정은 바로 개인들의 주체형성을 완성하는 핵심에 자리잡고 있으며 그 원동력은 초국적 수준으로 움직이는 자본의 힘이다.

> 거대한 초국적 기업들은 어떤 중요한 측면에서 생체정치적 세계의 근본적 연결조직을 구축한다.… 기업들의 활동은 더 이상 추상적인 명령의 부과와, 단순한 도적질과 부등가 교환의 조직에 의해서 규정되지는 않는다. 오히려 기업활동은 직접적으로 영토와 주민을 구조화하고 접합한다.… 투자를 선별하고 재정통화 책략을 지시하는 복잡한 장치가 세계시장의 새로운 지도, 즉 사실상 세계의 새로운 생체정치적 구조화를 결정한다.… 따라서 거대한 산업적, 재정적 역능은 상품뿐만 아니라 주체성도 생산한다. 그러한 기능은 생체정치적 맥락 안에서 행위적 주체성을 생산한다. 즉 욕구, 사회관계, 신체, 그리고 마음을 생산한다. 생체정치적 국면에서 삶은 생산을 위해 일하게 되고 생산은 삶을 위해 일하게 된다(네그리·하트, 2001: 65~66쪽).

네그리는 세계적 규모로 실현된 자본의 실질적 포섭과정의 단초를 세계 제2차 대전 이후에 세계 각국으로 전파된 뉴딜정책이라고 말하고 있다(네그리·하트, 2001: 327). 케인즈적 복지국가모델이 전 지구적으로 확산되는 과정은 바로 미국의 군사적, 문화적 헤게모니를 공고히 하는 과정과 일치한다. 전쟁의 복구를 위해 제안된 뉴딜정책은 유럽과 일본에 공공보조형식과 차관을 통해 서구 선진세계에 미국이 원하는 사회국가를 탄생시켰고, 제 3세계 국가들에게는 이른바 근대화 이론을 통해 위성국가를 만들어 내었다. 이를 통해 전 세계의 개인들이 자본축적에 활용되는 일정한 생산패턴과 생활주기로 포섭되고 말았다.

그러나 국가 정체성 형성이 생산의 포섭을 통해서만 진전된 것은 아니다. 오히려 자본주의 생산양식을 통한 욕망의 통제는 문화적 헤게모니의 확산을 통해서 공고히 되는 경우가 보다 일반적이다. 신자유주의 시대의 유연축적 전략을 구사하고 있는 현실 국제정치 경제의 메커니즘을 보면 상품의 회전시간을 단축하기 위해서 소비를 촉진하지 않을 수 없는데, 이것은 결국 세계적 규모로 펼쳐지는 '즉흥성과 일시성의 문화'(하비, 1994 참조)가 일상을 지배하는 결과를 초래하였다. 이러한 소비조장의 문화는 개인들을 자극적인 유행음악이나 영화와 같은 문화상품에 탐닉하도록 만들어 버림으로써, 문화의 초민족적 현상을 낳아 버렸다. 이제 우리는 아프리카에 배낭을 메고 여행을 가서도 맥도날드 햄버거로 점심을 해결하고, 저녁에는 일본식 가라오케 방에서 미국의 팝 가수의 노래를 부르는 것이 일상이 되어 버린 세상에서 살고 있다. 대중매체를 통해 전달되는 이미지나 문화적 기호들은 개인의 정체성은 물론이고 국가의 정체성을 선진 자본주의 문화산업의 논리 안으로 포섭하고 있는 것이다.

5. 결론: 새로운 저항의 지점

필자는 이 논문의 시작에서 세계가 새로운 변화의 국면으로 치닫고 있으며, 이러한 역동과정을 포착하기 위해서 새로운 인식의 패러다임이 필요하다는 사실을 언급하였다. 지금까지 전개해 온 정체성의 형성과정에 대한 논의는 새로운 현실 국제정치의 논리를 이해하기 위해서 필요한 분석의 틀이었다고 할 수 있다. 따라서 이제 우리는 이러한 분석을 근거로 생존전략을 모색해 보아야 할 지점에 와 있다. 우선 여기서 새삼스럽게 강조해야 할 점은 중심국/주변국의 경제관계가 문화적으로 불평등한 정체성을 강요하는 것이 현실이지만, 그렇다고 제3세계 국가로부터의 저항이 존재하지 않는다고 말할 수는 없다. 오히려 우리 눈앞에 펼쳐지고 있는 테러와 보복전쟁은 바로 정체성의 구성과정에 커다란 도전과 대항이 있다는 사실을 웅변한다. 우리는 미래의 세계질서를 구상함에 있어서 이러한 지배와 저항의 충돌양상을 항상 염두에 두어야만 할 것이다.

첫째, 본문에서도 여러 번 강조된 바와 같이 세계자본주의를 주도하는 자본의 힘을 이해하지 못하는 한 군사적 충돌에 대한 관심은 단순한 저널리즘의 성격을 넘어서지 못할 것이다. 경제적 토대의 밑받침이 없는 저항의 힘은 공허하다. 다시 말해 국가 정체성을 결정짓는 궁극적인 토대는 자본축적의 논리라는 것이다. 그러므로 우리의 입장에서는 세계자본주의라는 큰 틀 안에서 한국경제의 위상을 찾아내는 것이 첫 번째 과제라고 할 수 있다.

필자가 보기에 신자유주의나 세계화의 흐름에 반대를 한다고 할 때 한국이 취해야 할 저항의 거점도 이러한 상황판단으로부터 시작해야 한다. 우리는 오늘날 자본의 공세가 한국경제를 유린하여 초래된 심각한 경제위기를 맞고 있다. 그러나 꿈꾸던 복지국가를 실현하지도 못한 채 노동자나 민중 대다수의 삶을 시장경쟁 구도 안으로 몰아넣는 신자유주의 경제정책을 그대로 받아들일 수는 없을 것이다. 한국 현대사에서 강력한 정부의 지원과 민중들의 희생을 통해서 이루어진 경제발전의 역사를 감안한다면 효율성을 강요하는 대외적 생존전략 못지않게 평등을 기반으로 한 국내경제 주체들에 대한 정책적 배려가 필요하다. 사실 신자유주의의 보수성이 기본적 인권을 짓밟고 있다는 각성이 여러 곳에서 일고 있으며, 미국이 주도하는 획일적 헤게모니가 이미 종식되었다는 평가가 들리기도 한다. 그런 만큼 우리는 자본의 획일적 운동이 완전히 장악하지 못한 문화적 지점에서 우리 삶의 새로운 지향점을 모색해 볼 수 있을 것이다. 오늘날 저항의 거점들은 개인들의 일상생활을 관장하는 하부조직으로 넓게 확산되었다. 왜냐하면 정치영역이 국회나 정당과 같은 정치제도만으로 국한될 수 없고, 다양하게 확산된 권력의 그물망으로 정치를 이해해야만 하기 때문이다. 따라서 가정이나 교육, 이미지나 텍스트와 같은 문화적 영역에서 진행되는 복수적인 정치활동의 모습을 활성화시켜야 한다.

둘째, 여기서 언어모델이 우리의 관심을 끌게 된다. 비록 군사적 물리력이나 자본의 힘은 미국중심의 서구세력이 압도적인 우위를 차지하고 있지만, 권력과 담론이 전적으로 서양의 식민주의자들의 손에 독점되어 있는 것은 아니다. 이러한 맥락에서 사이드의 오리엔탈리즘은 비판받아 마땅하다. 서양의 문화적 제국주의에 대항하는 식민지 종속국의 반란과 봉기가 제 3세계 민중들의 정체성에 새로운 전기를 마련하고 있다. 따라서 오늘날 문명충돌이 존재한다면 그것의 본질은 접촉지대 혹은 한계지역(이것이 헌팅턴의 용어로는 단층선 지역이 될 것이다)에서 전개되는 문화적 지배권력과 그에 대한 투쟁이라고 할 수 있을 것이다. 이러한 관점에서 한국사회의 국가 정체성과 관련하여 오리엔탈리즘을 넘어서기 위한 구체적인 전략은 과연 무엇일까?

순수하게 이론적 차원에서 보면 지금까지 당연한 것으로 믿어 왔던 유럽중심주의에 대한 반성을 시도하는 전략을 생각해 볼 수 있다. 다시 말해 탈오리엔탈리즘적 사고란 근대의 지배적 지식체계가 서양의 권력과 실천적 제도들과 연계되어 탄생되었다는 사실을 인지하고 이에 대한 해체작업을 수행하는 것이다(강상중, 1997: 187 참조). 이것을 한국현실에 적용해 본다면, 한국학문의 경계를 틀 지은 서구의 합리성과 발전의 논리가 서양/동양 혹은 문명/야만이라는 이분법의 논리에 근거하고 있다는 사실을 인식하고 여기에 함축된 배제와 차별의 논리를 포착할 수 있어야 한다. 이러한 작업은 물론 순수한 인식론의 차원에서 머무는 것은 아니다. 학문활동의 중심지라고 할 수 있는 대학의 개혁과 교수들의 태도에 혁명적인 변화가 있어야만 한다. 더구나 필자가 이미 밝힌 바와 같이(홍성민, 2001), 여기에는 다양한 문화적 하부운동조직에서 활동하는 지식인들의 연대가 필요하다. 세계에 대한 정치적 표상을 만들어 내는 문화현상은 이제 순수학문을 넘어서 영화나 음악 혹은 미술 분야와 같은 수많은 세부영역을 통해 생성되고 전파되기 때문에 서구로부터 유래하는 지배적 표상에 대응하는 한국적 비전의 정립을 위해서도 다양한 분야의 지식인 연대가 결속되어야 한다.

이와 관련하여 최근 우리사회에 확산되는 진보와 보수진영의 갈등은 오히려 한국사회의 이념적 지향을 새롭게 정립할 수 있다는 견지에서 필자는 긍정적으로 생각하는 편이다. 한국의 언론을 중심으로 진정한 의미에서 보수와 진보의 이념적 기반이 다져진다면, 국가의 외교전략이나 경제발전의 활로를 모색하는 데 오히려 균형자의 역할을 해줄 것으로 기대하기 때문이다. 그러나 한 가지 염려스러운 점은 한국사회에서는 보수진영의 뿌리가 워낙 공고해서 자칫 진보와 갈등구도가 실질적으로는 애초부터 균형을 잃은 이념논쟁으로 전락할 우려가 있다는 점이다.

셋째, 지구화의 진전과 관련해서 민족적 특수성과 보편성을 어떻게 융합해야 하는지의 문제가 우리 앞에 남는다. 역사적으로 보면 서구에서 특수성과 보편성의 문화적 갈등은 식민지 종주국으로 몰려든 이민 세대들의 국적을 처리하는 법적 문제나 이로부터 발생하는 문화적 갈등을 어떻게 극복할 수 있는가에 초점이 맞추어져 왔다. 뉴욕이나 파리와 같은 국제도시에는 예외 없이 종족성과 국제주의의 문화적 갈등이 첨예하게 대립해왔다. 근대국가를 법률적으로 규정했던 영토성과 시민권의 형성에 금이 가고 있는 것이다. 이런 관점에서 보면 국가 정체성의 위기란 단일한 영토 안에 있는 자국민이 동일한 문화적 유대감을 이루어 내지 못하는 현상을 지적하는 것이다(홀, 2000 참조).

그러나 한국의 경우에는 문제의 양상이 다르다. 충돌의 원인은 이질적인 종족성에 있는 것이 아니라, 서로 다른 이념과 체제를 어떻게 통합하는가에 있다. 이를 위해서는 법률적인 문제틀을 벗어나야 한다. 남북한의 이질성 극복방안에 대한 논의는 이미 다양한 기회를 통해 수많은 글들이 쏟아져 나온 터라, 여기서 필자가 새롭게 논점을 정리할 필요는 없을 것이다. 다만 한 가지 지적하고 싶은 것은 지금까지 한국의 국가 정체성이나 사회구성원들의 충성심의 대상들이 모두 정부주도하에 이루어져 온 탓에 새로운 민족국가의 정체성의 향방 역시 법률적이고 제도적인 수준에서 모색되고 협상되는 것이 대세로 이어져 오고 있다는 것이다. 이처럼 관주도로 이루어지는 정체성의 통합운동은 반드시 시민주체들의 자발적 참여를 동반해야 한다. 사실 분단 50년을 넘어선 이 시점에서 종족성에 바탕을 둔 한 민족의 자손이라는 문화적 프로파간다에 의해서 민족정체성의 미래를 결정한다는 것 자체가 대단히 순진한 발상이다. 따라서 외부적으로는 세계화의 물결과 함께 나타나는 다중심의 '내포적 정체성'(한승완, 2001: 255)을 확보하는 동시에, 내부적으로도 다양성을 인정할 수 있는 다원주의적 국가 정체성을 반드시 찾아내야만 한다. 아마도 이런 점에서 향후 시민사회의 역량이 대단히 중요한 변수로 작용할 수밖에 없을 것이다.

마지막으로 지금까지 서구가 주도해 온 문화적 헤게모니가 약화되면서 서양의 문화적 지배로부터 탈구가 점차 심화되어 간다면, 과연 새로운 세계질서를 포괄하는 문화패턴은 어떻게 정립되어야 하는 것인가라는 의문이 남는다. 국제정치의 척박한 현실이 한 치 앞도 예상할 수 없이 급박하게 돌아가고 있지만, 한 번쯤은 10년 후 아니 어쩌면 100년 후의 미래정치에 대해서 생각해 볼 여유가 필요하다. 이러한 견지에서 보면 지금까지 인류가 이룩한 문명과 야만의 역사를 돌이켜 보는 것도 흥미로운 작업이다. 엘리아스의 《문명화 과정》(엘리아스, 1996)과 같은 역사사회학적 연구에 따르면, 인류의 야만성은 중세에서 근대로 움직이는 과정에서 유럽사회에 궁정문화가 정착됨으로 해서 문명적으로 길들여졌다는 것이다. 여기서 문명화의 과정은 반드시 전쟁과 관련된 폭력성의 절제만을 의미하는 것은 아니다. 인간이 일상생활을 영위하는 데 개입하는 식사, 성, 의상에 이르는 생활세계에 커다란 변화가 있었다. 인류문화의 문명화 진전은 구조적으로는 민족국가라는 제도적 단위가 성립되었다는 사실에 기인하며, 여기에 상응하는 개별인간들의 미시적인 행위양태가 조응한 것이다.

엘리아스의 분석들을 통해 미래사회에 대한 과감한 예측을 시도해 보자. 우리는 지금 특수성(민족주의)과 보편성(세계화의 논리)의 논리가 강경하게 대립하는 현실 국제정치의 대립구도를 목도하고 있다. 아마도 이것을 해결하는 길은 첫째로 민족국가의 형태가 변해야 할 뿐만 아니라, 이와 더불어 개별행위자들의 행동양식을 규정하는 생활세계가 동시에 바뀌어야 할 것이다. 전자를 설명하기 위해 헬드의 '국제적 수준의 민주화의 달성'(Held, 1991, 1992)이라는 개념을 빌려 온다면, 후자는 기든스의 '생활세계의 정치'(기든스, 1997)를 통해 이해될 수 있을 것이다. 그러나 역시 한반도의 현실에서 정체성을 논의하는 학문적 의미는 남북관계를 둘러싼 갈등구조를 해결하는 문제와 접목되지 않을 수 없다. 이 논문이 이론적인 차원에서 정체성을 연구주제로 삼아 왔다면, 이를 근거로 보다 구체적인 경험사례연구가 앞으로 이어져야 할 것인데, 예를 들어 한국 현대사에서 각 정권이 제시한 대북정책의 프로그램과 미국-남한의 연결구조, 그리고 당시 세계자본주의의 흐름이라는 3각 구도를 종합적으로 고찰하는 역사-사회적 연구작업이 매우 필요하다. 이것은 필자가 앞으로 추진해야할 과제로 남겨둔다.

지식과 국제정치

한국의 민주화와 학문의 과제

제3장

1. 서론: 국제정치에서의 권력과 지식

냉전 종식 이후 초강대국으로 군림하는 미국의 국제정치권력에 대해 논란이 있다. 우선 견제세력 없이 무한대로 확장되는 미국의 권력을 전통적 제국주의의 형태로 이해할 것인지, 또는 새로운 '제국'(*empire*) 이라는 개념을 끌어와야 하는지를 두고 찬반양론이 있다(캘리니코스 외, 2007).[1] 이러한 논쟁의 연장선에서 세계화를 이해하는 수준에도 의견이 대립하는데, 예를 들어 세계화를 세계체제론의 관점에서 바라보면서 자본축적의 형식으로 설명하려는 시도가 있는가 하면, 미국의 국가 이해(*national interest*)를 관철시키려는 대외정책의 일환으로 이해하는 방식도 있다. 그런데 현실의 투쟁과정에서 보면 이러한 논의가 큰 호소력을 갖지는 못하는 것 같다. 미국과의 자유무역협정(FTA) 과정에서 드러나는 것처럼, 한국의 상황에서 미국의 권력을 '제국주의'로 이해하건 '제국'으로 이해하건 큰 차이 없이, 그것은 일반 민

---

1 〈세계정치〉, 제 26권 제 1호(2005년 봄/여름)는 '세계정치와 제국'이라는 제목의 특집호로 출간되었다. 여기에 실린 박지향(2005), 안병진(2005), 백승욱(2005), 이수형(2005), 김상배(2005b), 최갑수(2005), 김경현(2005) 참조.

중의 삶을 왜곡시키는 거대한 강제력임에 틀림없다.[2]

한편 학문적 논의에 일정한 편견이 있다는 사실을 지적하지 않을 수 없다. 학문적으로 옳고 그름의 차원을 다루는 인식론을 떠나서 현실에 접근하는 일정한 관행이 있는데, 이를 '학문의 사회적 존재론'이라고 이름 붙일 만하다. 이러한 학문의 존재론 자체가 권력의 효과에 의해 인위적으로 만들어진 것임에도 불구하고, 그에 대한 반성이 없다는 것이 문제이다. 그 대표적 현상으로 미국 권력의 성격을 논하는 대다수의 연구논문에서 그것이 각국의 국내정치에 어떻게 수용되는가에 대한 분석이 상대적으로 경시되어왔다는 사실을 지적하고 싶다.

사실 그동안 학계의 관심은 세계화를 미국 권력의 확산과정으로 이해하면서 이에 대한 비판이 대세를 이루었고, 이런 경우 세계화를 추동하는 근본 세력으로 국제적 투기자본이나 미국의 조정을 받는 국제기구(IMF, 세계은행, 세계무역기구)에 대한 제도 분석에 집중하는 것이 보통이었다. 그러나 권력의 흐름을 제도적인 것에 국한하는 경우 미국식 가치관이나 이념이 국내정치에 수입되는 과정을 놓치기 쉽다. 다시 말해, 세계화에 대한 논의방식 자체가 이미 미국식으로 전제되어 있다는 것이다.[3]

---

2 한국이 당면한 치열한 투쟁 앞에서 미국의 세계적 헤게모니가 약화되는가 혹은 더욱 강대해지는가에 대한 논의는 어떤 면에서 매우 한가한 얘기처럼 들리기도 한다(백승욱 편, 2005 참조). 어린아이의 돌팔매질이 '장난'인지 '폭력'인지 구분하는 것이 그 돌을 맞는 개구리에게 무슨 의미가 있겠는가? 1980년대 미국이 보유한 핵무기의 성격을 두고 '전략적 무기'와 '전술적 무기'로 구분하면서 위험의 정도를 논의하던 방식 또한 결국 미국을 제외한 제2세계의 조건을 전제로 한 학자적 담론이었다. 이와 비슷하게 오늘날 '제국의 슬픔', '제국의 몰락'을 거론하는 학자들은 미국의 권력이 지속되기를 바라는 미국의 공화주의자들이거나 미국 권력이 쇠락하여 다시 유럽의 전성기가 오기를 기다리는 유럽의 학자들일 것이다.

3 이러한 맥락에서 보면 세계화에 대한 대부분의 연구성과가 미국에서 생

물리적 강제력만으로 미국의 세계적 헤게모니가 제 3세계에 전파될 수는 없다. 오늘날 세계화를 미국화(*Americanisation*)라고 비판하는 목소리가 많다. 이는 미국식 제도화가 제 3세계 민중들의 의식을 지배할 수 있다는 경각심에서 나온 우려이다. 따라서 우리 입장에서 우려해야 할 사항은 미국식 발전모델이 한국에 수입되어 그것이 마치 보편적인 것처럼 받아들여지는 이른바 '일상생활의 식민지화 현상'이다. 제 3세계의 국민들이 미국의 프로파간다를 당연한 것으로 받아들이는 이유는 '인정'(*reconnaissance*)의 과정이 효과를 발휘하기 때문이며, 이것이야말로 미국의 세계적 헤게모니를 지탱하는 핵심이라고 필자는 판단한다. 그럼에도 불구하고 '인정' 과정이 어떻게 발생하는가에 대한 연구 성과는 거의 없다.

예를 들어 세계은행에 대한 비판적 분석이 많았지만(George et Sabelli, 1994), 이러한 연구들은 세계은행이 국내정치의 정책결정에 어떠한 영향을 주며, 국제기구 안에서 일하는 국내 엘리트의 역할이 무엇인지에 대해서는 의문을 가지지 않았다. 또한 연계망 이론을 국제정치에 적용하는 학자들도 초국가적 차원에서 이론을 전개할 뿐, 연계의 기원과 확산과정, 국내정치의 결정요인에 대해서는 묻지 않는다(Keck et Sikkink, 1998; Dauvin et Simeant, 2002; 김상배, 2005b). 미국식 소비문화가 세계적으로 확산되는 현상에 대한 경고는 있지만(리처, 2003), 그것이 제 3세계 민중의 정체성을 어떻게 왜곡시키는가에 대한 정교한 설명은 없다. 즉, 미국의 권력을 우려하는 사람들은 국제정치의 요인을 과도하게 강조했을 뿐 국내정치의 요인이 여기에 어떻게 반응하는가에 대해서는 무관심했다.

이러한 맥락에서 세계화를 바라보는 관점을 바꾸어야 한다.[4] 우선

산되고 있다는 사실은 매우 흥미롭다. 이 점에 대해서는 드잘레이와 가스(Dezalay et Garth, 2002b) 참조.

미국식 세계화의 논리가 국내정치에 전파되는 과정에서 미국식 상징적 자원[5]이 함께 유입되며, 이것이 국내 정치권력의 정당성을 뒷받침하는 역할을 한다는 사실을 알아야 한다. 그리고 일단 유입된 상징적 자원은 제 3세계 내에서 자생적인 재생산 메커니즘을 확보한다. 즉, 강제력에 의해 미국식 제도가 이식되면 스스로가 자신의 존재근거를 만들어내면서 미국의 요구에 상응하는 국내의 정치적 · 경제적 · 문화적 조건을 재창출해낸다는 것이다.[6]

어떠한 강제력도 피지배자가 스스로 인정하고 수용하지 않는다면 정당한 권력으로 지속될 수 없다. 미국의 세계지배가 반세기를 넘어가면서 한국을 비롯한 제 3세계는 미국식 가치관에 점점 더 예속되는데, 이것은 단순히 자본축적이나 군사적 강제력만으로 유지되는 것이 아니다. 이렇게 보면 결국 세계화라고 하는 것은 다음과 같은 몇 단계로 분류되어 이해될 수 있다.

첫째, 미국 내의 정치투쟁 과정이다. 미국식 가치관이나 자본축적의 논리가 성립되어 하나의 외교정책으로 발휘되기 전에는 미국 내에서도 매우 치열한 권력투쟁의 과정이 있다. 공식적으로 세계정치에서 드러나는 '미국'은 매우 피상적인 수준에서 이해된 모습이다. 그 안을 들여

---

4 미국의 권력이 세계적인 헤게모니로 확산되고 인정되는 과정을 필자는 '좁은 의미에서의 세계화'라고 정의하고자 한다.

5 상징적 자원이라는 개념은 부르디외(Pierre Bourdieu)에게 빌려온 개념이다. 필자는 상징적 자원의 대표적인 예로 지식의 수입을 꼽고 싶다.

6 따라서 미국의 세계적 헤게모니를 이해하기 위해서는 반드시 국내정치의 권력구조를 알아야 한다. 국내정치는 권력행사에 대한 정당성을 둘러싸고 전개되는 헤게모니 투쟁의 장이라고 할 수 있다. 부르디외가 언급한 바와 같이 "국제정치의 지배는 국내정치의 투쟁에 의해서 이루어지는데, 이때 중요한 쟁점은 국내적인 것과 외부적인 것을 나누는 분류기준과 관련이 있다"(Bourdieu, 2002: 8).

다보면 수많은 권력의 장(場)이 서로 견제하고 있으며, 여기서 일어나는 권력투쟁의 양상도 면밀히 분석될 필요가 있다. 사실 미국의 대외 정책이 일관된 형식으로 정립된 것이라는 생각은 매우 순진한 발상이다. 지금까지 미국권력의 속성을 논하는 대부분의 연구자료가 이러한 점을 제대로 이해하지 못하고 있었다. 미국의 경제계, 행정권력, 학계로 권력의 수준을 나누고, 이들 사이에 어떠한 역학관계가 발생하며, 이들이 어떠한 방식으로 결합하는지를 꾸준히 탐색할 필요가 있다.[7]

둘째, 국내정치의 세력관계가 국제정치의 요인과 어떻게 연결되는가를 알아야 한다. 특히 한국의 상황에서 보면 세계화는 특정한 사회세력의 이해관계를 보편성이라는 명분으로 추진하는 것에 불과하다. 따라서 한국사회 지배세력의 보수적 성향이 미국적 모델에 근거하게 되는 계기가 무엇인지를 면밀하게 추적해야 한다. 여기에서 지식의 역할이 매우 중요하다. 미국은 제 3세계를 지배하는 형식의 하나로 국가지식의 중요한 지분을 창출하고 전파한다. 이것이야말로 전 세계에 미국적 가치관이 확산되어 미국식 통치모델이 정통성을 인정받는 계기이다.[8]

---

7 미국의 보수권력을 네오콘으로 명명하고 이에 대한 권력의 구성요인을 인물별로 서술하는 방식으로는 미국권력의 정확한 성격을 이해할 수 없다(남궁곤 외, 2005 참조). 미국 정치 내부에서 늘 존재하는 권력의 역학관계는 재계, 정치계, 언론계, 학계의 복합적인 연결관계와 그로부터 파생되는 다양한 조합에 의해 그 성격이 시기에 따라서 다르게 결정된다. 이는 또한 제 3세계의 국내정치와도 연결되어 나타난다. 정당, 행정부, 재계 등을 따로 나누어 분석하는 이른바 미국식 정치과정론을 하루속히 탈피해야 한다.

8 물론 군사력과 경제력을 무시하자는 것은 아니다(Dezalay, 1993a: 23~38 참조). 그러나 이러한 힘을 행사하기 위해서는 인간에 대한 통제가 필요하다. 예를 들어 제 3세계에서 미국의 헤게모니가 영향력을 유지하기 위해서는 군사전문가를 미국에서 양성하는 과정이 반드시 필요하다. 한국처럼 군사전문가 대부분이 미국에서 훈련되는 나라가 그 대표적인 예이

셋째, 민중의 일상생활에 미국식 가치관이 전파되는 계기를 연구해야 한다. 권력의 최소단위는 일상생활 속에서 삶을 영위하는 개인이라고 할 수 있다. 그들의 가치관이나 신념이 미국식 세계권력에 어떻게 조응하는가를 파악하지 않고서는 '제국'의 의미를 논할 수 없다. 물론 소비문화를 연구하는 인류학이나 사회학의 연구 중에서 이 부분에 관심을 기울인 글이 없는 것은 아니다(문옥표 외, 2006). 그러나 필자가 보기에 개인의 정체성 변화과정을 연구하는 것은 공적 영역과 사적 영역의 상호관계를 매개하는 분석틀이 전제되어야 하며, 여기에는 자본에 기초하는 제도적 권력과 개인의 내적인 심리과정을 연결하는 사회적 무의식(*habitus*)에 대한 개념이 필요하다. 즉 정신분석학, 소비사회학, 정치경제학 등이 함께 동원되어야 하는데, 지금까지 그러한 문제의식에서 연구된 본격적인 글이 없어 보인다.

결국 필자가 이해하는 미국의 헤게모니는 지식의 전파과정과 깊숙이 연관되어 있다. 적어도 오늘날 진행되는 세계화는 미국식 가치관을 전파하는 상징적 제국주의라고 생각한다. 미국이 창출하고 수출한 지식과 이념이 국제정치의 통치구조뿐 아니라 국내정치의 권력구조를 규정한다. 이때 중요한 기준이 되는 것은 물론 미국의 모델이다. 미국은 합리성을 대표하는 전형적인 예이기 때문이다. 이러한 과정을 거치면서 국내정치에서 국가지식을 관장하는 지배계급은 세계화에 대한 담론을 자신의 이해관계에 맞도록 조정해간다. 또 제3세계에서는 '수입된 국가'(*Etat importé*) (Badie, 1993)의 지식을 바탕으로 중앙-주변이라는

다. 물론 미국에서 양성되는 한국의 전문가들이 군사분야에만 국한된 것은 아니다. 인문·사회과학부터 자연과학에 이르는 전 학문의 범위에 퍼져 있다는 것이 문제이다. 이것을 학문의 미국 종속성이라고 부를 수 있는데, 이 문제는 단순히 학문의 세계에 국한되지 않고 한국의 사회발전이나 국가정책에 구체적 영향력을 행사한다(Kim, 2003 참조).

〈그림 3-1〉 미국산 지식의 전 지구적 유통 흐름도

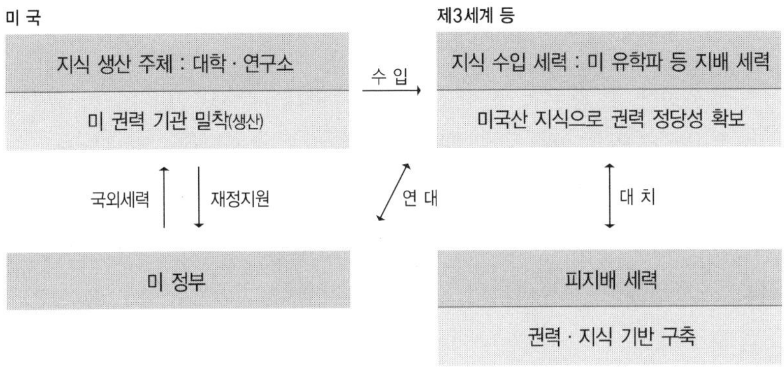

자료: 강성만(2007).

서열적인 정체성을 스스로 만들어낸다.[9] 이처럼 서열화된 권력구조는 사회적 무의식을 통해 개인의 정체성을 형성하는데, 여기에는 소비생활의 패턴이 중요한 역할을 한다. 필자는 이러한 일련의 과정을 지식 이전(移轉)의 국제정치학이라는 이름으로 부르고자 하며, 이를 〈그림 3-1〉과 같이 도식화할 수 있다. 다음 절에서 각각의 분석단위를 간략하게 설명해보고자 한다.

---

9 여기에는 엘리트의 재생산과정이 중요하다. 국제무대에서 진행되는 세계화의 중요한 행위자는 권력의 장에서 기득권을 가진 사람들이며, 특히 국가가 인정한 학위와 지위를 소지한 사람들이 대부분이다. 한편, 국제무대에서 능력을 인정받을 수 있는 네트워크의 인적 자본을 발휘하는 것은 매우 중요하다. 이러한 자본은 주로 IMF나 세계은행 같은 국제금융기관이나 상업중재재판소와 같은 국제기구에 속하는 사람들이 소유하고 있다. 이러한 자본은 국내에 인권문제나 환경문제와 같은 국제적인 쟁점을 수입할 때 그들의 자격을 인정받을 수 있도록 하는 중요한 기준이 된다.

2. 공급 : 중심부에서의 권력투쟁과 지식의 생산

한국사회에서 정치적 표상을 규정하는 대부분의 언어는 미국에서 유입되며, 이를 근거로 국내정치의 가치관이 형성된다. 필자는 이 문제를 두 가지 수준에서 나누어 분석하고자 한다. 첫째는 정치언어를 생산하는 대학이나 연구소의 사회적 기원이며, 둘째는 이러한 제도권에서 생산해내는 학문언어의 성격에 관련된다.

우선, 미국 내부에서 이루어지는 지식의 생산과정을 이해하는 것이 중요한데, 이를 위해서 미국 대학의 전통을 살펴보자.[10] 자본가와 연관된 미국 사립대학의 전통을 이해하기 위해서 다음과 같은 역사적 사례를 검토하는 것이 유용하다. 미국 재벌가들이 대학을 설립하게 되는 결정적 계기는 노동자의 봉기였다. 1892년 카네기 철강회사(Carnegie Steel Company)에서 발생한 홈스테드(Homestead) 노동자 봉기사건은 자본가에게 사업을 지속하기 위해서는 사회문제에 적극적으로 개입할 필요가 있다는 생각을 가지게 만든다. 그리하여 도시문제, 교육문제, 주거문제, 소수자문제, 공중위생 등이 시대적 쟁점으로 떠오른다. 이는 곧 사회주의 세력에 대한 자본가 계급의 대안이라고 할 수 있다.

미국 사회과학의 발전은 이러한 역사적 맥락에서 이해해야 한다. 1865년 미국사회과학협회가 만들어지는데, 이 시기 학자들의 담론은 노동자의 소요사태와 대학의 성립, 진보적 지식인의 형성이라는 당시 사회상과 밀접하게 연결되어 있다. 재벌이 세운 공익재단이 대학의 설립에 적극적이었다. 그 중에서도 록펠러재단(Rockefeller Foundation)은 이러한 전략을 가장 먼저 실천했다. 즉, 사회과학에서 규범적인 요인을 모두 제거하고 경험주의적 실증주의와 객관성을 강조함으로써 역

10 아래의 논의는 길호(Guilhot, 2004)를 참조했다.

사주의적 사회과학의 전통을 깨뜨린 것이다(Fisher, 1983: 206~233). 이처럼 공익재단이 사회과학을 지원했던 목적은 실용학문을 육성하여 사회통제의 가능성을 높이고, 자연과학의 방법론을 통해서 사회적 현상을 설명하기 위한 것이었다. 경험주의적 실험방법을 강조했던 이유도 과학적 담론에 중립성을 도입하기 위한 것이었다. 효율성에 대한 강조, 사회현상을 합리화 과정으로 서술하기, 사회를 계획화하는 과정은 모두 동일한 목적 아래 이루어졌다. 즉, 미국 사립대학의 역사는 지식이 사회통제의 목적과 연관되어 있다는 사실을 잘 보여준다.[11]

미국에서 생산되는 지식의 성격을 잘 알 수 있는 또 다른 방법 중 하나는 연구소의 활동상황을 살펴보는 것이다. 최근 미국 외교정책이

11 1980년대 후반 동유럽이 무너진 이후 미국이 영향력을 확보하기 위해 가장 먼저 한 일은 공산주의 이념에 반대하는 과거의 유명한 교수를 끌어모아 대학을 세운 것이었다. 헝가리, 유고, 체코와 같이 반공산주의 지식인이 많았던 나라에서 미국이 신자유주의 이념을 전파하는 전형적 방식이 바로 사립대학을 세우고 저명한 교수들을 자본의 힘으로 유인해 미국식 학문(경제학·행정학·정책학 등)으로 그들의 사상을 개종시켜 스스로 전도사 역할을 하도록 만드는 것이었다. 또 젊은 엘리트들을 미국에 불러들여 일정 기간 연수시키면서 미국의 정치인들과 인맥을 갖도록 만들었다. 조지타운 대학교가 이러한 일을 하는 데 가장 좋은 장소로 활용되었다. 이러한 인맥관계는 동구의 엘리트들이 국내에서 정치권력의 핵심에 진입하는 데 도움을 주었을 뿐 아니라 시간이 흐르면서 그들 스스로가 자국의 외교정책을 미국의 이익에 맞도록 조정하는 효과를 낳았다. 국내정치권력과 미국이라는 국제정치권력은 이렇게 연계되어 있는 것이다. 한국의 경우도 이와 비슷하다. 미 군정을 거치는 동안 한국의 근대적인 대학제도가 정착되면서 한국의 지식인 양성과정도 본격적으로 미국화된다. 다만 한국의 경우에는 초기단계에 미국식 교육을 받은 지식인 그룹이 자동적으로 미국의 지식 패러다임을 재생산해낸다는 점이 특수하다. 지적 기반이 취약한 사회적 분위기에서 미국의 지식은 한국의 기득권 세력을 옹호하는 방편으로 작용한 것이다.

인권을 전면에 내세우며 새로운 제국주의 정책을 펼치고 있는데, 여기에 미국 민주주의재단(*National Endowment for Democracy*: NED)이 첨병 역할을 하고 있다.

1983년 레이건(Ronald Reagan) 행정부에 의해 설립된 이 기관은 범세계적인 민주화의 달성이라는 소명을 가지고 출발했다. NED는 정치활동을 통해서뿐 아니라 학문적 활동을 통해 인권과 민주주의에 대한 특수한 패러다임을 정당화하고 보편화하며, 국제적으로 수출하는 작업을 진행하고 있다. 이 기구의 구체적 활동을 들여다보면, 서구의 정치서적을 번역하는 일에서부터 여론 전문가의 훈련, 인권교육의 촉진, 기업문화의 함양, 심포지엄과 출판을 통한 신자유주의 경제학의 국제화, 독립적인 뉴스 보도, 정부와 미디어에 대한 브리핑 등에 이르기까지 지식시장의 광범위한 분야에 걸쳐 있다. 또한 이 기관은 해외에 있는 유사기관과 긴밀한 협력관계를 유지함으로써 자신의 운동방법을 전파한다.[12] 이렇게 해서 인권에 대한 신보수주의자들의 투자는 제 3세계

---

12 한국에서도 세종연구소와 NED가 공동으로 주최하여 2001년 6월에 서울에서 4일간 '정치자금과 동아시아 민주주의: 제도, 운용실태 및 개혁방안'이라는 주제로 민주주의 포럼 국제회의를 개최한 바 있다. 한국에서 전개되는 미국 공익재단의 영향력은 대단하지 않아 보인다. 물론 풀브라이트(Fulbright) 재단이라는 전형적인 예가 있지만, 미국이 동유럽이나 남미의 여러 나라에서 실시하는 학문정책과는 달리, 한국에는 미국이 주도하는 특별한 유인정책이 없어 보인다. 그 이유는 매우 단순하다. 한국은 자국민 스스로가 미국 학위를 취득하기 위해서 미국에 유학하기 때문에, 미국이 적극적으로 학문정책에 개입할 이유가 없기 때문이다. 토플, 대학교수의 SSCI급 논문 게재, 미국 박사학위 소지자의 우대정책을 이식시킨 것만으로도 이미 한국은 미국의 학문에 철저하게 종속되어 있지 않은가! 더구나 한국의 재벌들이 적극적으로 나서 한국의 엘리트들을 미국에 유학 보내고 있는 상황이니 미국으로서는 대단히 고마워할 것이다. 이렇듯 상징적 자원을 스스로 생산하고, 관리하며, 평가할 수 없는 나라에서 미국의 가짜 박사학위 사건은 끊이지 않고 생겨나게 될 것이다.

에 인권이론을 전파하고 확립하는 데 기여하고 있다.

이처럼 지식생산의 중추역할을 하는 대학이나 연구소는 권력기구와 밀접하게 연결되어 있다. 어떤 측면에서 보면 미국의 국제정치는 바로 어둠의 장막에 가려진 국가정책 자문가들에 의해서 움직인다고 말할 수 있다. 이러한 엘리트들로 구성된 국가기관이 바로 외교정책자문단 (*Foreign Policy Establishment*: FPE)이다. 이 명칭은 외교정책자문단이 후원하는 〈외교정책〉(*Foreign Affair*)이라는 잡지의 이름과 그대로 일치한다. 미국이 세계적으로 형성하는 제국의 논리는 바로 이러한 국가기관에 의해서 이루어진다.[13] 예를 들어 필리핀에서는 FPE가 들어가 마치 식민지의 총독처럼 군사정책을 펼친 바 있다(Karnow, 1989; Stanley, 1984). 국제적인 범위로 움직이는 이러한 엘리트 그룹은 베트남전쟁 시기에 냉전의 논리를 확산시키기 위해 적극적으로 육성되었다. 이렇게 보면 미국의 엘리트 그룹은 20세기 미국의 헤게모니 확산과 밀접하게 연결되어 있으며, 따라서 그들이 국제정치 사안에 국내권력의 역학을 이용하고 있다는 사실은 그리 놀라운 것이 아니다.[14]

---

13 미국의 세계정책을 이론적으로 정당화하기 위해 생겨난 학문이 바로 지역연구, 비교정치, 국제정치학이다. 이러한 분과학문이 성립하는 데에는 미국의 국가 이해를 제 3세계에 전파하고 미국의 외교정책을 정당화하기 위한 국가의 재정지원이 큰 역할을 했다. 즉, 오늘날 학문은 이미 권력과 자본에 의해서 철저하게 조종당하고 있는 것이다. 이 점에 대해서는 커밍스 외(2004)를 참조할 것.

14 한편 제 3세계 권력층의 입장에서 보면 미국과의 인맥관계가 자신의 기득권을 유지하는 데 매우 중요하다. 기업가와의 인맥, 다국적기업에 속하는 전문가와의 친분관계, 사회운동 세력과의 연계망을 얼마나 가지고 있는가가 제 3세계 엘리트의 능력을 결정한다. 그들은 이러한 인적 자본을 토대로 식민지사회와 중앙국가 사이를 연결하는 임무를 수행한다. 즉, '국제적 사안-지식-법률 제정'이라는 삼각축에 의해서 그들의 영향력이 발휘되고 있다. 미국화(*Américanisation*)라는 말이 적당한 용어인지에 대

두 번째로 미국이 만들어낸 지식의 성격에 대해 알아보자. 미국의 지식은 과학이라는 이름 아래 폭력적 성격을 은폐하는 것이 보통인데, 이러한 사실을 이해하기 위해서 근대화 이론(*theory of modernization*)의 흥망성쇠를 살펴보는 것이 유용하다.[15] 제 2차 세계대전에서 승리한 후 강대국이 된 미국은 유럽에 대대적인 경제원조를 제공하면서 점차 자신의 영향력을 제 3세계까지 확대시켜간다. 그들의 경제적·군사적 원조는 각국에 정치 민주화를 요구하면서 미국식 정치제도를 이식하기 시작한다. 미국식 헤게모니의 확대를 이론적으로 정당화하기 위해 개발된 이론이 바로 근대화 이론이다. 경제발전과 정치발전을 등식화하고, 미국식 민주화의 모델을 전 세계에 확산시키기 위해서 개발된 것이 바로 근대화 이론의 실체이다.

이것은 헌팅턴(Samuel Huntington)과 같은 관변학자들이 이론화 작업을 담당하는 한편, 풀브라이트 재단과 같은 공익재단이나 유네스코와 같은 국제기구 등을 통해 지역연구, 각국의 현지조사, 경험적인 통계자료의 수집, 교수인력의 양성과 같은 다양한 프로그램과 연구개발에 자금을 지원하는 형식을 통해 이루어졌다. 물론 CIA처럼 보이지 않는 정치권력이 제 3세계 국내정치의 막후에서 쿠데타 정치개혁에 실질적인 영향력을 행사하기도 했다. 근대화 이론이 학문적 방법론으로 장려한 행태주의는 각국의 역사나 전통을 무시하고 제 3세계 민주정치의 발전수준을 미국식 기준에 맞추어 재단할 수 있는 이론적 근거를 제공

해서는 논쟁이 있을 수 있지만, 우리는 세계화를 통해 국제사회를 움직이는 제국주의적 술책의 근원이 바로 학맥과 인맥으로 연결된 미국과 제 3세계의 권력관계라는 점을 분명히 알아야 한다. 한국에서 미국과의 FTA를 두고 찬반양론을 벌이는 대표적 시민단체를 비교해 보면 이 점을 분명히 알 수 있다. 동아시아연구원(EAI)과 한미FTA저지범국민운동본부(http://nofta.com)에 모인 지식인들의 경력을 들여다보라.

15 아래의 논의는 길호(Guilhot, 2005)의 4장을 참고했다.

하게 된다. 요약하자면, 근대화 이론은 1950년대부터 1980년대까지 미국의 대외정책을 정당화했던 과학적 학술담론의 대표적 사례이다.

그러던 것이 1980년대부터 근대화 이론이 미국학계에서 영향력을 상실하게 되면서 이른바 '시장 민주주의'나 '인권'에 대한 학술담론이 유행한다. 신자유주의는 미국의 재정적자로 발생한 국내정치의 권력 구도가 변화하는 과정에서 나타난 결과물이다. 다시 말해, 실물경제의 요인과 더불어 학계의 변화라는 이중구조가 교묘히 결합된 것이다. 이러한 맥락에서 보면 미국 학계의 변화는 대부분 정치세력이나 자본축적의 논리와 밀접하게 연결되어 있음을 알 수 있다. 근대화 이론이 남미의 사례에서 보듯이 설득력을 상실하고 종속이론 등의 도전을 받게 될 즈음, 미국은 엄청난 재정적자에 시달리게 된다. 이는 근대화 이론을 뒷받침했던 미국의 경제력이 밑바탕부터 흔들리기 시작했음을 의미했다. 미국이 무상원조를 통해서 제 3세계를 지원하고 이를 토대로 미국식 민주주의가 정착하기를 기대하는 방식의 외교정책을 수행할 수 없는 처지에 이른 것이다. 또한 근대화 이론이 소련이라는 가상 적국을 상대로 시작된 이론이었던바, 소련 제국이 붕괴한 상황에서 사회주의에 대항하기 위해 미국의 우방을 만들어야 한다는 근대화 이론의 주장은 설득력을 잃게 되었다.

1990년대에 등장한 '워싱턴 컨센서스'(Washington consensus)[16]는 바로 이러한 시대적 상황 속에서 탄생한다. 국내적으로는 미국의 재정적자를 극복하고, 군사력이 아니라 자본을 통한 세계지배가 가능할 수

16 워싱턴 컨센서스란 제 3세계 국가가 시행해야 할 구조조정의 기초적인 원칙을 제시한 것으로, 정부예산 삭감, 자본시장 자유화, 외환시장 개방, 관세 인하, 국가 기간산업 민영화 등을 기본내용으로 하고 있다. 이러한 정책은 모두 당시 미국이 당면한 자본의 위기를 타개하기 위한 세계적 전략과 밀접하게 연결되어 있다.

있도록 남미제국에 대한 새로운 처방을 내리게 된 것이다. 미국의 국제경제연구소에 모인 일군의 학자들은 근대화 이론을 추진한 세계은행의 원조정책을 비판하면서 새로운 대책을 마련하는데, 이것이 집약된 것이 바로 워싱턴 컨센서스이다. 한편 이와 같은 신자유주의 정책을 이론적으로 정당화한 것은 주로 시카고대학의 통화주의자들이었다. 1980년대와 90년대를 전후로 하여 시카고대학은 신자유주의 이념을 생산하고 전 세계에 전파하는 지식생산의 중심이 된다. 다시 한 번 강조하거니와, 대학과 이론의 부상마저도 정치권력의 변동과 궤를 같이 한다.[17]

1980년대 이전 정치권력의 핵심 계층은 하버드대학이나 예일대학과 같은 동부의 아이비리그 출신이었다. 그러나 레이건 정부가 들어서면서부터 권력 핵심층을 충원하던 엘리트의 구성이 달라지기 시작한다. 레이건이라는 인물 자신이 전통적 지배계급과는 거리가 멀었기 때문에 자신의 정권을 유지하기 위해서는 새로운 정치세력을 영입할 필요가 있었다. 이 시기에 새로운 이론가들이 워싱턴에 불려가는데, 그 대표적 인물이 바로 시카고대학의 밀턴 프리드먼(Milton Friedman)이었다. 동부의 명문대학 교수직에서 밀려난 그는 출신성분 자체가 귀족계급이 아닌 이민자의 후손이었다. 또한 수리경제학을 강조하는 시카고대학의 전통은 역사학이나 철학적 방법론에 익숙했던 동부 학자들에 비해 '천박한' 방법론으로 오랫동안 미국 학계에서 무시당했다. 그러다 레이건 정부가 들어서면서 새로운 세상을 만난 것이다. 이는 제3세계에서 유학 온 미국의 이민세대의 학문적 전통과도 맞물려 있었다. 예일이나 하버드 같은 명문대학에 입학하기 위해서는 귀족가문의 전통이 필요했지만, 이것은 이민 2세대나 제3세계에서 유학 온 새로운 엘리트 계급에게는 하나의 진입장벽이었다. 동부에 입학하지 못한 상당수

---

17 아래의 논의는 드잘레이 · 가스(2007)를 참조했다.

의 학생들이 중부에서 새로운 명문을 꿈꾸던 시카고대학으로 발길을 돌린 것은 우연이 아니다. 시카고대학의 유학파 중에는 남미출신의 부르주아도 상당수 있었는데, 이들은 1980년대 이후 남미의 여러 나라에서 IMF 구조조정을 받아들여 경제개혁을 추진하는 데 지대한 영향을 미치게 된다. 시카고대학에서 공부했던 남미 경제관료들의 사회적 배경은 국내정치의 수준에서 분석해야 할 대상이다.

여기서 강조해야 할 것은 국내 사회세력 중 신흥 부르주아 출신의 신진세력이 국내에서 학위를 받는 대신 미국에 건너와 공부를 하는 방편으로 시카고대학이 가장 많이 이용되었다는 것이다. 이밖에도 남미의 신흥계급이 자신의 상징권력을 획득하는 데 이용한 대학으로는 버클리 대학이나 컬럼비아대학을 꼽을 수 있다. 이러한 대학을 거쳐 간 대표적인 이들로 아르헨티나의 정치학자 오도넬(Guillermo O'donnell), 멕시코의 경제학자 아스페(Pedro Aspe), 브라질의 사회학자 카르도주(Fernando Cardoso) 등을 꼽을 수 있다.[18] 이들은 미국식 신자유주의를 수입하는 데 적극적이었는데, 이러한 지식의 수입과정은 국내정치에서 계급투쟁과 연결되어 있다. 이들은 미국식 지식을 토대로 정치·경제·사회 분야의 개혁을 주도함으로써 자신의 사회적 입지를 강화하고 적대계급을 무력화시킬 수 있었다.[19]

---

18 오도넬의 경우는 미국에서 공부하기 이전과 이후의 정치적 행동이 많이 바뀌게 되는 재미있는 경우에 속한다. 이 점에 관해서는 길호(Guilhot, 2005)의 3장 참조.

19 한국의 미국 박사학위 소지자 중에는 특정대학 출신의 숫자가 유난히 많다. 이러한 현상은 미국 대학에 유학을 결정하는 한국 엘리트의 판단이 미국 대학의 사회적 조건과 무관하지 않다는 것을 보여준다. 예를 들어 '입학허가를 쉽게 내준다', '장학금을 쉽게 준다', '공부기간이 짧다'와 같은 조건이 한국 유학생을 유인하는 요인이 될 것이다. 이렇게 보면 '무엇을 공부할 것인가'라는 학문의 문제의식은 이미 사라진 지 오래이다. 한국 유학생들은 그야말로 무엇이든지 배울 준비가 되어 있는 사람들이다.

한편 1980년대 이후 갑자기 '인권' 개념이 새롭게 주목받는 계기도 이러한 정치권력의 변동과 깊숙이 연결되어 있다. 이것은 미국의 지식 생산이 단순히 국내적인 변수에 머물지 않고 국제적인 요인과 밀접하게 연결되어 있다는 사실을 보여준다.[20] 당시의 미국의 권력은 레이건 대통령과 함께 부상한 우파 보수주의 그룹이 가지고 있었고, 이에 맞서 해외정책에 있어 자유주의적 성향을 가진 엘리트 그룹이 존재했다. 후자는 포드재단(Ford Foundation)과 같은 재정적 후원자를 이용하는 전략을 구사했다. 당시 미국의 재벌은 상대적으로 워싱턴 정가의 권력 투쟁 과정에서 영향력을 잃은 상태였기 때문이다. 이러한 시기에 자신의 이해관계를 공적인 것으로 포장하여 정당성을 인정받을 필요가 있었다. 따라서 보수세력은 국외 정치에서 영향력을 확대하기 시작했고 이때부터 비정부간기구(INGO)의 역할이 커지게 된다. 이것은 정부의 문제를 해결하기 위해서 새로운 차원의 담론을 끌어들인 대표적인 사례이다. 인권의 문제는 곧바로 환경을 보호하거나 지속가능한 성장을 위해서 필요로 하는 거버넌스(*governance*) 문제로 성격을 바꾸는 식으로 권력의 음모를 은폐시키기도 했다.

국가권력의 장에서 영향력을 확보하기 위한 투쟁에 학문적 자본뿐 아니라 국가이성이나 국력의 증강이라는 이름으로 시장의 논리가 동원되기도 한다. 바로 이러한 국내정치의 특성 때문에 새로운 제국주의는 상징적 형태로 진행되며, 여기에는 '정치적 진보', '경제발전', '인권',

---

원하는 것은 학문내용이 아니라 미국의 학위증명서이기 때문이다. 이들이 학위를 받고 귀국한 후 이른바 일류대학의 교수가 되고 정책을 결정하는 고위공무원이 되면, 그들의 영향력은 한국사회 전체에 미치게 된다. 한국에서 신자유주의에 찬성하는 경제학자나 정치학자 중 상당수가 미국의 명문대학(이를테면 시카고대학) 출신이라는 사실은 그리 어렵지 않게 확인할 수 있다.

20 아래의 논의는 길호(Guilhot, 2005)의 5장을 참조했다.

'바람직한 거버넌스'에 관련된 지식이 중요한 요인으로 등장한다. 물론 이러한 주제와 관련하여 지식을 전파하는 사람들의 특수한 이해관계가 걸려 있다. 이것이 잘 간파되지 않는 이유는 이러한 주제가 언제나 보편화(*universalization*)되어 수출되기 때문이다. 헤게모니 국가의 전략은 이러한 방식으로 정당성을 확보한다.[21]

이때 중요한 사실은 미국 국내정치의 구도가 남미의 정치구도와 중첩된다는 사실이다. 남미에서 1970년대와 80년대는 군사독재가 성행하던 시기였고, 이 시기에 진보적 지식인들은 대부분 대학이나 연구소의 중심에 자리를 잡을 수 없었다. 그런데 독재정치의 성립과정에서 미국에 협조적이었던 몇몇 남미국가가 시간이 흐름에 따라 미국에 적대적 태도로 돌변하는데, 이러한 상황변화에 대응하기 위해서 미국은 국내정치세력 중에서 기존의 정부권력에 대항할 수 있는 조직을 찾게 된다. 그것이 바로 대학교수로 재직하다가 독재정권에 의해 쫓겨난 지식인들이다. 미국은 이들을 후원하기 위해 인권단체를 결성하면서 교묘하게 그들을 이용한다. 카네기재단(Carnegie Trust)과 같은 재벌가의 공익재단은 당시 남미에서 활동하던 여러 인권단체에 후원금을 지원했는데, 여기서 혜택을 받은 이들 대부분은 독재정권에서 거세된 교수와 지식인이었다. 이들은 대부분 1960~70년대 종속이론을 주장하며 미국의 제국주의적 성격을 비판하던 사람들이었는데, 인권단체를 통해 미국의 후원을 받게 된 이후에는 정치적 입장도 사뭇 달라진다.[22]

---

21 이러한 현상을 부르디외는 "보편성에 근거하는 것은 가장 강력한 무기이다"라고 표현한 바 있다(Bourdieu, 1994: 242).

22 이러한 사례를 가장 잘 대변하는 사람이 브라질의 카르도주이다. 그는 1980년대 종속이론가로 명성을 떨쳤으며, 브라질의 대통령까지 역임한 바 있다. 그의 정치적 입장변화가 한국의 보수언론에서는 미국의 신자유주의 정책을 옹호하는 홍보용으로 잘 활용되고 있다. 그러나 실상을 보면 카르도주는 결국 미국의 자본에 매몰당한 매판지식인과 다를 바 없다.

필자가 남미의 사례를 인용하는 이유는 미국의 지식이 전파되는 과정과 사회적 효과가 한국의 경우와 매우 흡사하다고 판단하기 때문이다. 지금까지 한국 학계에서 지식의 자생성을 외치며 학문의 종속문제를 거론하는 학자들이 없었던 것은 아니나,[23] 미국 지식의 생산 및 수입과정을 연계하여 국내정치의 사회변동이나 계급갈등을 연구한 작업은 없었던 것으로 안다. 이것은 역사학·사회학·정치학과 같은 연계 학문이 함께 총력을 기울여 실현해야 할 향후 과제라고 생각한다.

23 1990년대 탈식민주의를 강조한 조한혜정(1995), 김영민(1999)의 외침이 있었고, 2000년대는 서양 중심주의라는 화두가 유행하여 진보적 지식인에 대한 사회학적 연구(강수돌, 2001)가 있었으며, 강정인(2004) 또한 연구서적을 낸 바 있다. 그런데 필자가 판단하기에 이들의 연구는 모두 텍스트 안에서 이루어진 것으로, 텍스트 외부의 물질적 기반에 대해서는 고려하지 않았다. 지식은 권력이며, 권력은 정치·경제의 제도적 기반에서 유래한다. 따라서 지식의 성격을 이해하기 위해서는 반드시 사회권력의 역사와 전통을 추적해야 한다.

3. 유통 : 주변부에서의 권력투쟁과 지식의 수입

제 3세계 정치 지도자 대부분은 그들이 유학을 통해서 교육받았던 중심국에 밀접하게 연결되어 있다. 이들은 국가 독립의 아버지로 숭배받기 전에, 대부분 정치나 법률가로서 활동하면서 매판세력(*Compradore*)의 역할을 한 바 있다. 인도의 간디(Mohandas Gandhi)나 네루(Jawaharlal Nehru)의 경우가 대표적인 예이며, 같은 맥락에서 한국의 초대 대통령 이승만 역시 전형적인 식민지 지식인이었다고 볼 수 있다. 식민지 권력과 중심국가를 연결하는 것이 그들의 역할이었다. 사회적 불평과 냉전의 위협으로 인해서 국가적 위기상황을 맞는 경우, 매판세력은 개혁주의 카드를 꺼내들거나 온건한 형태의 능력주의 사회에 대한 비전을 통해서 자신의 권력을 유지하는 것이 보통이다. 1980년대 군부 쿠데타를 맞이하여 남미의 사회변동이 격심할 때 토지귀족에 대항하는 신흥 진보세력은 늘 미국식 개혁주의를 진보의 구체적 정책으로 내세웠다. 이때 미국은 국내정치 개혁에 훈수를 두는 대부역할을 맡게 되며, 여기서 국가적 지식(*Esprit d'État*)을 재구성하는 것이 관건이 된다. 헤게모니 국가가 요구하는 정치적 목적을 알아줄 수 있는 정치 지도자가 배출되는 것은 지식을 통해서이기 때문이다. 최근 국가 지식에 관련된 최대의 담론은 바로 신자유주의이다.

미국이 제 3세계의 지식 엘리트를 조종할 수 있는 이유는 제 3세계 국가 스스로 상징적 자원을 생산할 수 없기 때문이다. 즉, 국가가 상징자원에 대한 합법적 관리를 할 수 없는 상태에 이르렀을 때, 미국에 편승하여 국가운영의 정당성을 유지하는 것이 바로 상징적 제국주의의 전형적인 예이다. 제 3세계의 지식 엘리트는 자신의 전문성을 국제시장의 자격기준에 맞추어 조정하면서 공공부문과 민간부문에 걸쳐 여론주도층(*opinion leader*)으로 활동한다. 그리고 이들을 통해 수입되는 전문성은 학계에서뿐 아니라 일반 공론의 장에서 막강한 영향력을 행사하게 된다. 이들은 대부분 제3세계에서 상층부에 속하는 지식 엘리트이며, 국제적인 언어(영어)와 자격(미국 학위)으로 자신의 지위를 정당화한다.[24]

그 결과 오늘날 한국의 대학에는 한국정치론을 가르치는 교수가 대학부터 석사·박사를 모두 미국에서 유학하고 돌아와 영어로 한국 현대정치를 가르치는 웃지 못할 희극이 벌어지고 있다. 이러한 경로에서 계급적 이해관계가 철저하게 반민중적으로 실현되는 것은 당연하다. 교수로 진입할 수 있는 사람은 경제력을 갖춘 부르주아 계급으로 한정될 수밖에 없으며(미국 유학에 드는 비용을 상상해 보자!), 한국의 현실을 무시한 채 미국에서 직접 수입되는 정치언어는 수많은 정치적 사안에서 결국 기득권 계급을 옹호하는 수단으로 활용된다. 현재 한국정치

24 1990년대 이후 한국에서 대학교수가 되기 위해서는 박사학위는 물론 미국대학에서 가르친 교수경력까지 필요로 하게 되었다. 1980년대까지만 해도 국내에서 석사학위를 취득하고 미국에 유학가 4~5년 정도 체류 후 귀국하는 것이 보통이었으나, 이제는 학부, 석사, 박사, 조교수 경력까지 10년을 넘는 세월을 미국에 체류하는 것이 보통이다. 그것이 국제적 명성과 권위를 인정받을 수 있는 길이기 때문이다. 최근 한국의 일류 사립대학에서 그런 경향이 심화되고 있으며, 이러한 악습은 점차 지방대학까지 퍼져가고 있다. 이와 같은 국제적 흐름에서 보면 한국의 지식 엘리트와 국가지식이 수입되는 방식은 상징적 제국주의의 전형으로 보인다. 이제 한국의 엘리트는 국립 서울대학이 아니라 미국의 일류대학을 통과해야만 지식인으로 대접받을 수 있게 되었다. 바야흐로 지적 식민지 시대가 열린 것이다. 과거 고려나 조선이 경험했던, 그 어느 시기보다 처절한 지적 식민화가 공공해지고 있다. 1990년대 이후 세계화의 흐름에 발맞추어 대학강단에는 영어로 강의하는 사람들을 요구하게 되었으며, 미국의 학문기준에 스스로를 맞추어 SSCI를 교수평가의 중요한 기준으로 사용하면서, 미국식 특수가치가 한국의 지식시장을 완전히 장악하기에 이르렀다.

에서 뜨거운 감자로 부상한 한·미 FTA 협상이나 대북 문제와 같은 국제정치 문제를 두고 볼 때, 이러한 진단은 더 분명해진다.

이제 미국식 정치언어는 지식인의 집단적 무의식을 형성하는 기반이요, 사회현실을 분석하고 처방함에 있어서 옳고 그름을 나누는 척도가 되었다. 이것을 토대로 이른바 학문의 권위라는 것이 지식시장에 자리를 잡아가고 있다. 이제 한국에서 미국식 가치관을 거부하는 새로운 언어가 진입하는 것은 거의 불가능하다. 학자 개인의 능력보다는 미국학위 자체가 사회적 자본으로 활용되어 교수채용이나 연구비 수혜를 결정하는 중요한 기준이 되고 있다.[25] 학문의 장에서 전개되는 이와 같은 권력게임은 유통경로를 통해서 일반 대중에게 막강한 영향력을 행사하면서 시민사회의 정치적 가치관을 형성하는데, 이것이 바로 미국이 세계를 지배하는 새로운 연성권력(*soft power*)의 실체이다. 이러한 맥락에서 보면 오늘날 한국사회는 미국의 후기식민지(*post-colonialism*)적 상태를 벗어나지 못하고 있다.

지식의 생산과정은 전개방식이 비교적 가시적이어서, 그것에 대해 경계하고 비판할 수 있는 여지가 남아 있다. 그런데 언어의 유통과정에서 발휘되는 연성권력의 효과는 더 강력하지만 오히려 비가시적인 경우가 많아 쉽게 포착되지 않는다. 따라서 이 과정을 이해하려면 좀 더 신중하고 섬세하게 주의를 기울여야 한다.

---

25 프랑스나 독일에서 유학한 사람들이 수도권 대학에 진입하는 경우는 매우 드물다. 프랑스어나 독일어는 몰라도 되지만, 유럽정치는 미국에서 공부해야 한다. 미국이 아니라 중국에서 중국정치를 공부한 사람이 일류대학의 교수가 되는 것도 희귀하다. 유럽에서 현지어로 생산되는 엄청난 양의 유럽통합에 대한 연구는 국내에 제대로 소개조차 되지 않고 있지만, 미국이 알고 싶은 유럽통합에 대한 의문(연방주의, 전쟁개입 사례연구)은 한국 학술진흥재단의 연구비 지원에 항상 선택된다. 우리가 알고 싶은 것이 과연 무엇인가?

우선 염두에 둘 것은 언론의 제도적 차원이다. 자본의 집중에 뿌리를 둔 중앙의 거대 신문사는 한국사회의 편파적인 이해관계를 대변함에도 불구하고, 기사나 칼럼을 언제나 과학성과 객관성이라는 이름으로 포장한다. 이것은 전문성과 함께 일반대중에게는 보편적 가치와 한국의 특수한 현실을 혼동하게 만드는 '허위의 동일시 현상'(*false identification*)을 가져온다. 한나라당을 지지하는 이들 중 50% 이상이 노동자 계급이라는 사실이 이를 증명하고 있다. 객관성과 과학성 앞에서는 자명한 현실마저도 인식하지 못하는 일종의 정체성 혼란이 오늘날 한국사회에 팽배해 있다.

현재 조·중·동으로 대표되는 족벌언론에 글을 기고하는 대학교수나 전문가의 계급적 기반과 그들이 학위를 취득한 나라 등을 조사해보면, 현재 한국의 시민사회에서 누가 담론의 우위를 차지하고 있는지 어렵지 않게 짐작할 수 있다. 담론을 수입하고 그것을 전파하는 유통과정에서 보수세력의 위세는 막강하다. 이러한 상태가 지속될 경우 국민의 정치학습은 일방적인 언어자원에 의해 왜곡될 소지가 많다. 이러한 맥락에서 한국의 정치권은 정치언어를 배분하는 문제에 더 큰 관심을 가져야 한다.

여기에 국내 대학의 학벌과 교수의 권위가 가세하게 되면 일반대중이 자신의 계급적 기반을 바탕으로 정치적 가치관을 형성하는 것은 거의 불가능해진다. 수도권 주요 대학 및 지방대학 17개 정치학과 교수의 출신대학을 조사해본 바에 의하면〔홍성민 편, 《지식과 국제정치》(2008, 한울) 권말 부록 참조〕, 정치적으로 정당한 언어로 간주되는 학문의 권위가 어떻게 성립되는지 알 수 있다. 우선 시기별로 미국유학을 통해서 수입되는 지식의 형태가 결정된다. 예를 들어 1980년대에는 주로 군사론, 1990년대에는 정치경제론, 그 이후로는 거버넌스나 인권이론을 전공한 교수들이 대거 강단에 채용되는데, 이들이 배운 지식이 미국의 정치권력에 맞추어져 만들어진 것임은 자명하다. 더구나 한 번 수입된 지식은 세계정세가 변화하여 종주국 미국에서는 큰 의미를 갖지 않게 되었음에도 불구하고 한국에서는 지속적으로 중요한 쟁점으로 등장하며, 그에 상응하는 교수채용과 연구비가 제공된다. 따라서 한국의 상황에 필요한 새로운 학문의 체계와 패러다임이 자생적으로 발생하거나 수입된 학문을 한국 현실에 맞게 조정하는 적응능력을 발휘할 기회가 박탈되는 것이다.[26]

---

26 이러한 학문의 대표적인 예가 군사론이다. 1980년대 초반 미국과 소련이 군사적으로 팽팽하게 대립하던 냉전시기에 군사론은 국제정치학에서 대단히 중요한 쟁점이었다. 그런데 탈냉전의 시기에 들어와서 미국은 물론 유럽과 남미의 어느 나라에서도 과거만큼 안보담론에 관심을 갖지 않는다. 안보의 개념과 관심의 대상이 달라졌기 때문이다. 물론 북한과 대치하는 상황에서 한반도의 안보와 군사론이 중요하지 않을 수 없다. 하지만 그와 같은 안보 · 군사 담론이 필요한 이유는 궁극적으로 한반도에서 전쟁을 방지하고 평화를 정착시키기 위한 것인데, 끊임없이 재생산되는 군사 · 안보 담론으로 말미암아 정작 한반도의 평화정착이라는 과제를 달성하는 데 방해가 된다는 점은 짚고 넘어갈 필요가 있다. 이러한 맥락에서 보면 군사담론이 대학의 교과과정으로 채택되는 것이 정당한지에 대해서도 의문을 제기해볼 필요가 있다. 적어도 미국대학에서 군사담론을 가르친 것은 제 3세계를 상대로 미국의 군사력을 정당화하려는 이데올로기 효과를 노린 것이었다. 필자가 경험했던 유럽이나 남미의 대학에서 군사론을 교과목으로 가르치는 곳은 매우 드물다. 그것은 문자 그대로 군사전문기관에서 이수해야 할 매우 특수한 과목이며, 실제로 군사론은 군사전문가에게만 가르치는 것이 국방정책을 수립하는 데에도 효율적인 경우가 더 많다. 오늘날 한국에서는 군사 · 안보 담론, 북한학 담론이 지나치게 팽배하여 한반도의 평화정착에 방해가 되는 경우가 종종 있다. 더구나 군사론의 전문가들이 평화학을 거론하는 것도 논리적으로 보면 매우 역설적이다(하영선, 2002; 김명섭 · 문정인 외, 2006). 군사와 평화를 두 축으로 하는 대응관계로 인해 평화를 언급하면서도 지속적으로 안보에 대한 위협을 재생산해내는 딜레마를 벗어나지 못하고 있기 때문이다. 결국 학문도 일정한 언어적 게임이라고 할 수 있는데, 한국의 군사론 · 평화론 연구자들은 자신들이 어떠한 언어게임에 매몰되어 있는지 망

그리하여 미국 명문대학의 학위를 통해 학문적 정당성을 인정받고 귀국한 교수들은 한국대학에 자리를 잡는 데 압도적인 혜택을 받는다. 물론 여기에는 같은 학교 출신이라는 인맥도 작용한다. 이렇게 수도권과 지방 유명대학의 교수로서 최고의 권위를 누리게 되면, 이들이 언급하는 정치적 쟁점이 한국사회의 시대적 대세를 형성하게 된다. 이러한 맥락에서 보면 1990년대 정치경제학이 대학가의 필수과목으로 자리 잡게 된 이후 한국이 미국과 자유무역협정을 체결하게 되는 것은 필연적인 수순이라고 할 수 있다.[27]

프랑스의 정치사회학자 피에르 부르디외에 따르면, 상징권력이란 "세계 자체를 정의함으로써 세계를 변화시키고, 새로운 인식과 판단의 범주를 생산하며, 새로운 사회분업과 분배에 대한 시각을 규정하는" 권력을 의미한다. 우리는 이러한 통찰을 근거로 인권, 신자유주의, 민주주의처럼 보편적인 것으로 천명되는 지식이나 이념이 특수한 사회적 구성에서 유래한다는 사실을 깨달을 수 있다. 즉, 상징권력이란 특수한 지적 가치를 보편적이고 정당한 것으로 수용하게 만드는 권력이며, 이러한 권력은 학계와 정치권력을 매개하는 행위자들에 의해 수행된다.

한국에서 지식인은 현실정치의 수많은 쟁점에 대해 논평하고 비판하며 처방한다. 이들은 학문적 이론에 근거하여 자신의 개인적인 의견을 피력하고, 이는 언론을 통해서 객관성과 과학성을 갖는 전문가의 의견으로 인정받으며 사회적으로 유통되고 있다. 그러나 이러한 지식

각하는 경우가 있다.

27 구한말 서양의 선교사가 국내에 들어와 먼저 한국의 종교를 미신으로 치부하여 배척하고, 기독교를 통해 지도계급과 민중을 교화시킨 후 자연스럽게 서양의 정치·경제와 같은 제도가 안착한 일이 있다. 이와 비슷한 맥락에서 보면 한국의 유학파 교수들은 미국의 종교를 들여와 지도계층과 민중을 교화시키는 이른바 선교사의 역할을 하고 있는 셈이다. 물론 이러한 과정에서 자신의 이해관계를 가장 먼저 실현하고 있다.

인의 활동을 단순히 학문의 영역 안에 한정하거나 과학적 기준으로 평가하는 것은 매우 순진한 발상이다. 객관성과 과학성의 외피를 벗겨내 보면 이미 학문의 언어에도 정치권력의 효과가 스며있기 때문이다. 우리사회에는 '정당하게 사용할 수 있는 언어'가 있는 반면, '사용할 수 없는 언어'도 있으며, '사용하는 경우 상당한 불이익을 받는 언어'도 있다.[28] 이러한 맥락에서 보면 학문의 언어를 언어시장의 논리로 접근하는 것이 필요하다. 다시 말해, 우리사회에서 정당한 언어와 정당하지 못한 언어를 구분하는 기준이 무엇이며, 이때 사회적 이해관계의 혜택을 받는 사람은 누구인가를 물어야 한다는 것이다.

---

28 강정구 교수 사건은 한국사회에서 학문적 과학성을 넘어서 학자의 발언이 사회적으로 인정될 수 있는 수위가 어디까지인가를 가늠해주는 좋은 예가 된다.

4. 언어의 수용: 생활세계의 정치와 정체성의 왜곡

지식의 권력효과는 비단 정치색이 짙은 사회적 쟁점에만 국한되는 것은 아니다. 매우 중립적으로 보이고, 과학적 근거에 의해서 논의되는 것처럼 보이는 기업문화(기업의 효율성, 민주적 조직관리, 원만한 인간관계, 미래를 향한 리더십 등) 나 개인의 소비취향(의류나 음식에 대한 평가, 영화나 음악에 대한 유행, 대중예술에 대한 논평 등) 도 사실은 일정한 가치관과 정치적 판단을 전제로 논의되고 있다. 과학적 학술담론이 개인의 정체성을 왜곡시키는 대목이 바로 여기다.[29] 미국이 1950

29 김상배(2002) 가 시도한 연구성과 중에서 지식과 신념체계의 연관성을 언급한 부분이 있기는 하다. 그는 구성적 권력개념을 잠시 언급하면서 오늘날 정보화시대의 지식이 물리적 강제력의 수준을 넘어서 정체성의 구성과정에 관여할 수 있다는 부분을 거론하고 있다. 그는 피상적으로 푸코(Michel Foucault) 의 권력개념을 인용하면서 지식의 정치학을 국제정치학에 응용하려고 애쓰지만 거기서 끝나고 만다. 미국 교수에게서 기술과 지식을 합성하여 만든 '기예'라는 해괴한 조작어를 배워 와서 결국 지식을 정보화라는 수준에 한정해버린다. 그 후에 쓴 논문에서는 '지식 패권', '제국적 네트워크', '글로벌 거버넌스'와 같은 단어를 동원하면서 지식과 정보를 혼동하고 있으며, 네그리가 제기한 '제국'의 개념과 글로벌 거버넌스를 혼용하는 무지를 보이고 있다(김상배, 2005b). 그리고 최근에는 문화산업과 정보산업의 연결관계를 역시 기술의 발전과정으로 이해하면서 실리우드(Siliwood: Silicon valley + Hollywood) 라는 개념으로 미국의 문화적 제국주의를 서술하는 수준에 머물고 있다(김상배, 2005a). 미국식 국제정치학 이론을 벗어나지 못한 채 미국이 만들어낸 국제정치이론에 머물러 있는 한 한국현실에서는 절실히 필요한 민중의 정체성 변화과정을 설명할 수 있는 이론틀을 찾아낼 수 없다. 미국 국제정치학의 범위를 벗어나야 한국적 국제정치이론이 비로소 가능해진다. 자신의 기득권을 버리고 한국의 학문을 할 수 있는 학자적 용기를 갖추어야 할 시기가 왔다.

년대 유럽에 대대적인 원조정책을 수행하면서 유럽 각국에 요구한 조건 중 가장 중요하게 강조한 것이 바로 미국의 경영대학을 설립할 것과 영화를 의무적으로 상영하라는 것이었다. 이것이 무엇을 의미하는 것일까? 지식이 개인의 생활세계를 장악하는 효과를 알고 있었던 미국은 이러한 목표를 실현하기 위한 대외전략을 구사했던 것이다. 그 구체적 양상을 보면 다음과 같다.

첫째, 학술담론을 통해 개인의 삶의 행적과 사회적 궤적이 달라지는 경우가 있다. 미국의 경영학이 유럽에 수입되었을 때 중산층의 삶이 가장 크게 변화했다. 전통적인 지식인 계급이며, 진보세력으로 분류되던 중산층의 젊은이들은 미국의 경영학을 배우면서 미래에 대한 가치관을 바꾸었으며, 기업 내에서 자신의 역할을 새로운 각도에서 인식하게 되었다. 예컨대 프랑스에서 중간 관리자(*cadre*)로 새롭게 등장한 사회계급은 과거의 노동자 개념과는 다른 차원으로 자신의 삶을 변화시켜갔다. 기업 안에서 상급자에게 보이는 존경의 태도, 하급자를 다루는 기술, 기술혁신과 효율성에 대한 믿음, 미래에 대한 투자, 기업의 사회적 역할 등에 대해 수많은 지식이 새롭게 수입됨으로써 프랑스 젊은이들의 정체성이 변화한 것이다(Boltanski, 1982).

한국의 경우도 예외가 아니어서 미국식 경영기법은 직장생활을 하는 30대와 40대의 가치관과 미래의 비전을 바꾸어놓았다. 시장논리를 강조하는 미국의 경영학은 한국에서는 자본가의 이해를 대변하는 이데올로기로 확대재생산되는 경우가 흔하다. 기업의 적응력을 높이기 위해서 관리자의 자기개발을 강조하는 리더십 강의(민쯔버그 외, 2005: 7장 참조)가 한국에서는 경영 소유권자에 대한 충성으로 뒤바뀌고, 조직이 요구하는 대로 자신을 적응시키는 것이 성공의 지름길이라고 강론하고 있다.[30] 공병호의 《부자의 생각, 빈자의 생각》(2005)은 미국

30 한국에서는 1990년대 이후 '성공한 사람의…' 류의 제목을 단 일반교양서

식 경영학이 한국적 토양에 적응한(?) 대표적 사례이다. 여기서 공병호는 조직에서 살아남기 위한 전략을 자신을 개발하는 것이라고 말하고 있는데, 그 내용을 찬찬히 읽어 보면 자본가의 논리가 어떻게 지식을 통해서 대변되는가를 한눈에 알 수 있다.

> 자신을 고용하고 있는 자의 입장에서 사물을 바라보기 시작하면 의외로 쉽게 문제해결책을 구할 수 있다. 요구를 만족시키든지 떠나든지 둘 중의 하나이다. 그 조직과 계약을 맺고 일하게 된 이상, 조직의 요구를 만족시킬 수 있어야 한다(공병호, 2005: 161).
>
> 기업은 누구의 것인가? 기업의 주주의 것이다. 이를 두고 '주주자본주의'라고 하는 사람도 있다. 실제로 경영권을 행사해서 큰 영향력을 발휘하는 사람은 다수의 주주가 아니라 소수의 주주이다. 굳이 따지자면 기업의 창업부터 자본을 투자하고 리스크를 감당하지 않는 사람은 고용된 자의 위치에서 크게 벗어날 수 없다. 정액의 봉급과 보너스 같은 성과급 이상을 요구할 수 있는 권리가 없다고 보면 된다(공병호, 2005: 162~165).

미국식 경영학이 과학적 연구성과를 근간으로 기업의 문화를 민주화함으로써 생산성을 높이려고 했다면, 그 지식은 하나의 학문으로 인정받을 만하다. 미국 사회를 일관되게 주도하는 시장논리에 일정한 기여를 한 셈이다. 그런데 이러한 지식이 한국에 수입되며 기묘한 논리로 둔갑하여 개인의 정체성을 왜곡시키고, 자본가의 이해관계를 대변하게 된다. 미국에서 수입된 한국의 리더십 논리는 주주의 소유권을 인정해야만 살아남을 수 있다는 조직의 폭력으로 뒤바뀌었다. 이러한

나 심리학 서적, 경영학 서적이 베스트셀러가 되고 있다. 필자는 이것이 최근 한국사회가 효율성 위주의 사회, 시장논리의 사회로 변화해가는 것과 밀접한 관계가 있다고 판단한다.

지식의 효과가 개인의 삶과 가치관을 어떻게 왜곡할지는 더 이상 길게 설명할 필요가 없을 것이다.

이것은 비단 기업에 종사하는 회사원에게만 해당하는 것은 아니다.[31] 20대를 전후로 한 한국의 젊은이가 아무런 편견 없이 효율성에 대해 공부하면서 이러한 지식을 접했을 때, 그것이 어떻게 그들의 정체성을 왜곡할지에 대해 심각하게 반성해야 한다. 예를 들어 수많은 취직시험과 공무원 채용시험에 동원되는 경영학 · 사회학 · 국제정치학은 철저히 미국적 시각에서 만들어진 지식임에도 불구하고 아무런 비판 없이 한국의 국가기관과 대기업에 응시하는 수험생을 평가하는 기준으로 사용되고 있다. 대학생활의 초년생부터 취직시험 준비를 하면서 이른바 시험준비용 도서를 장기간 접하게 되었을 때, 과연 한국 젊은이의 정체성이 어떻게 왜곡될지 이제는 진지하게 토론하고 반성해야 할 때가 되었다. 또한 직장생활을 시작한 이후에도 수많은 승진시험을 치러야 하는데, 이때에도 미국적 가치관을 강조하는 지식이 그들의 운명을 결정하고 있다. 미국의 시장주의 논리는 바로 이렇게 해서 민중생활 속에 스며들어 가는 것이다. 그람시(Antonio Gramsci)가 언급한 부르주아의 '헤게모니'(*hegemony*)는 이런 식으로 공고화되는 것이다.[32]

---

31 2005년에 나온 이 책은 어린이를 위한 판본까지 나왔다.

32 지금까지 한국의 관료주의에 대한 연구성과는 조직의 비효율성에 초점을 맞추어 연구를 진행시켜온 것으로 보인다. 이제는 엘리트의 충원과정, 관료의 정체성 형성과정 등도 연구의 대상이 되어야 한다. 또 정책적인 차원에서는 공무원 시험과 같은 평가제도를 개선하여 창의적인 발상을 할 수 있는 기회를 마련해주어야 한다. 지금과 같은 시험관행은 시장 논리, 효율성 논리에 대한 이데올로기 효과를 검증하는 절차에 불과하다. 이런 맥락에서 최근에 통과된 '로스쿨 제도안'에 대한 법률안이 매우 우려스럽다. '돈 놓고 돈 먹는 식'의 학교운영이 불을 보듯 뻔하며, 이제 법률가에게 일정한 사회적 책무를 기대할 수 있는 가능성마저 배제되어 가고 있다.

둘째, 개인의 물질적 욕망이 자본의 논리에 의해서 결정되는 경우이다. 자본의 유연축적 전략에 따라 생산양식이 세계적 규모로 보편화됨으로써 각국의 시민사회 안에는 특정한 욕망의 형태만이 충족될 수 있는 경제구조가 형성되고 있다. 이것은 순차적으로 소비영역에서 개인의 미적 취향과 가치관을 강제하면서, 특정 계급의 문화적 헤게모니를 공고히 하는 구실을 한다.[33] 필자는 이를 **취향의 세계화 구조**라고 부르고자 하는데, 이것은 한국에서 일반 대중의 정치적 가치관과 행동에 심각한 영향을 주고 있다. 30초 단위로 쏟아져 나오는 상업광고는 효율성과 경쟁력을 선전함에 있어서 보수정당 대변인의 달변을 넘어선다. 이것은 텔레비전 토론에서 유지되는 이성적 사고의 시간을 마비시키기에 충분하다. "당신이 사는 집이 당신을 말해준다"라는 재벌기업의 상업광고는 신자유주의가 무엇인지 전혀 모르는 초등학생부터 생존경쟁에 찌든 성인남녀까지 감성적으로 포섭하여, 치열한 경쟁력의 논리를 무비판적으로 받아들이도록 만들고 있다. 이러한 상황에서 "함께 사는 세상"을 외치는 공익광고의 문구가 일반 국민에게 들리지 않는 것은 너무도 당연하다. 또 케이블 방송에서 수시로 방영되는 영화 〈인디펜던트 데이 *Independent day*〉는 개인의 무의식과 취향을 조정함으로써 미국의 이라크 침공이나 북한에 대한 제재조치에 무감각하게 만든다. 그리고 일반인들은 한국사회를 위기상황으로 규정하고 더욱 강력한 안보논리가 필요하다는 보수정당의 논리에 쉽게 동참하게 된다.

---

33 이와 관련된 시론적인 연구 성과로 바야르(Bayart, 2004) 참조.

5. 결론: 앞으로의 과제

1) 제도적 차원

이처럼 정치언어와 취향의 사회적 효과에 주목하다 보면 오늘날 한국정치가 마주해야 할 당면과제가 과거에 비해 더 섬세하고 정교해졌다는 것을 알 수 있다. 이제 정치 민주화를 제도나 법적 형식의 테두리 안에서 사고하는 수준을 벗어나야 한다. 정치언어의 수입과 유통은 이미 과학성으로 포장되어 계급지배의 본질을 숨기고 있으며, 취향의 지배양식은 오락의 유희와 개성의 다양성이라는 이름으로 자본착취의 핵심을 감추고 있기 때문이다. 더구나 언어와 취향을 매개로 하는 정치적 가치관이 국제정치에서 유래한다는 점에서 한국의 정치 민주화는 새로운 국면을 맞이하고 있는 셈이다. 즉, 언어의 사회적 효과에 주목하다보면 정치 민주화가 달성되는 과정에도 언어자원이 분배되는 방식이 큰 역할을 하고 있다는 사실을 깨달을 수 있게 된다. 일반적으로 정치 민주화라고 하면 으레 제도나 법률의 개편을 떠올리거나 관료사회의 부정부패를 일소하는 것 등을 거론하지만, 정치 민주화는 이처럼 가시적이고 거시적인 차원의 개혁만으로 달성되는 것이 아니다. 이를 위해서는 미시적인 차원에서 일반 국민의 의식과 욕망의 수준이 바뀌어야 할 필요가 있다는 것이다.

그런데 국제정치에서 유입되는 상징적 권력은 무차별적이고 비인간적이어서 그만큼 타협의 여지가 없다. 이러한 맥락에서 국가나 공공기관이 하루빨리 나서서 미국 내 한국 전문가의 인식 지형도를 파악해 내야 한다. 우선 미국대학이나 연구소에서 한국관련 전문가가 행한 강의와 논문, 그리고 한국에 진출한 미국기관(상공회의소, 투자단체, 종교단체 등)의 지식인 그룹과 이들과 연계된 한국 지식인의 네트워크

(국내의 유학파 교수, 재벌기업연구소의 연구인력 등)를 상세히 조사해 볼 필요가 있다. 한・미 관계의 본질은 군사무기나 투기자본의 움직임이 아니라 지식의 유통과정이라고 할 수 있다.

또한 과거와 같이 민주와 반민주, 옳음과 그름의 구도가 아니라 좋음과 싫음의 구도에서 진보와 보수를 준별하고, 여기서 민중의 변혁역량을 키워나가는 새로운 사회운동의 논리가 필요하다. 이것이 한국의 진보세력이 진지하게 고민해야 할 과제이다. 노동운동을 포기하지 않으면서도 부르주아 문화로부터 생활세계의 취향을 지켜낼 수 있는 문화운동이 동시에 진행되어야 한다. 이렇게 보면 남북관계를 개선하고 시민사회에서 양극화를 해소한다는 제도정치의 목표를 해결하기 위해서는 일반대중의 생활세계에 침투해 있는 언어와 취향을 바꾸는 작업이 선행되어야 한다. 필자는 이러한 작업을 두고 문화 민주주의의 과제라고 불러왔다.

그동안 한국 시민사회에 진보적 가치관을 표방하는 문화운동이 없었던 것은 아니지만, 미국식 가치관에 대한 저항의 축을 새롭게 구축한다는 의미에서 새로운 지식운동이 필요하다. 이것은 또한 한국의 진보가 수구화・폐쇄화되지 않으며 냉엄한 국제사회의 현실을 무시하지 않고 서구세계에 대한 균형감을 획득하기 위해서도 매우 절실한 과제이다. 이러한 지식・지식인 운동은 독재에 대항하는 민주인사를 키워내는 방식과는 성격이 다르다. 지식의 생산－수입－유통－수용과 같은 각각의 단계에서 선별적으로 대응하는 전문적 지식인 운동이 필요하기 때문이다.

이를 위해서 우선 지식을 관리하는 국가정책이 수립되고 이를 수행할 수 있는 전문기관이 정착되어야 한다. 진보적 지식을 자체 생산하기 위해서는 자본과 제도적 지원이 뒷받침되어야 한다는 것이다. 지금과 같은 국책연구기관이나 학술진흥재단의 체제로서는 미국이나 일본의 상징권력의 공습을 막아낼 도리가 없다. 오히려 이러한 국가기관이 정치개혁의 발목을 잡는 보수적 역할을 하고 있기 때문이다. 외국에서 유입되는 엄청난 양의 상징적 자원을 구분해내고 한국사회에 유통되는 지식을 합리적으로 관리하면서 개인의 생활세계에까지 관여할 수 있는 전문적 체계가 필요하다. 이것은 국가에서 자금을 지원받는다는 의미에서 국가정책기관이지만, 진보적인 지식인이 운영의 결정권을 갖는다는 의미에서 민영화된 연구기관이어야 한다.[34]

여기서 한발 더 나아가 이제는 한국도 이론을 수출하는 국가가 되어야 한다. 동남아시아, 동부 유럽, 남미의 학생을 대상으로 장학금을 적극적으로 지원하고 한국의 대학과 연구소를 유치할 필요가 있다. 지식을 수출하는 것이 외교의 중요한 부분이라는 것을 인식하고 이에 대한 학계와 정부의 진지한 대책이 마련되어야 한다.

21세기에 지식은 경제적 기반이요, 정치전략을 수립하는 데 필수적인 요인이다. 지식을 통해 사회변동이 촉발되며 개인의 정체성이 형성된다. 이러한 관점에서 비로소 21세기를 지식국가론의 세기라고 할 수 있을 것이다.[35]

---

34 영국의 런던정경대학(London school of Economics)이나 프랑스의 고등사범학교(Ecole normale superieur) 등이 19세기 말 이러한 목적을 가지고 탄생한 전문적 교육·연구기관이다. 일본에서도 19세기 말에 이와 유사한 학교가 등장한 것으로 알고 있다. 제국을 관리한다는 것은 바로 지식을 관리하는 것으로 시작한다. 대한민국이 동북아 중심국가로 부상하고, 세계 속에서 자주권을 행사하며 미국과 대등한 외교를 펼치기 위해서는 거기에 걸맞은 엘리트 교육과 지식 생산체제를 갖추어야 한다.

35 국제정치의 변화를 '부강국가에서 지식국가로의 이행'으로 이해하는 관점이 있는데, 이에 대해서 필자는 원칙적으로 동감한다. 그런데 이러한 대세의 변화를 거론할 때 놓치기 쉬운 것은 지식이 갖는 상징적 권력의 속성이다. 개인의 무의식을 지배하고 취향을 조정하면서 가치관을 왜곡시키는 요인이 정확히 지적되어야 한다. 지식과 정보는 다른 것이다. 경제발전, 정치발전, 민주발전과 같은 개념이 바뀌지 않는 한 지식국가론이

2) 이론적 차원

제도적이고 정책적인 지원 외에도 학계의 노력 또한 중요하다. 이 글이 향후 한국학계가 자생적 이론을 만들어가는 데 촉발제가 되기를 기대한다. 여기서 잠시 한국의 국제정치학계를 중심으로 미국에서 개발된 지식과 개념이 한국에 수입되는 과정과 그것의 사회적 효과에 대해 살펴보고, 이를 기반으로 과연 한국의 국제정치학 이론을 수립하기 위한 과제가 무엇인지를 생각해보도록 하자.

이를 위해서 국제정치학에서 종종 거론되는 민주평화론(*democratic peace*)에 대해 살펴볼 필요가 있다. 이 개념이야말로 정치권력에 상응하여 학문의 개념이 만들어지고, 이것이 다시 제3세계를 지배하는 결과를 초래하는 전형적인 예이다. 또 한국의 안보논리와 군사론이 미국의 통제를 벗어나지 못하는 이유를 보여주는 좋은 보기가 된다. 이러한 사례를 중심으로 한국의 정치학이 극복해야 할 과제가 무엇인지 돌파구를 찾을 수 있을 것이다.

민주평화론의 창시자는 도일(Michael Doyle) 교수로 알려져 있지만, 이론을 전파하는 데 공헌한 사람은 예일대학의 러셋(Bruce Russett) 교수이다. 내용은 놀라울 정도로 단순하다. 민주정치체제를 가진 국가는 국내정치의 구조가 평화지향적이기 때문에 실제로 국제정치 무대에서 전쟁의 경험이 적다는 것이다. 이론이라고 하기에는 논리적 구성이나 전제가 터무니 없이 빈약하지만, 이러한 내용은 미국대학의 교수나 학생에게는 거의 학문적 신조와 같이 자리 잡고 있다. 필자는 그들이 채택하는 국제정치 교과과정에서 이 이론이 차지하는 역할이 바로 미국 대학생의 가치관을 조절하는 것이라고 판단한다. 끊임없이 강조하

다루는 내용은 여전히 부강국가론의 연장선에 머물러 있을 것이다(하영선, 2005 참조).

고, 계속해서 반복하며, 시험문제에 자주 등장하면 학생들은 그렇게 세뇌되는 것이다. 그런데 이처럼 단순한 논리가 미국 외교정책의 이념적 기저가 되고 있다. 레이건 대통령이 소련을 일컬어 "악의 제국"(*evil empire*)이라 부르고, 부시(George W. Bush) 대통령이 북한을 두고 "악의 축"(*axis of evil*)이라고 명명할 수 있었던 이념적 기초가 바로 민주평화론이다.

이 자리에서 민주평화론에 대해 엄밀하게 학문적 비판을 시도할 여유는 없다.[36] 다만 이것이 과학성을 갖춘 학문적 이론이라고 부를 수 없는, 실로 터무니 없는 이념적 조작임에도 불구하고, 미국으로 유학 간 한국의 엘리트들이 미국의 교과과정을 이수하면서 민주평화론의 이데올로기에 철저하게 동화되고 만다는 사실을 지적하고자 한다. 물론 이들 중에는 지배적 가치에 도전하는 사람도 있으나, 적극적으로 수용하건 저항하건 미국식 이념과 전문성을 상대로 담론을 펼치는 한 이들 역시 미국식 가치를 전파하기는 마찬가지이다.[37] 지난 50년간 한국 대

36 이에 대한 학문적 비판은 린데만(Lindemann, 2004: 829~848) 참조.

37 2005년 국제정치학회의 특별기획으로 마련된 민주평화론에 대한 세미나에서 발표된 논문과 토론을 살펴보면, 미국식 국제정치학 교육을 받는 한국의 교수들이 민주평화론을 어떻게 이해하는지 잘 알 수 있다. 당시에 방청객으로 참석한 필자의 귓가에 몇몇 교수의 절박한 토로가 지금도 생생하게 울리고 있다. "민주평화론에 의하면 민주주의 국가는 전쟁을 하지 않는데, 민주주의 국가인 미국이 왜 자주 전쟁에 개입하는지 잘 모르겠네요." "미국이 벌인 전쟁은 공격적이거나 침략전쟁이라기보다는 예방전쟁으로 해석할 수 있지 않나요? 그럼 민주평화론은 여전히 이론적인 설득력이 있는 것이네요! 통계처리를 잘못하고 있었군요." 또 발제자 중 한 사람이 도일의 논문이 매우 엉성하여 학문적으로 가치가 없다는 비판을 한 바 있는데 여기에 대해 코멘트를 한 교수의 지적이 놀랍다. "도일의 논문을 제대로 이해하기 위해서는 칸트를 다시 보아야 해요." 필자가 판단하기로는 도일이 칸트의 영구평화론을 인용했지만, 그것은 학문적 수준이라기보다는 프로파간다의 수준에 불과하다. 더 극단적으로 비판한

학의 정치학을 비롯한 경제학·사회학 등의 사회과학 교과목은 거의 대부분 미국 대학의 커리큘럼을 복사하고 있다. 더구나 주어진 텍스트를 이해하는 방식에도 일정한 흐름과 강제가 있다. 미국식 근대화론이나 비교정치론이 압도적인 강세를 보이는 분위기에서 한국의 현실에 준엄한 비판을 가할 수 있는 진보적 지식과 이론은 점차 설 자리를 잃어가고 있다.

이러한 맥락에서 최근 한국의 현실에 맞는 국제정치학 이론을 만들어보자는 신진 학자들의 이론적 시도가 있어 매우 반갑게 생각한다(하영선·남궁곤, 2007). 그러나 필자가 이 글에서 강조한 권력/지식의 구체적인 과정을 꿰뚫어보지 못하면 자생적인 이론과 학문을 달성하는 것은 불가능할 것이다.

현실적으로 미국과 한국이 향유하는 주권의 크기와 영향력이 엄청나게 다름에도 불구하고 한국의 국제정치학 교과서에는 근대적 주권이 탄생하게 된 역사와 국가의 자율성에 대한 논의가 끊임없이 등장한다. 빈 체제를 가르치는 외교사에서부터 현대 국제정치의 현실주의 이론에

다면, 도일은 칸트를 이해하는 수준에 이르지 못하며, 칸트를 이해하고 싶은 마음도 없다. 단지 민주평화론이라는 이데올로기를 생산하기 위한 하나의 보조자료로 칸트의 영구평화론을 잠시 언급할 뿐이다. 이러한 맥락에서 후쿠야마(Francis Fukuyama)의 《역사의 종말》을 비판하면서 헤겔을 거론하는 것도 큰 의미가 없다. 도일이나 후쿠야마와 같은 미국의 정치학자가 고전에 대해 가지고 있는 학문적 수준이라는 것은 실로 천박하여 거론할 가치도 없기 때문이다. 그럼에도 불구하고 도일의 논문을 이해하기 위해서, 그리고 그 논문의 가치를 우리 스스로가 부각시키기 위해서 칸트를 이해해야 하는 것인가? 또 미국의 제국주의 침략전쟁을 눈앞에서 지켜보면서도 민주평화론의 가치를 부여잡기 위해서 우리 스스로가 미국이 시작한 전쟁을 긍정적으로 확대 해석해야 하는 아량을 먼저 보여야 하는 것인가? 정말 미국이 민주주의 국가인가? 필자에게는 모든 것이 어리둥절하고 혼란스러울 뿐이다.

이르기까지 국가의 주권과 법적 평등, 국제체제의 무정부성을 강의하고 있지만, 필자에게 그러한 이론은 현실과 괴리된 이데올로기로 보인다. 차라리 근대 이후의 세계정치는 강대국 중심으로 주도된 지배의 역사였고, 한국과 같은 제3세계는 피지배의 상태에서 강요된 삶을 피해갈 수 없었던 제국주의 침탈의 역사를 살아온 것이라고 강조해야 하지 않을까? 미국의 교과서에서는 한마디도 언급되지 않는 '후기 식민주의'(*post-colonialism*)와 같은 개념이 한국의 국제정치학 강의에서는 첫 번째로 강조되어야 할 개념이 아닌가!

'인식 공동체'(*epistemic community*)라는 개념을 통해 국제정치의 현실을 설명하려는 것 또한 납득이 가지 않는다. 이론의 형식을 벗어나 지식의 지배가 판을 치는 현실세계를 잠깐만이라도 직시해 보자. 과연 전 세계의 학자들이 정치적 쟁점에 대해서 인식을 공유한다고 말할 수 있을까? 어찌하여 인식 공동체라는 개념이 아무런 비판 없이 등장하는지 그 이유를 알 수가 없다. 소프트파워가 미국 권력의 핵심이라고 지적하면서 미국학자 나이(Joseph Nye)를 인용하는 것이 필자에게는 우스운 코미디로 간주되는 이유는 무엇일까?

필자의 주장은 개념이 탄생하게 된 사회적·물질적 기반을 추적하자는 것이다. 적어도 사회과학의 개념은 보편적인 것이 아니라는 사실을 반드시 인식해야 한다. 이것은 비단 미국식 이론에만 국한되지 않는다. 한국 현실을 이해하기 위해서 과거(예를 들면 19세기)로 회귀하는 경우에도 고전의 텍스트가 생겨나게 된 사회적·존재론적 조건을 잊어서는 안 된다.[38] 필자가 판단하기에 '한국적 국제정치학 이론'을

---

38 한국의 사례를 더 많이 삽입한다고 한국의 이론이 탄생하는 것은 아니다. 예를 들어 박지원의 《열하일기》를 국제정치의 현실주의 관점에서 독해하면서, 그에 해당하는 인용문을 찾아내는 것은 이미 이론에 종속된 것이라고 할 것이다. 또 유길준의 《서유견문》을 탈근대라는 개념을 통

만들기 위해서는 오늘날 학계의 잘못된 관행을 조금씩 개혁해나가는 방법이 바람직하다. 한국에만 적실한 이론이 있고, 그것은 우리의 능력이 모자라기 때문에 만들지 못하는 것이 아니다. 즉, 이론과 지식은 텍스트 안에서 찾을 수 있는 것이 아니라 정치 · 경제 · 문화를 아우르는 제도적 기반과 관련되어 있다는 것이다.

첫째, 우선 미국이 지정한 국제정치 이론영역의 경계를 허물어야 한다. 국제정치의 구성주의를 말하면서도 정작 기든스(Anthony Giddens)나 부르디외를 이해하는 국제정치학자는 한국에 별로 없다. 기든스나 부르디외는 사회학자이기 때문에 국제정치학자는 몰라도 상관없다는 것인가? 이론의 원류로 돌아가 문제의식을 정확히 이해해야만 그 이론이 한국 현실에 적용될 수 있는 방법론과 대상을 찾아낼 수 있는 것이다.

둘째, 미국에 편중된 대학교수의 유학관행을 지양해야 한다. 국내에서 공부하면서 한국의 문제를 깊이 공부한 사람이 교수가 되어야 한다. 유학이 필요하다면 2~3년 정도 나가서 언어를 배우고 자료를 찾아

해서 재해석하는 것도 매우 위험해 보인다. 탈근대(*postmodern*)라는 용어가 1990년대에 유럽에서 시작된 포스트모더니즘의 논쟁을 의미하는 것이라고 한다면, 그것은 서양의 자본주의 발전과정이나 인식의 합리성에 대한 역사철학적 비판의식을 전제로 한 개념이다. 그런데 과연 유길준의 문명개화론에 자본주의 역사나 합리적 인식론에 대한 비판의식이 존재했었는지 의심스럽다. '문명의 등급'을 주창했던 유길준의 사상을 근대와 탈근대의 복합으로 규정하는 시도에는 이론적 진지함이 결여된 채 '우리 학문'을 한다는 뜨거운 명분만 어색하게 남아 있다. 이와 비슷한 맥락에서 최근 보수단체에서 강조한 바 있는 식민지 근대화론도 매우 위험스럽게 보인다. 근대성(*modernity*)이라는 개념 자체가 18세기 서유럽을 기준으로 생겨난 개념이기 때문에, 동일한 시간과 공간을 전제하지 않은 채 일본에 의한 한국의 경제발전을 경제적 성과로 간주하는 것은 대단한 오류이다. 더구나 이 개념 안에는 일본이 한국을 새로운 방식(상징적 방식)으로 지배하려는 정치적 음모가 더 강하게 남아 있다. 이미 학문적 개념이라고 간주하기 어렵다.

오는 것으로 충분하다. 우리말로 박사논문을 쓰고, 한국어로 학술지에 논문을 게재해야 한국의 학문이 그만큼 성장하는 것이다. 꼭 필요하다면 우수한 학자의 글을 모아 영어로 번역하면 그만이다. 유럽이나 일본, 남미의 여러 나라가 그러하듯이 자국어로 쓴 후에 영어로 번역된 논문집과 책이 한국의 상황과 문제의식을 외국인에게 더 효율적으로 전달할 수 있다. 학문의 국제화는 그렇게 하는 것이다. 해외에서 운영되는 한국학 연구소는 바로 이러한 역할을 하기 위해서 존재하는 것이다. 영어로 강의할 수 있는 사람을 우대하는 대학교수의 채용관행[39]이나 SSCI 논문 게재에 평가점수를 더 주는 대학 행정의 관행이야말로 미국 학문의 종속성을 부채질하고 한국 학문의 발전을 저해하는 가장 큰 장애요인이다.

셋째, 유학을 나가는 나라도 다변화되어야 한다. 유학가는 곳이 꼭 미국이어야 하나? 남미에서 세계화를 어떻게 이해하는지, 유럽의 국제정치이론은 무엇이 있는지 알아야 하지 않는가? 미국을 통해 유럽통합을 이해하고, 영어로 번역된 책만으로 남미의 정치상황을 이해하는 데에는 한계가 있다. 프랑스어나 독일어를 할 수 없는 사람이 유럽 전문가로 인정받는 한국의 현실을 바꾸어야 한다. 물론 궁극적으로는 한국에서 박사학위를 한 것만으로 불이익을 받지 않는 사회가 되어야 한다. 이러한 맥락에서 국내박사 출신과 비영어권 학위자의 교수채용

---

39 신문에 '영어강의자 우대'라는 대학교수의 채용공고를 자주 볼 수 있다. 영문과 교수를 뽑는 것도 아니고, 국문학·국사학·정치학과 같은 이른바 국학에 해당하는 교수채용 공고란에도 여지없이 이러한 조건이 달려 있다. 국내에서 혹은 비영어권에서 학위를 취득한 사람에 대한 인권침해 소지가 있는 것은 아닌지 궁금하다. 대학교수를 뽑을 때 '비장애인을 우대함'이라고 공고할 수 없지 않은가? 그런데 오늘날 영어강의를 할 수 없는 사람은 대학교수가 되는 데 심각한 장애가 있는 사람으로 취급받는 것 같다. 뭔가 심각하게 잘못되어가고 있다.

비율을 법률로 제정하는 방안을 생각해볼 만하다. 여기에 학술진흥재단의 연구비 운용방식도 크게 바뀌어야 한다. 사회과학 분야의 박사급 인력이 대부분 미국에서 유학한 사람으로 구성되어 있는 한국 현실에서 연구계획서를 공개경쟁에 붙이면 어떤 사람들이 이익을 받을지 뻔한 일이다. 미국을 제외한 유럽이나 남미 혹은 동남아에서 공부한 사람을 보호한다는 차원에서 학문의 균형을 다시 고려해야 한다. 미국학문의 종속을 벗어나 한국의 이론, 한국의 학문을 실현한다는 것은 그리 어려운 일이 아니다.

일상성과 감성의 정치학

네그리의 '다중'을 넘어서

제4장

1. 진보정치의 위기와 감성의 정치학

한국에서 진보정치의 위기가 심각하다. 즉 형식적 민주화를 넘어서 실질적 민주화를 달성해야 함에도 불구하고 일반시민들이 점차 보수화되어 얼마 남지 않은 민주화의 결실을 이루는 데 역할을 제대로 하고 있지 못하다. 이러한 시민사회의 보수화는 어디서 유래하는가? 다양한 설명이 가능하겠지만, 필자는 한국인의 감성적 지형도가 변화하고 있다는 점에서 그 원인을 찾아보려고 한다.[1]

---

1 도정일 교수는 2007년 10월 17일 서울 정동 사회복지공동모금회 강당에서 "문화는 무엇을 할 수 있는가?"라는 주제로 강연한 바 있다. 여기서 그는 "지난 20년은 한국 민주주의의 가장 기본적인 토양으로 민주주의 문화를 발전시키고, 뿌리 내리게 하는 데 바쳤어야 할 세월이었다"고 말하고 "그러나 그 작업을 사회도, 정부도 충분히 하지 않았다"고 지적했다. 또 그는 우리사회에 퍼져 있는 "공포의 문화와 선망의 문화"를 강조하면서 이것이 실질적 민주화를 실현시키는 데 필요한 시민적 덕목을 가로 막는 심리적 요인이라고 분석하고 있다. 여기서 공포란 실직에 대한 심리적 압박을 가리키며, 선망이란 성공한 사람에 대한 질투심과 유사한 개념이다. 이 두 개념을 통해서 도정일 교수는 오늘날 건전한 공공의식이 사라지고 한국사회가 경쟁과 효율성이 주도하는 살벌한 시장사회로 전락

우선 필자는 지금까지 한국정치를 분석하는 데 동원되었던 일반적인 분석틀이 "이성의 정치"였는데, 이것으로 현실을 이해하고 처방하는 데 일정한 한계가 있었다고 판단한다. 이때 이성이란 근대 서구정치학이 기반하고 있는 기본개념으로 자신의 이해관계(*interests*)를 계산하는 능력을 가리키며, "도구적 이성", "계산적 이성"이라고 불리기도 한다. 서구정치학이 민주주의 이론(대의제 민주주의)으로 가르치는 학문의 기본전제는 개별정치주체가 자신의 이해관계를 정확히 계산할 수 있다는 믿음에 근거하고 있다. 이것을 바탕으로 서구의 민주정치이론은 개인들이 자신을 대변할 수 있는 정치인을 합리적으로 선택한다고 설명한다. 이 단계에서 개인들은 철저하게 이기적 인간으로 간주되며, 그들이 내리는 정치적 선택에는 일말의 감성적 요인도 개입하지 않는 것으로 전제되고 있다. 이것이 바로 서구의 근대적 인간관이며, 정치적 개인주의(*political individualism*)의 기초이다. 이를 바탕으로 대의제 민주주의가 작동한다. 따라서 정당한 절차와 합리적 제도가 정착되기만 하면 정치와 경제는 '보이지 않는 손'에 의해서 개별자의 이해관계를 조정하고 사회전체의 공익을 극대화시킬 수 있다고 가정한다. 이때 목표는 개인들의 사적 소유권을 최대로 보장하는 것이다. 이러한 맥락에서 정치적 개인주의는 곧 소유적 개인주의(*possessive individualism*)와 등치된다.

지금까지 한국의 형식적 민주화는 바로 이러한 대의제 민주주의를 이론적 기반으로 하여 진척되었다. 그런데 이 대목에서 한국현실과 비

하고 말았다고 진단한다. 필자는 이러한 도정일 교수의 분석에 공감하면서, 그가 제시한 분석틀을 감성의 정치학이라고 이름 붙여보고 싶다. 이 글은 감성정치학의 인식론적 기초를 좀더 세밀하게 따져 보고자 한다. 다시 말해 인문학자의 직관이 문화정치학의 기초를 암시했다면, 사회과학자로서 필자는 그에 대한 이론적 근거를 제시하고자 하는 것이다.

교해서 다음과 같은 두 가지 의문이 든다. 첫째, 개별 행위주체들의 정치인식과 선택이 과연 도구적 합리성에 의해서 규정될 수 있는가? 둘째, 소유권을 보장하기 위해 고안된 대의제 민주주의 공공성은 어떻게 확보될 수 있는가? 정말 '보이지 않는 손'이 사회적으로 개별이해관계를 무리 없이 조화할 수 있는 것인가? 이러한 질문들에 대하여 대의제 민주주의는 현실적인 답을 내놓지 못하고 있다. 어쩌면 한국정치의 혼란은 바로 여기에서 비롯된다고 볼 수 있다. 따라서 한국정치의 위기를 진단할 때 새로운 정치패러다임이 필요한 것이며, 그 돌파구의 하나로서 필자는 "감성 정치학"을 제안하려고 하는 것이다.

그런데 감성이란 무엇을 의미하는가?[2] 이러한 의문에 대한 해답은 근대정치학의 인식론적 전제를 비판하고, 새로운 인간학을 정초하는 것에서 찾을 수 있다.

위에서 잠시 언급한 바와 같이 근대정치학의 인간학은 편협한 이성주의에 근거하고 있는데, 이것은 공적 영역과 사적 영역을 구분하고 정치를 공적 영역에 한정시키는 정치우월주의를 만들어 내었다. 이때 오늘날 통상적 의미로 사용되는 문화는 사적 영역에 속하는 것이며, 대체로 인간의 감성은 바로 문화적 영역, 사적 영역에서 제한적으로 작동하는 것으로 간주된다. 더구나 문화는 건전한 정치를 위해서 제거되어야 할 부정적 요인이다. 그런데 과연 인간의 이성과 감성은 구분될 수 있는 것인가? 인간의 감성은 도대체 무엇을 가리키는 것인가?

우선 서구 정치사상의 맥락에서 보면 이성/감성의 이분법적 논리가

---

2 위에서 도정일 교수가 제기한 "공포와 선망"의 문화라는 것이 개인들이 가지는 감성인지, 무의식인지, 혹은 집단적 행위양식인지 분명하지 않다. 도정일 교수의 발제를 두고 토론을 벌였던 여건종 교수가 현대한국정치에서 "대중"들의 개념이 분명하지 않음을 지적하고 있는데, 이러한 질문 역시 필자가 도정일 교수에게 가지고 있는 감성정치학의 실체에 대한 궁금증과 맞물려 있다.

이론적으로도 매우 특수한 사례에 해당한다. 이른바 영국의 "소유적 개인주의"(*possessive individualism*)가 '보이지 않는 손'의 자동조절 기능을 제시하면서 이성의 정치를 강조하고 있지만, 프랑스와 같은 대륙의 전통에서는 이러한 구분이 분명하지 않다. 예를 들어 《인간 불평등 기원론》에서 루소는 인간을 *amour de soi/amour propre*를 동시에 소유하는 존재로 묘사하고 있다. 즉, 이기적 인간/감성적 인간의 모습이 혼재한다는 점을 인정하고 있다. 따라서 이기적 인간을 전제로 한 정치에서는 공화국(*republique*)을 건설하는 것이 목표이지만, 감성적 인간을 전제로 한 정치에서는 교육을 통해 교화된 인간을 완성하는 것이 목표이다. 전자에 해당하는 저술이 《사회계약론》이라고 한다면, 후자에 해당하는 책이 바로 《에밀》이다.

토크빌의 정치적 직관 역시 감성의 정치학을 연구하는 데 중요한 근거가 된다. 그는 《구체제와 프랑스 혁명》에서 1848년 6월 노동자 봉기를 설명하면서 프랑스 국민들의 심성의 변화에 주목한 바 있다. 그는 1789년 이후 왕정을 무너뜨린 사회변혁 운동이 일반 민중들의 감성을 변화시켜 놓았으며, 그 변화의 내용을 '질투심'이라고 표현한 바 있다. 1848년 즈음의 정치적 상황은 표면적으로 보면 정치적 자유주의와 사회주의 이념갈등으로 해석되지만, 그 이면에는 민중들의 질투와 시기심이 자리 잡고 있다는 것이 토크빌의 냉철한 통찰력이다. 그런데 흥미로운 사실은 맑스가 1848년 6월 폭동을 계급의식의 표현이라고 주장하고 있어, 주관적 감성과 객관적 계급의 개념이 근대정치학의 출발에서부터 충돌하고 있다는 점이다.

2. 네그리의 다중개념과 그 한계

적어도 이러한 대립관계, 즉 이성/감성, 주관/객관적 계급의 이분법을 넘어서는 것이 현대정치학에서 시급한 과제인데, 최근 이 문제를 해결하기 위한 단초가 있어 이 자리에서 이용해보고자 한다. 네그리의 다중개념이 바로 그것이다.

네그리는 현대인의 정체성을 설명하면서 무엇보다도 세계자본주의의 성격이 변화했다는 점에 주목한다. 과거 국민국가 중심의 자본주의 체제를 포디즘의 생산체제로 규정한다면, 오늘날 경제의 국경은 사라지고 세계가 하나의 생산권으로 포섭되었다고 설명한다. 이처럼 세계시장이 하나로 통일됨에 따라서 노동의 질과 사회를 조직하는 형태도 점차 동질화된다. 이를 두고 네그리는 훈육통치(*disciplinary government*) 또는 훈육사회(*disciplinary society*)가 도래했다고 말한다(네그리, 2001: 326). 이것은 사회전체가 생산과 재생산의 논리를 자본과 국가 통제아래 두고 있으며, 자본축적의 효율성에 의해서 사회적 규범이 유지된다는 것을 의미한다. 훈육사회의 원형은 1930년대 미국에서 시작된 뉴딜정책이며, 서유럽국가가 경험했던 복지국가의 내용이 바로 훈육사회의 전형이다. 또 네그리는 오늘날 노동의 본성과 부의 성격이 변화했다는 점을 강조하고 있다. 즉, 탈근대사회에서는 축적된 사회적 부가 점점 비물질적인 것이 된다는 것이다. 여기서 "비물질적 노동"이란 노동자들의 생산활동이 육체적 노동에서 벗어나 정보축적이 생산의 사회과정에서 중요한 역할을 하고 있음을 의미한다. 이 개념은 이탈리아 학계의 진보진영이 제창한 파격적인 학술담론으로서 최근 이를 두고 한국의 진보진영 내에서도 많은 논쟁이 벌어지고 있다. 따라서 그 의미를 좀더 구체적으로 파악하기 위해서 논의의 외연을 확장해 보자.

특히 랏자라토의 설명이 매우 명쾌하다. 그는 자본-노동/자본-삶이라는 두 개념을 대립시키면서 전자가 과거 포디즘 사회에서 노동의 개념이라고 한다면, 후자가 포스트 포디즘의 사회 노동의 특징을 보여주는 개념이라고 설명하고 있다. 여기서 랏자라토의 설명을 인용해 볼 필요가 있겠다.

> 산업노동자들이 철, 석탄 따위를 사용했던 것과 같은 방식으로 현대의 노동자들이 사용하는 원료는 무엇인가? 이 원료는 습관, 다시 말해 한 사람의 발명가의 마음속에서 태어나서 모방과 반복을 통해서 일상적인 것들이 되어 버린 의견들, 취미들, 관습들, 노하우들이다. 그렇다면 취미들, 의견들, 삶의 방식들이란 무엇인가? 그것들은 신체적인, 정신적인 습관들의 구축이다.… 다른 말로 하면, 우리는 더 이상 산업적 의미에서 노동의 착취에만 기초하지 않을 뿐만 아니라 지식, 삶, 건강, 레저, 문화 등의 착취에도 기초하는 자본주의적 축적형태에 직면하고 있다(랏자라토, 2005: 278~280).

이러한 논리를 따라가면 오늘날 노동자 주체의 성격이 변화하고 있다는 주장에 이르게 된다. 노동자들이 생산과 맺는 관계로부터 노동자 주체성과 혁명역량이 배출되었던 것처럼, 새롭게 변형된 생산관계에서는 노동자 주체성과 사회운동의 새로운 형태가 나타난다. 그런데 랏자라토와 네그리는 노동자 주체가 자본과 맺고 있는 관계가 과거와 같은 일방적 종속관계가 아니라고 설명한다. 노동과 자본의 상호관련성은 다음과 같은 특징을 갖는다. 첫째, 자본이 부과한 노동시간의 독립성 측면에서 비물질적 노동의 특성이 드러나며, 둘째, 그 관계는 착취나 종속이라기보다는 자율성으로 이해할 수 있고, 셋째, 노동시간을 재생산시간이나 생활시간과 구별하기가 어렵다는 것이다(랏자라토・네그리, 2005: 295). 그들은 이렇게 변화한 노동의 특성을 "대중지성"이라고 이름붙이고, 노동자 주체성을 "다중"이라고 부르고 있다.

다중이란 노동자의 주체성이 노동의 범위를 넘어서고 있음을 의미한다. 이 대목에서 네그리는 경제적 변형을 파악하는 언어이론을 강조한다. 이른바 포스트 포드주의와 생산의 비물질적 패러다임을 통해서 살펴보면 오늘날 생산의 주요한 요소는 소통과 협력이라는 것이다. 판매, 금융 서비스와 같은 현대 자본주의사회 축적의 핵심기제는 노동자들간의 관계나 정서가 중요하다는 것과, 문제를 해결하고 정보를 제공함으로써 실현되는 비물질적 재화의 생산은 노동형태에 언어적 수행성이 깊숙이 개입하고 있음을 보여주고 있다(네그리, 2008: 248). 네그리는 자신의 글에서 현대사회의 노동과 주체성의 형성이 경제적 수준을 넘어서 문화적이고 법적인 것으로 확대되고 있다고 설명한다. 그러나 네그리는 분석의 초점을 생산의 영역에 맞추고 있는 것으로 보인다.

여기에 비교하면 비르노의 다중에 대한 설명은 경제적 영역을 넘어서 사회전체에 확산되는 현대인의 주체형성 과정을 설명한다는 점에서 문자 그대로 다층적이다. 비르노는 다중을 이해하기 위해서 노동, 행위, 지성으로 구분된 세 가지 영역을 통합하자고 제안한다(비르노, 2004: 80). 세 가지로 구분된 영역은 아리스토텔레스 이래 서양의 정치사상이 인간의 활동을 설명하기 위해서 전통적으로 구분하는 영역들이다. 이러한 전통을 가장 전형적으로 이어 받은 사상가가 한나 아렌트이다. 그녀는 자신의 저서 《인간의 조건》에서 세 가지 기본적 인간활동으로서 노동, 행위, 일을 열거하는데, 비르노에 따르면 이러한 구분은 현대사회를 이해하고 인간의 주체활동을 파악하는 데 큰 의미가 없다. 왜냐하면 현대인의 삶을 다층적인 다수의 존재양식으로 이해하지 않는다면 생산, 언어, 일상적인 삶이 대부분 이해되지 못할 것이기 때문이다. 비르노는 다중이란 존재방식이며, 이것은 민중, 노동자, 일반의지, 국가 등과 같은 근대정치 사상이 만들어 낸 전통적인 개념과는 상이한 모양새와 특성을 가진 것이라고 설명한다(비르노, 2004: 46).

이러한 이론적 논쟁이 오늘날 한국사회를 이해하는 데 어떤 의미를 갖는가? 우선 한국학계에서 이러한 이론적 흐름을 수용하는 방식에 대해서 잠시 살펴보자. 첫째 비물질적 노동개념을 두고 찬반양론이 있다. 정성진은 반대론자로서 네그리나 랏자라토의 비물질적 노동개념이 한국의 노동현실에 적절하지 못한 것으로 비판한다. 정성진에 따르면 비물질적 노동개념은 특수하게 조직된 서유럽의 상층부 노동형식에 관련된 것일 뿐 한국의 상황에서 여전히 지속되는 궁핍노동(물질노동)의 현실을 설명하는 데는 한계가 있다고 본다(정성진, 2004; 승준, 2005에서 재인용). 한편 네그리의 입장에 찬성하는 학자들의 논리는 현대사회의 노동형식이 크게 변화되었으며, 이에 따라 한국사회에서도 비물질적 노동개념이 적용될 수 있는 노동양식이 점차 확대되고 있다고 한다. 특히 생산에 있어 언어능력, 기억, 추상화 능력 등이 중요하다고 강조한다(승준, "비물질적 노동과 새로운 주체성의 출현", 2005, 326쪽).

둘째, 다중개념의 현실 적용가능성을 두고 찬반양론이 있다. 2008년에 대대적으로 전개된 촛불집회를 한국에서 다중의 출현으로 이해하는 방식이 있는데, 이에 대한 상충된 해석이 있다. 우선 조정환은 촛불봉기의 주체가 곧 다중이라고 해석하고 있다. 왜냐하면 기존의 운동논리에서 사용된 국민, 대중, 전위와 같은 이름이 촛불집회에 모인 사람들의 특성을 올바르게 표현할 수 없기 때문이다. 그들은 행동 하나하나에 자신의 개성과 특이성을 담고자 한다는 점에서 특이한 사람들의 공동체이며, 이것이 곧 다중이라고 한다. 그는 촛불집회와 같은 형태가 새로운 소통구조와 잠재적 공동체를 보여주는 가능성이며, 이를 근거로 한국사회가 새로운 운동의 역량을 찾아낼 수 있다고 긍정적으로 평가하고 있다(조정환, 2008).

한편, 박영균은 촛불집회에 모인 사람들이 국가주의 권력에 저항하고 있는 것은 사실이지만 이것이 반드시 공공성에 기반하는 것은 아니라고 말한다. 그들에게 중요한 것은 자신들의 이익을 실현시켜 줄 수 있는 강력한 국가권력이다. 이러한 의미에서 보면 대중들의 욕망은 너무나 단순하고 소박하며, 이것이 합리적이고 이성적인 가치로 승화되지 않을 수도 있다는 것이다. 결국 중요한 것은 대중들의 욕망을 공통감각에 근거하여 보다 긍정적인 역량으로 발전시키는 것인데, 이것이 반드시 낙관적인 것만은 아니다. 더구나 오늘날 한국사회를 시민, 계급, 다중이라는 3중의 프리즘으로 이해할 것을 강조함으로써 과거의 노동운동이나 시민운동의 역동성을 여전히 인정하는 점이 특징적이다(박영균, 2008).

필자가 보기에 한국정치의 특성을 이해함에 있어 네그리의 다중개념은 두 가지 점에서 긍정적 영향을 주고 있다. 첫째는 사회운동의 주체가 다층적 존재라는 사실을 일깨워 준다. 지금까지 한국 진보운동의 이념적 기초는 민중, 계급과 같은 개념이었는데, 이것은 큰 틀에서 보아 이성정치의 전형적인 산물이다. 다시 말해 보통사람들이 자신의 이해관계를 정확히 인지하고 있고, 이것을 정치적 판단과 행동으로 연결짓고 있다는 전제에서 출발하는 것이 민중이나 계급개념의 인식론적 전제이다. 그런데 한국정치의 현실을 들여다보면 이러한 개념틀로써 설명되지 않은 일들이 비일비재하다. 그 대표적인 예가 노동자들이 밀집한 공단지역에서 민주노동당의 후보들이 열세를 보이는 경우이다. 사실 노동자 정당을 앞으로 어떻게 확대시켜야 하는지의 문제가 오늘날 진보운동의 가장 큰 과제인데, 이러한 맥락에서 네그리의 다중개념은 현실의 계급개념을 발전적으로 이해하고 현실에 적용하는 데 큰 함의를 준다고 할 수 있다.

둘째는 현실정치에서 보통사람들의 행위가 매우 복합적인 차원에서 이루어지기 때문에 이를 설명하기 위해서는 경제적 차원을 넘어서 문화적 요인까지도 고려해야 한다는 점을 일깨워준다. 사실 한국에서 진행중인 정치권의 이념대결은 정치주체의 행위양식이 일정한 가치관이나 경제적 지향에 의해서 결정되는 것으로 간주하는 경우가 있는데, 이것은 매우 순진한 발상이다. 보통사람들의 정치적 정향을 진보/보수로 구분하는 경우 그 근거를 정책에 대한 가치판단이나 경제적 선택에 초점을 맞추면, 동일한 경제정책인 경우에도 시기에 따라서, 사안에 따라서 동일한 사람의 선택이 달라지는 현상을 설명할 수 없게 된다. 여기서 정치주체가 어떠한 과정을 거치면서 정치적 가치관을 습득하는가를 연구하는 것이 학문적으로 중요하며, 이러한 맥락에서 네그리의 훈육통치의 개념이 일정 정도 이론적 기여를 할 것으로 보인다.

그러나 다음과 같은 문제점이 있다. 네그리는 철학적으로 스피노자를 근거로 사회적 변화에 분석의 초점을 두고 있다. 특히 현대사회를 분석하기 위해서 맑스의 노동개념과 푸코의 훈육권력의 개념을 통합한다. 그가 주장하는 비물질적 노동은 맑스의 일반지성의 개념을 변형시킨 것이며, 언어적 수행성, 감성적 요인, 정보의 네트워크 등과 같은 개념들을 포괄하는 방식은 푸코의 생체권력을 응용한 것으로 보인다. 또 그의 저작에서 산발적으로 등장하는 삶의 정치, 살의 정치와 같은 용어들은 메를로퐁티의 철학에서 유래한다. 이처럼 네그리는 다양한 철학적 개념들을 차용하면서 강고한 맑시즘의 경제우월주의를 넘어서려고 시도했지만, 필자가 보기에는 노동중심 패러다임에서 빠져나오지 못하고 있다. 특히 다중개념의 활용방식이 매우 엉성하고 산발적이어서 보다 정교한 이론적 작업이 필요해 보인다. 따라서 필자는 이 글에서 다중개념의 의미를 포착하기 위해서 경제적 차원을 버리지 않으면서도 문화적 차원까지 분석의 차원을 넓히려고 시도할 것이며, 또 다중이 형성되는 구체적 과정을 설명해보고자 한다.

한국사회는 그동안 형식적 민주화를 건설하는 일에 몰두했지만, 그러한 정치체제를 실현하기 위해서는 어떤 정치주체가 필요한지 심각하게 고민해보지 않았다. 다시 말해 '좋은 사회'(*good society*)에 대해서 연구하면서 '건전한 주체'(*good individuality*)에 대해서는 상대적으로 소홀했다. 그러나 맑시즘의 역사에서도 늘 강조했던 것처럼 사회주의 체제를 만드는 것뿐만 아니라 사회주의적 인간형을 만들어 가는 것이 혁명의 중요한 과제이다. 동일한 맥락에서 말하자면, 민주화를 완성하기 위해서는 민주적 인간형에 대한 성찰과 노력이 동시에 요구된다. 다시 말해 사회변혁을 실현하기 위해서는 경제적 요인(노동 패러다임) 뿐만 아니라 문화적 요인(감성 패러다임)이 중요한데, 우리사회에서는 그동안 후자에 대해서 상대적으로 무관심해 왔다고 평가할 수 있다.

3. 현대인의 정체성: 이성과 감정의 변증법

따라서 지금부터라도 한국의 실질적 민주화를 완성하기 위해서 정치주체의 존재론을 탐구하고, 그에 대한 학문적 역할을 고민하는 것이 필요하다. 이를 위해서는 노동중심 패러다임, 또는 공적 영역을 강조하는 이성중심 패러다임을 벗어나 그동안 소홀히 했던 영역과 요인(생활세계, 정치언어, 식민성)에 대하여 주의를 집중해야 한다.

그동안 정치주제를 연구하는 분야는 정치경제론에 입각하여 생산영역에 집중되었으며, 이것은 곧바로 공적 영역이이라고 간주되기도 하였다. 즉 계급=이성적 주체라는 등식이 암묵적으로 기존의 사회과학을 지배했다. 그러나 보통사람들의 실존은 사적 영역에서 더 많은 영향을 받고 있다. 사적 영역이란 일상생활이 영위되는 공간으로 오늘날 소비행위가 매우 중요한 기능을 한다. 전자가 이성적 주체로 묘사된다면, 후자는 감성적 존재로 묘사될 수 있다. 우리는 이성적이면서 감성적이고, 공적인 부분과 사적인 부분을 동시에 소유한 새로운 인간학을 탐구하고 그에 대한 정치적 의미를 음미해야 한다. 왜냐하면 현대인의 정체성은 명증적인 인식론에서 출발하는 것이 아니라, 생활세계의 경험(기억, 언어, 상징, 소비 등)을 통해서 발생하는 것이며, 이러한 경험들은 개인들의 계급적 위치에 따라서 차별적이고 불평등하기 때문이다.

또한 정치영역을 독립된 영역으로 설정하여 다룰 필요가 있다. 노동개념에 근거한 계급만으로는 정치적 가치관이 표출하는 양식(선거, 여론조사 등)을 모두 설명하기가 어렵다. 대체로 계급적 기준에서 벗어난 정치적 행위를 허위의식이나 왜곡된 정치표현이라고 설명했지만, 오늘날 이러한 왜곡현상이 정상적인 정치행위보다 일반적인 것으로 보인다. 허위의식, 왜곡된 정치표현 자체가 인간의 행위를 이성적 패러다임의 관점에서 이해하려는 시도에 불과하다. 차라리 보통사람들의 정치적 판단과 표현에 개입하는 일정한 감성적 요인들이 정치적 쟁점에 따라서 어떻게 바뀌는지를 세심하게 분석할 필요가 있다.

다시 말해 비이성적 요인을 적극적으로 인정하고, 새로운 정치적 행위패턴을 설명해야 할 때가 왔다. 한국정치에서 지역주의적 선거결과가 전형적 사례이다. 이 문제를 계몽의 관점에서 바라보면 사람들의 의식이 발전하지 못했기 때문에 반복되는 병리현상이라고 분석하는데, 이렇게 되면 한국정치의 특수성은 늘 후진국의 병폐로 전락하게 된다. 그러나 사실 지역주의적 성향은 세계 모든 나라에서 다양한 형식으로 나타나며, 이것은 각국이 거쳐 온 특수한 역사성과 전통으로 이해하는 것이 보다 현실적이다. 따라서 학문적으로 중요한 사실은 이러한 특수성을 엄밀한 사회과학의 언어로 설명해야 한다는 것이다. 필자는 역사성과 문화적 특수성을 설명할 수 있는 단초로서 언어의 역할에 주목하고자 한다. 왜냐하면 언어의 생성과 사회적 유통, 그리고 개인적 수용과정은 모두 각 사회가 놓인 물질적 조건과 형식에 따라 좌우되며, 여기에 따라서 정치적 판단과 가치표출이 현격하게 달라지기 때문이다.

마지막으로 한국적 상황에서 정체성을 이해하기 위해서는 국제적 수준에서 국내로 진입하는 문화적 영향력에 대하여 고려해야 한다. 한국과 같은 제 3세계는 중심국의 문화적 지배권에서 자유롭지 못하며, 서구의 자본주의 문화가 일상생활에 깊숙이 침투해 들어와 전통적 정체성에 혼란을 초래하고 있다. 이것은 단순히 문화적 자존심을 훼손시키는 차원을 넘어서 국가발전에 큰 장애가 되는 만큼, 이론적 차원에서도 각별한 주의가 요구된다고 하겠다. 학계에서도 이 문제를 두고 후기 식민주의(*post-colonialism*)와 같은 문제의식이 유행한 바 있다. 그러나 필자가 보기에 이러한 개념마저도 서구중심주의를 크게 벗어나지 못하고 있다. 따라서 좀더 과감한 개념동원이 필요하다.

이러한 맥락에서 필자는 서구의 문명개념을 크게 '근대성'이라고 이

〈그림 4-1〉 현대인 정체성의 구성요인

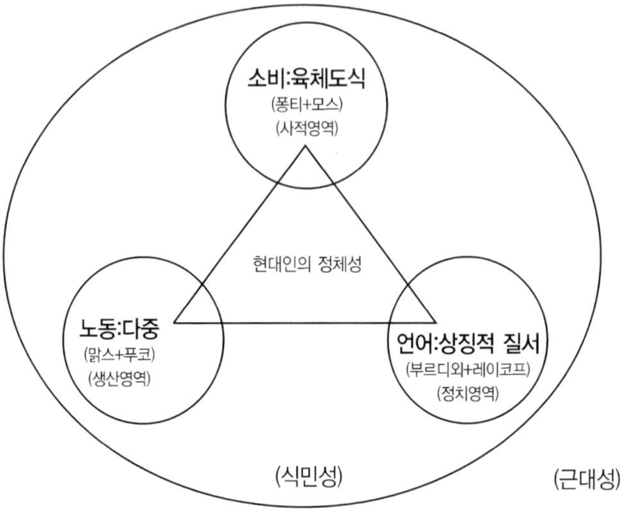

름붙이고, 이것에 대응하여 문명지체 현상이 발생하는 현상을 '식민성'이라고 명명해 보고 싶다. 그동안 근대성이란 서구가 지나온 발전과정을 추상화한 개념이며 이것은 제 3세계가 따라가야만 할 보편적 모델로 간주되었다. 그러나 20세기 이래 제 3세계의 정치/경제/문화의 현실은 보편적 발전이라는 기대를 무의미하게 만들어 버렸다. 자본주의 역사를 총체적으로 살펴보면 과연 제 3세계의 경제적 후진성을 자국의 무능력 탓으로 돌릴 수 있을지에 대하여 심각하게 회의하지 않을 수 없다. 여기서 식민성(*coloniality*) 개념이 등장한다. 이것은 남미학자들에 의해서 제기된 것으로 한국과 같은 제 3세계 국가들이 치열한 노력에도 불구하고 국가발전이 더디게 진행된 결과를 설명한다. 또 식민성이라는 개념을 통해서 서구와는 다른 '또 다른 근대성'(*another modernities*) 혹은 '또 다른 가능성의 세계'(*another possible worlds*)를 상상해볼 수 있을 것이다. 물론 여기에는 한 국가에서 정치주체로 활동하는 사람들의 정체성에 대한 관심이 중심에 있다.

이렇게 보면 현대인의 정체성을 구성하는 요인은 국내적으로 노동, 소비, 언어의 3가지로 축약되며, 국제적으로는 서구와 동양의 대립과 같은 발전의 동학이 중요하다. 또 이것은 각각 생산영역, 사적 영역, 정치영역에 대응되며, 이 세 가지 차원을 포괄하여 근대성/식민성을 고려하지 않을 수 없다. 각 영역은 독자적인 규칙을 통해서 작동하지만, 상호간에 영향을 주고받는다. 현대인의 정체성은 바로 이러한 각각의 영역에서 작동하는 독특한 법칙을 이해하고, 나아가서 상호간의 관계를 밝힘으로써 이해된다. 〈그림 4-1〉은 현대인의 정체성의 구성 요인들을 보여주고 있다.

1) 노동

네그리는 현대사회에서 변화된 노동의 성격을 비물질적 노동이라고 부르고 있는데, 여기서 우리는 주체형성의 문제와 관련하여 두 가지 특성에 주목할 필요가 있다. 첫째는 서비스, 문화상품, 지식과 같은 상품을 만들어 내는 것이 현대사회에서 노동의 목표가 되었다는 것이고, 둘째는 비물질적 노동이 인간의 정서적 측면과 관련된다는 것이다. 예를 들어 오락산업에서 보이는 것처럼 사람들의 안심, 행복, 흥분 따위를 충족시키는 것이 노동생산물의 목표가 되었다는 것이다(네그리, 2001: 381~387). 포드주의(도요타주의)적 생산시스템에서 만들어진 생산물은 소비자들의 기능적 욕구를 만족시키는 것이 목표였다면, 포스트 포드주의(비물질적 노동) 생산시스템에서는 소비자들의 정서적 욕구를 만족시키는 것이 중요하다. 이것을 거칠게 단순화시킨다면, 전자의 경우 생산이 소비를 결정했고, 후자의 경우는 소비영역이 생산의 원리를 지배한다고 말할 수 있다. 맑스가 《자본론》 1장에서 상품의 물신숭배(*fetishism*)를 분석한 바 있으나, 이것은 노동의 생산논리를 기준으로 상품의 교환관계를 분석한 것이다. 그런데 오늘날 비물질적 노동과 관련된 소비자들의 정서적 수준은 생산영역을 기준으로 한 페티시즘 분석만으로 설명될 수 없다. 왜냐하면 소비가 노동의 형태와 질을 결정하기 때문이다. 바로 이러한 맥락에서 네그리는 노동이 자본을 규정하는 것이지 그 역이 아니라고 말한다. 즉 비물질적 노동은 주체성의 재생산형태 속에서 재생산되는 것이지 착취형태 속에서 재생산되는 것이 아니다(랏자라토·네그리, 2005: 295~297).

그렇다면 소비영역의 특성을 고려하지 않은 채 한국사회에서 노동의 성격을 논하는 것은 초점이 빗나간 것이다. 비물질적 노동은 대중들의 소비취향과 관련되기 때문이다. 즉 생활세계(사적 영역)에서 비롯되는 일반대중의 소비형태가 생산영역에서 노동의 성격에 영향을 주기 때문에, 당연히 그 상호간의 관련성이 분석의 초점이 되어야 한다.

네그리 자신도 이러한 논점을 분명하게 밝히지 못하고 있으며, 한국에서도 비물질적 노동의 개념을 두고 많은 비판이 있지만 생산영역과 소비영역의 상호관계를 정확히 인식하지 못하는 것으로 보인다. 예를 들어 네그리는 비물질적 노동의 성격을 규정하는 요인으로 컴퓨터 게임산업과 같은 생산적 소통모델을 거론하며, 이것이 국제적 수준으로 확대되어 전 세계가 하나의 네트워크 안에서 생산이 통합되고 동질화되고 있음을 강조한다. 그러나 생산의 논리가 소비자들의 정서와 만족을 같은 궤도에서 일방적으로 동질화하는 것은 아니다. 사람들의 소비심리와 취향은 생산시스템과 별개로 길들여지며, 여기에는 인간의 욕망을 만들어내는 상징적 효과가 깊게 관여한다. 또한 상징을 통한 소비욕망의 기제는 2차적으로 사람의 육체적 사용방식을 길들이며, 이것은 다시 한 사회에서 계급적 차별화의 효과를 만드는 3차적 과정을 밟아 간다. 따라서 우리가 노동패러다임을 벗어나 보다 구체적인 주체형성의 과정을 이해하기 위해서는 소비영역과 언어의 영역을 각각 고찰하고, 이러한 영역의 작동방식이 생산영역과 어떤 관련을 맺고 있는지를 살펴보아야 한다.

2) 소비

우선 소비를 바라보는 시각이 바뀌어야 한다. 전통적 소비이론들은 기호의 지배를 강조하는 포스트모던의 계열(보드리야르)과, 일상생활의 상품화 경향을 강조하는 정치-경제론의 계열(벤야민)이 있다. 그런데 이 두 가지 흐름들은 모두 맑스의 정치경제론을 인식의 중심에 두고 생활세계가 자본논리에 포섭되는 과정에 초점을 두고 있다. 그런데 필자가 보기에 오늘날 소비형태는 사람들의 습관을 만들어내는 중요한 과정이며, 이를 통해서 우리사회의 집단적 무의식이 만들어진다. 우리는 한국인의 정체성을 이해하기 위해서 이 점에 천착해야 한다. 왜냐하면 소비란 일정한 행위가 반복되는 것을 의미하며, 이를 통해서 보통사람들의 신체적 습관이 길들여지기 때문이다. 아침운동과 식사, 점심시간에 들리는 커피숍, 퇴근 후에 직장동료들을 만나는 술집 등은 사람들의 삶에 패턴을 부여한다. 또 주말이면 등산하거나, 외국계 레스토랑에서 외식하고, 여름 바캉스 철에는 외국여행을 하는 것이 보편화되면서 사람들의 일상은 일정한 주기를 갖고 반복된다.

소비를 잉여쾌락의 실천으로 보든(라캉), 또는 자본의 상품화 과정으로 보든(르페브르) 그 사회적 결과는 사람들의 생활에 일정한 형태를 강제하며, 이로 인해서 사회적 규율과 가치관이 주입된다는 사실을 인식하는 것이 중요하다. 이것은 마치 원시사회에서 부족의 관례와 제례를 주기적으로 반복함으로써 부족민의 육체를 관리했던 '육체의 기술'('*technique du corps*', Mauss, 1995)과 같다.

'육체의 기술'을 현대적 관점에서 해석해 보면 일종의 사회적 실천이며, 보편적 가치관과 동일한 의미를 갖는다. 이것은 일종의 원시적 분류체계이다(*classification primitive*). 예를 들어 유행을 따르지 않는 사람은 집단생활에서 소외되며, 보편적 가치에서 배제되고 만다. 이러한 과정을 통해서 소비가 계급을 구별짓는(*distinction*) 효과를 만들어

낸다. 즉 부르디외가 잘 보여주듯이, 부르주아 계급/프롤레타리아 계급의 구별은 생산수단의 소유여부로 결정되는 것이 아니라 소비형태의 차이로 구분되는 것이다. 예를 들어 '형태'(*form*)를 강조하는 소비양식은 의상, 음식, 스포츠의 선택을 좀더 고급스럽고 에너지 소비가 적은 쪽으로 유도하며, 이러한 소비양식이 반복되는 동안 부르주아들의 신체적 유형, 걷는 모습, 말하는 습관, 표정들은 프롤레타리아의 생활양식과 극명하게 대립된다. 부르디외에 따르면 프랑스 사회에서 프롤레타리아들은 기능(*function*)을 강조하는 소비양식을 보이는데, 이것은 형태를 강조하는 부르주아의 취향과 대립된다. 이러한 대립은 위/아래, 고상/천박, 고급/하위 따위와 같은 사회적 분류체계를 구성하면서 자연스럽게 신분상의 위계질서를 고착화시킨다(Bourdieu, 1979, 3장 참조). 이렇게 보면 오늘날 계급은 의식이 아니라 육체의 사회적 활용에서 결정된다고 말할 수 있다.

그러므로 여가생활을 단순히 노동의 여분으로 간주하는 것은 잘못이다. 여가생활을 위해서 일하는 사람이 많아졌으며, 여가와 소비는 곧바로 노동의 강도와 질을 결정하기 때문이다. 노동시간이 노동자들의 정체성을 왜곡시켰던 산업사회와 달리 오늘날 노동자들의 정체성은 노동시간과 여가시간의 종합으로 이해되어야 한다.

또 '육체의 기술'은 보통사람들이 외부적 사실들을 내면화하는 기제로 작동한다. 학자들은 정치주체의 가치관이나 이념들이 일정한 학습과정을 거쳐서 내면화되는 것으로 이해하지만, 실제는 그렇지 않다. 보통사람들은 일상생활에서 당면하는 소비선택의 과정에서 자신의 좋음/싫음의 기제(욕망의 정치학)를 형성하는데, 이것이 공적 영역에서 옳음/그름의 과정(이성의 정치학)을 만들어 낸다. 이러한 맥락에서 현대정치에서는 사적 영역이 정치적으로 매우 중요한 연구대상이 된다. 물론 정치영역의 논리가 모두 사적 영역에 포섭되었다는 뜻은 아니지만, 욕망의 정치학이 발휘하는 영향력을 무시할 수 없다. 따라서 이성의 정치/감성의 정치, 생산의 정치/소비의 정치, 계급론의 정치/정체성의 정치가 얽혀 있다는 사실을 깨달아야 한다. 역사유물론과 유심론의 이분법을 넘어서 문화의 정치가 필요한 이유가 바로 이것이다. 이와 관련하여 메를로퐁티의 철학은 우리에게 현대인의 정체성이 무엇인지를 간명하게 요약해 주고 있다. 그의 글을 인용해 보자.

> 역사적 유물론이 역사의 기초를 놓는 경제는 고전과학에서처럼 객관적 현상의 폐쇄된 과정이 아니다. 그것은 생산력과 생산양식의 대결, 즉 생산력이 그 익명성에서 나오고, 자신을 의식하며, 그렇게 해서 미래를 형태지을 수 있게 될 때만 완결되는 대결인 것이다. 이제 의식적 파악은 분명하게 문화적 현상이며 이로써 모든 심리학적 동기가 역사의 씨실에 도입될 수 있게 되었다. … 유물론적 역사가 민주주의를 '형식적' 제도로 특징짓고 그 제도가 선동하는 갈등을 기술할 때, 자신이 시민의 법적 추상작용 아래서 찾고자 애쓰는 역사의 실재적 주체는 즉 생산요인으로서의 인간뿐만 아니라, 보다 더 일반적으로 말해서, 살아 있는 주체 즉 생산자로서의 인간, 자신의 삶에 형태를 부여하기를 원하는 자, 사랑하고 증오하는 자, 예술작품을 창조하거나 창조하지 않는 자, 자녀를 가지거나 가지지 않은 자로서의 인간인 것이다. … 우리는 프로이트가 성의 개념을 과장하듯이 경제의 개념을 '과장하고' 있다. 우리는 생산과정, 경제력과 경제형식의 투쟁 이외에 그 투쟁을 같이 결정하는 심리학적 도덕적 동기의 위상을 만들어 끌어들이고 있다(메를로퐁티, 2002: 270~271).

3) 언어

개인들은 언어적 사고 없이는 주체로서 독립할 수 없다. 언어는 개인의식의 저장고에 들어 있는 선택된 물건이 아니라, 존재의 외부에서 개인의 정체성을 강요하는 강압적 요인이다. 우리는 언제나 언어가 제도화된 세계에서 살고 있으며, 그 안에서 정치적 선택을 무의식적으로 강요받는다. 여기서 우리는 최근 한국정치에서 유행하는 레이코프(Lakoff)의 '프레이밍'(*framing*) 개념을 쉽게 이해할 수 있다. 그에 따르면 미국의 유권자들이 보수정당을 지지하는 이유는 사회적으로 널리 인정된 문화적 관습(가족과 엄격한 아버지의 이미지)과 보수정치권력이 유포시키는 정치언어들이 정합성을 갖기 때문이며, 이것이 정책공약을 이성적으로 계산하고 비판하기보다는 무의식적으로 받아들이도록 만드는 상징적 권력의 효과를 유발시킨다(레이코프, 2006).

유권자들은 선거 때마다 정책공약을 꼼꼼히 읽고 각 후보자간에 서로 다른 공약들을 비교해 줄 것을 요청받는다. 그러나 레이코프의 설명에 기대어 보면, 유권자들이 비이성적이어서 정책공약을 이해하지 못하는 것이 아니라 인간실존 방식자체가 정치언어를 일정한 문화적 습관(프레이밍)을 통해서 받아들인다. 따라서 이성의 정치(형식적 민주화의 논리)는 처음부터 인간의 존재론을 제대로 이해하지 못하고 실질적 민주화를 달성하는 데 이론적 한계를 가지고 있는 것이다. 오늘날 한국 진보정치의 위기는 바로 이성의 정치에 집착하는 데서 시작된다. 즉 선거구를 개혁하고, 선거법을 엄격하게 규정하더라도, 일반 유권자들은 정책공약이나 후보자들의 이념을 보고 선거하기보다는 이미지나 감성에 근거하여 투표한다. 어쩌면 이것이 자연스러운 태도이다. 따라서 새로운 정치개혁이 필요하다. 그것은 반드시 제도나 법률에 관련되기보다는 유권자들의 가치관이나 행위에 관련된 정치운동이라고 할 수 있다. 문화적 습관은 이성의 정치만으로 접근할 수 없는 새로운 영역이다.

그런데 여기서 한발 더 나아가 정치언어(상징)들은 결코 개인들에게 평등하지 않다는 사실이 중요하다. 개인들의 사회적 위상, 계급적 위치, 집단적 기억에 따라서 정치언어(상징)는 차별적인데, 여기서 차별적이라는 말은 사회적 지배(상징적 권력)효과가 발생함을 의미한다. 예컨대 충분히 교육받은 사람과 그렇지 못한 사람 간에 정치언어에 대한 인식수준은 현저한 차이가 있는 것이 보통이다. 더구나 정책공약들은 교육자본이 충분한 사람들의 이해관계를 반영하면서도 그것이 마치 중립적이거나 또는 민중계급(교육자본이 충분하지 못해 사회적 약자의 위상을 차지하는 사람)을 위한 것인 것처럼 호도되는 경우가 많다. 이것을 민중계급들이 정치지배층에게 보내는 허위의 동일시현상이라고 불러 볼 수 있을 것이다. 이것은 고전적 맑시즘에서 피지배계급의 허위의식이라고 불러왔던 개념과 유사하다. 다만 맑시즘은 허위의식을 인식론의 수준에서 사고했다면, 필자가 제시하는 허위의 동일시는 사회적 존재론과 연결되며 여기에는 상징권력이 깊숙이 작동하고 있다. 한국에서는 지역주의와 결부되어 노동자 계급들이 점차 보수화되는 현상이 허위의 동일시개념으로 설명될 수 있는 대표적 사례이다.

한편 인간존재론과 관련하여 권력의 효과를 이해하기 위해서는 정치언어뿐만 아니라, 정치적 상징에 대해서도 면밀하게 분석해 볼 필요가 있다. 상징의 문제는 주로 언론학에서 정치인의 이미지 문제와 관련하여 연구되었지만, 논의의 수준이 인과론을 따지는 실증적 차원에 머물고 있어 상징적 권력의 의미가 제대로 반영되어 있지 않다. 즉 정치인의 몸짓, 얼굴, 목소리 등을 독립변수화하여 그것이 유권자들의 투표성향에 어떠한 영향을 주었나를 연구하는 성과들은 일견 미시정치의 한 부분을 드러내고 있어 형식적 민주화의 한계를 보충하는 것으로 보인다. 그러나 개인들의 투표성향을 객관적 지표로 읽어 낼 수 있는 경험과학의 한계를 스스로 인정하지 못하고 있다.

마지막으로 생활세계에서 익숙해진 소비행위와 정치언어를 통해 표출하는 개인들이 가치관에서 대해서 잠시 살펴보자. 정치영역을 생활세계의 사적 영역과 관련하여 생각하는 것은 매우 이례적이다. 그렇지만 실제로 일상생활의 소비행위는 언어를 통해서 길들여지며, 이것이 다시 공적 영역으로 개인들의 가치관을 표현할 때 언어라는 매개체를 통하게 된다. 다시 말해 언어가 인간의 가치관을 만들어 내고 표출하는 과정에서 이중적으로 작동한다는 것이다. 그래서 현대인의 정체성을 연구하는 데에 언어의 사회적 유통과정을 살펴보지 않을 수 없다.

다시 부르디외의 연구성과에 기대어 보자. 《구별짓기》는 소비의 영역, 일상생활에서의 도덕적 영역, 그리고 정치영역의 상호관계를 잘 보여주고 있다. 특히 8장에서 부르디외가 사용한 설문조사는 매우 흥미롭다. “18세 미만의 소녀들에게 그들이 원하는 영화를 보게 내버려 두어야 한다고 생각하십니까?”, “18세 소녀는 혼자서 외출해서는 안 된다”, “공기업 관청에서 파업권에 일정한 제한을 가하는 것에 찬성한다”의 세 가지 설문조사를 생각해 보자. 첫 번째 질문은 사적 영역에서의 소비생활에서의 취향을 묻고 있으며, 두 번째는 생활세계의 윤리적 지표를 묻고 있으며, 세 번째는 정치적 입장을 묻고 있다. 첫 번째와 두 번째의 영역에서 보수적 생각을 가진 사람들은 세 번째의 정치적 질문에 대해서도 보수적 경향을 보인다. 그런데 사적 영역과 생활세계의 영역에서 노동자나 농민들이 부르주아 계급보다 보수적 성향을 보인 경우가 더 많았으며, 이를 근거로 현대 프랑스 사회에서 피지배계급의 보수화 경향을 설명할 수 있다.

필자가 보기에 이러한 사회적 특성은 한국사회에서도 매우 흡사하게 진행되고 있다. 특히 한국의 지역주의는 일상적 경험이 정치적 가치판단을 지배하는 전형적 경우이다. 즉 생활세계의 일상언어가 정치언어를 지배하는 경우가 많다는 것이다. 최근에는 소비생활에서의 언어적 습관이 정치언어에 직접적으로 반영되는 상황이 점차 강해지고 있다. 개인들이 가진 실직에 대한 공포, 성공에 대한 선망과 같은 감성들은 주로 생활세계의 소비와 취향을 매개로 생겨나는 것이 보통이다.

예를 들어 텔레비전 드라마가 끝난 뒤 방영되는 상업광고의 이미지와 언어적 은유들을 살펴보라. “부자 되세요”, “당신이 사는 집이 당신의 품격을 말해준다”와 같은 상업광고들은 사람들의 욕망을 자극하고, 미래에 대한 비전을 조정한다. 이것은 신자유주의가 무엇인지 모르는 사람들에게 효율성과 경쟁을 강요하는 효과가 있다. 여기서부터 성공 신화가 탄생하고, “부자아빠/가난한 아빠”의 이분법 논리가 사회적으로 아무런 거리낌 없이 유통된다. 또 여자들의 육체는 상업 자본주의가 가장 흔하게 노리는 상징권력의 전형적인 대상이다. “여자는 20대에 모든 것을 승부한다”, “여자의 피부는 권력이다”라는 광고를 듣고 패션과 화장품에 무관심할 수 있는 여성들은 그리 많지 않다. 이윤추구를 정당화하기 위해서 기업이 만들어 놓은 육체산업은 다이어트, 성형, 미인 가꾸기에 엄청난 규모의 시장을 만들었다. 이것은 이성과 공공성의 논리로 설득해서 사라질 부분이 아니다. 일상생활의 정체성은 취향과 소비영역에서 만들어져서 역으로 공공성의 부분으로 역진해 들어가는 경우도 있기 때문이다.

4) 식민성/근대성

서구사회에서는 대체로 1960년대 말부터 이성정치/계급정치/생산의 정치/정당정치의 한계를 인식하기 시작하는데, 이때부터 소비와 정치언어에 대한 관심이 늘어나기 시작했다. 주로 ‘포스트 모더니즘론’이나 ‘소비사회론’이 이러한 경향을 대표한다. 그러나 필자가 보기에 이러한 개념으로는 한국사회의 특성을 설명하는 데 부족한 점이 있다. 서구사회에서는 정치언어와 소비의 구별짓기 효과가 자국 내의 생산구조에 기반하고 있는 반면, 한국사회에서는 이것이 대부분 외국에서 유래하기 때문이다. 필자의 판단으로는 이 문제를 이해하기 위해서는 제 3세계 국가에서 전형적으로 나타나는 문화적 지배라는 관점이 필요하다. 서구와 달리 한국사회는 기본적으로 국제정치의 수준에서 생산되는 자본과 문화가 국내정치에서 수용되는 정치언어와 소비생활에 막대한 영향을 주고 있는데, 한국학계에서 진행된 포스트 모더니즘이나 소비사회론에서는 이러한 문제의식이 빠져 있었다. 따라서 정치언어와 소비의 상징성을 분석함에 있어 국제정치/국내정치의 구분을 이루는 절합관계(*articulation*)를 정확히 포착해야 한다.

예를 들어 근세기 초에 한국에 상륙한 서구의 근대성들은 대부분 문화상품형식으로 한국인의 일상을 지배하기 시작했다. 이른바 근대적 감수성은 상품의 시장논리와 밀접하게 연결되어 있다. 그 대표적인 경우가 바로 백화점과 영화이다. 전자가 서구사회의 물질적 풍요를 직접적으로 전달하는 통로였다면, 후자는 서구의 가치관과 생활양식을 보여주는 통로였다(강심호, 2005). 따라서 동양은 물론이고 한국에서 근대인이란 바로 모던 보이/걸(*modern boy/girl*)을 의미했으며, 이것은 바로 서양인의 삶을 그대로 답습하는 것을 의미했다(김진송, 1999). 이러한 상황에서 서구는 선진문명의 사회이고, 동양(한국)은 후진문명의 사회라는 이분법 위계구조가 정신세계까지 지배하게 된다. 지난 백년여 동안 한국의 생활세계와 정치세계를 지배하는 소비양식과 지배담론은 바로 선진문명, 선진국 정치를 이상화한 것들이었다. 그러나 문화적 가치에 일정한 서열관계를 인정하고 나면 제3세계의 생활과 정치는 언제나 서구의 문화에 지배당하게 될 수밖에 없는데, 더욱 심각한 사실은 그러한 지배상황을 제3세계의 지식인이나 일반 대중들이 인식하지 못하고 당연한 것으로 받아들인다는 점이다. 이것이야말로 육체에 각인된 문화의 구별짓기 효과라고 말할 수 있다.

중심국 문화가 제3세계의 민중과 지식인들의 가치관을 지배하는 상황을 두고 영미권의 문화이론에서는 후기 식민주의(*post-colonialism*)이라는 개념을 사용하고 있다. 그러나 이것 역시 중심국의 논리에서 크게 벗어나지 못하고 있다. 차라리 비슷한 문제의식에서 출발했지만 인식론적으로 보다 적극적으로 제3세계의 피지배상황을 강조한 '식민성'(*coloniality*)이라는 개념을 강조하고 싶다. 주로 남미제국의 학자들이 주창하는 이 개념은 서구사회의 발전과 제3세계의 저발전을 대립시킨다는 점에서는 세계체제론이나 종속이론과 유사하다. 그러나 착취와 지배의 문제를 문화적 특성으로 연결시키고 있다는 점에서 한국이 현재 경험하는 문화적 피지배 상황을 보다 유연하게 설명할 수 있다. 이들은 경제적 착취관계뿐만 아니라, 문화적 지배가 제 3세계의 민중들의 가치관을 규제하면서 중심과 주변의 불평등한 관계가 해소되지 않는다고 본다(Dussel, 1995; Canclini, 1993).

4. 정체성과 신뢰의 정치

지금까지 한국사회를 이해함에 있어서 이성의 정치가 갖는 한계를 지적하고, 보안책으로 이성/감성의 종합을 시도해 보았다. 그렇다면 우리는 어떻게 해야 하나? 과연 어떤 패러다임에 근거해서 우리사회의 미래를 기획할 수 있을까? 이 자문에 대답하기 위해서 필자는 먼저 사회를 구성하는 기본원리를 강조하고자 한다.

한 사회의 정치적 민주화는 1차적 연대가 굳건하게 자리 잡은 후에 비로소 가능해진다. 이때 1차적 연대란 제도적 민주화를 밑받침하는 인간적 유대관계를 가리킨다. 즉 인간적 유대가 공고해진 후에 2차적 연대, 즉 형식적 민주화가 가능해진다. 1차적 연대가 사람들 사이의 믿음과 신뢰, 감성적 교감 따위를 지칭한다면, 2차적 연대란 국가, 시민사회, 시장, 정치정당제도의 법률적 제도화를 의미한다. 이렇게 보면 기존의 강단정치학이나 사회운동은 대부분 1차적 연대에 대한 고려 없이 2차적 연대에만 집중했었다고 할 수 있다. 따라서 우리가 실질적 민주화를 실현하기 위해서는 제도적 정치개혁뿐만 아니라 1차적 연대를 공고히 하는데 집중해야 한다. 그렇다면 1차적 연대는 어떻게 가능한가?

1차적 연대의 대표적 개념으로 신뢰를 꼽을 수 있다. 신뢰는 사회 곳곳에서 발생되며, 현재도 진행되는 살아있는 사회자본이다. 또 사회를 결속시켜주는 출발점이다. 필자가 오늘날 한국의 정치상황을 문화정치학의 관점에서 분석하고 이에 대한 대안으로 신뢰정치학을 제안하는 것은 한국의 자본주의가 소유적 개인주의를 넘어서 새로운 인식론의 근거에서 출발하기를 바라기 때문이다.

예를 들어 마르셀 모스에 따르면 서구사회가 이해관계(*interests*)를 근거로 경제와 사회를 제도화시킨 것은 근세기에 와서 생긴 일이다(마르셀 모스, 2002). 경제적 이해관계를 넘어서는 사회적 질서가 만들어진 사례는 과거 로마시대로부터 오늘날 원시부족사회에 이르기까지 다양한 경우에서 찾아볼 수 있다. '선물 주고받기'가 그 대표적 사례이다. 다시 말해 개인의 이해관계를 넘어서 새로운 방식의 연대가 존재하는 것이다. 그런데 우리는 경제적 이해관계, 시장주의 논리, 효율성 따위들이 지나치게 강조되는 사회에서 살고 있다. 따라서 이에 대한 대안을 인식론적으로 반성하고, 현실정책으로 구체화할 수 있는 정치적 감각을 잃지 말아야 한다.

이러한 맥락에서 정치사회학자 뒤르켐의 사상이 많은 시사점을 준다. 뒤르켐은 1차적 연대의 기초로서 동정심을 부각시킨 바 있다. 그는 연대의 인격적 측면을 강조하면서 이기심의 극복, 이타적 사랑, 개인의 존엄성에 대한 존중 등을 강조했다. 즉 계몽주의적 이성을 극복하고, 동정심과 자비심에 기초한 사회통합의 가능성을 모색한 것이다. 뒤르켐의 사상은 1차적 연대를 2차적 연대의 차원으로 승화시키는데 중요한 매개역할을 한다. 프랑스에서는 법학자였던 레옹 뒤기(Leon Duguit), 현실정치가였던 레옹 부르주아(Leon Bourgois) 등이 뒤르켐의 사고를 현실정책에 적용하여 복지국가를 만들어 냈다. 프랑스 복지국가의 사상에는 시장주의를 넘어서는 인간과 사회에 대한 새로운 철학적 사유가 스며있다(동즐로, 2005 참조).

오늘날 한국정치는 이러한 사고방식을 신중하게 검토해 볼 필요가 있다. 즉 19세기 프랑스의 연대주의적 사유체계에 따르면, 인간이란 근원적으로 사회적 존재이며, 권리 못지않게 의무를 지니고 있다. 따라서 개인의 사회적 성취는 항상 상호의존적인 사회작용을 전제한다. 개인은 그 빚을 갚아야 하며, 사회는 사회대로 전체복지에 관심을 가져야 한다. 그래서 개인은 전체를 위해서, 전체는 개인을 위해서 존재(*un pour tous, tous pour un*)한다는 연대주의적 복지국가의 이념이 성립하는 것이다.

한편, 연대주의가 한국사회에 정착되기 위해서는 사람들의 가치관이 바뀌어야 한다. 또 삶의 태도가 변화하기 위해서는 교육과 문화의 상상력이 필요하다. 그런데 오늘날 교육과 문화가 시장논리에 기초해서 이해되고 경제적 기준으로 육성되고 있어 매우 걱정스럽다. 문화란 인간의 정체성을 형성하는 가장 기본적 과정이다. 이것이 시장논리에 매몰되면 정치주체의 시민성과 자율성은 심각하게 왜곡될 것이다. 한편 문화연구에서 중요한 것은 문화의 국제적 관계이다. 필자가 보기에 오늘날 문화는 국제정치의 권력관계를 만들어 내는 기본 바탕이며, 감정의 정치학을 이루어내는 근간이라고 할 수 있다. 이러한 맥락에서 한국정치의 문화적 속성은 언제나 국제정치로부터 영향을 받고 있다. 그렇다고 국제적 수준에서 진행되는 문화적 요인이 국내정치에 억압적이고 부정적인 효과만을 가져온다고 생각할 필요는 없다. 긍정적 요인을 찾아내는 것이 중요하다. 사실 현실의 국제정세에서 한국이 국제적인 교류를 완전히 단절하고 생존할 수 있는 방법은 없다. 따라서 문화적 혼성(*cultural hybrid*) (canclini, 1995)이 중요한데, 한국에서는 이에 대한 본격적인 학술토론이 필요할 것으로 보인다. 아마도 이 대목에서 남미에 대한 문화연구가 한국의 국제정치문화론 연구에 많은 도움을 줄 수 있을 것으로 기대된다.

제 2 부

국가-시민사회

제 5 장 자유주의에 대한 새로운 정치적 해석
후기 푸코의 자유주의 사상

제 6 장 후기식민주의, 식민성, 언어 시장
한국의 자유주의 논쟁

제 7 장 계급 아비투스와 정체성의 정치
언어의 사회적 유통과 한국 지역주의

자유주의에 대한 새로운 정치적 해석

후기 푸코의 자유주의 사상

제5장

1. 왜 자유주의인가?

자유주의라는 화두가 한국사회의 학계와 현실정치를 지배하고 있다고 판단하면서, 필자는 그 배경을 대략 다음과 같이 요약하고자 한다.

첫째, 오늘날 한국사회는 신자유주의라는 자본의 공세 아래서 세계화의 추세에 따를 것인가, 혹은 보다 자율적인 국내경제의 자립구조를 확립할 것인가라는 선택을 강요당하고 있다. 환란 이후 한국사회를 지배하는 이러한 담론의 정치적 위력은 효율성에 근거한 구조조정에서 잘 나타나며, 이에 따라 노동자들의 법적 지위에 대한 시비가 끊이지 않고 있다.[1]

---

1 이를테면 비정규직 문제, 근로시간의 단축문제, 임금인상 문제 등이 그것이다. 일견 이러한 문제들은 노동자들의 권익을 주장했던 과거의 노동운동과 동일한 연장선에 있는 것으로 보인다. 그러나 면밀히 살펴보면 그 속내는 매우 다르다. 과거 노동운동의 성격은 권위주의 정권에 의해서 강행되었던 개발독재정책에 대한 저항이요, 노동자들의 기본권에 대한 실현을 요구하는 것이었다. 반면, 오늘날 노동자들의 법적 지위가 시비대상이 되는 이유는 현실의 자본축적의 논리가 노동자들의 시민권 자체를 뒤흔들어 과거에 인정받았던 기본적 시민권마저 인정하지 않으려하

노동자들에게 이처럼 열악한 조건을 강요하는 자본측의 논리는 자본의 자유로운 투자권리와 시장경제의 원칙이다. 한국 정치현실에서 노동자들의 복지와 시민권을 고수하려는 정치개혁은 이처럼 자유로운 경쟁이 효율성을 증대시키고 이것이 국민의 복지를 증진시킬 것이라는 논리에 늘 대립되고 있다. 이와 같은 현장의 대립관계를 개념의 수준에서 정리해 보면 결국 평등을 주장하는 개혁진영과 자유를 요구하는 보수진영으로 구분해 볼 수 있을 것이다. 물론 현장에서 전개되는 이념투쟁이 이와 같이 단순한 개념화의 수준에서 진행되고 있다는 것은 아니다. 대개 자본가의 이해관계를 대변하는 학술적 담론과 언론의 선전문구들은 국민경제의 위기상황을 강조하면서 국민정서를 자극하는 경우가 많은데, 이러한 맥락에서 보면 투쟁현장에서 전개되는 자유주의 담론은 상징적 폭력의 수준을 넘어서지 못하고 있다. 그럼에도 불구하고 필자가 현 단계 한국정치의 구도에서 자유주의라는 화두를 거론하면서 투쟁의 쟁점을 평등과 자유라는 대립구도로 단순화시키는 이유는, 이 두 개념의 대립 자체가 서구 민주주의와 자유주의 융합을 두고 늘 논쟁을 불러일으켰던 핵심주제이기 때문이다. 현재 한국사회에서 전개되는 사회적 갈등을 해결하기 위해서는 자유주의 원리의 철학적 기반을 근본적으로 재검토함으로써, 우리가 자유주의 정치를 이해하는 인식능력에 어떠한 한계가 있는가를 확인해야만 한다. 전략적 차원에서 현장의 문제들을 임기응변으로 봉합하겠다는 단기적 차원을 넘어서, 자유주의라는 사상 뒤에 가려진 이념의 모순들을 보다 진지하게

기 때문이다. 이른바 유연축적이라는 자본축적의 방식은 과거와 같은 노동자 복지정책을 더 이상 인정할 수 없는 처지에 이르렀으며, 노동자들의 소비수요와 생산자들의 공급과잉의 불균형을 해소하기 위해서 노동자들의 해고를 법적으로 인정할 뿐만 아니라, 임금억제나 비정규직의 확산과 같이 노동자들에게 압도적으로 불리한 조건들을 강요하고 있다.

사고하지 않고서는 한국에서 진정한 정치개혁은 불가능하다. 사실 과거 노동운동이 권위주의에 도전하기 위해서 맑시즘에 기대어 있었다면, 과연 오늘날 신자유주의의 공세에 대항하기 위해서 어떤 이념을 투쟁의 근거로 삼아야 할지 아직 불분명하며, 이에 대한 사상적 판단과 진로의 설정이 있기 전에는 우리사회가 지향해 가야할 정치적 목표를 규정하기 어려울 것이다.

둘째, 오늘날 한국정치의 당면과제는 형식적 민주주의에서 실질적 민주주의로의 이행과정을 제시하고, 그에 대한 이론적 정당성을 확보하는 것이라고 본다. 과거 군사정권에 대한 저항운동을 표현하는 말은 주로 '민주화'였고, 그 안에서 자유주의는 민주화라는 목표를 실현해내는 형식적 절차로 간주되었다. 특히 자유주의에 대한 진보진영의 인식태도가 매우 인색했던 탓에 자유주의란 이른바 부르주아의 정치이념에 불과하다는 가치폄하가 없었던 것이 아니기에(문지영, 2002 참조), 자유주의의 외연은 그저 대표제 정치제도나 지방자치제도의 완성과 같이 제도적 정비를 의미하는 차원에 머물러 있었다. 그와 함께 정치적 투쟁의 목표 또한 군사정권을 타도하고 정치권력을 국민에게 돌려주어야 한다는 선명한 당위성이 우위를 차지했던 까닭에 민주화라는 것도 역시 제도적이고 절차적인 것에 머물러 있을 수밖에 없었다.

그런데 문민정권과 국민의 정부시절을 거치면서 1980년대에 간절히 원했던 민주화의 외형이 갖추어졌음에도 불구하고 오늘날 한국정치는 여전히 혼란과 갈등에 봉착해 있다. 그 원인을 판단하는 방법은 여러 가지가 가능하겠지만, 필자에게는 민주화의 형식이 질적으로 고양되지 못한 것이 가장 큰 원인이라고 보인다. 다시 말해 오늘날 한국정치의 혼란은 정치의 주체들의 이성적 판단에 의해서 시민사회의 갈등을 해결할 능력을 결여하고 있는 것에서부터 시작된다는 것이다. 정권의 정당성을 확보하고 정치권력의 법적 타당성을 준수하는 것이 절차적 민주화의 가장 중요한 과제였다고 한다면, 이제 한국정치는 이러한 수준을 넘어서 시민사회에 등장하는 다양한 사회문제를 해결하는 정치적 역량을 개발해내는 것이 중요한 과제로 등장하고 있다. 이것을 필자는 실질적 민주화의 과정이라고 불러보고 싶다.[2]

따라서 '민주화 이후의 민주주의'(최장집, 2002)라는 화두가 학계에서 관심을 끄는 것은 당연하다. 다만 그 해법을 두고 견해가 다양하겠지만, 논의의 흐름을 구별해 보면 대개 시민사회의 민주화에 초점이 맞추어지는 듯하고, 여기에 현대사회에서 급격하게 변모하는 탈물질적 개인주의화의 경향에 대한 관심이 고조되고 있다(최장집, 2002; 박형준, 2003) 사실 시민사회의 민주화라는 쟁점은 국가와 시장의 운영이 원칙에 따라서 움직여 줄 것을 기대한다는 점에서 과거의 형식적 민주화 운동논리에서 크게 벗어나 보이지 않는다. 그러나 새로운 개인주의화 경향에 대한 지적은 한국사회에서 개혁의 좌표를 새롭게 수정할 것을 요구한다는 의미에서 학문적으로 매우 흥미로운 주제이다.[3]

---

2 김대중 정부의 등장은 권위주의 정권이 조작해 놓은 지역주의 정치를 극복할 수 있었던 좋은 계기였음에도 불구하고, 우리는 여전히 지역할거에 시달리고 있다. 또 과거 독점적 정치질서가 허용하지 않았던 시민사회운동이 크게 확산되었음에도 불구하고 우리는 오늘날 시민사회의 민주화 자체가 의문시되는 현실을 자주 목도하고 있다. 다시 말해 외양은 민주화를 이루었으나, 내용은 아직도 민주화의 결실을 만들어 내지 못하고 있다는 것이다. 더구나 시민사회의 확대와 더불어 개인들의 정치의식이 고양되었으나, 그 결과가 반드시 긍정적인 것만은 아니다. 이른바 '님비'(NIMBY)현상에 따른 사회적 갈등은 노동문제로 집약되었던 과거의 사회적 갈등과 그 성격이 판이하게 다르며, 과거와 같은 정치력으로는 이러한 사회문제를 더 이상 해결할 수 없는 이른바 정치력 파산의 사태에까지 이르고 있다. 예를 들어 2003년 부안주민을 중심으로 나타났던 방폐장 건설문제는 형식적 민주화를 이룬 이후 민주화의 문제가 얼마나 중요한가를 여실히 보여준 사례라고 하겠다.

3 이론적 자원으로 보면 보드리야르, 푸코, 부르디외와 같은 프랑스 포스트 모더니스트들의 저작들이 주로 언급되며, 그 내용은 개인들이 생활세

이러한 맥락에서 자유주의에 대한 논의가 다시금 주목받는 이유를 짐작할 수 있다. 적어도 한국사회가 형식적 민주주의 틀을 벗어나 새로운 사회문제에 봉착하고 있다는 사실을 인정한다고 할 때, 그러한 문제들을 어떠한 개념범주로 인식하고, 대처방안을 마련할 것인가를 고민하지 않을 수 없기 때문이다. 그런데 소비의 사회에서 새로운 개인주의의 경향이라는 주제를 다루기에는 맑시즘과 같은 정통 좌파이론보다는 자유주의를 인정하는 범위 안에서 포스트모던 계열의 신좌파의 이론적 자원이 보다 매력적이다. 그 이유는 간단하다. 첫째로 현재 우리사회에서 나타나는 사회문제들은 절차적 타당성이 법적 정당성에 위배되는 문제라기보다는 개인들의 이해관계나 욕망의 분출과정에서 비롯된 문제인 만큼, 고전적인 시민권과 사적 개인의 이해관계가 충돌하는 과정을 설명해야 하며, 이러한 사안이라면 자유주의 정치이념 자체가 오랫동안 변이과정을 거쳐 다양한 해법을 제시해 왔다. 둘째로 개인주의 경향이라는 논점 자체가 개인들의 이성적 능력에 대한 기본적인 전제로 시작하는 만큼, 고전적 자유계약론이 근거한 인식론적 토대에 대한 재점검을 필요로 한다.

필자가 이러한 연구작업을 자유주의에 대한 새로운 정치적 해석이라고 명명하는 까닭은 법적-제도적 연구와 대조되는 새로운 연구영역의 필

계의 영역이 정치적으로 중요한 관심의 대상이 되었다는 것이다. 일상생활의 행동이 자본주의적 소비행태에 길들여지고, 그에 따라 정치적 의사결정과정도 무의식적으로 영향을 받는 상황은 과거와는 다른 방식으로 정치적 참여와 민주화의 문제를 고려하지 않을 수 없게 만들었다. 서구에서는 대개 1960년대를 전후로 하여 산업사회에서 소비사회로 사회적 성격이 변화했다는 점에 공감대가 있는 편이고, 그에 따라 소비의 정치적 역학에 대하여 크게 관심을 기울여왔다. 그런데 최근 들어 한국사회도 개인들의 소비취향이나 사적 세계에 대한 몰입의 수준이 문자 그대로 '소비의 사회'에 버금가고 있다는 인식이 무게를 얻고 있다.

요성을 강조하기 위해서이다. 특히 현대 한국정치와 관련하여 심각한 문제는 시민사회에서 파행적으로 드러나는 개인화의 문제라고 할 수 있는바, 이것은 그동안 사회학이나 인류학 혹은 언론학 분야에서 집중적으로 다루었던 전형적인 문화연구의 대상이었다. 따라서 한국의 정치상황이 필요로 하는 자유주의 이론연구를 진행하기 위해서는 연구범위의 외연을 넓혀 문화적인 부분에 대하여 관심을 기울여야만 할 것이다.

2. 자유주의의 실패

바로 이러한 이유로 자유주의에 대한 숙고가 우리사회의 문제를 이해하고, 처방하는 데 출발점이 될 수 있다. 그런데 기존학계의 연구동향은 이와 같은 문제의식과는 일정한 괴리가 있다. 필자는 학계의 자유주의 연구가 다음과 같은 점에서 몇 가지 한계를 갖는다는 점을 지적하고자 한다.

그동안 정치학에서 자유주의를 이해하는 길은 크게 두 가지로 구별될 수 있다.[4] 첫째는 시민혁명을 기점으로 등장한 역사적 결과물로서 근대적 시민사회를 자유주의의 구체적 성과물로서 이해하는 역사적 접근법이다. 이런 식으로 자유주의를 이해하는 경우 봉건제도와 절대왕정에 대한 저항정신이 부각되며, 자유주의의 밑바닥에 깔려 있는 계몽주의가 정신적 지주가 된다. 또 현실정치에서도 시민혁명을 주도했던 부르주아 계급의 시민권(대표적인 것으로 소유권)이 강조되면서, 현대정치에서 중간계급의 저변확대나 책임의식 등이 자유주의를 실현할 수 있는 중요한 단서가 된다. 두 번째는 자유나 평등과 같은 자유주의 핵심개념을 중심으로 하는 개념적이고 철학적인 이해방식이 있다. 주로 로크나 루소와 같은 정치 사상가들의 텍스트가 주요한 분석대상이 되는데, 이때 자유주의는 개념의 보편성과 추상성을 통해서 시대와 장소를 초월한 보편적 이상형으로 등장하게 된다. 칸트에서 잘 나타나듯이, 자유라는 화두를 통해서 보편적인 입법준칙을 마련하는 것이 자유주의 이념의 목표가 되며, 이때 역사적 특수성은 보편적 정의를 실현하는 데 방해물로 전락하게 된다.

필자가 보기에, 자유주의를 이해하는 이러한 두 가지 방식은 특수한

4 아래의 두 가지 분류는 박주원(2003)에서 시사받았음.

한국적 상황을 인식하고, 사회문제를 해결하는 데 다음과 같은 한계를 갖는다. 우선 자유주의 기원을 따지는 역사적 접근방법은 자유주의의 출현, 발전과정과 서유럽의 역사적 경험사이에 필연적인 인과관계를 설정하여 정치발전에 일정한 규칙과 규범을 강요하는 효과를 가져온다. 이것이야말로 서구중심주의의 심각한 문제인데, 이러한 폐단의 대표적인 예가 바로 미국식 근대화론이다. 한국의 정치학이 미국 학문의 영향권 안에 있는 탓인지, 종종 한국사회에서 자유주의의 미성숙을 논하는 자리에서 서구에 대응하는 부르주아 계급이 없다는 사실을 중요한 결격사유로 꼽거나, 자유주의 성숙을 위해서 필요한 정치, 경제 조건을 탐색하는 연구자료가 많다(한배호, 1997 참조). 다시 말해 시간의 연속성에서 자유주의를 이해함으로 말미암아 역사적 접근방법은 자유주의 성립에 일정한 패턴이 존재한다는 왜곡된 이미지를 학계에 확산시켰다는 혐의를 벗어나기 어렵다.

한편, 추상적 개념을 선택적으로 강조하는 개념적 이해방식은 자유주의 성립에 일정하게 관여했던 계급투쟁의 논리가 사라져 버리고, 자유나 평등과 같은 개념들이 시공을 초월하여 보편적으로 존재하는 것으로 오해하게 만든다. 이렇게 되면 인간의 자유는 천부의 인권이며, 이를 실현하기 위해서는 자유주의 정치이념 이외에는 다른 방도가 없다는 논리의 비약이 가능하다. 또는 자유의 범위를 자의적으로 확대하여 유교적 전통 안에서 자유주의 전형을 도출해 내는, 일견 대단히 위험스러워 보이는 작업까지 성행한 바 있다(함재봉, 1998 참조). 또한 자유를 중심에 두고 자유주의를 이해하는 방식으로 말미암아 자유주의 유형분류가 가능해지고, 여기에서 개인의 자유를 우선시하는 기준으로 정치체제에 순위를 매기는 기이한 현상도 허락된다. 예컨대 전통적 자유방임주의, 규제적 자유주의, 사회복지 자유주의, 인권자유주의(이명남, 1998 참조) 따위로 자유주의 정치체제를 분류하고, 이 중에서 개인의 자유를 가장 잘 보장하는 체제에서 국가개입을 강조하는 순위로 서열화가 가능하게 된다.

그러나 이렇게 하는 동안 연구자는 개인이 향유한다는 자유가 도대체 어떤 종류의 자유이며, 어떤 과정을 통해서 얻어지는가에 대해서는 전혀 관심을 두지 않는다. 즉, 보편적 추상의 수준에서 자유에 대한 가치에 의문을 제기할 사람은 없지만, 바로 그렇기 때문에 누구도 그 내용이 구체적으로 무엇인지를 묻지 못하는 공허한 대상으로 전락한 채, 자유란 다만 '부당한 권력의 부재'나 '국가간섭으로부터의 자유'와 같이 늘 타자의 존재를 통해서만 스스로의 존재가치를 비추어 볼 수 있는 존재가 될 뿐이다. 그렇지만 공허한 자유주의 논쟁이 계속되는 동안 정치의 횡포와 사회적 대립상태는 점차 과격해졌다. 개인의 자유나 시장의 자유를 확보하는 최상의 길이라는 정당성을 확보하기만 하면 정치가 못하는 일은 아무 것도 없게 되었으며, 그에 따라 생존권을 잃을 수 없다는 사회적 약자들의 처절한 외침이 지난 몇 년간 한국정치의 현장에서 늘 대치되어 왔던 것이다.[5]

따라서 문제를 바라보는 우리의 시각을 정리하기 위해서는 새로운 각도에서 자유주의에 접근해야만 한다. 필자는 여기에 단초를 주는 세 학자들의 연구성과를 검토해 보고자 한다.

우선 자유주의를 '분리의 기술'(*art of separation*)이라고 이해했던 왈

---

5 따라서 우리는 더 이상 《자유주의란 무엇인가》(이근식 외, 2001)라고 묻지 말아야 할지도 모르겠다. 그런 물음 속에서 우리가 지금까지 얻을 수 있었던 대답이란 소극적 자유/적극적 자유, 소유권의 보장, 개인주의/공동체주의, 시장주의/국가개입 등과 같은 도식을 통해서 이루어진 일정한 유형분류였을 뿐이다. 이것은 정작 우리가 당면한 문제를 해결하는 데는 큰 도움을 주지 못했다. 다시 말해 위에서 필자가 제기했던 문제, 예컨대 자유와 평등의 대치상황에서 어떻게 두 가지 딜레마를 조화할 수 있는가에 대한 기준이나 시민들의 생활세계 속에서 등장하는 실제적 자유와 권력의 상징적 대립상황을 해결할 수 있는 의미 있는 방안들이 없었다는 것이다.

쩌(Walzer, 1984 참조)의 시도가 신선하다. 그에 따르면 자유주의란 정치와 사회의 세계를 일정한 구획으로 나누어 생각하는 사고의 유형에 다름 아니다. 국가/교회, 시민사회/정치사회, 공적 영역/사적 영역의 구분 따위가 그 전형적인 예이다. 그런데 이러한 구획의 기술이 정당성을 획득하기 위해서는 각각의 영역에 참여한 개인들의 합의가 있어야만 한다. 바로 이러한 의미에서 자유주의의 사상적 기초와 구획의 기술이라는 현실적 처방은 서로 상보적이다. 그런데 중요한 사실은 개인들의 합의가 자유의 기초이기는 하지만, 개인은 늘 사회 속의 한 부분으로 존재하기 때문에, 자유주의가 전제하는 개인주의란 추상적이거나 보편적인 것이기보다는 역사적이라는 것이다. 따라서 문화적 차별성이 강조되지 않을 수 없다. 다시 설명하면, 구획을 설정하는 데 필요한 개인의 합의는 추상적 개인이라기보다는 노동자, 학자, 종교인, 가족과 같이 구체적 현장의 인물이며, 합의란 사회적 협의과정을 거친다는 의미에서 자유주의가 상정하는 민주주의는 사회주의적 성격을 갖지 않을 수 없다고 한다.

두 번째로 왈러스타인(왈러스타인, 1996 특히 7장을 참조할 것)처럼 자유주의를 근대성의 사유체계 안에 놓아둠으로써 정치적 이념으로서가 아니라 사고체계의 효과에 주목하는 방식이 우리에게 많은 교훈을 준다. 그에 따르면 자유주의 자체가 하나의 이념적 이데올로기일 뿐이며 실제로 서유럽의 역사에서 존재했던 사유체계는 기술적 근대성과 해방의 근대성 둘뿐이라고 한다. 이때 자유주의란 전자에 속한 이데올로기일 뿐이며, 이러한 맥락에서 자유주의/사회주의 대립은 허구에 불과하다. 왜냐하면 자유주의건, 사회주의건 모두 국가주의와 생산주의라는 동일한 효과를 불러온 기술적 근대성의 전형이기 때문이다. 왈러스타인의 관점에서 보면 1989년 소련 사회주의의 몰락은 자유주의의 승리를 의미하기보다는 오히려 기술적 근대성의 한계를 여실히 보여준 역사적 계기이다. 그에 따르면 오늘날 세계적 규모로 닥쳐오고 있는 노동과 환경의 문제를 해결하기 위해서는 자유주의를 심화시키는 것이 아니라 기술적 합리성을 버리고 해방의 근대성으로 탈출해 나와야 한다.

셋째로, 자유주의의 인식론적 골간이 되는 사회계약론의 담론구조를 메타구조론적 차원에서 이해하는 자크 비데(Bidet, 1990)의 시도를 주목할 만하다. 그에 따르면 계약론의 구조 안에는 사회적 계약성과 정치적 계약성을 포괄하는 주권적 권력에 대한 논의만이 존재할 뿐, 경제적 영역을 조직하고, 관리할 수 있는 이론적 사유는 상대적으로 빈약하다. 사실 정치/경제를 나누는 구획의 기술이 근대시민사회의 전형적 특징이라고 할 때, 경제분야를 설명하는 이론적 자원이 계약론적 사고에 존재하지 않는다는 사실은 근대 자유주의 전통의 뿌리 깊은 딜레마라고 하지 않을 수 없다. 그런데 이러한 사유의 한계는 맑스의 사유체계에서도 그대로 나타난다. 비데가 보기에, 맑스가 《자본론》에서 전개한 자본주의 사회분석은 상품관계의 분석에 머물러 있을 뿐, 이러한 관계를 유지시켜 주는 개인이나 국가의 권력관계는 전혀 설명하지 않았다. 따라서 자유주의/사회주의라는 대립은 메타이론적 차원에서 역시 이념적 허구에 불구하며, 이미 그것은 정치적 선택의 대상이 아니다. 그러므로 자유주의는 물론이고 사회주의의 특성을 이해하기 위해서는 사회가 작동하는 데 필요한 기본적 구성요인이 무엇인가를 먼저 묻지 않을 수 없다.[6]

---

6 이 물음에 비데는 다음과 같은 3가지 요소를 통해 근대성의 특성을 이해하고자 한다. '상호 개인성'(*interindividualité*), '중앙집중성'(*centricité*), '연대성'(*associativité*)이 그것이다. ① 우선 상호개인성이란 자율적인 계약주체의 상호연결관계를 지칭한다. 생산의 논리에서 보자면 독립적 생산주체가 시장에서 만나는 상황을 의미한다. 여기서 강조되어야 할 것은 상호개인성을 바탕으로 한 교환관계는 기본적으로 불평등관계일 수밖에 없다는 것이다. 교환관계 안에서 강제뿐만 아니라, 밖에서 이루어지는

위에서 간략하게 검토한 세 학자의 자유주의에 대한 새로운 이해방식을 통해서 우리는 한국에서 이루어지고 강조되었던 자유주의 연구의 한계와 그 극복방안을 생각해 볼 수 있는 단초를 마련할 수 있다.

(1) 우선 자크 비데가 제기한 근대성의 메타구조론 이해에 기대어 보면, 그동안 한국에서 자유주의 연구가 정치의 형식적-절차적 과정에만 매몰되었던 것은 아닌지 반성하지 않을 수 없다. 정치와 경제를 분리하는 고전적 자유주의 논리를 고집하는 경우 현실의 자본축적과정을 유지시키는 데 깊숙이 개입하는 국가의 역할을 제대로 포착하지 못하고 만다. 또한 소유권의 불가침이라는 주제가 자유주의/자본주의의 두 축이 만들어 낸 최고의 이념적 보루라는 생각에서 벗어나지 못하는 한, 우리는 자유/민주라는 정치체제 자체가 자본주의 경제의 조절양식에 이미 개입하고 있다는 사실을 망각하게 된다. 이렇게 되면 경제

사회적 신분질서의 불평등이 명목적으로 대등한 것으로 보이는 계약관계에 침투해 있는 것이다. ② 중앙집중성이란 계약관계의 보증자의 역할을 지시한다. 그런데 중앙집중성은 상품관계의 논리처럼 공정하고 중립적인 합리성으로부터 이루어지기보다는 다양한 합리성이 경쟁하는 가운데 투쟁의 결과물로서 결정되는 것이 보통이다. 대체로 중앙집중성의 문제는 국가의 성격과 관련되기 마련이다. 맑스의 사유체계에서 보면, 상품교환의 법률적 형태/ 착취의 실질적 관계라는 대립구도를 설정하고 있을 뿐, 상품의 흐름을 규제하는 국가의 성격자체에 대해서는 크게 고려하지 않는 것처럼 보인다. 따라서 동일한 자본주의 체제 내에서도 형식적인 상호개인성을 규정하는 중앙권력이 다양하게 존재할 수 있다는 가능성에 대해 아무런 대답을 주지 못하고 있다. ③ 마지막으로 연대성은 상호개인성과 중앙집중성의 의미관계를 규정하는 다양한 규정형식을 의미한다. 예컨대 자본가와 자본가의 대립구도나 자본가와 임금노동자의 대립형식이 있는가 하면, 임금노동자들 간의 연대를 통한 자본가와 대립구도 등이 있을 수도 있다. 이것은 사회적 관계망의 형식에 갈등구조뿐만 아니라 협의체적 양식도 포괄하는 양식이라고 할 수 있다.

적 합리성이라는 구호 아래, 민주주의의 절차적 정당성이 어떻게 조화될 것인가라는 현실적 당면과제를 해결하는 데 철저히 무기력해질 수밖에 없을 것이다.

물론 정치와 경제의 조합에 대한 문제를 이해하고 해결함에 있어 자유주의적 정치관뿐만 아니라 맑시즘의 해석도 대단히 조잡한 기능주의적 발상에 머물고 있다. 예컨대 맑스의 사고 안에는 권력의 성격이나 주체를 불문하고, 자본축적의 논리 앞에 모든 정치논리가 순순히 따라오는 것으로 간주하는 순진한 경제우선주의가 자리하고 있는데, 이것은 정치적 관리기제가 경제체계에 일정한 영향을 주면서 자본축적의 성격이 달라질 수 있음을 보지 못하는 오류라고 하겠다.

결국 이러한 맥락에서 자유주의/맑시즘이라는 이분법 구도를 넘어서 근대사회의 특성을 메타구조론적 차원에서 이해하는 노력이 설득력을 얻게 된다. 자본주의가 생산 및 교환의 영역에서 작동하는 자본의 논리를 표현하는 것이라면, 이에 대응하는 정치란 경제의 외부에 존재하기보다는 경제에 일정한 방식으로 외삽되어 있다고 할 수 있다. 이러한 관점에서 냉정하게 평가해 보면 맑시즘은 물론 자유주의조차도 경제와 정치의 실천적 접합방식에 대해서 만족할 만한 설명을 해내지 못했다. 필자는 바로 이것이 자유주의 연구에서 시급하게 해결되어야 할 당면과제라고 생각하는 바이다.

(2) 두 번째는 자유와 평등의 대립관계에 대해서 보다 심각하게 숙고해야만 한다. 이러한 반성적 사고에 위에서 언급한 왈쩌나 왈러스타인의 자유주의 해석이 새로운 인식의 지평을 열어줄 것이다.

역사적으로 보아 자유가 절대주의 왕정의 독점적 권력행사에 대한 저항으로 등장한 개념이라고 한다면, 평등이란 귀족주의가 향유한 특권에 대한 저항정신의 표현이라고 요약할 수 있다. 이러한 의미에서 보면 자유와 평등은 서로 다른 정치적 고려에서 출발한 것이며, 사실

각각의 개념이 요구하는 현실의 장도 서로 달라진다. 예컨대 자유의 경우 정치적 정당성의 문제와 맞물려 발전되었다면, 평등의 경우에는 경제적 정의를 실현하는 문제와 연결되어 왔다고 볼 수 있다. 그런데 근대시민사회의 시작을 알리는 인권선언에서 자유와 평등의 가치를 동일한 무게를 갖는 인권의 반열에 올려놓음으로써 현실정치에서 자유와 평등의 기본가치를 추구하는 데 끊임없는 갈등의 소지를 낳고 말았다(Balibar, 1998 참조). 즉 개인의 자유를 옹호하는 경우 평등의 논리는 상대적으로 축소되며, 반대로 평등을 강조하는 경우에는 자유의 범위를 어디로 한정할 것인가를 두고 끊임없는 논란이 있었다. 미국을 중심으로 한 현대정치사상에서 자유주의와 공동체주의자 간의 이념적 대립도 이러한 맥락과 일정한 연관성이 있다.[7]

---

7 그런데 자유와 평등을 해결하는 데 큰 역할을 한 롤스와 하이예크의 정치적 자유주의관에는 일정한 논리적 결함이 있어 보인다. 롤스는 《정치적 자유주의》(Rawls, 1998)에서 정치적 자유주의가 해결해야 할 첫 번째 과제는 사회적 협력의 공정한 조건을 규정하는 적합한 정의관을 수립하는 것이라고 언명하면서(3쪽), 자유와 평등을 조화하는 방법으로서 이른바 '공정으로서의 정의'라는 개념을 내세운다. 자유와 평등을 안전하게 보장하는 가장 적합한 제도를 고안하는데 최선의 방법은 '불일치의 범위'(9쪽)를 최소화시키는 것이며, 이 과정에서 공정으로서의 정의란 시민들이 공유하는 공적인 정치이성을 활용하는 것이라고 말한다. 필자가 판단하건대, 이것은 결국 서로 다른 생각과 이념을 가진 사람들 사이에 의견의 불일치를 최소화시키는 방식에 다름 아니며, 이에 대한 기준을 마련하기 위해서 합당성에 근거한 공적인 정치이성을 활용하고자 한다. 이렇게 보면 그가 생각하는 정치적 이성이란 공적 영역에 한정된 이성만을 의미한다. 이러한 사고방식은 자유가 무엇인지를 고려하지 않고 자유주의를 논하는 것과 같다.

한편, 하이에크는 자유를 '사회에서 타인에 대한 강제가 줄어든 인간조건'이라고 개념정의하고(Hayek, 1998: 29), 자유는 개인이 어떤 보장된 사적 영역을 가진다는 것(34쪽)이라고 말하고 있는데, 이때 사적 영역의 이와 같은 자유주의 이론적 경향에는 두 가지 혼돈이 존재하는데, 첫째로 자유와 평등을 누리는 권리의 주체가 과연 어떤 사회적 지위를 갖는가에 대한 논의가 빠져 있다. 둘째로는 자유와 평등의 대립을 해결해 왔던 서양정치사의 변화과정에서 평등이란 자유가 실현될 수 있는 전제조건이었다는 역사적 사실이 망각되고 있다. 첫 번째 주장과 관련해서 우리는 자유와 평등을 근대시민사회의 이념적 기초로 언명했던 프랑스 인권선언을 다시 한 번 상기해 볼 필요가 있다. 프랑스 인권선언에서 사용한 모든 인간의 권리란 불어로 표현하면 "Droit de l'homme"이지만 실제로 여기서 말하고 있는 인간의 권리란 정치영역에서는 언제나 시민의 권리(*Droit du citoyen*)로 해석되었다(Balibar, 1998 참조). 혁명 초기의 지롱드와 자코뱅이 내세운 정치이념의 대립으로부터 시작해서 1848년 2월 혁명과 6월 노동자 봉기를 통해서 나타났던 공화주의파와 사회주의 간의 대립에 이르기까지 프랑스 혁명사가 우리에게 보여준 교훈은 인권선언에서 상정한 인간이 보편적 성격을 갖기보다는 정치적 이념에 따라 다른 해석의 여지를 남겨 둔 시민의 권리였다는 점이다. 사실 서유럽정치사에서 노동자, 여자, 외국인, 노약자 등이 정치적 주체로 인정된 계기는 고전적인 자유주의 정치시기라기보다는 그 이후에 등장한 사회주의나 복지국가의 이념에 힘입은 바가 더 크다. 즉 보편적 인간의 권리와 시민권의 주체가 동일시된 것

보장은 주로 강제의 해로운 효과를 최소화하는 정책에 의해서 실현되는 것이다. 이러한 맥락에서 보면 자유란 강제개념에 의해서 좌우되며, 정부정책의 강제성을 최소함으로써 사적 영역의 자유를 보장하는 것이 자유주의 정책의 최우선과제가 될 수밖에 없다.

자유주의 논쟁에서 가장 주목을 받는 롤즈와 하이에크의 사상적 흐름을 살펴보면 두 사람은 모두 공적 영역/사적 영역의 구분 속에서 한 부분을 강조하는 방식으로 자유주의 정책과제를 설명하고 있으며, 이때 자유라는 근본적 개념은 '강제의 부재'로서 대체되고 있을 뿐이다.

은 자유주의 정치시기가 아니다.

작금의 한국정치에서 개혁의 내용을 두고 시비가 분분한 것도 사상적 맥락에서 보면 바로 자유와 평등의 조화문제로 귀결된다. 따라서 우리는 자유란 인간실존의 한 형태라고 인식해야하고, 자유를 달성하기 위한 사회적 조건이 무엇인지를 물어야 한다. 자유를 강제 없는 상태로 규정하거나, 정치를 공적 영역의 독점적 형태로 인식하기 이전에 역사적 블록(*historical bloc*) 안에서 과연 인간의 주체화 과정이 어떠한 과정을 거치면서 형성되는가를 알아보아야 하는 것이다.

3. 후기 푸코의 자유주의 사상

자유주의 연구와 관련하여 위에서 지적된 비판점들을 극복하고 새로운 관점에서 자유주의 정치의 특성을 이해하기 위해서 후기 푸코의 사상을 논하는 것이 매우 유용해 보인다. 대체로 지금까지 축적된 푸코 연구논문들은 그를 권력개념의 새로운 지평을 연 사상가로 해석하거나, 계몽의 관점을 거부한 비판적 역사학자로 인식하는 경우가 대부분이었고, 자유주의와 푸코사상의 관계를 논의한 작업은 매우 희귀하다(Bonnafous-Boucher, 2002 참조). 그러나 후기 푸코의 사상에는 위에서 제기한 자유주의 연구의 치명적인 오류를 극복하고, 새로운 방식으로 우리 정치현실을 진단하고 해결해 나가는 데 유용하게 사용할 수 있는 지적 자원이 풍부하게 남아 있다고 필자는 판단하고 있다.

푸코가 자유주의라는 주제를 직접 다룬 글들은 많지 않지만, 권력이나 주체개념들을 언급하면서 간헐적으로 자유주의 문제를 언급하는 부분을 모아보면, 자유주의에 대한 푸코의 독특한 사유체계를 유추해 볼 수 있다. 그의 사고는 크게 두 가지로 요약될 수 있다. 첫째는 자유주의 정치의 문제는 국가권력과 사회의 관계설정이라는 문제이고, 둘째는 자유주의 정치체제를 성립시키고 유지하는 데 일정한 주체화의 양식이 존재한다는 사실이다. 그의 생각을 잘 보여주는 두 가지 인용문을 살펴보자.

> 여기서 자유주의의 문제점이 등장합니다. 내가 보기에 자명한 사실은 '지나친 정부간섭'(*trop gouverner*)은 '모든 것을 지배하는 것'(*gouverner du tout*)을 의미하지 않습니다. 그것은 기대하는 결과에 반대되는 결과를 유도했던 것을 의미합니다. 이른바 가장 위대한 정치사상의 시기라고 할 수 있는 18세기를 통해서 우리가 발견한 것은 바로 사회라는 개념입니다. 다시 말해 정부는 영토를 관리할 뿐만 아

> 니라, 주체를 관리하고, 복잡하게 얽혀 있고, 자기논리가 존재하는 사회현실을 다루어야 한다는 사상을 발견한 것입니다. 이러한 현실과 관련하여 등장한 개념이 바로 사회입니다. 사회를 다루어야 한다는 생각이 등장했을 때, 사회는 경찰에 의해서 관통되는 성격으로 해석될 수는 없었습니다. 따라서 사회의 성격과 구성규칙과 다양한 변수에 대하여 숙고하지 않으면 안 되게 되었습니다(Foucault, 1982b: 273).

> 나는 일상의 정치적 합리성 안에서 정치이론의 실패가 현실정치 그 자체나 혹은 이론의 실패에서 유래하기보다는 정치적 합리성이 자리한 합리성의 유형에 기인한다고 말하고 싶습니다. 이러한 관점에서 보면, 오늘날 우리 시대의 근대적 합리성은 국가의 구성에 관한 것도 아니며, 부르주아적 개인주의에 관한 것도 아닙니다. 그리고 이러한 근대의 정치적 합리성이 개인을 정치적 총체성 안으로 포섭하기 위한 시도라고 생각하지 않습니다. 우리시대의 정치적 합리성의 가장 큰 특성은 다음과 같은 것입니다. 즉 한 사회나 혹은 총체성 안으로 개인을 포섭하는 것이 강요된 개인주의화의 과정과 사회의 총체적 구조와의 상관관계로부터 유래하는 것이라는 사실입니다. 이러한 맥락에서 보면 왜 법/질서라는 대립구도가 근대의 정치적 합리성을 만들어 왔는지 이해할 수 있게 됩니다(Foucault, 1988: 827).

첫 번째 주제와 관련하여 우리는 푸코가 후반기에 자주 사용하던 **통치성**(*Gouvernementalité*)이나 **생체정치**(*Bio-politique*)라는 개념을 이해해야만 하며, 두 번째 주제와 관련해서는 **주체화**(*individualisation*)를 가능하게 하는 통치의 기예들을 살펴볼 필요가 있다.

(1) 우선 통치성의 개념을 알아보기로 하자. 푸코는 이 개념을 통해서 세 가지를 강조한다. 첫째는 인구를 관리하고 사물의 질서를 관장하는 권력을 지칭하는 것으로, 이것은 정치경제의 원리가 된다. 즉 통

치성이란 권력을 수행하는 데 필요한 제도, 절차, 분석기법 등을 의미한다. 둘째 타자에 대한 통치를 가능하게 하는 권력으로 이것은 주권적 권력이나 훈육적 권력과는 차별성을 가지며, 주로 지식과 관련되어 있다. 셋째, 15세기의 국가를 정의국가(*Etat de justice*)로 규정하고, 16세기를 행정국가(*Etat administratif*)로 명명한다면, 그 이후의 근대국가는 통치성이라는 개념으로 무장되었다고 말할 수 있다(Foucault, 1978b). 이러한 설명에 따르면 근대시민사회의 성립 이후 우리가 정치의 대상이라고 인식한 영역이 일정한 지적 전통에 근거하고 있음을 알 수 있다. 푸코에 의하면 유럽의 문화적 배경 속에는 정치를 법적이고 제도적인 틀을 통해 이해하고자 하는 헬레니즘의 전통과 함께 피지배자들의 영혼을 구제하는 방식으로 정치를 이해하고자 하는 헤브라이즘의 전통이 혼재했는데, 근대 이후, 특히 마키아벨리의 《군주론》은 헬레니즘의 전통에서 정치에 접근하게 만든 결정적 계기가 된다. 그 이후로 지금까지 우리가 인식하는 정치의 대상과 영역이 결정되었다. 즉, 정치란 국가나 행정적인 장치를 통해서 이루어지는 기술적 범위에 국한되었으며, 이때 중요한 과제는 정치권력의 정당성 문제였다. 자유주의를 이해하는 방식도 여기서 크게 벗어나지 않는다. 자유주의의 성립과 변화과정에서 늘 논쟁의 중심에 있었던 사안들은 어떠한 근거로 시민사회에 대한 정부의 개입을 정당화시킬 것인가라는 문제였고, 이때 정치는 국가나 행정부의 통치행위를 의미하는 것으로 축소되어 있었다.

그런데 여기서 푸코는 통치성의 개념을 제시함으로 우리가 알고 있는 정치의 영역과 대상을 크게 확장시켰을 뿐만 아니라, 자유주의 정치의 배경과 문제점을 새로운 방식으로 이해할 수 있는 이론적 단초를 제공하고 있다(홍성민, 2003a 참조). 우선 통치성을 통해서 푸코는 정치가 국가영역을 벗어나 개인들의 영혼을 관리하는 헤브라이즘의 전통을 포섭해야만 한다는 사실을 강조한다. 즉 군주권으로 대표되는 제도적 영역과 함께 도덕, 경제 등을 아우르는 영역으로 정치가 확장되어야 한다는 것이다. 이것은 당위의 문제가 아니라, 지난 세기 유럽정치가 발전되어 왔던 역사적 현실이다. 도식적으로 표현하자면 **군주-기율-통치**의 축과 **인구-정치경제학-통치**의 축이 서로 맞물려 발전했던 것이 바로 서유럽의 정치발전의 역사이다. 표면적으로 보면 서유럽의 근대정치가 계약론에 근거한 공법이론에 머물렀던 것으로 보이지만, 서유럽의 정치발전을 가늠했던 가장 중요한 요인은 인구를 관리하고, 사물의 배열을 관장하며, 개인의 안전을 책임지는 문제였다.

여기서 푸코는 정치의 역할을 '경찰'(*police*)이라는 개념을 통해서 새롭게 조망하고 있다. 경찰의 개념은 국가의 능력을 증진시키기 위해서 인구와 부를 관리해야한다는 근대적 정치관의 일면을 잘 보여 준다.[8] 사실 이것은 정치경제학이 발전하게 된 계기라고 할 수 있는데, 이때부터 인간이란 유적 존재라기보다는 국가의 구성원으로 보호되고, 관리되어야 할 대상으로 인식되기 시작한다. 아마도 이 대목에서 푸코는 헤겔의 시민사회관을 공유한다고 평가할 수 있을 것이다. 즉 시민사회

---

8 푸코가 거론하는 경찰의 정치를 역사적으로 살펴보면 우선 16세기에는 사법이나 군사, 재정을 포함하여 실업자 구제, 전염병 관리, 교육 등을 망라하며, 전체적인 목표는 노동과 생산, 교환과 조정을 통해서 국가의 힘을 증대시키는 것으로 요약할 수 있다. 《루이 14세기의 통치과학》을 썼던 프랑스의 튀르게(Turquet)나 《경찰의 기술》을 기술했던 독일의 후헨달(Huhendahl)이 이 분야의 대표적 인물로서, 서유럽에서 근대 정치의 출발은 바로 경찰의 정치였다(Foucault, 1980 참조). 한편, 18세기에 접어들면서 경찰의 기술은 전문가적 지식에 의해서 세분화된다. 통계학이나 인구보건학과 같은 사회적 현상을 수량화하는 기법과 지식이 18세기 자유주의 통치기술과 함께 등장하게 되는데, 이때부터 근대사회에서 이른바 실증적 지식은 정치영역에서 정책을 입안하고 수행하는 데 없어서는 안 될 중요한 요인으로 자리잡는다. 생체의 탄생은 바로 18세기 실증적 지식에 근거한 경찰정치의 또 다른 모습이다.

란 자율적인 개인들이 합리성을 근거로 활동하는 공간이 아니라 국가의 보호와 관리가 필요한 대상이다. 이러한 맥락에서 시민사회를 소유적 개인주의가 발휘될 수 있는 공간이라고 인식한 영국의 자유주의 전통과 대륙의 시민사회관은 약간 차이가 있다. 개인의 욕망이나 취향이 일정부분 국가에 의해서 길들여지며, 개인의 존재 자체가 타자와의 관계 속에서 설정된다고 인식한다는 점에서 헤겔이나 푸코로 대변되는 대륙적 정치관은 원자론적 개인주의를 넘어서고 있다.

물론 생체정치학의 탄생은 18세기 서유럽의 인구증가와 밀접한 관계가 있다. 그러나 정치사적 관점에서 생체정치학 논의는 국부의 증강이나 경제력의 향상을 이루기 위한 정치경제학의 모델에서 시작되었다는 사실이 중요하다. 역사의 사례분석을 통해서 잘 드러나듯이 (Procacci, 1993), 노동력과 국부의 상관관계를 바라보는 지식의 격자층이 변화하여 사회경제(*economie sociale*)의 관점으로부터 정치경제학(*economie politique*)의 관점으로 경제적 효율성을 바라보는 시각이 변화하게 된다. 이에 따라서, 그동안 경제성장의 장애물로 생각했던 빈곤층이나 노동자들을 대하는 사회적 관념도 동시에 달라진 것이다. 이제 그들은 사회적으로 배제되어야 할 사람이라기보다는 국가의 경제를 위해서 보호받아야 할 존재가 되었다. 이때 인구의 관리는 국가 경제력을 증대시키기 위해서 통치의 기예가 집중해야 할 정책의 목표이다. 이러한 맥락에서 자유주의의 시대란, 국가의 생산성을 증가시키기 위해서 인구를 관리하는 것이 가장 효율적인 통치기예라고 생각했던 시대정신이 팽배했던 시대이며, 이때 개인의 자유라는 것도 정치적으로 관리된 실천의 한 양식이라고 말할 수 있다.

결국 우리가 습관적으로 해왔던 것처럼 법률의 모델이나 제도의 모델로 정치를 이해하려고 한다면, 그것은 정치의 정당성이나 국가의 내용을 묻는 것이다. 그러나 푸코의 사고에 근거해서 정치의 구체적 행위에 초점을 맞추게 되면 동일한 법률적 제도 안에서도 다양한 형태의 정치적 합리성(*political rationalities*)이 발현될 수 있다는 사실을 깨닫지 않을 수 없다. 이렇게 되면 자유주의를 인식하는 태도도 크게 바뀌어야만 한다. 그동안의 정치사상사의 흐름에서 자유주의란 국민의 천부적 인권을 보호하고 국가가 시민사회의 자율성을 침해하지 않는 범위 내에서 최소한의 행정역할을 수행함으로써 정치권력의 정당성을 확보하려는 일종의 이데올로기 내지 독트린의 형식으로 이해하는 것이 보통이었다. 그리고 이러한 원칙 속에서 신자유주의의 특성을 준별하는 것이 학문적 관심사였다(김병곤, 2002; 김비환, 2002 참조). 그런데 이것이야말로 정치를 제도나 법률적 차원에서 이해하려는 전형적인 예이다.

여기서 푸코의 문제의식을 과감하게 적용해 보면 자유주의란 개인들의 안전과 인구의 관리를 위해 동원된 다양한 통치기예 중의 하나이며, 그 중심문제는 국가와 시민사회의 관계설정이다. 따라서 자유주의 안에서도 대단히 다양한 형태의 국가-시민사회의 관계설정이 존재한다는 사실을 인정해야만 하며, 이것은 주로 자유주의 시대를 주도하는 실증적 지식의 형태에 따라 변화하게 된다. 다시 말해 푸코의 논리에 따르면 자유주의란 정치사상이나 이데올로기라기보다는 통치성이 발현되는 변화양식 중의 하나이다.

이러한 논리를 보다 과감하게 확장시켜 보면 자유주의, 사회주의, 공산주의라는 이념적 차별성도 이데올로기라는 관점에서 바라보지 않을 수 있으며, 어쩌면 이 모두가 그 내용 면에서 자유주의 통치기예의 외연으로 포섭될 수도 있다(Hindess, 1998 참조). 다시 말해 자유주의가 개인들의 삶을 일정한 형태로 유지하고 관리하기 위한 국가개입의 다양한 형태 중의 하나라고 한다면, 경제-국가, 개인-국가 등의 연결관계라는 것을 규정하는 서로 다른 방식이 자유주의 통치기예라고 할 수 있다.

그렇다면 강단 교과서에서 통상적으로 분류되는 자유주의, 사회주의, 공산주의 등은 일견 이러한 문제의식에서 크게 벗어나지 않는 것이라고 말해 볼 수도 있겠다. 즉 자유주의 통치의 기예로서 중상주의, 자유방임주의, 복지국가주의 등을 포괄할 수 있으며, 이러한 관점에서라면 학문적 관심사가 달라져야 한다. 다시 말해 이러한 기예들이 어떻게 조합을 이루어고 서로 다른 배열을 만들어 내는가를 파악하고, 그에 따른 정치적 효과를 추적해 내야만 한다.

(2) 이제 주체화 양식에 대하여 알아보자. 통치성의 개념을 통해서 푸코는 자유주의 인간형에 대하여 심각한 문제제기를 시도하고 있다. 고전적 자유주의 정치이론에서 개인들은 합리적 존재이며, 자유주의적 인간형이란 자신의 이해관계를 정확히 인식하는 보편적 존재로 가정되었다. 비교적 자유주의 시민사회관에 대해서 날카로운 비판을 했던 맑스의 인간형도 이러한 고전적 자유주의 인간관에서 크게 벗어나지 않았던 것이 사실이다. 물론 맑시즘의 진영에서 강력하게 제기되었던 '허위의식'이라는 문제제기는 자유로운 인간이라는 합리성의 가정에 비하면 현실성을 반영하려는 적극적인 시도였다고 인정할 만하다. 그러나 이것 역시 '진정한 의식', '참된 유적 존재'를 전제로 하고 있다는 점에서 근대성의 사고틀을 크게 벗어나지 못했다고 보아야 한다.

그런데 푸코는 인간은 권력의 효과와 함께 구성된다는 관점을 취하고 있다는 점에서 이러한 보편성의 가정을 벗어나고 있다. 이제 인간의 의식과 욕망이 이성의 의해서 길들여지고 통제된다는 칸트의 가정은 더 이상 현실성이 없다. 오히려 개인들의 취향과 육체가 권력에 의해서 길들여지고 있다는 사실에 주목한다. 역설적으로 말하자면 자유주의 사회가 존재하기 위해서도 반드시 훈육적 질서가 필요하다. 자유로운 개인이라는 설정자체가 암묵적으로 훈육화된 개인을 의미하기 때문이다(Pissorno, 1989: 244). 물론 이러한 통찰력은 베버로부터 유래하지만, 푸코는 주체화 양식의 사회적 기제와 구조를 밝혀냄으로써 직업의식이라는 추상성을 벗어나지 못한 베버의 입장보다 한 걸음 앞서 가고 있다.

이렇게 보면 현대사회에서 개인의 자유는 천부적인 것이라고 외치는 하이에크 식의 자유주의 구호는 순진한 구호에 불과하다. 개인의 자유와 자율성을 논하기 위해서는 개인이 실존하는 사회구성체의 훈육기제에 대하여 알아야 하기 때문이다. 푸코의 표현처럼 자유는 주어진 권리나 인권이 아니라 하나의 실천이다(Foucault, 1984b 참조).

그런데 개인화의 과정을 "자아의 배려"(*Souci de soi*)라고 명명한 푸코의 관심사는 주로 고대 그리스 시대의 역사분석에 머물고 있어 근대와 현대의 자아형성 과정에 대한 푸코의 문제의식을 뚜렷이 단정하기는 어렵다. 푸코의 연구에 따르면 고대 그리스에서 자아의 배려양식은 종교적 관행과 밀접하게 연결되었다(Foucault, 1990). 그렇다면 근대의 정치구성체 속에서 자아의 배려는 어떠한 방식으로 이루어졌을까? 이 대목에서 필자는 허쉬먼의 《열정과 이해관계》(앨버트 허쉬먼, 1994)가 하나의 보기를 제공한다고 생각한다. 열정이라는 개념을 통해서 정치를 운영했던 중세적 전통과 일정한 거리를 두고 정책결정에 보편적 규칙과 예측가능성을 부여하기 위해서 근대의 정치사상가들은 새로운 정치적 판단기준으로 '이해관계'라는 개념을 제시했는데, 이를 통해서 정치에서 효율성과 정당성의 문제가 결정되었으며, 이것이 근대의 자유주의 정치와 그에 상응하는 인간형이 조응하는 계기였다고 허쉬먼은 설명한다.

이러한 설명은 후기 푸코의 사상을 점쳐 보는데 많은 시사점을 준다. 고대나 중세의 인간형과 다른 근대적 자유주의 인간형이 필요했던 이유는 새로운 사회구조 안에서 과거의 종교적 인간형과는 다른 윤리적 모델이 필요했기 때문이다. 여기서 근대적 인간형을 설정하는 데 결정적으로 작용했던 기준은 자본주의 발전에 도움을 주는 것인가라는 질문이었다는 것이 중요하다. 다시 말해 푸코에게서도 자유주의 사회의 새로운 인간형은 경제적 인간(*economic man*)이라는 사실이다. 그러나 경제적 인간을 만들어 내는 기제가 허쉬먼이나 베버와는 다르다. 푸코에게 자본주의 인간형은 이해관계라는 개념을 통해서 직접적으로 주조되기보다는 가정에서, 공장에서, 학교에서, 군대에서 일정한 형태의 시간과 공간을 구획하는 훈육에 의해서 습관화되는 것이다. 이른바 훈육의 권력은 개인의 의식과 선택을 사적 이해관계/공적 이해관계라는 식으로 분류하기보다는 익숙한 것/어색한 것, 정상적인 것/비정상적인 것과 같은 취향의 차원에서 주조해 놓는다. 이 지점에서 푸코의 사고가 엘리아스에 의해서 크게 영향받고 있음을 알 수 있다. 엘리아스에게서처럼 푸코에게도 문명화 과정이란 바로 정상/비정상이라는 가치판단을 개인에게 훈련시키는 과정에 다름 아니다.

따라서 허쉬먼의 경우처럼 이해관계라는 개념이 공적 기능을 수행하지 못한 채 정치가 사사로운 이해관계를 실현하는 것으로 타락했으며, 따라서 이러한 현대정치의 문제를 해결하기 위해서 새롭게 공공의식을 복원해야 한다는 계몽주의적 정치관을 가질 필요는 없다. 차라리 정치의 영역(공적 영역)/사적 영역이라는 구분을 근거로 성립된 자유주의적 인간관에 대하여 인식론적 단절을 꾀하고, 현대사회의 변화에 상응하는 새로운 인간형을 형성하는 사회적 관행과 실천들을 추적하는 작업이 필요하다. 그리고 이것이 통치기예와 어떻게 접목될 수 있을까를 고민하는 것이 보다 큰 정책적 의미를 갖는다고 할 수 있겠다.

그런데 현대사회가 요구하는 새로운 정치적 인간형은 무엇인가? 필자가 보기에 그것은 확장된 '사회성의 영역'(*the social*)에 대하여 자신의 공적 이해와 사적 이해관계를 모두 합리적으로 조정할 수 있는 인간형이라고 요약할 수 있다. 동즐로(Donzelot 1991, 1994)가 정확히 지적하듯이 1848년 노동자 폭동이 있은 후 서구 정치는 공화주의적 정치만으로 해결할 수 없는 사회적 영역이 존재한다는 사실을 깨닫게 되었고, 급기야 개인의 소유권이라는 시민의 권리와 노동자들의 일할 권리라는 사회적 권리가 법리적 차원에서 충돌하게 된다. 프랑스 정치사에서 19세기 후반에 등장한 연대주의(*solidarisme*)는 바로 이러한 시민의 권리와 사회적 권리의 대립을 해결하기 위한 이념적 시도라고 할 수 있다. 현재 한국정치가 당면한 신자유주의 정치의 핵심적 과제도 결국은 이와 같은 사회성격의 변화와 그에 적응하지 못한 정치적 인간형의 대립이라고 요약할 수 있을 것이다.

즉, 고전적 자유주의가 사상적 기초를 제공한 자유주의 인간형은 시민사회에서 사적 이해관계를 기반으로 한 자본주의 시장경제를 운영하는 기초가 되었다. 반면, 19세기 후반 이후 오늘날에 이르기까지 현대정치에서 사회성의 영역이 차지하는 비중이 점차 증대되었기 때문에 정치와 사회성의 영역에서 요구되는 개인들의 규범적 행위패턴이 고전적 자유주의 인간형만으로는 충족되지 못하게 되었다. 이것이 바로 오늘날 주체화의 양식과 관련하여 큰 쟁점이 되는 부분이다. 요약하자면 현대정치의 주체화 양식이 문화적으로 왜곡되고 있다는 것인데, 이러한 관점에서 보면 부르디외의 《구별짓기》나 보드리야르의 《소비의 사회》는 푸코가 이루지 못한 '자기에의 배려'의 현대적 해석이라고 불러 볼 만하다.

결국 오늘날 자아의 형성과정에 과거와는 달리 사적 영역에서 이루어지는 소비의 패턴이 큰 영향을 주고 있으며, 문화적 상징체계가 불평등한 권력의 효과를 나타내고 있음에도 불구하고 그 부정적 효과가 정확히 인지되지 못하고 있다는 점이 큰 문제이다. 비가시적 상징권력이 통치기예의 전략에서 보면 정책적 고려대상이 될 수 있기 때문에 오늘날 자아의 배려를 논하는 과정은 학교교육이나 방송문화정책과 같은 제도적이고 가시적인 현상을 넘어서, 광고, 음악, 영화, 음식의 문화 등과 같은 대단히 사적인 영향력에까지도 세심한 주의를 기울이지 않을 수 없다.

4. 한국정치에 주는 함의

지금까지의 논의[9]를 토대로 필자는 자유주의와 관련하여 한국정치에서 이론적 논쟁이 되고 있는 몇 가지 주제들을 선정하여 그 내용을 비판적으로 검토하고자 한다.

첫째, 자유민주주의 실현과 관련하여 국가-시민사회의 관계틀을 모색하는 이론적 작업에 주목해 보도록 하자. 개발독재 시절을 경험한 한국으로서는 민주화를 바로 이러한 관계설정으로 이해하는 추세이며, 따라서 국가-시민사회의 모델은 자유주의 정치의 최대관심사라고 할 수 있겠다. 논리적으로 보면 이러한 관계설정에는 국가, 시민사회, 공동체의 3가지 축을 기점으로 어떠한 조직이 지배적 사회질서를 이루는가에 따라서 3가지 구도가 가능하다. ① 국가중심주주의 국가모델, ② 시장중심의 분산적 모델, ③ 공동체적 연대를 강조하는 자발적 연대가 그것이다(임혁백, 1992: 382). 국가주의 모델이 강압적 통제의

9 지금까지 논의한 내용들을 다시 한 번 정리하기 위해서 로즈의 논문(Rose, 1998)을 잠시 참조해 보자. 로즈는 전통적 자유주의와 현대정치가 당면한 신자유주의를 푸코의 관점에서 비교하고 있다.

우선 고전적 자유주의 정치의 특징은 다음과 같이 4가지로 요약할 수 있다. 첫째, 실증적 지식에 의해서 정부정책과 지식이 새로운 관계를 맺고 있으며, 둘째, 개인들을 자유주의 정치가 요구하는 인간형으로 만들어 내는 다양한 기제를 확보하고 있을 뿐만 아니라(예를 들어 학교, 가족, 수용시설, 교도소 등), 개인들이 스스로를 통제하고 다스릴 수 있도록 개인을 훈련시키는 프로그램을 만들어 내고 있으며, 셋째, 정부의 정책입안과 수행과정이 대부분 전문가들에 의해서 이루어진다는 특징을 가지며, 넷째, 통치행위에 대한 권위와 정당성에 대하여 끊임없는 비판을 제기하여 정치에게 성찰적 자세를 요구해 왔다는 것이다.

성격을 띠는 반면, 시장주의 모델이 지나친 사적 이해관계를 추구함으로써 사회전체의 공공선을 해칠 수 있다는 점에서 두 극단은 이론적으로 쉽게 받아들여질 수 없으며, 따라서 형식논리적으로 이 둘의 중간적 형태라고 할 수 있는 결사체 모델이 현실적 대안이라 하겠다. 임혁백 교수의 설명을 좀더 따라가면 결사체의 원리란 중간이익 집단이 사적 이익정부를 구성하여 조직 간의 신뢰구축을 통해서 시장적 이익정치에 대한 죄수의 딜레마를 해결하려는 형태라고 정의된다.

이러한 설명을 좀더 단순화시키면 이해당사자들이 일정부분 공적 권위를 부여받아 정치적 의사결정에 참여할 수 있도록 하고, 여기서 결정된 사항에 국가가 권위를 부여하는 방식이라고 해석해 볼 수 있다. 그렇다면 이러한 사고실험은 '이해관계자 자본주의'라는 이름으로 반복되고 있는 것이다(고세훈, 2003). 물론 이 경우에는 기업지배구조와 복지국가의 연관아래 경제 속에 정치가 어떤 원칙으로 편입되는가

이에 반하여 현대의 신자유주의 정치는 다음과 같이 요약된다. 첫째, 정치권과 전문가 집단사이의 관계에 변화가 생겼다. 현대정치에서 정책의 입안과 수행을 평가하는 지식인들은 과거와 같은 실증적 지식으로 무장된 전문가들이라기보다는 효율성에 강조점을 두는 사람들이다. 예컨대 예산의 심사, 회계의 전문가들이 대표적 전문가집단이며, 이들은 주로 시장화, 상품화 등을 통해 현실정치의 가치를 실현하고자 한다. 둘째, 개인화를 유도하는 사회적 통제기술들이 매우 다양화되었다. 과거에는 대부분 중앙권력이 만들어 놓은 제도들(학교, 수용소, 병원 등)에 의해서 정치가 요구하는 인간형을 만들었다고 한다면, 오늘날 시민적 주체를 형성하는 과정들은 대단히 비공식적 기구들이 담당한다. 예를 들면 기업, 동호회 조직, 지역사회의 봉사기관 등이 그것이다. 셋째, 주체화의 양식이 진행되는 미시적 차원이 사적인 이해관계에 좌우되기 시작하여 개인들의 책임의식이나 공공의식의 희박해지고 있다. 공적 영역에서 이루어지던 공공의식이 이제는 동료집단이나 동호회 등과 같이 사적 영역에서 개인적 취미활동이나 소비활동을 통해서 이루어지는 만큼 자유나 자율성과 함께 책임의식들이 점차 희박해지고 있다.

를 연구하고 있지만, 국가-시민사회의 관계틀을 모색하는 문제의식에서는 결사체 모델과 일맥상통한다고 본다. 예를 들어 이해관계자 자본주의를 주장하는 내용 속에는 외적 민주화가 선거법이나 대표제의 개혁 등과 관련되고, 내적 민주화는 기업지배구조를 다양한 이해관계자들을 참여시키는 방법으로 개혁하는 것이 관건이라고 말함으로써, 국가와 시장의 관계설정에 이해관계자의 원칙을 도입할 것으로 제안하고 있다(고세훈, 2003: 265).

필자가 이 두 논문을 화두로 삼고자 하는 것은 지금까지 학계에 제안된 이론적 결과물로서 이 모델이 가장 적절한 것으로 간주되기 때문이다. 따라서 최선의 모델을 집중적으로 거론하여 그 한계점을 지적하는 전략을 통해서 우리사회의 정치적 과제를 해결하는 데 필요한 정책대안을 발견할 수 있을 것으로 기대하는 바이다. 필자가 보기에 이 모델은 다음과 같이 비판될 수 있을 것이다.

사회질서를 구상하는 사고방식이 지나치게 거시적이어서 국가-시민사회의 결합방식에 작용하는 다양한 요인들이 사상(捨象)되고 있다. 우선 사회질서가 형성되는 궁극적 요인에는 일정한 원칙과 제도 못지않게 사회구성원들 간의 계급투쟁이 중요한 요인이 된다는 사실을 강조해야만 한다. 예를 들어 임 교수나 고 교수 모두 동일하게 국가영역의 논리와 기업을 중심으로 하는 시장의 논리가 이분법적으로 분리되어 상호간에 아무런 상관성이 없는 것으로 인식하는 것은 아닌지 의심스럽다. 만일 그렇다면 결사체 모델은 국가와 시민사회의 결합방식이 일정한 사회적 투쟁 속에서 결정된다는 현실을 간과한 것이다. 이러한 결함이 생겨난 이유는 국가-시민사회의 관계설정을 사고함에 있어 국가와 시민사회라는 조직의 성격에 대해서 구체적 논의가 없었기 때문이다. 즉 국가-시민사회의 결합모델은 특히 국가의 성격을 자본주의 축적과정과 연관지어 논의할 때, 비로소 국가가 시장에 편입하는 기제와 특성이 뚜렷하게 나타나게 될 것인데, 이러한 논의자체가 모델화의 과정에서는 처음부터 생략되고 있다.

이러한 결함을 극복하는 데, 필자의 판단에 따르면, 제솝(제솝, 2000)의 연구가 큰 함의를 준다. 그는 국가의 성격을 크게 보아 기능주의적 관점과 계급투쟁론의 관점에서 바라보는데, 위에서 제기된 결사체 모델이 기능주의적 관점에 포함된다고 볼 수 있다. 반복하건대 국가-시민사회의 관계설정이 보다 설득력을 가지기 위해서는 기능주의적 관점과 더불어 계급투쟁론의 관점이 보충되어야 하는데, 이 둘의 관점을 동시에 파악한다는 것은 방법론적으로 보면 구조적 제도와 개별행위자들의 전략적 행동을 동시에 파악한다는 것을 의미한다. 이렇게 되면 국가-시민사회의 관계를 설정함에 있어 보편적 원칙을 제시하는 것 자체가 무의미해질 수 있다. 왜냐하면 국가와 시민사회란 다양한 부문들의 투쟁들이 중첩되는 장소이며, 국가-시민사회의 관계를 결정하는 세력균형이란 매우 일시적인 것이기 때문이다.

요약하자면 국가-시민사회의 관계설정을 위해서 우리는 기존의 제도적 접근방식에서 탈피하여 이 양자간의 관계의 근거가 되는 다양한 사회구성체들의 하위단위가 존재한다는 사실을 인정해야만 한다. 부르디외의 표현을 빌려 다시 설명하자면(Bourdieu, 2000), 국가-시민사회의 관계를 설정하는 동일한 원칙이 존재하더라도 정치적 장을 형성하는 다양한 하위 장들, 예를 들어 문화의 장, 관료의 장, 언론의 장, 기업의 장들 간의 투쟁관계와 각 장 안에서 개인들의 전략적 행위로 인해서 국가-시민사회의 결합방식은 전혀 다른 모습의 역사적 블록을 만들어 낼 수 있다. 따라서 우리가 자유주의적 통치기예를 통해서 민주화를 달성하기 위해서는 국가나 시민사회에서 조직과 법제도를 민주화하는 형식적 절차를 넘어 사회적, 문화적 기반을 민주화하는 차원으로까지 정치적 역량을 강화해야 한다. 필자는 이러한 실천전략을 두고 자유주의에 대한 문화론적 해석이라고 불러보고 싶다.

이러한 관점에서 보면 자유주의를 새로운 방식으로 해석했던 푸코의 통찰력이 한국 정치상황에서도 여전히 유용하게 활용될 만하다. 국가권력이 시민사회에 개입하는 양식이 사회세력들 간의 권력투쟁으로 해석된다면, 그에 대한 구체적 과정이 설명되어야만 할 것인데, 이러한 의문에 푸코의 역사분석들이 해답을 주기 때문이다. 예를 들어《감시와 처벌》,《성의 역사》등에서 보여준 바와 같이, 국가권력이 시민사회에 반영되어 일종의 역사적 헤게모니 블록을 형성하는 계기가 존재하며, 여기에는 사법제도를 정비하는 차원을 넘어서 사물의 질서를 관장하는 경찰(*police*)의 전략과 개별시민들의 습관과 육체의 활용을 관리하는 생체정치(*Bio-politique*)의 전략이 중요한 역할을 하고 있다. 이것은 국가를 자본축적에 일방적으로 봉사하는 기구로 파악하는 좌파의 도구주의적 관점이나, 시장을 기업지배를 가능하게 만들기 위해서 이해당사자의 원리를 관철하는 기구로 파악하는 기능주의적 관점으로는 포착될 수 없는 사회현실의 또 다른 단면이다.

이러한 현실을 직시하게 되면 한국정치에서 해결해야 할 당면과제가 국가의 성격이나 역할뿐만 아니라 국가와 시민사회의 충돌로 빚어지는 규범의 혼란이라는 사실을 알게 된다. 우리 학계에서 현재 민주화의 과제와 관련하여 관심을 갖는 주제가 발전국가론이나 복지국가론의 폐해를 지적하고 새로운 국가의 역할을 모색하는 데 맞추어져 있고(이연호, 2001), 이것을 해결하기 위해서 규제국가라는 개념을 사용하면서 정부의 간섭을 최소화하고 시장의 작동을 원활하게 하기 위한 법제정을 강조하고 있다. 그렇지만 실제로 우리사회에서 전개되는 사회갈등의 새로운 현상은 부안의 방사능폐기장 설치문제, 공교육의 강화문제, 양심적 병역기피문제 등과 같이 시민사회 내 구성원들 간의 가치관이 충돌하는 경우가 더 많다. 즉 과거에 우리사회를 지배했던 사회문제는 자본축적의 과정에서 파생되는 노/자의 대립이었다고 한다면, 최근 한국의 사회문제는 자본으로부터 파생된다기보다는 시민사회 내 가치관의 다양성으로부터 유래하며, 이에 대한 해결을 시민사회

자체에 맡겨둘 수 없는 처지에 이르렀다는 점에 정치적 심각성이 존재한다. 필자는 이 문제를 해결하기 위해서는 국가-시민사회 간에 규범을 창출할 수 있는 새로운 논리가 개발되어야 한다고 보는데, 그 모델을 **협조적 통치성**(*Gounvernementalite cooperative*)의 모델이라고 불러보고자 한다. 이 모델의 전반적인 틀은 위에서 살펴본 푸코의 자유주의 사상을 기반으로 하고, 그 잠정적 내용은 개인들 간의 가치관 충돌을 중재하기 위해서는 국가가 권위적 강제력을 최대한 자제하고, 시민사회 내에서 교환관계의 자유를 최대한 확보하는 통치기예를 구사하여, 구성원들 간의 자발적 협조를 구해내는 전략을 뜻한다. 여기에는 개별 시민들을 새로운 정치주체로 교육시키기 위한 주체화의 양식과 새로운 지식의 역할이 요구된다고 하겠다. 자세한 내용은 다음의 연구과제로 남겨두기로 하자.

둘째로 한국의 자유민주주의 공고화라는 목표와 관련하여 주체화의 양식에 대한 함의를 검토해 보자. 근대적 자유민주주의의 사상적 기초는 이성적 인간에 근거하고 있다. 여기에는 구체적으로 ① 인식론적 합리성, ② 경제적 합리성, ③ 도덕적 합리성이 자리하고 있다(로랑, 2001 참조). 도식적으로 말하자면 이러한 3가지 차원의 합리성이 현대사회에서 제 기능을 발휘하지 못하기 때문에 자유민주주가 위기에 봉착하는 것으로 정리해 볼 수 있다. 예컨대 우리사회에서 흔히 거론되는 '상식이 통하는 정치', '부정부패가 사라진 경제운영', '인륜이 살아있는 사회'라는 구호에서 보듯이 한국사회는 자유민주주의가 전제한 개인주체성의 존재론적 기능이 마비된 상태에 놓여 있다. 따라서 정치적 민주화를 공고히 하는 과제는 정치과정을 바꾸거나 경제적 조건을 향상시키는 법적이고 제도적인 접근방법만으로는 부족하다. 최근의 정책적 지향점을 제시하기 위해서 만들어진 프로젝트들이 간과하는 대목이 바로 이러한 부분들이다(한배호, 1997; 박세일·장훈, 2003).

다시 한 번 반복하거니와, 우리사회의 문제는 상당부분이 민주주의의 실천주체인 개인들이 제도나 법의 내용에 상응하는 의식과 습관들을 갖추지 못한 것으로부터 유래한다. 이 과정은 사안별로 3가지 차원에서 나누어, 정치적 영역, 경제의 영역, 문화의 영역에서 각각의 문제점을 지적해 볼 수 있을 것이다. ① 정치영역에서 보면 낙후된 투표율이나 지역주의 정서, 그리고 계급적 이해관계보다는 사적 이해관계를 중심으로 하는 이른바 '님비현상' 등을 들 수 있다. ② 경제영역에서는 합리적 절차를 요구하는 경제운영의 보편적 원칙과 대비되는 편법과 '시민적 사사주의'(*civil privatism*) (차성수, 2002 참조)를 꼽을 수 있다. 또한 지나친 경쟁과 효율성의 논리 앞에서 사회전체의 공공성을 강조하는 분배의 논리가 약화되어 분리와 배제의 불평등이 확산되는 것이 문제이다. ③ 마지막으로 문화의 영역에서는 한국사회가 1990년대 이후 소비사회로 진입함에 따라서 개인들의 취향을 결정하는 상업주의가 점차 영향력을 확대하여 사적 영역에서 왜곡된 취향(*habitus*)이 공적 영역으로까지 넘쳐흘러 정치적 선택에 악영향을 주는 것이 문제이다.

결론적으로, 오늘날 한국사회에서 등장하는 수많은 사회문제들은 이른바 '제도적 민주화 이후'에 등장하는 정체성의 혼란과 밀접하게 연결되어 있다. 이것이 바로 우리가 정체성의 정치에 대해서 심각하게 숙고해야만 하는 이유이다.

그런데 서구사회에서 정체성의 정치란 주로 다민족 혼합국가에서 서로 다른 문화적 갈등을 인정하고 공존의 길을 찾는 문제와 관련된 것이라면, 한국사회에서 정체성의 정치는 과거 국가가 중심이 되어 운영하였던 개인들의 주체화 양식이 민주화 이후 점차 중앙집권적 통제를 벗어나 시민사회 속에서 이루어지는데, 이처럼 다양화된 개인화 과정이 반드시 정치적 목표와 상응하지 않고 방향성을 상실했다는 점에서 문제의 심각성이 있다고 하겠다. 따라서 과거와 같은 권위주의적,

강압적 주입방식을 탈피하면서도, 시민사회에 일정한 지향점을 제시함으로써 건전한 시민적 주체를 양성하는 방안을 찾아내는 것이 오늘날 정책적 과제라고 하겠다.

이러한 과제를 놓고 볼 때, 푸코의 통치성의 개념이 역시 여러 가지 해결의 실마리를 준다. 통치성이란 사람들 사이의 행위를 관장하는 통치기예라고 해석하는 사람도 있는데(Dean, 1999), 이 점은 푸코가 생각하는 자유의 개념을 음미해 보면 어렵지 않게 수긍할 수 있다. 푸코에 경우에 자유란 윤리의 존재론적 조건(Foucault, 1984b)이며, 이를 위해서 정치적 제도나 경제적 조건과 더불어 사상, 실천담론과 같은 문화적 요인이 필요하다. 또한 자유를 윤리적 조건과 관련시키는 태도는 나의 행동과 타인의 행동 간에 일정한 규칙과 규범이 있다는 것을 암시하는 것이기도 하다. 따라서 자유란 한 사회 안에서 규범적으로 인정되는 실천들의 총체로서 이해될 수 있으며, 여기에는 일정한 사회-경제적 조건이 수반되어야 한다. 이러한 조건을 만족시키는 실천적 자유를 두고 바로 푸코는 '자아에의 배려'라고 표현한다.

비교적 사변적인 철학적 사유를 거두어내고 이러한 개념을 정치학적으로 재해석해 보면, 다음과 같이 응용해 볼 수 있을 것이다. 즉 개인의 실천적 자유를 윤리적인 것으로 인식하는 관행은 바로 훈육적 질서를 통해서 형성되며, 이것은 일정한 물리적 조건과 문화적 충족요인을 필요로 한다. 그런데 푸코의 연구를 통해서 보면 고대와 중세시기에 이러한 조건을 만들어 낸 기반이 종교적 관습이었다면, 근대 시민국가에 이르면 학교제도가 그 중심의 자리를 차지하게 된다. 따라서 근대정치에서 자유민주주의 작동을 떠받쳐 주던 핵심적 국가장치는 바로 학교를 근간으로 하는 훈육장치라고 할 수 있다. 이러한 국가장치는 강제와 통제가 아닌 시간과 공간에 길들여진 인간을 주조하고, 자본축적 논리에 순응할 수 있는 가치관을 개인에 각인시켜 자유주의 국가정책이나 자본주의 재생산 논리에 조응하도록 만들었던 것이다. 이러한 관점에서 보면 훈육적 권력이란 시민사회의 분열을 방지하고, 개인간의 연대를 구성하는 데 대단히 중요한 역할을 한다고 보겠다.

그렇지만 우리사회에서는 지난 몇 십년간 형식적 자유민주주의 성과를 이루기 위해서 극단적인 제도적 민주화를 요구한 나머지 긍정적 역할을 수행해 왔던 훈육적 질서, 예컨대 효나 충, 향약의 질서 등을 스스로 용도 폐기해 버리고 말았다. 다시 말해 한국현실에서 주체화의 양식을 새롭게 재건하는 문제는 두 가지 중첩된 모순과 마주하고 있다. 하나는 서양으로부터 시작된 근대시민사회가 한국의 전통적 정체성을 송두리째 뿌리 뽑아내 한국적 토양에서 건전한 시민주체를 논의할 공간이 상대적으로 희박해졌다는 점이다. 또 다른 하나는 오늘날 소비사회로 전환되면서 급격한 사회변동에 정치력이 현실적으로 대응하지 못한 채, 다양한 사적 이해관계를 집단적 연대의 수준으로 고양시킬 수 있는 소프트 프로그램을 개발해내지 못하고 있다는 것이다.

원칙적으로 이 두 가지 모순이 한국현실에서 해결되기 위해서는 무엇보다도 역시 중등교육의 공공성이 강화되고, 시민교육이 현실화되는 것이 가장 시급한 해결과제라고 필자는 평가한다. 현재와 같은 교육제도 아래서는 한국적 토양에 필요한 시민적 주체양성은 뒷전으로 밀리고, 철저하게 자본의 논리, 효율성의 논리에 인격교육이 설 자리가 없게 될 것이다. 더구나 미국중심의 교육제도가 한국에 상륙하게 되면 이러한 교육여건은 더 열악해질 것이 분명하다. 그렇게 되면 시민사회의 계급적 불평등은 상징적 차별효과와 함께 더욱 증폭될 것이며, 그에 따른 사회적 갈등은 더욱 심화될 것이다. 지난 20년간 한국의 시민사회에서 노동문제가 가장 치열했던 정치적 과제였다면, 이제부터 향후 20년간 한국정치에서 가장 시급한 목표는 교육제도를 정비하여 건전한 시민적 주체를 형성하는 일이라고 필자는 단언하는 바이다.

셋째, 지식의 구성과 유통과정에 크게 의존하는 자유주의 정치의 특징에 주목해야 한다. 푸코의 논거에 따르면, 자유주의 통치성의 전형적 특성은 바로 지식에 의해서 정상적인 개인들의 범위를 설정하고 길들여 왔다는 점에 있다. 광인, 성 도착증환자, 범죄인들의 구성에 지식이 어떻게 개입했는가를 살펴보면, 오늘날 한국정치에서 사회적 약자들이 어떻게 시민사회의 평등체계 속에서 배제되고 있는지를 이해하는 데 많은 교훈을 얻을 수 있다. 이러한 통찰력을 통해서 우리는 자유주의란 보편적 정치원칙에 기반하고 있다고 생각하는 기존의 관념에서 벗어나야 한다. 인간의 존엄, 자유와 평등 따위들이 정치적 자유주의의 절대적 원칙인 것으로 간주되기 쉬우나, 현실은 자본주의를 유지하기 위해서 자유주의 정치이론이 일정한 형태의 차별과 불평등을 당연한 것으로 강요하고 있다는 사실을 새로운 눈으로 인식해야만 한다. 인권이나 인간의 존엄에 대한 보편성을 강조하는 동안, 지식이 사회경제적 약자에게 상징적 폭력을 행사하고 있다는 사실을 잊을 수가 있다. 이것이 바로 롤즈의 정치적 자유주의가 갖는 한계이다.

더구나 동일한 자유민주주의 표상을 내세우고 있다고 하더라도, 각국의 정치현실은 서로 다른 자유주의 목표를 가질 수밖에 없다. 따라서 이제부터라도 한국정치의 자유주의적 특성을 이해하기 위해서 어떠한 유형의 지식이 유통되는가를 알아내야만 한다. 필자의 직관에 따르면, 한국에서 유통되는 지식의 성격이 지나치게 미국 중심적이어서 한국사회의 문제를 분석하고 해결하는 데 큰 한계를 드러내고 있다. 한국정치의 민주주의 표상은 외국으로부터 유입되는 지식의 수입과정, 그것에 대한 국내의 유통구조, 그리고 개인들의 수용과정이라는 3가지 분석단위로 세분화되어 분석되어야만 한다. 이를 바탕으로 시민사회에서 지식인들의 역할에 대한 엄중한 평가와 비판이 이루어져야만 한다. 지금까지 한국정치에서 지식인들이 누려왔던 특권은 사실상 너무 지나쳤으며, 그들이 쏟아내는 수많은 정책담론들은 이른바 과학성이라는 허울 속에서 정치적 실패에 대하여 아무런 책임도 지지 않는

면책특권을 누려왔다. 이제부터라도 한국의 지식인들이 한국정치를 어떻게 왜곡시켰는가를 철저하게 규명해야 한다.

이렇게 보면 자유주의 정치는 지식 - 권력 - 자본이라는 3가지 요인에 의해서 움직인다고 볼 수 있는데, 이 중에서 권력의 문제는 민주화의 요구에 의해서, 자본의 문제는 노동자들의 권리에 대한 사회적 요구에 의해서 지난 세월 많은 논란과 검증이 있었지만, 정작 자유주의 정치를 구성하는 가장 중요한 요인이라고 할 수 있는 지식의 문제에 관해서 그동안 한국사회에서는 상대적으로 주의를 기울이지 않았다. 어떻게 지식인들이 충원되며, 이들이 외국으로부터 유입시키는 지식의 수입-유통구조, 지식을 통해서 얻게 되는 상징적 자원의 혜택 등이 계급갈등의 차원에서 어떠한 방법으로 지배와 피지배의 구도를 강화시키는지가 본격적으로 분석되어야 한다.

또한 규범적 차원에서 우리사회의 문제를 우리의 시각으로 분석하고 비전을 제시할 수 있는 길이 무엇인가를 이제부터라도 진지하게 논의해야 할 것이다. 이것이야말로 자유주의 정치를 실현하기 위한 성찰적 자세의 출발점이라고 하겠다.

제6장

후기 식민주의, 식민성, 언어 시장

한국의 자유주의 논쟁

1. 한국의 진보 · 보수 논쟁

오늘날 한국 민주주의의 성격을 두고 논쟁이 끊이지 않고 있다. 이것은 현재 한국정치가 위기에 처해 있다는 자각과 함께, 이를 극복하기 위해서 한국의 민주발전에 대한 성과를 음미하는 과정을 포함한다. 1980년대 군사독재를 민중의 힘으로 종식시키고, 10여 년이 지나는 동안 민주주의를 실질적으로 정착시키기 위해 많은 노력을 했지만, 우리 국민이 바라는 수준으로 한국의 민주정치가 발전했다고는 쉽게 말할 수 없다. 물론 대통령이나 국회의원을 선출하는 선거제도가 개편되고 지방자치제가 도입되어 형식적이고 절차적인 민주주의는 상당한 수준으로 이루어졌다고 볼 수 있다. 그럼에도 불구하고 최근 상황을 보면 한국정치의 미래가 밝지만은 않다. 노무현 정권은 정부가 출범할 당시 노동자와 빈민계층을 대변하는 정부가 될 것임을 자임했고, 이를 구체적으로 실현하기 위해서 '과거사 진상규명법', '언론개혁법', '사립학교법', '국가보안법'에 관한 4대 개혁과제를 내걸었다. 그러나 정권의 임기가 끝나가는 지금 노무현 정권의 정체성은 심각한 도전을 받고 있으며, 4대 개혁과제가 충분히 실현되었다고 말하기도 어렵다. 그동안 한국의 경제는 극심한 실업난에 봉착했고, 대북문제를 두고 남한

내에서 이념대립이 더욱 치열해지고 있다. 또한 미국과의 자유무역협정(FTA)을 둘러싼 찬반양론이 국론을 분열시키고 있다. 세계적으로 이데올로기의 시대가 끝났다고 하지만, 한국에서는 진보-보수의 이념 논쟁이 계속되고 있는 것이다.

필자가 판단하기에 오늘날 한국의 민주화 과제는 새로운 단계에 진입했다. 즉, 과거 독재정권의 타도가 민주화의 목표였던 시절에는 절차적 민주화, 또는 제도적 민주화가 당면과제였다면, 지금은 근본적인 민주화의 내용을 실현하는 것이 중요한 과제로 등장했다. 예를 들어 경제발전과 경제적 분배를 둘러싼 가치의 대립, 개인의 재산권과 공공복리의 충돌, 민족주의와 세계화라는 이중적 가치관의 갈등과 같이 시민사회 내에서 일반국민의 가치관을 중심으로 한 진보-보수의 이념대립을 해소하는 것이 문제이다. 요약하자면, 1960~80년대까지 한국정치의 과제는 국가권력의 정당한 배분과 관련되어 있었다면, 1990년대 이후 오늘날에 이르기까지 한국 민주화의 본질적 과제는 개인의 정치적 가치관을 개혁하는 문제와 관련된다. 전자를 정치권력의 민주화, 형식적 민주화, 제도적 민주화라고 한다면, 후자는 시민사회의 민주화, 실질적 민주화, 가치관의 민주화라고 부를 수 있다.[1]

이러한 한국정치의 위기를 두고 학자들의 진단은 여러 갈래로 나뉘지만, 그 중에서 한국 민주주의의 보수적 성격을 논의하는 글들이 특징적이다(김병국 외, 1999; 박효종 외, 2005). 보수의 성격을 규정하는 데도 다양한 흐름이 있지만, 일반적으로 한국 민주주의가 가진 이념의 경직성을 우려하는 글들이 많다. 그런데 한국 민주주의의 보수성

1 이렇게 보면 노무현 정권이 내세운 4대 개혁과제는 시민사회의 민주화를 목표로 한 것이고, 노무현 정권이 이 과제를 제대로 실현하지 못했다는 것은 결국 실질적인 민주화, 또는 가치관의 민주화가 실패한 것을 의미한다.

을 분석하는 글은 대부분 국내정치의 계급갈등이나 이념대립만을 다루고 있어, 한국정치가 당면한 문제의 핵심을 정확히 설명하지 못하고 있다. 필자가 보기에 한국정치가 이념적으로 경직되어 있어 현실문제에 유연하게 대처하지 못하는 것은 국내정치의 요인 때문만은 아니다. 외부에서 유래하는 정치적·경제적·문화적 강제요인이 중요하게 작용하는 것이다. 예를 들어 정치적 요인으로는 미국이 추진하는 강압적인 세계화의 전략, 군사적 차원에서는 미국의 패권전략에서 자유롭지 못한 동북아시아의 상황, 경제적으로는 신자유주의를 받아들이지 않을 수 없는 현실 등의 문제가 그것이다. 더욱 중요한 것은 문화적 강압이 존재한다는 사실인데, 그동안 한국정치의 병리적 현상을 분석하는 글들에서는 이러한 요인이 제대로 분석되지 못하고 있다.[2]

외부의 강제가 한국에서 어떻게 지배의 효과를 발휘하는지 살펴보자. 고전적 정치학 이론의 관점에서 보면 일반국민은 다양한 사회적 쟁점에 대해 자신의 이해관계를 판단한 뒤 정치적 결정에 참여한다. 여론조사에서 자신의 의사를 표시하거나, 투표를 통해서 정치적 결정을 표현하는 것이 대표적 방식이다. 한편 이러한 판단의 근거에는 전문가의 수준에서건 상식적 수준에서건 일정한 정당성이 요구된다. 그런데 정교하게 살펴보면 한국정치의 쟁점에 개입하는 정당성의 근거는 늘 서구에서 유입된 정치이론이나 정보에 의존하고 있다. 서구의 지식에 근거하여 한국의 경제발전과 정치 민주화가 논의되고, 서구의 논리

2 한국 민주주의의 보수성을 분석하는 데 문화적 요인이 소홀하게 취급되는 이유가 있다. 이른바 문화적 지배는 상징성을 바탕으로 작동하고, 이것은 개인의 가치관을 형성하는 데 기여하기 때문에, 문화적 요인이 지배의 효과를 발휘한다는 것을 자각하는 것이 쉽지 않기 때문이다. 오늘날 세계화의 논리는 바로 이러한 문화적 권력을 근거로 전 세계로 퍼져나가고 있으며, 이러한 외부적 강제요인이 국내정치의 계급갈등을 유발하는 중요한 요인 중 하나이다.

에 따라 동북아 패권과 한반도의 평화정책이 결정되는 것이 현실이다. 사실 민주주의에 대한 논의 자체가 외래문화를 두고 전개되는 해석의 갈등이라고 볼 수 있다. 전문가의 의견은 정치적으로 정당한 목표를 설정하거나 한국사회의 비전을 세우는 데 중요한 역할을 한다. 그리고 일반국민은 이를 근거로 이념적 훈련을 받게 되는 것이 보통이다. 시민사회의 공공성과 여론이 민주정치의 정책결정에 중요한 시금석이 되는 것이 보통인데, 공공여론의 형성과정은 결국 개인이 전문적 지식을 어떻게 수용하는가와 밀접하게 연관된다.

이렇게 보면 여론을 민주정치의 중요한 지표로 간주했던 미국식 정치학과 그것을 그대로 추종했던 한국의 일부 정치학의 흐름은 현실정치의 흐름을 정확히 읽지 못하고 있는 것 같다. 다시 말해 여론의 형성과정에 개입하는 학자와 정치 전문가의 영향을 무시한 채, 개인이 스스로 자신의 정치적 가치관을 형성한다고 간주하는 것이 그동안 한국 학계의 흐름이었는데, 이는 대단히 큰 오류이다. 따라서 한국에서 민주화 문제를 거론하는 학자들의 담론이 어떠한 형성과정을 거치며, 나아가서 이것이 일반국민에게 어떠한 영향을 주고 있는가를 파악하는 것이 매우 시급하다.

이러한 문제의식을 구체화하기 위해서 필자는 선구적인 연구작업을 살펴보고자 한다. 강정인(2002)은 한국 민주주의가 보수적 성격을 띠게 된 것은 민주주의의 한국적 수용과정이 서구 중심적 시각에서 진행되었기 때문이라고 분석한 바 있다. 그에 따르면 한국이 수입한 자유민주주의라는 담론은 유럽적 기준에서 보면 이미 보수적 성격의 것이다. 더구나 해방과 미 군정기 이후 자신의 기득권을 지키려는 한국의 보수세력이 자유민주주의를 옹호하게 되는데, 이것이 현재 한국 민주정치의 보수성의 기원이라고 지적한다. 강 교수의 논리에 따르면 자유민주주의 이념 자체가 보수세력의 권력도구로 전락한 것이다.

필자는 강 교수의 역사분석에 대체로 동의함에도 불구하고 한 가지 의문을 가지지 않을 수 없다. 즉, 보수와 진보의 정치적 투쟁과 민주주의의 이념투쟁이 곧바로 연결될 수 있는지가 의심스럽다. 베버식의 방법론을 원용하면, 종교영역의 정신적 투쟁과 경제영역의 생산관계 투쟁은 각자가 독자적 투쟁의 양상을 갖지만, 그것이 궁극적으로 조합되어 자본주의 생산관계와 자본주의 정신으로 결합된다. 이와 마찬가지로 한국정치에서 자유민주주의가 보수적 성격을 갖게 된 것이 보수정권이 민주정치 이념을 정치도구로 이용했기 때문이라고 판단하는 것은 분석의 수준을 정확히 진단하지 못한 것이다.

따라서 분석의 영역을 나누고 그 상호관계를 추적해야 한다. 필자의 판단으로는 학문영역에서 진행된 정치이념 투쟁과 현실정치 영역에서 이루어진 진보와 보수의 투쟁이 서로 다른 형식으로 진행되었지만, 그러한 이중구도가 교묘하게 결합된(*articulated*) 결과로 한국의 자유민주주의가 보수적 성격을 갖게 된 것이다. 정치권력의 배분을 둘러싸고 전개되는 계급투쟁의 논리와 학문적 차원에서 진행되는 이념투쟁은 서로 다른 규칙하에 이루어지는 것이 상식이다.

여기에 한국정치의 특수성을 설명하기 위해서는 분석의 축이 하나 더 추가되어야 한다. 한국 현대사가 거쳐온 서구지식의 수용과정이 그것이다. 서구의 정치발전사와는 달리 한국사회에서 민주주의라는 제도와 이념은 그 자체가 국내 정치세력 간의 계급투쟁의 산물이라기보다는 외국에서 수입된 상품이었다. 따라서 수입과정에서 일정한 왜곡이 존재할 수 있다는 생각을 잊지 말아야 한다. 해방 후 자유민주주의 이념을 선별적으로 받아들이지 않을 수 없었던 사회적 과정을 추적해 보아야 한다. 다시 말해 '보수적' 자유민주주의와 '진보적' 자유민주주의라는 구분은 오히려 지식의 수용과정에서 결정된다. 적어도 정치이념의 수입과정에서 보수화된 민주주의 이념 또는 진보된 민주주의 이념이라는 정치이론의 실체는 존재하지 않는다. 정치이념의 보수와 진보라는 구분 자체는 서구 민주주의가 한국에 수입되는 과정에서 발생할 뿐이다. 그리고 서구에서 수입되는 지식의 유입과정은 국내 학계에서 전개되는 다양한 사회세력 간의 투쟁을 거치게 된다.[3]

3 한국 학계의 일각에서 개념사 연구에 대한 관심이 있는 것으로 아는데, 이는 한국 학계의 자생성을 위해서 매우 바람직한 일이다. 다만 개념사의 연구가 서구에서 유입되는 텍스트 분석에만 머물게 되면 정치개념의 수입현실을 정확히 파악하지 못할 우려가 있다. 예를 들어 자유, 문명, 권력 등 서구 근대정치학의 개념을 정치사상가의 텍스트 안에서 개별적으로 접근하게 되면, 그러한 개념이 생겨나게 된 사회적 기반이 무시되기 쉽다. 더구나 한국의 수입과정에서 이러한 개념이 어떠한 권력투쟁을 거치면서 정착되었는지를 분석할 기회를 잃게 된다. 서구학문의 개념이 도입되는 과정은 특정한 권력정치와 연결되어 있으며, 이것이 사회변화를 두고 전개되는 구체적 정책결정과정에 깊숙이 개입한다는 것을 잊지 말아야 한다. 나아가 그것이 학자간, 정치인간, 이해집단간의 첨예한 계급갈등과 밀접하게 관련되어 있다는 점을 강조해야 한다.

2. 후기 식민주의, 식민성, 언어 시장

그렇다면 정치이념의 전파와 이를 둘러싸고 전개되는 국내정치의 계급투쟁은 어떠한 분석틀로 이해될 수 있을까? 여기서 필자는 몇 가지 학술적 개념을 이론적 수준에서 검토하고자 한다. 사이드(Edward Said)가 제시한 서구 중심주의(*orientalism*), 인도의 하위문화 연구자들이 사용하는 후기 식민주의(*post-colonialism*), 남미의 진보 이론가 끼하노(Anibal Quihano)가 제시한 식민성(*coloniality*), 부르디외(Pierre Bourdieu)가 개발한 언어 시장(*Marché linguistique*) 개념이 그것이다. 이러한 개념은 모두 서구에서 유입된 지식이 국내정치에서 계급갈등과 정치적 지배를 어떻게 계속적으로 재생산시키는지를 밝혀내는 데 매우 유용하다.

우선 서구 중심주의에 대한 사이드의 입장을 살펴보자. 이 모델은 인식론적으로 보면 권력과 지식의 상관관계를 논구한 푸코(Michel Foucault)의 영향을 크게 받고 있다. 사이드는 지식이 만들어지는 사회적 기반을 강조하고 정치적 표상과 가치관의 범주화가 일정한 제도적 기반을 통해 형성되었음을 강조했다(Said, 1979). 그는 오리엔탈리즘을 정치적 범주화로 개념정의하고, 유럽사회에서 중동지방을 오리엔탈로 규정하게 된 역사적 계기를 탐색한 바 있다. 사이드의 문제의식은 서구지식의 재현체계가 비서구 세계에 대한 물질적·정치적 억압의 역사에 어느 정도 연루되어 있는지를 밝히는 작업에 맞추어져 있다. 오리엔탈리즘이란 정형화된 이분법적 재현체계를 통해 동양과 서양의 정체성을 구분하고 본질화하며 유럽과 아시아의 차이를 고착시키는 일련의 과정 혹은 결과라고 할 수 있다. 이 말은 결국 동양이란 서양으로부터 타자화되고 은폐된 자신이자 스스로에게 내재된 타인의 이미지라는 것을 의미한다. 동양을 지배하고 재구성하며 억압하기 위한 서양의 스타일이 바로 오리엔탈리즘이다. 그는 영국과 프랑스가 18세기에 추진했던 다양한 문화사업이 이러한 불균등한 지식과 표상성립의 단적인 예라고 지적한다.

서구 중심주의는 동양에 대한 서구의 지배를 텍스트의 논리로 설명한다. 사이드가 이미지, 스타일, 표상 등의 단어를 즐겨 사용하는 데에서 알 수 있듯이 오리엔탈리즘의 지배효과는 지식과 관련된 심리적인 요인에 한정된 것으로 보인다.[4]

서양의 지배효과가 텍스트 안에 머물러 있는 것으로 파악하게 되면 고대의 서구 중심주의나 근대 이후에 형성된 서구 중심주의가 모두 하나의 논리로 이해된다. 그렇지만 지식의 형성과정은 고대, 근대, 현대가 모두 다르며, 각각의 물질적 기반도 이질적이다. 더구나 지식의 효과는 표상(*representation*)의 효과에 머물지 않고, 구체적 경제정책이나 사회발전의 이정표를 세우는 데 기본적 이념이 된다. 따라서 지식을 통한 서구의 지배는 반드시 사회 안에서 전개되는 정치적·경제적 효과를 함께 분석해야만 이해될 수 있다. 만일 이러한 실체적 효과를 무시하게 되면 서구 중심주의는 사실 서구 우월주의에 불과하며, 이러한 개념으로는 현실정치 안에 내재하는 서구의 지배효과를 정확히 포착하기 어렵다.

이러한 한계를 극복하기 위해 필자는 후기 식민주의와 식민성(*coloniality*)의 개념을 검토해 보고자 한다. 적어도 이 두 개념은 지식을 통한 서구의 지배라는 문제의식을 공유하면서도 표상, 이미지, 가치관

---

4 한국 민주정치의 보수성을 논의한 강 교수도 사이드의 모델에 근거하고 있으며, 텍스트 분석에 머물고 있다. 예를 들어 강 교수는 아리스토텔레스, 헤겔, 로크의 정치학 텍스트를 중요한 분석대상으로 사용하고 있다. 서구의 고전적 텍스트 안에서 서구를 우월한 것으로 전제하고 동양세계를 주변으로 간주했다면서 인식의 한계를 지적하는 것으로 그치고 만다(강정인, 2004 참조).

과 같은 텍스트의 효과를 넘어서고 있기 때문이다. 두 개념을 통해 지식을 매개로 한 서구의 지배효과가 어떤 방식으로 사회의 구석구석에 전파되고 있는지를 알 수 있게 된다.

그런데 우선 식민성과 후기 식민주의는 공통적인 면이 있으면서도 강조하는 부분이 약간 다르다는 점을 언급할 필요가 있다. 후기식민지 연구가 다루는 범위와 개념은 매우 광범위하고 모호하며, 연구에도 여러 갈래의 흐름이 있다.[5] 그러나 타자화된 지식의 문제, 서구에 의해서 강요된 주체형성의 문제, 그리고 최근에는 이민이나 세계화를 통한 중심과 주변의 고착화 현상에 관심을 기울인다는 점에서 대체로 일치한다(Goldberg and Quayson, 2002: Xii). 그리고 이들은 유럽의 지배라는 역사적 사실을 전제로 하여 정치적으로 독립을 이룬 후에도 여전히 식민지 국가에 남아 있는 문화적 지배양식에 대해 비판한다. 이러한 점에서 보면 후기 식민주의 연구나 식민성을 강조하는 연구의 흐름은 동일한 문제의식을 가지고 있다. 그러나 후기식민지 이론이 여전히 서구의 인식론을 근거로 식민지 상황을 비판하고 있다면, 식민성 개념에 기반을 둔 연구는 지식의 형성과정을 밑받침하는 물리적 근거를 강조한다.

식민성(*colonliality of power*)이라는 개념을 가장 먼저 주창한 끼하노의 설명에 따르면, 남미의 문화적 지배상황은 세계적 수준으로 팽창한 자본주의 경제논리에 따라 발생한 것이다(Quijano, 2000a). 이것이 바로 식민지 본국이 철수한 이후에도 여전히 남미 여러 국가에 후기식민지적 지배양식이 잔존하게 되는 이유이다. 더 구체적으로 살펴보면 두

5 영미권에서 후기 식민주의의 이론적 내용을 간략하게 정리한 책으로는 애슈크로프트·그리피스·티핀(Ashcroft, Griffiths and Tiffin, 2006)이 있으며, 미국에서 후기 식민주의 연구의 흐름을 정리한 책으로는 콜럼비아 외(Columbia et al., 2005)가 있다.

개념을 사용하는 연구집단 사이에 다음과 같은 차별성이 발견된다.

첫째, 후기 식민주의의 대표적 학자로 분류되는 바바(Homi Bhabha), 스피박(Gayatri Spivak), 아파듀라이(Arjun Appadurai) 등은 인도 출신인데, 이들은 주로 하위문화(*subaltern culture*) 연구에 초점을 둔다(Bhabha, 1994; Spivak, 1988; Spivak and Guha, 1988; Appadurai, 2003, 2005). 즉, 주류문화에 반대되는 의미로서 식민지 국가 내부에 존재하는 특수한 형태의 삶의 모습에 초점을 두면서, 식민지 본국의 문화적 지배가 어떻게 지속되는가를 살펴본다. 동시에 문화의 동태성에 주목하면서 다양한 하위문화의 존재를 토대로 오늘날 세계화의 논리에 반대하는 새로운 저항의 근거를 탐색한다. 이들이 인식론으로 사용하는 자원은 주로 푸코, 사이드, 라캉(Jacques Lacan), 데리다(Jacques Derrida)와 같은 프랑스 포스트모던 계열의 학자들이다.[6]

한편 식민성을 강조하는 학자들은 페르낭 브로델 센터(Fernand Braudel Center)에서 간행되는 잡지 〈리뷰〉(*review*)를 중심으로 활동하고 있다. 미그놀로(Walter Mignolo)와 그로스포겔(Ramón Grosfoguel)이 대표적이며(Mignolo, 1995; Mignolo, 2000; Mignolo, 2005; Grosfuguel, 1996: 131~54, 2002: 203~24, 2003), 이들에게 이론적 기반을 제공하는 사람은 끼하노와 듀셀(Enrique Dussel) 같은 남미의 학자들이다(Quijano, 1989, 2000a, 2005, 2007; Wallerstein, 1992; Dussel, 1985, 1995, 1996). 이들은 세계 자본주의 논리에 근거하여 자본-노동의 불평등한 관계에 주목하면서, 전통적인 맑스주의나 종속이론으로 포착할 수 없는 문화적 지배관계, 예를 들어 인종, 젠더 등의 왜곡현상에 관심을 가지고 있다. 특히 식민성을 연구하는 학자들은 지식의 세계적 확산 과정을 강조하는데, 이렇게 보면

6 한국에서 후기 식민주의 흐름에 대한 개론서로는 박종성(2006)이 있다.

이들은 왈러스타인(I. Wallerstein)의 세계체제론을 지식의 전파과정을 분석하는 데 응용하는 셈이다. 즉, 근대성, 근대화, 발전주의, 세계화와 신자유주의의 논리가 모두 중심과 주변을 전제로 한 유럽 중심주의의 변형이라고 이해한다. 그리고 이러한 지식의 형성과정에는 일정한 물리적 기반이 작동하는데, 그것은 바로 자본과 임금관계를 전제로 하는 자본증식의 논리이다. 다시 말해 지식전파는 자본의 팽창과 동일한 원심을 가지고 움직인다. 이들은 지식의 문제를 중심에 두고 중심-주변, 서양-동양의 지배관계를 분석하면서도 자본주의라는 물리적 토대를 잊지 않고 있다.

둘째는 연구대상의 차이이다. 후기 식민주의 연구자들은 주로 영문학 비판의 차원이나 하위문화 연구의 수준에 머물면서 지식의 종속문제를 다루고 있다. 그들은 법적인 식민지 상태에서 벗어난 이후에도 언어적 혼란을 극복하기 위해 인도나 아프리카에서 영어를 국어로 사용하는 현지사정을 강조한다. 영어사용을 통해 드러나는 정체성 혼란이 이들의 주요한 연구주제이다(Ashcroft, Griffiths and Tiffin, 2002).

한편, 식민성 연구자들의 관심사는 이것보다 한발 앞서간다. 영어사용 자체가 아니라 시민사회에 남아 있는 식민적 습성의 폐단을 지적한다. 남미의 경우를 보면, 스페인에서 독립한 이후 언어적 관습과 더불어 문화적 영향력이 더 큰 문제로 남아 있다. 사고방식, 생활습관, 인종차별, 지식의 표상은 식민지 종주국가가 떠난 이후에도 과거와 같이 남아 있으며, 이것이 라틴아메리카의 근대적 발전을 가로막는 방해요인으로 작동한다는 것이다. 이러한 맥락에서 식민성 연구자들의 관심사는 최근 한국에서 관심을 기울이고 있는 문화연구, 습속연구와 일맥상통한다.

셋째는 인식론의 차이이다. 후기 식민주의자들은 후기 식민주의 상황을 비판하면서 암묵적으로 근대성을 완성하는 것을 자신의 목표로 삼고 있다. 그런데 프랑스 철학사상의 이론적 영향을 받는 탓에, 자신도 의식하지 못하는 사이에 인도사회가 지향해야 할 근대성은 결국 서유럽이 달성했던 근대성으로 귀착되고 만다. 서유럽 중심주의를 비판했음에도 불구하고 유럽 중심주의를 벗어나지 못한다. 좀더 구체적으로 보면, 바바, 스피박, 아파듀라이와 같은 하위문화 연구자들은 프랑스 혁명을 기점으로 한 근대성의 발전을 기정사실화하고 있다. 이렇게 보면 그들은 근대를 17세기에서 연유하는 것으로 한정하고 있다.[7]

한편 식민성을 강조하는 연구자들은 근대성의 시작을 자본주의의 태동과 연결지어 이해한다. 12세기 무렵부터 시작된 교환경제가 유럽을 중심으로 시작되었고, 이때부터 중심과 주변을 구분하는 서유럽 중심주의가 발생했다는 것이다. 특히 미그놀로의 연구에 따르면, 12세기부터 17세기까지 중심국가의 패권은 공간적으로 주변을 타자화했다(Mignolo, 1995). 예를 들어 스페인, 네덜란드, 영국으로 이어지는 자본주의 발전 초기의 중심국가들은 공간적으로 남미대륙을 주변국가로 규정하면서, 식민주의적 팽창을 정당화했다. 반면 1789년 프랑스 대혁명을 기점으로 유럽 중심주의 논리에 변화가 생겨나는데, 이때부터 중심과 주변은 시간적 개념을 근거로 구획되기 시작한다. 따라서 유럽의 중심국가는 역사의 시간을 앞서간 나라이며, 주변국가는 유럽 '중심국가'가 지나간 자리를 거쳐와야만 하는 나라로 규정된다.

넷째, 유럽 중심주의를 극복하는 방식에도 차이가 있다. 후기 식민주의 연구자들은 중심국가가 이루어놓은 근대성의 성과를 전유(*appro-*

---

7 한편 사이드의 오리엔탈리즘은 19세기에 시작된 서유럽의 제국주의 성격을 전제로 서구 중심주의를 공격하고 있다. 이러한 맥락에서 사이드의 사상도 넓은 의미에서 후기 식민주의의 부류에 속한다.

priation) 하거나 전적으로 거부 (*disapproval*) 하는 양자택일의 방식을 선택하게 된다. 이들은 근대성을 이해하면서 서유럽 중심주의가 설정해 놓은 시간개념을 그대로 받아들이기 때문에 서유럽 국가가 거쳐갔던 길을 추종하든가 또는 거부할 수밖에 없기 때문이다.

반면 식민성 연구자들은 양자택일을 방식을 넘어서 새로운 대안을 제시하는데, 그것이 바로 '경계의 사고' (*border thinking*) (Mignolo, 2000 참조) 이다. 그들은 서구가 만들어놓은 근대를 거부하거나 추종하는 것은 여전히 유럽중심 관점에서 사고하는 것이라고 비판한다. 근대와 비근대를 나누는 경계선에서 남미의 상황에 적합한 전략을 구사하는 것이 필요하다고 강조한다. 이러한 맥락에서 남미국가가 추구해야 하는 근대성을 초근대성 (*trans modernity*) 이라고 개념화한다 (Dussel, 1995 참조).[8] 이것은 서유럽이 거쳐 온 근대의 모습과는 다른 성격의 것이다.

---

8 지금까지 제 3세계가 서구 중심주의에 대응하는 방식은 크게 보아 두 가지로 구분할 수 있다. 하나는 민족주의 (*nationalism*) 이며, 다른 하나는 근본주의 (*fundamentalism*) 이다. 전자가 터키의 케말 파샤 (Kemal Pasha) 의 전략으로 대변된다면, 후자는 빈 라덴 (Osama Bin Laden) 의 전략이 대표적이다. 두 가지 모두 서구세력에 대항하자는 전투적 의지를 가지고 있다는 점에서 동일하다. 그러나 민족주의 모델은 궁극적으로 서구의 민족국가 (*nation-state*) 를 지향했다는 점에서 서구 중심주의를 벗어나기 어려웠고, 무력투쟁을 주창했던 근본주의는 대안 없는 공격주의로 전락해버렸다는 점에서 실천력이 없다. 이것이 오늘날 제 3세계가 당면한 과제이다. 동일한 방식으로 한국의 상황을 점검해볼 수 있다. 하나는 근대화·선진화로 대변되는 세력이고, 또 하나의 세력은 민족자주성을 강조하는 노선이다. 전자는 이미 서구의 경제발전 모델을 당연한 것으로 받아들이는 형편이어서 자체 내에 이론적 반성을 기대하기 어려운 지경에 이르렀다. 우리 학계에는 발전국가 모델 (*developing state model*) 을 가지고 사고하는 학자나 정치가가 압도적으로 많아서 미래의 비전을 구상하는 데 여러 가지로 장애가 된다. 이것은 한국의 지식계가 지나치게 미국의 영향을 받고 있기 때문에 빚어진 당연한 결과이다. 30년 넘게 근대화 이론에

이러한 차별성을 놓고 보면 후기 식민주의 연구의 학문적 한계를 극복하는 데 남미를 중심으로 한 식민성 연구자들의 학문적 성과를 긍정적으로 인정해줄 만하다. 그럼에도 불구하고 필자는 식민성 연구에 대해 다음과 같은 비판을 던지고 싶다.

첫째, 이들이 지식의 전파과정을 중심과 주변이라는 정형화된 틀로 일반화하는 오류를 범하고 있다는 것이다.[9] 적어도 한국과 남미의 정

근거해 정치와 경제발전을 이끌어오면서 수많은 문제점을 지켜보았음에도 불구하고, 미국식 발전이론의 한계를 깨닫지 못하고 있다(박세일, 2006 참조). 한편 자주성을 강조하면서 근대성을 사고하는 흐름에도 문제점이 없지 않다. 우선 이른바 좌파세력에서 경제생산의 자율성을 주장하는 노선을 비판하지 않을 수 없다. 북한 사회주의 실험을 통해서 드러난 바와 같이 세계체제의 경제논리를 무시한 일방적인 자율성은 생산의 원동력을 해결할 수 없다는 점에서 이미 한계를 드러낸 모델이다(정진상, 1991 참조). 또 한국의 근대 초기 민족주의 모델을 추구하는 흐름에도 문제가 있다. 예를 들어 유길준을 중심으로 문명개화를 논하는 사람들은 유길준이 사고했던 문명개화가 서구의 민족국가 모델을 넘어서고 있는가에 대해 의문을 제기하지 않는다(정용화, 2004 참조). 유길준의 양절체제론이 과연 서구 중심주의를 넘어섰는지, 그것이 현대적으로 의미를 갖는지를 오늘날의 세계체제 안에서 철저하게 검증해야만 한다. 이론적으로 철저하지 못한 채 '우리 것'을 하고 있다는 학문적 안도감에 젖어 있는 것이 문제이다. 이렇게 되면 '우리 것'의 외피를 감싸고 있는 것이 서구 중심주의라는 자각을 하기가 어렵다. 학문의 급진성 못지않게 학문의 순진함도 비판받아 마땅하다. 현재의 한국 상황에서 '초근대성'이란 바로 이러한 이중적 딜레마를 넘어서는 것을 의미한다. 필자는 이 논의를 위해 새로운 책을 구상중이다.

9 끼하노의 식민성의 권력개념 정의를 보면 그의 시각이 거시적인데 초점을 맞추고 있어서 각국의 특수한 상황을 분석하는 데 한계가 있음을 알 수 있다. "식민성이란 전 지구적 차원에서 작동하는 자본주의 권력의 특수하고 지속적인 구성요소 중 하나이다. 식민성의 권력은 지구적 차원에서 인구분포를 인종적이고 인류학적인 차원으로 분류하는 강제력에 근거하고 있다. 그리고 이것은 물리적이고 주관적인 수준을 포함하여 모든

치적 수준이 다르고, 정치적 표상과 가치관도 차이가 나는 상황을 보면 지식의 전파과정도 각국이 처한 상황에 따라 달라진다는 점을 인식해야 한다. 따라서 이러한 문화적 다양성과 특수성을 이해하기 위해서는 국가의 정체성을 노동, 인종, 젠더의 하위단위로 이해하는 수준을 넘어 사회적 재현관계나 표상 속에서 인위적으로 형성된 것이라고 보는 정치사회적 시각이 필요하다. 민족 정체성의 형성은 인종이나 국경을 바탕으로 하지만 그 위에 문화적 재현체계가 각국의 상황에 따라서 특수한 방식으로 작동한다.[10]

둘째, 지식의 전파과정이 국내정치의 세력분포(특히 자본과 노동의 대립 수준)에 따라 상이한 계급투쟁을 거쳐 정착된다는 사실도 인정해야 한다. 오늘날의 국제정치를 살펴보면 경제적 측면(세계화 시대의 자본축적 양식), 정치적 측면(신자유주의에 조응하는 제도적 개혁), 이념적 측면(자유시장 이데올로기)이 서로 맞물려 작동하고 있다. 이러한 과정에서 국가의 정책이 결정되는 계기가 무엇일까? 과연 왈러스타인이 생각하는 것처럼 자본의 팽창력이 중심국가의 자본논리를 주변국에 일방적으로 강요하는 것인가? 또는 식민성의 연구자들이 생각하는 것처럼 세계수준으로 확장된 서구 중심주의의 시각이 국가를 제약함으로써 국가의 자생력을 말살시키는 것일까? 도대체 자국의 실리에 손해를 줄 수도 있는 신자유주의 이데올로기를 어떻게 국가가 스스로 수용하게 되는가? 필자가 보기에 세계화와 신자유주의 이념공세 앞에서 무

사회 존재조건의 일상 속에서 작동한다. 모든 사회적 조건이 식민성에 근거하고 작동한다"(Quijano, 2000b: 1).

10 이것은 헌팅턴(Samuel Huntington)의 문명충돌론에도 동일하게 던질 수 있는 비판이다. 그는 각국의 문명적 충돌이 인종이나 종교와 같은 실체적 문제에서 발생하는 것으로 이해하고 있다. 그러나 이러한 실체적 관점(*substantial perspectives*)은 각국의 상황에 따라 종교가 문명충돌을 일으키는 경우와 그렇지 않은 경우를 설명할 수 없게 된다.

기력하게 희생당하는 국가의 모습은 외부적 강제에 의해 일방적으로 추진되는 것이 아니다. 여기서 우리는 반드시 '국가 길들이기 과정' (*domestication of state*) 혹은 '서구 중심주의적 규칙의 내면화 과정' (*intériorisation of eurocentricnorm*) 을 이해해야만 한다. 즉, 국내의 계급투쟁에는 이미 서구 중심주의가 만들어낸 정치적 가치관에 대한 '인정'(*recognition*) 과정이 스며들어 있다. 이것이 세계화나 신자유주의 정책을 둘러싼 시민사회 논쟁 속에서 큰 영향력을 발휘한다.

셋째, 식민성이 지식을 통해서 유지되고 확산된다고 할 때, 지식을 다루는 학자의 역할과 학자 사이의 투쟁양상도 분석되어야 한다. 결국 지식을 통해 서구 중심주의를 제3세계 국내정치에 전파하고, 또 수입된 이념이 시민사회의 다양한 결정과정에서 영향력을 발휘하도록 만드는 중요한 정치주체는 바로 학자이기 때문이다. 이것은 지식을 통해 권력구조가 재생산되는 과정에서 학자들의 역할이 중요하다는 것을 암시하는 것이다. 예를 들어 오늘날 서구 중심주의 담론의 전형적인 예라고 할 수 있는 세계화의 문제를 생각해 보자. 드잘레이가 잘 보여주듯이(Dezalay and Garth, 2002a), 세계화를 실현해가는 현장의 전문가, 운동가로 구성된 이른바 인식공동체(Haas, 1990)의 현황을 이해하지 못하면, 서구의 지식체계가 어떻게 국내정치에서 지배효과를 발휘하는지 이해할 수 없게 된다.

오늘날은 국가지식 자체가 학문적 프로젝트에 의해 형성되고, 여기에는 철저한 경제논리가 작동한다. 지식의 전파와 국내정치의 수입, 재생산 과정 자체가 이미 시장판이 되어버렸다.[11] 즉, 학자는 자신의

11 이러한 맥락에서 한국의 대학이나 학술지원단체의 운영방식, 인재의 양성방법, 사설 연구소 등에 대한 비판적 연구가 시급하다. 이러한 사회구조가 대학과 학자들을 장사꾼으로 전락시키고 있다. 근대화 과정에서 지식인의 역할은 그 무엇보다도 중요하다. 그런데 한국사회에서는 조선 후

연구성과가 사회적으로 어떠한 영향을 줄지 생각하기보다는 국가권력과 자본이 요구하는 프로젝트를 수행함으로써 학문적 이득을 취하는데 급급하다. 그렇다고 모든 학자가 이러한 경제적 혜택을 받는 것은 아니다. 학문적 능력과 더불어 세계적 전문가로 인정받을 수 있는 학문적 자본을 가진 사람만이 이러한 학문 프로젝트에 참여할 수 있다. 학문적 자본이란 국제적인 언어능력을 통해서 결정되는데, 이것은 주로 부모와 가족에게서 상속받은 사회적 자본에 의해서 갖추어진다. 이른바 국제적 감각이라는 것이 바로 이것이다. 영어로 말할 수 있는 능력, 미국 명문대학의 졸업장, 외국학자와의 인맥, 외국잡지에 기고한 논문 등이 제 3세계에서 학자로서의 명성을 유지하게 만든다. 이러한 맥락에서 보면 세계화의 쟁점은 국내정치에서 사회계급 문제와 밀접하게 연결되고 있다. 그리고 지배계급은 이러한 통로를 경유하여 서구의 지식을 국내로 수입하면서 자신의 계급적 헤게모니를 유지하는 것이다. 19세기에는 영국이, 그리고 오늘날에는 미국이 제 3세계 전문가와 학자를 키워내는 중심국가이다.

필자는 이러한 문제의식을 실현하는 과제를 식민성에 대한 미시 분석적 과제라고 부르고 싶다. 즉, 남미학자들을 중심으로 한 지식연구가

기 이래 지식인의 역할과 사회적 책무를 두고 토론할 수 있는 전통이 사라지고 말았다. 이제는 "연구비 없으면 논문 없다"라는 상업주의가 지식인 사회를 지배하고, 프로젝트가 대학교수의 본업이 되고 말았다. 결국 미국식 경쟁과 효율성의 논리가 지식인의 역사적 안목과 비판의식을 말살시키고 있다. 이것은 중심 국가인 미국이 매우 치밀하게 계획하고 수행하는 고도의 문화적 지배의 결과이다. 오늘날 세계지배는 지식을 통해 이루어진다. 제국(*empire*)의 경영학은 바로 지식의 경영학인 것이다. 따라서 현재 한국 인문학의 위기는 결코 우연이 아니다. 한국의 지식인들은 이 점을 두고 치열하게 고민해야 한다. 이 논문을 쓰게 된 필자의 의도가 바로 여기에 있다.

〈그림 6-1〉 식민성의 미시 분석

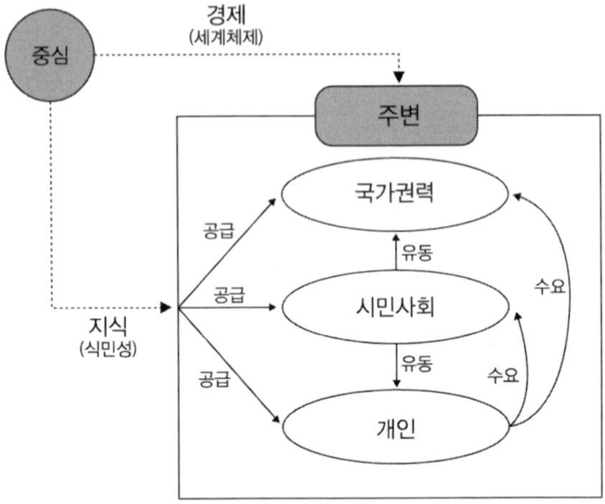

세계체제론에 기반을 둔 거시적 시각이라고 한다면, 필자는 여기서 각국의 상황에 따라서 지식의 지배가 진행되는 미시적 상황을 이해해야 한다고 강조하고자 한다. 〈그림 6-1〉은 필자의 입장을 잘 보여주고 있다. 즉, 경제(자본과 노동관계)를 강조하는 세계체제론이나 식민성을 강조하는 남미 학자들의 문제의식은 거시적인 틀로서 국내정치의 외부에서 행사되는 강제력을 보여주고 있다. 그러나 이것은 외부적 강제요인이 국내정치 안으로 진입하여 각국에 상황에 따라 특수하게 변화하는 구체적 모습을 보여주지는 못하고 있다.

이러한 미시적 과제를 실현하는 구체적 방법은 무엇인가? 이를 위해서 필자는 다시 한 번 '언어시장'의 개념을 제시하고자 한다. 이 개념은 주로 피에르 부르디외에게서 빌려온 것이다(Bourdieu, 1971: 49~126, 1977, 1982).

부르디외에 따르면 한 사회에서 지식의 형성과정은 일정한 권력구도와 맞물려 있다. 학자들이 발언하는 전문적 학술용어에도 일정한 사회적 제약이 따르며, 사회적으로 정당한 언어와 정당하지 못한 언어가 존재한다. 학자는 이를 근거로 일정한 학술적 이해관계(*academic interest*)를 실현하게 된다. 또 개인이 어떤 개념을 당연한 것으로 인정하는 계기에도 일정한 권력효과가 작동한다. 정치적 가치관과 표상을 습득하고 수용하는 과정에도 일정한 배제의 논리가 작동한다. 예를 들어 한국사회에서 사회주의와 자유주의의 이분법적 대립구도를 생각해보자. 학자들은 특정 학술논문과 정치적 가치관을 강조하며, 이에 반대되는 담론이나 개념은 학문의 영역에서 배제된다. 이러한 과정을 거쳐서 시민사회에는 일정한 개념과 용어가 당연한 것으로 유통되기 시작하며, 이것은 정치적 자유주의를 설명하는 데 일정한 규칙과 코드를 만들어낸다. 또 이것은 개인에게 정치적 가치관을 암묵적으로 훈련시키고 주입하는 효과를 만들어낸다. 이러한 맥락에서 보면 개인이 다양한 계기(여론조사나 투표)를 통해 밝히는 정치적 의사는 자유로운 의사표현이 아니다. 이미 개인의 의견은 시민사회에서 유통되는 언어적 규칙과 코드에 의해서 길들여져 있다.

다시 말해, 한 사회에는 정치적 표상이나 사회적 가치와 관련하여 당연한 것으로 인정된 믿음이 존재한다. 그런데 '당연한 것', '보편인 것'이라는 관념이 자유와 억압, 민주주의와 전체주의, 서구와 동양과 같은 이분법으로 구분되는 경우, 쉽게 눈에 포착되지는 않지만 치열한 개념투쟁과 학문적 대결이 있은 후에 정착되는 것이 보통이다.

식민성 개념이 넘어서지 못한 한계를 극복하기 위해 실현해야 할 학문적 목표가 분명해졌다. 첫째, 서구의 지식체계와 학술적 개념이 어떻게 만들어지고 있는가? 이것은 서구의 형이상학적 인식론 안에서 재생산되는 서구 중심주의에 대한 연구의 필요성을 언급하는 것이다. 둘째, 서구의 지식은 어떤 경로를 통해 제 3세계 국가에 전파되는가? 여기서는 학자의 역할이 중요한 분석의 대상이 된다. 학자간의 계급투쟁, 학술개념어의 상징투쟁 등을 미시적으로 분석해야 한다. 셋째, 개인은 어떠한 과정을 거쳐서 정치적 가치관을 갖게 되는가? 여기서는 개인이 특정 개념어를 어떻게 습득하고, 이것을 근거로 어떻게 정치적 정체성을 형성해 가는지를 밝혀야 한다. 또 이렇게 습득된 정치적 가치관이 투표나 여론조사 등을 통해서 표현될 때 어떤 권력효과가 작동하는가에 대한 연구가 필요하다.

이렇게 보면 이 글 초두에서 제기된 '한국의 자유민주주의가 보수적인가 진보적인가'라는 질문에 대답하기 위해서는 다음과 같은 네 가지 차원이 먼저 연구되어야 한다. 첫째, 자유민주주의라는 개념을 만들어내는 서구의 인식론과 학문적 제도(대학과 연구소의 운영방침, 교과과정 등)에 대해 연구해야 한다. 둘째, 이러한 개념을 습득하고 연구하는 학자들의 계급적 위치와 존재론적 상황[12]이 분석되어야 하며, 셋째, 시민사회에서 자유민주주의라는 개념을 둘러싼 다양한 언어의 유통과정이 연구되어야 한다. 그리고 넷째, 개인이 자유민주주의라는 개념을 습득하고 이해하는 학습과정(정치적 학습과정)과 이것을 표현하는 과정(정치적 정체성 발현과정)이 분석되어야 한다.

필자는 이러한 분석목표를 실현하기 위해 언어시장이라는 은유에 근거하여 언어의 공급, 유통, 수용이라는 메타포를 제시하고자 한다.

---

12 학자가 생산해낸 학술용어는 그 내용이나 서술형식 혹은 표현방식과 같은 개인적 스타일로 환원되기보다는 한 시대의 사회구조가 만들어내는 시대정신과 연결된다. 또한 학자는 연구자로서 아니라 그가 처한 계급적 위치에 따라서 분석되어야 한다. 예를 들어 어떤 학자는 사회분석을 위해 맑스주의를 중요한 대상으로 간주하는 반면에, 다른 학자들은 미국식 자유주의 이념을 중요한 학문의 대상으로 삼는다. 이러한 차별은 결코 과학적 기준으로 설명될 수 없으며, 학자 개인이 처한 계급적 위치(부모의 수입정도, 개인이 경험한 학교의 이념적 분위기, 학자 개인이 친분을 맺고 있는 학문적 동아리의 성격 등)나 존재론적 상황(한국전쟁을 경험한 학자 개인의 기억은 사회주의에 대해서 독특한 편견을 만들어낼 수 있는 존재론적 상황이 될 수 있다. 이것은 계급적 상황과는 달리 학자 개인의 학문적 취향을 결정해버린다) 등을 고려해야 한다.

자유, 민주주의, 근대성, 발전 등 한국사회에서 당연시되는 정치적 통념이 형성되는 과정(공급 차원), 사회적으로 확산되는 과정(유통과정), 개인이 당연한 것으로 인정하는 과정(수용과정)이라는 시장 메타포를 사용함으로써 언어의 미시분석을 더 세련되게 진행시킬 수 있을 것으로 판단한다. 그 분석 사례를 다음 절에서 살펴보자.

3. 분석 사례 : 한국에서 정치언어의 공급, 유통, 수요[13]

1) 공급 측면

우리가 일상적으로 사용하는 정치용어에는 일정한 사회적 가치평가가 이루어지고 있으며, 그 과정에서 대학교수의 역할이 누구보다도 크다는 사실을 인정하지 않을 수 없다. 그런데 대학교수들이 사용하는 이른바 '정당한 언어'와 그에 상응하는 '정당하지 못한 언어'의 구분에는 학문 외적인 요인이 크게 작동한다. 대다수의 학자가 인정하고 빈번하게 사용하는 용어에 사회적 값어치가 가중된다는 의미에서 학술언어에는 일정한 동아리가 형성된다. 한국사회에서 이것은 대학의 학벌이나 인맥과 밀접한 관련이 있다.[14] 또한 소규모 학회를 통해 학맥이 형성되는 경우도 있다. 한국의 학자 대부분이 겪게 되는 훈련과정인 유학이 이 대목에서 결정적 역할을 한다. 지금까지 우리사회에서 외국학문의 수용절차가 대부분 외국유학(특히 미국유학)을 통해서 이루어진 만큼, 서양의 학자 중에서 우리에게 큰 영향을 주었던 이들의 학문적 깊이와 내용을 면밀히 검토해보아야 한다.

그 다음에는 우리사회에서 빈번히 인용되는 서양학자의 이름과 맥락을 유심히 살펴볼 필요가 있다. 대체로 한국학자의 미국유학 사례를

13 이 부분은 "한국 민주주의의 문화론적 이해: 지식이전의 국제정치학과 한국정치의 언어적 표상"(〈문화과학〉, 2004년 여름호)의 일부를 수정한 것이다.

14 한국에서의 학맥에 대한 시론적인 연구로 이한우(1995)의 작업을 들 수 있다. 그러나 여기에 덧붙여 정치학의 개념, 용어설정, 관심사의 범위 등과 연결시킨 더 심층적인 작업이 이어져야 할 것이다. 이한우의 작업은 외국유학의 경우와 한국학문의 영향력에 대해서는 아무런 언급이 없다.

보면 학문의 내용이나 문제의식보다는 이른바 유명대학의 이름을 두고 진출하는 것이 보통이다. 한국인을 가장 많이 배출한 미국대학 순위를 정하고 그 대학의 학풍과 한국 학계에서 자주 거론되었던 학문적 쟁점의 상관관계를 추적해보는 것이 필요하다.

예컨대 한국학계에서 민주화를 거론하는 대표적 학자를 분류하여 그들이 자주 인용하는 학자나 개념을 비교해보는 것이 가능할 것이다. 예를 들어 최장집 교수와 박기덕 교수를 비교해 보자. 최 교수는 시카고대학에 유학했으며, 당시 지도교수였던 쉐보르스키(Adam Przeworski)를 자주 인용한다(Przeworski, 1989). 쉐보르스키 교수는 자본주의와 사회주의의 장단점을 연구한 미국의 대표적인 중도좌파 지식인이다. 최 교수는 쉐보르스키를 토대로 한국 민주화의 목표를 자본주의와 사회주의의 조화 속에서 찾으려 한다(최장집, 2006). 한편 박기덕 교수는 한국의 민주주의를 연구하면서 민주주의 공고화(*consolidation of democracy*)를 중요한 개념으로 사용하는데(박기덕, 2006), 이는 래리 다이아몬드(Larry Diamond)에서 유래하는 것으로 보인다. 그는 미국에서 대표적인 보수적 민주화 이론가이다. 그는 민주화의 수준을 측정할 수 있는 몇 가지 기준을 제시하고 이것을 토대로 남미, 중동, 아시아 국가의 민주화의 수준을 측정하는 작업을 해왔다(Diamond, 1998; Diamond et al., 1999; Diamond and Kim, 2000). 특정한 기준으로 세계 각국의 민주화 수준을 결정한다는 것은 미국이 일방적으로 선택한 기준을 제 3세계에 강요하는 것이며, 이것은 각국이 처한 특수한 상황을 무시하는 것이다. 이것이야말로 미국의 눈으로 세계를 재단하는 이론적 폭력이라고 할 수 있다.

그런데 한국사회에는 최장집과 같은 입장을 가진 사람의 목소리보다는 박기덕의 논리에 동조하는 학자들이 수적으로 더 많은 편이다. 언론에서도 민주주의 공고화라는 개념에 의존하여 한국정치의 문제를 보도하는 경우가 더 많다. 필자가 보기에 이러한 대립관계(쉐보르스키대 다이아몬드의 대립 또는 사회 민주화의 가능성 대 민주주의 공고화의 대립)를 염두에 두지 않은 채 한국사회에서 진보와 보수의 대립구도를 이해하는 것은 불가능하다.

또 다른 예로서 한국정치학의 교과목을 살펴보자. 한국정치학에서 중요한 비중을 차지하는 것은 비교정치와 미국정치론이며 최근에는 국제정치학이 강세를 보인다. 그런데 미국에서 이러한 과목은 학생들에게 사상적 훈련이나 가치판단을 가르치기보다는 수리적 방법론이나 통계수치를 강조하는 경우가 많다. 이러한 미국대학의 학풍을 고려한다면 미국유학 출신자 중에서 수리적 방법론을 전공한 사람의 비율과 한국정치학에서 중요한 정치적 쟁점을 게임이론이나 합리적 선택론과 같은 수리적 접근방법으로 설명하려는 학자들의 비율을 비교할 수 있다(김재한, 1995 참조). 한국의 정치적 쟁점과 학자들의 여론형성의 영향력에는 이러한 학문의 풍토가 분명히 크게 작용하고 있다.

특히 국제정치학의 경우는 미국의 전략적 이해관계가 학문의 개념어에 그대로 배어 있는 전형적 사례이다. 군사론에서 사용하는 민주평화론(*democratic peace*)이나 국제경제론에서 사용하는 국제협력론(*international corporation*)과 같은 단어는 학문적 수준에서 형성되었다기보다는 미국의 대외정책을 정당화하기 위한 프로파간다의 성격이 강하다. 국가권력이나 자본가들이 관리하는 재단이 프로젝트의 형식으로 대학에 자금을 제공하고, 교수들이 연구지원금을 받아 지식을 생산하는 것이 미국대학의 일반적 관행이다. 따라서 미국 대학가에는 정권의 성격이나 자본가의 이해관계에 따라 일정한 형식의 지식이 만들어지고 유행한다. 그리고 이것은 제3세계에서 유학온 학생을 길들이는 이데올로기 자원이 된다.[15] 이러한 점에서 보면 미국유학이란 미국이 만들

15 한국 학계에서 자주 거론되는 후쿠야마(Francis Fukuyama)의 《역사의 종말》을 생각해 보자. 이 책을 비판하면서 저자의 헤겔이나 칸트에 대한

어놓은 지식에 익숙해지고, 자국에 미국의 이데올로기를 유입시키는 전형적 통로라고 할 수 있다. 이러한 점을 고려하지 못한다면 한반도에서 전개되는 국제정치 문제(북한의 핵무기 문제, 주한미군 철수 문제, 인접국가와의 동맹 등)가 토론되고 그에 대한 정책이 결정되는 과정을 이해할 수 없게 된다.[16]

이해가 잘못되었다고 지적하는 것은 미국에서 어떠한 방식으로 지식이 형성되는가를 잘 모르는 순진한 태도이다. 후쿠야마 등의 보수주의가 지식을 생산해내는 방식은 이미 순수한 학문의 영역을 넘어서고 있다. 미국 대학교수는 늘 자본가나 권력기관으로부터 프로젝트를 수주받으며, 그 자금을 가지고 학생들을 거느린다. 돈과 인력이 바로 미국식 지식생산의 핵심이다. 연구비를 많이 수주한 교수 밑에 학생들이 몰리고, 그 학생들의 노력을 통해 책이 출판된다. 이때 미국 학생뿐 아니라 제 3세계의 유학생이 동원되는 것은 어쩔 수 없다. 한국유학생이 어떻게 비싼 유학자금을 모두 충당할 수 있다는 말인가? 자신의 문제의식이나 학문적 취향과 상관없이 비싼 학비를 장학금으로 충당하기 위해서는 지도교수가 시키는 연구작업에 참여해야 하고, 그 주제로 박사학위논문을 쓰지 않을 수 없다. 그래야 취직도 가능하다. 권력과 자본의 인맥관계를 독점한 교수의 눈에 벗어나게 되면 대학이나 연구소에 자리잡는 것이 불가능하다. 이것이 미국교수의 능력과 서열을 결정하는 본질이다. 후쿠야마가 재직했던 후버연구소는 자본의 논리에 따라 보수세력을 대변하는 전형적인 곳이다. 그가 조지타운대학의 교수로 옮겨간 것도 후버연구소의 인맥을 이용한 것이었다. 후쿠야마의 책은 대부분 미국 보수정치가의 요구와 자본의 논리에 따라서 만들어진 주문생산품에 불과하다. 철학적 관점에서 보건, 역사의식의 수준에서 보건, 혹은 정치이론의 완성도 측면에서 보건 큰 의미가 없는 책이 바로 《역사의 종말》이다. 헌팅턴처럼 워싱턴 정가와 밀접한 관련을 맺고 있는 사람도 마찬가지다. 이렇게 보면 민주평화론을 주창했던 도일(Michale Doyle)의 텍스트를 두고 칸트를 제대로 이해하지 못했다고 말하는 것은 미국 지식계를 몰라도 너무 모르는 것이다. 문제는 이러한 책이 한국에서는 매우 중요하게 취급된다는 점에 있다. 또 한국유학생이 귀국하여 교수가 된 후에도 미국인인 줄 착각하는 경우도 너무 많다.

학자가 유학시기에 선택하는 대학이나 전공과목 또한 차별적 계급 위상과 무관하지 않다. 부르주아 집안의 학생이 유학을 나와서 맑스주의와 같은 진보사상을 연구대상으로 선택하는 경우는 극히 드물다. 한국에서 유학을 나온다는 것은 아직도 특권계급에 한정된 특혜이다. 미국유학에 소요되는 비용을 계산해 보면 미국유학이 특권층의 계급을 유지하는 통로임을 알 수 있다. 그리고 이러한 특권계급은 미국 내 유명대학을 선호하는 경향이 있다. 그런데 미국 내에서 상위권에 들어가는 대학의 교과과목은 대부분 현상유지의 성격이 강한 편이다. 진보적 학문은 오히려 하위권 대학에서 드물게나마 만날 수 있다.

학자 사이의 이론적 대립이나 학문적 의견충돌은 그들의 가치관이나 계급적 위치의 결과라고 할 수 있다. 이렇게 보면 한국에서 학문의 장은 계급갈등의 장으로 바뀐 지 오래되었다. 학자들의 세계관은 유학 이전에 이미 결정되어 있다. 오히려 미국에서 유학생활을 하는 동안 길들여져 온 훈련과정은 특권층의 가치관을 더욱 공고하게 만든다. 보수적 계급이 지배하는 사회 분위기는 보수적인 학자를 만들어내고, 정치학 이론마저 보수적인 것을 선호하도록 요구한다.

한국사회에서 정당한 언어로 인정받는 정치적 가치는 이러한 메커니즘에서 크게 벗어나지 않는다. 따라서 사회적으로 영향력이 있는 학

16 《현대 국제관계이론과 한국》(우철구 외, 2004)는 비교적 신진학자 16명이 모여 발간한 국제정치 이론서이다. 저자 중 13명이 미국박사 출신이라는 것이 결코 우연은 아니다. 최신의 국제정치 이론을 소개하는 이 책에서는 주로 미국학계에서 논의되는 현실주의와 자유주의 이론을 중점적으로 소개하고 있다. 결국 이들이 한반도에서 중요한 국제정치 사건이 발생했을 때 전문가로서 토론이나 정책결정에 참여하게 될 것이다. 한국적 상황에 적합한 토론과 정책이 이루어질 수 있는지의 여부는 이미 한 개인의 의도를 떠나서, 학자 개인이 어떤 경로를 밟아왔는지에 따라 결정될 확률이 더 크지 않겠는가?

자가 미국의 이론을 소개할 때, 그가 처한 계급적 기반을 추적하여 왜 그가 그러한 이론을 선호하는지를 밝혀내야만 한다.

이것이 바로 한국에서 정치적 개념의 기원과 사회적 유통을 연구할 때 미국대학의 유학과정을 반드시 고려해야 하는 이유이다. 그동안 미국유학에 대한 폐해를 지적하는 논문이 없었던 것은 아니다(학술단체협의회, 2003). 이제는 연구의 과제를 언어구조의 특성에 맞출 필요가 있다. 외국에서 공급되는 언어가 우리 학계에서 어떠한 경로를 통해 정당한 언어로 자리 잡게 되는가를 심각하게 연구해 볼 필요가 있다는 것이다.

2) 유통 측면

국외에서 유입된 정치이념이 국내에서 어떠한 과정을 통해 진보-보수와 같은 이념적 구분을 만들어내는가를 분석하는 것이 이 부분의 과제이다. 그동안 한국학문의 독립성을 외치며 언론과 권력의 유착관계를 비판하거나 지식인의 일반형을 탐구하는 연구성과가 없지는 않았다. 그러나 중요한 것은 표면적으로 드러나지 않는 상징투쟁의 과정을 포착하는 것이다. 한국의 경우 최근 한겨레와 조선일보, 동아일보, 중앙일보와 같은 일간지를 중심으로 한 이념투쟁이 전형적 사례이다. 물론 신문에서의 정치이념의 투쟁 또한 노골적으로 드러나지 않는다. 한국정치학자들의 글쓰기는 대체로 과학성으로 포장되어 있어 언론을 통해 전개되는 이념투쟁의 양상은 통계적 수치를 통해 포착될 수 있는 부분이 아니다.[17] 예를 들어 권력구조와 지식사회의 유착관계를 설명

---

17 한국의 주요 일간지는 학자나 일반 국민을 상대로 여론조사를 하는 경우 대부분 단위조사 인구당(천 명 혹은 만 명) 차지하는 비율로 이들의 의견을 나타낸다.

하기 위해서 신문에 기고한 사람들에 대해 인류학적 조사(학벌, 연령, 출신 지역, 박사학위 취득 지역 등)를 실시하는 경우가 종종 있지만,[18] 이것만으로는 권력과 지식인 사이에 존재하는 유착관계의 본질을 파악할 수 없다. 한국사회에서 지식인은 언제나 일정한 학문적 명분과 스스로 정당하다고 내세우는 학문적 이론에 근거하여 자신의 입장을 밝히는 것이 일반적이기 때문이다. 권력구조와 지식인의 연관성은 개인이 자발적으로 요구하고 편입한 결과라기보다는 과학성이라는 이름으로 포장된 '유화된 형태'(*sublime form*)에 불과하다.

매우 시론적이지만, 이에 대한 예를 하나 들어보자. 서울 소재의 한 대학교수는 《조선일보》 2002년 4월 5일자 시론에서 "'중도 가면'은 벗어라"라는 제목의 글을 기고한 바 있다. 예비 대선후보 간에 격화되고 있는 이념논쟁이 불필요하다는 당시의 문제제기를 정면으로 반박하는 내용이었다. 당시 정세는 대체로 한나라당 이회창 측근이 노무현 예비후보의 급진성을 공격하는 분위기였는데, 한겨레는 이를 두고 새로운 색깔론이라고 이회창 진영을 비판했고, 조선일보는 사설이나 논평을 통해서 이에 대응했다. 흔히들 조선일보와 한겨레의 진보-보수 구분이 구체적 정책(예를 들면 대북정책, 언론사 세무조사, '국가보안법' 폐지 등)을 놓고 찬반양론으로 전개되는 것이라고 생각하기 쉽지만 현실은 그렇지 않다. 여기에 정치학자의 이념적 지원이 가세하여 언론을 통한 우리사회의 보수-진보의 대립전선은 대단히 복잡한 과정을 겪는다. 기고자는 노무현에 대한 공격이 민주주의 대의제 논리에 비추어 아무런 문제가 없다는 논리를 펴고 있다.

한국사회에서 색깔론은 선거철이면 늘 등장하는 흑색선전 중 하나이다. 과거 군사정권이 특히 즐겨 사용했는데, 이는 북한의 위협에서 자유민주주의를 보호한다는 정치적 명분을 내세운 것이었다. 극단적

18 강준만(1993)이 대표적 경우이다.

으로 말하자면 한국 자유민주주의가 보수적 색깔을 띨 수 있었던 가장 중요한 계기도 색깔론과 연계되어 있다. 그런데 조선일보는 이 문제를 정당화하기 위해 정치학자의 말을 인용한다. 이때 정치학자의 학문적 논리는 대의제 민주주의 이론이다. 서울의 유명 대학교수라는 타이틀도 외부적으로 보면 독자들에게 커다란 무게를 실을 수 있을 것이다. 그렇다고 기고자의 논리가 틀렸다고 반박하기도 어렵다. 그가 해석한 자유민주주의 틀에서 보면 너무도 당연한 논리를 전개하기 때문이다. 그러나 기고자 스스로가 자신을 보수주의자로 규정하지 않지만, 정치학 이론에 근거하여 과학적으로 이루어진 시론의 논리는 당시의 분위기에서 보면 보수주의의 분위기를 확산시킨 효과를 가져왔다.

이처럼 의도되지 않은 효과가 발생하는 이유는 그가 선택한 정치이론에 있다. 기고자가 해석하는 자유주의 이론의 특성은 그의 책을 통해 잘 나타난다. 《국가와 권위》라는 제목에서 일견 풍기듯이 그가 주목하는 자유민주주의 이론은 대단히 규격화된 계약론에 기초하고 있으며, 그의 학문적 관심사는 국가의 권위와 시민의 복종이라는 권력의 정당성 문제에 맞추어져 있다.

그가 가진 사상의 한 단면을 나타내주는 문장[19]을 신문에 기고한 글[20]과 비교해 보면, 대의제 민주주의 논리에서 왜 후보에게 정책적

---

19 "우리는 국가의 자기정체성 문제에 충분히 유의하면서도, 그보다는 시민의 입장에서 과연 국가가 정당한 권위를 갖고 있는지를 추궁할 권리가 있다고 생각한다. 그뿐만 아니라, 국가가 나름대로 정당한 권위를 갖고 있다고 해도, 다른 대안체제에 비해 더 정당성을 갖고 있는지, 어느 정도의 권위를 갖고 있는지 알아야 한다"(박효종, 2001).

20 "우선 그 논거를 살펴보자. 대표자가 유권자의 '이익'을 유의미하게 대표할 수 있는가에 대한 점검이 필요하다. 일반적으로 이에 대한 설득력 있는 방안은 극좌에서부터 극우로 펼쳐지는 이데올로기적 스펙트럼에서 후보자들이 어떠한 지점에 위치하고 있는가를 점검하는 방안이다. 진보·중도·보수의 구도 혹은 보혁구도가 그것이다. 즉, 이념적 스펙트럼에

색깔을 물어야 하는지가 쉽게 이해된다. 그의 논리에 따르면 국가의 권위는 현실정치의 쟁점에서 보면 대선 후보자의 권위로 치환될 수 있다. 또한 국가의 정당성이나 도덕적 우월성이라는 말은 곧바로 후보의 정당성과 도덕성으로 연계된다. 그러나 노무현과 이회창의 색깔론의 주된 내용은 한국사회의 귀족적-보수적 민주정치와 민중적-급진적 민주정치의 대결이라고 할 수 있다. 그런데 기고문에서 이러한 상징투쟁의 대결은 본류에서 사라지고 엄격한 형식주의와 윤리주의의 잣대만이 드러나고 있다. 왜 그런가? 이것이 바로 '유화된 형태'로 전개되는 이념투쟁의 전형이다. 즉, 기고자의 이론적 무장은 한국정치의 본질을 직시하기보다는 이론과 과학이라는 이름 아래 안주하여 자신도 모르는 사이에 현실을 왜곡했다.

요약하자면 한국사회에서 진보와 보수의 구분은 서구의 이론 자체에서 결정되기보다는 위의 사례에서처럼 국내 사회에서 지식인의 계급적 위상, 언론매체 등을 통한 정치적 언어의 유통과정, 학계에서의 학문의 성격을 두고 이루어지는 토론과 같이 다양한 요인이 결합된 결과라고 보아야 한다.

3) 수요 측면

지식인이 전문적 학술이론이나 정치용어를 사회적으로 유포시키는 데 가장 큰 역할을 하더라도, 이러한 공급측면의 논리가 한국사회의 정치적 표상을 진보와 보수로 직접 구획한다고 볼 수는 없다. 한국 자유민주주의 성격을 보수주의적이고 반민중적이라고 생각하고 주장하

서 후보자가 어느 지점에 서 있는지를 묻는 것은 당연하고 자연스러운 정책논쟁의 일환으로서, 그것을 덮어놓고 저질의 색깔론이라고 매도할 필요는 없다"(박효종, 2002).

는 사람들의 논리에는 지배계급의 생각이 그대로 피지배계급에게 강요된다는 생각이 암묵적으로 전제되어 있는 것인데, 이것은 사실 매우 순진한 발상이다. 한 사회에서 정치적 지배가 가능하기 위해서는 반드시 피지배자의 동의가 수반되어야 한다는 것은 이론적으로 상식에 속하는 얘기이다. 그런데 이러한 피지배자의 동의가 발생하는 과정을 자세히 살펴보면, 정치의 장에서 유입되는 언어에 대해 개별 수용자가 보이는 반응과 밀접하게 연결되어 있다. 개인의 정체성은 일정한 정치적 사안을 두고 자신이 보이는 태도나 입장으로 나타난다. 여기에는 필연적으로 언어적 왜곡과 상징적 폭력이 행사된다.

특히 한국사회에서 민주주의와 연결된 '언어게임'에는 권력의 불평등한 관계를 민족문화 담론이나 경제발전의 담론으로 포장하는 전략이 작동한다. 그래서 언론을 통한 정치언어의 효과는 대단히 확장된 영향력을 발휘한다. 예를 들어 요즈음과 같이 청년실업이 지배적 담론으로 등장하는 시기에는 경제발전이라는 화두가 언론에서 자주 등장한다. 이러한 종류의 칼럼이나 사설은 일견 비정치적 성격이라고 생각되기 쉽지만, 여기에는 고도의 정치적 술수가 개입되는 경우가 많다. 즉, 경제성장을 방해하는 세력이 바로 국가질서를 혼란하게 만드는 집단이며, 이들은 응징되어 마땅하다는 논리를 은폐하기 때문이다. 최근 민주노동당에 대한 조선일보의 비판이 전형적 사례이다. 2004년 4·15 총선에서 한나라당이 제기했던 선거문구 중 "경제는 한나라당이다", "경제성장이 최우선이다"와 같은 구호는 정치적 판단이 희미했던 유권자에게 비정치적 사안을 두고 강력한 정치적 판단을 강요하는 효과를 얻어냈다. 개인의 정치신념이나 가치관의 형성차원에서 보면 경제윤리가 정치윤리와 간접적으로 접합되는 효과를 가진다. 그 결과 정치윤리의 공백은 경제부문에서 유입되는 시대적 요구에 의해서 충족된다. 2004년 총선에서의 지역주의 문제도 아마 이러한 과정을 통해 설명될 수 있을 것이다. 즉, 정치적 쟁점을 피해 경제윤리에 호소함으로써 선거전략에서 노골적인 지역주의 정치실체는 사라졌지만, 실제의 결과는 여전히 과거의 지역주의 성향에 기대어 총선전략이 이루어졌다.

물론 개인이 획득하는 언어 정체성의 과정도 각자가 속한 계급관계와 무관하지는 않다. 예를 들어 경제적으로 부유한 계층이 소유한 언어적 통로(교육수준, 인간관계를 통한 정보의 획득, 문화생활을 통한 식견의 형성)와 하층계급이 속한 언어적 통로가 달라지는 것은 너무도 당연하다. 따라서 한 사회에서 정치 참여자의 정치적 의견이 형성되는 과정을 더 정교하게 추적하기 위해서는 개인이 처한 물리적 상황이 언어적 매개물과 어떻게 접목되는지를 분석적으로 구분해내야 한다. 특히 한국사회에서는 일간지의 구독현황을 계급적 분류로 나누어보는 것이 필요하다. 이른바 보수언론이라고 분류되는 조선, 동아, 중앙을 일간지로 구독하는 부류와 진보언론으로 분류되는 한겨레를 구독하는 부류를 계급과 신분별로 구분하고, 일정한 정치적 사안(대북문제, 정치적 자유, 신자유주의 대한 의견 등)에 대해 설문조사를 하는 방식으로 개인의 정치적 정체성을 확인해 볼 수 있을 것이다.

그런데 오늘날 언론에서 실시되는 여론조사의 결과를 살펴보면 언어를 매개로 한 개인의 정체성 형성에 상징적 폭력이 가해지고 있다는 사실을 확인할 수 있다. 예를 들어 조선일보가 2002년 5월 2일과 3일에 발표한 국민의식조사에서 정치·사회 분야의 문항을 잠시 조사해보면 흥미로운 사실을 몇 가지 추려낼 수 있다. 첫 번째 문항은 대북지원과 관련된 문항인데, 선택지는 '북한의 기본적 태도의 변화가 없는 한 무조건 지원은 곤란하다'와 '아무런 조건 없이 북한을 경제적으로 지원해야 한다'의 단 두 개뿐이다. 이를 보면 여론조사의 언어구조가 수용자의 정체성을 형성하는 데 엄청난 영향력을 주고 있다는 사실을 한눈에 알아볼 수 있다. 두 문항은 '무조건'이라는 단어와 '아무런 조건 없이'라는 단어에 의해서, 형식적으로 보면 두 가지 다른 질문으로 구성되었지만, 사실상 수용자 입장에서 보면 동일한 왜곡효과를 유발하고 있다. 즉, 이 질문을 받을 당시 한국사회에서는 대북지원 문제가 첨예한 정치적 사안으로 등장했으며, 정치권은 물론 학계에서조차 가시적 성과가 보이지 않는 대북지원 사업을 두고 '퍼주기'라는 논리로 여당의 정책을 공격하고 있었다. 따라서 대북지원에 대해 일반 대중에게서는 물론 정치권에서도 일정한 여론이 형성되지 않은 상태였다. 이러한 분위기에서 '무조건'이라는 단어를 사용하는 것은 정부의 대북사업에 대해서 비교적 소상히 알고 있으며 지원을 보내는 것에 논리적 근거를 가지고 있는 사람조차도 여론조사에서 찬성을 표하기가 대단히 어려울 수밖에 없다.

이 글이 한국 자유민주주의에 대해 초점을 두어왔으므로, 조선일보의 국민의식조사에서도 이 분야에 대해서 잠시 살펴보도록 하자. 첫째, 질문의 내용은 통일 이후의 체제와 관련해서 '통일은 자유경제체제가 유지되는 방향으로 이루어져야 한다'라는 문항과 '어떤 체제이든 통일을 이루는 것이 급선무다'라는 항목이 대립되고 있다. 다른 질문은 '근로자들의 파업은 한국기업의 국제경쟁력을 떨어뜨리므로 자제해야 한다'라는 문항이다. 두 질문은 서로 다른 것처럼 보이지만 경제적 윤리가 모호할 때 민족적 감정을 유발해 정치행위의 정당성을 획득하려는 질문이라는 점에서 동일한 언어게임이 실행되고 있다.

사실 오늘날 일반적인 성인이 학창시절에 받았던 정치윤리에 대한 수업내용을 헤아려보면, 한국사회에서 상식이 되고 있는 자유경제체제를 부정할 수 있는 사람들은 거의 없다. 적어도 대학에서 정치학 관련 분야를 전공했다거나 혹은 일반대학에서 대학원 정도의 교육을 이수한 사람이 아니라면, 자유민주체제가 서양 정치사에서 등장했던 다양한 통치원리 중 하나일 뿐이라는 사실을 아는 것이 쉽지는 않다. 더구나 한국사회에서는 전통적인 자유민주체제와 함께 좀더 실험적인 정치체제(이를테면 프랑스나 스웨덴의 사회민주주의 모델)를 응용해 볼 필요가 있다는 주장을 펴기는 더욱 어렵다. 더구나 경제발전 과정에서 국가경쟁력을 강화해야 한다는 논리가 팽배했던 지난 몇 십 년간의 한국정치사를 돌이켜보면, 노동자를 위한 분배보다는 국가경쟁력 제고를 통해 국부를 늘려야 한다는 신자유주의적 사고가 여전히 위력을 떨칠 수밖에 없는 것이다. 다시 말해 민족담론과 결합되어 국가경제발전을 이루어야 한다는 정치적 구호를 논리적으로 반박하기 위해서는 상당한 수준의 이론적 무장이 필요하다. 그러나 일반 국민에게서 이러한 수준을 기대하는 것은 사실상 불가능하다.

이렇게 보면 여론조사는 국민들의 생각을 있는 그대로 알아보는 것이라기보다는 차라리 정치적 지배가 가능하도록 국민을 유도하는 장치라고 말하는 것이 더 어울릴 것이다. 개인은 신문에 발표된 여론조사 결과를 두고서 자신의 의사를 재조정하는 이른바 '허위의 동일시 과정'(*false identification*)을 거치지 않을 수 없다. 이때 한국정치권에서는 이른바 도전할 수 없는 성역이 생기게 되고 만다. 민주노동당과 같은 일부 진보정당을 제외한 대부분의 한국정당은 자유민주주의를 포기할 수 없는 금과옥조로 내세우고 있다. 그러나 이러한 현상은 어쩌면 일반 국민은 물론이고 정치인마저도 자유민주주의의 실체를 제대로 알지 못하고 있다는 사실을 보여주고 있는 것이 아닐까? 이는 곧 우리사회에서 끊임없이 유통되는 언어의 공급과 수요과정에서 비롯된 왜곡된 정체성 때문이라고 할 수 있을 것이다.

4. 결론

표면적으로 보이는 제도나 법적 형식의 차원을 넘어 정치의 본질을 이해하려고 하면, 우리가 정치에 대해서 인식하고 논평하는 과정이 언어적 표상에 의해서 결정된다는 사실을 먼저 알아야 한다. 현대정치의 핵심은 대통령이나 단체장을 선출하는 거시권력이나 제도권력의 움직임에 있다기보다는, 차라리 정치적 표상이 구성되고 사회적으로 확산되는 과정에 놓여 있다고 할 수 있다. 다시 말해 '정치'와 '정치적인 것'의 구분이 한국정치를 이해하는 중요한 기준이 된다. 이때 전자가 제도적 권력 또는 형식적 권력의 형태로서 정치의 대상을 의미한다면, 후자는 생활세계를 포함하는 광범위한 영역에서 비제도적 형태로 존재하는 정치학의 대상을 가리킨다.

인지과학의 연구성과에 기대어보면(레이코프, 2006), 우리가 정치를 인식하고 판단하는 과정은 늘 언어적 프레임을 통해 이루어진다. 언어적 프레임은 삶의 경험을 통해서 형성되기도 하며, 때로는 정치가가 사용하는 정치적 은유를 통해서 만들어지기도 한다. 예를 들어 한국전쟁을 경험한 사람들은 사회주의라는 개념을 '빨갱이'라는 언어적 프레임을 통해서 이해하는 경향이 있다. '악의 국가'라는 은유는 미국의 대외정책을 정당화하는 데 사용되는 전형적인 언어 프레임이다. 그런데 이러한 프레임이 형성되고 유통되는 과정이 편파적인 경우가 많아 이것을 습득하는 과정 자체가 바로 현실정치의 한 단면을 그대로 나타낸다.

그 효과를 총체적으로 분석하려면 개인의 인지적·심리적 차원을 넘어 사회 전체를 언어적 관점에서 바라보아야 한다. 사실 개인은 자신의 정치적 판단이나 가치관이 권력의 효과에 의해서 길들여지고 있다는 사실조차 깨닫지 못하는 경우가 많다.[21] 이러한 형태의 권력이 바로 현대 자본주의 사회를 특징짓는 이른바 상징적 권력이라고 할 수 있다. 이렇게 보면 언어학자들이 강조하는 프레임이라는 개념은 정치사회학자들이 말하는 상징적 권력 또는 3차원적 권력과 동전의 앞뒷면처럼 보완적인 성격을 갖는다.

프랑스의 정치사회학자 피에르 부르디외에 따르면, 상징권력이란 "세계 자체를 정의함으로써 세계를 변화시키고, 새로운 인식과 판단의 범주를 생산하며, 새로운 사회분업과 분배에 대한 시각을 규정하는" 권력을 의미한다. 이러한 통찰을 근거로 파헤쳐 보면 인권, 신자유주의, 민주주의 등과 같이 보편적인 것으로 천명되는 지식이나 이념이 특수한 사회적 제도에서 유래한다는 사실을 깨달을 수 있다. 즉, 상징권력이란 특수한 지적 가치를 보편적이고 정당한 것으로 수용하게 만드는 권력이며, 이러한 권력은 학계와 정치권력을 매개하는 행위자에 의해 수행된다.

한국에서 지식인은 현실정치의 수많은 쟁점에 대해서 논평하고 처방하는 데 중추적 역할을 한다. 이들은 자신의 개인적 의견을 학문적 이론에 근거하여 피력한다. 이것은 언론을 통해 객관성과 과학성을 갖는 전문가의 의견으로 인정받으며 사회적으로 유통되고 있다. 그러나 이러한 지식인의 활동을 단순히 학문의 영역 안에 한정하거나 과학성의 기준으로 평가하는 것은 매우 순진한 발상이다. 객관성과 과학성의

---

21 이러한 맥락에서 보면 근대 정치학이 당연한 것으로 가정하는 전제도 심각한 도전을 받지 않을 수 없다. 근대 민주정치의 기본전제는 개인이 이성적 주체이며, 자신의 이해관계를 정확히 인지한다는 것이다. 이것을 토대로 개인은 자신의 정치의사를 표현한다. 주권, 이해관계, 게임이론, 근대화 이론, 정치발전론, 자유주의 국제관계론, 사회정의론 등이 모두 이러한 전제를 토대로 형성된 이론이며, 한국정치학이 가르치는 주된 내용이다. 그런데 근대 정치학의 계몽주의적 전제가 잘못된 것이라고 한다면, 우리는 대학의 강단에서 무엇을 가르칠 것인가?

외피를 벗겨 내보면 이미 학문의 언어에도 정치권력의 효과가 스며있기 때문이다.

그런데 한국에서 학문의 과학성과 정당성은 주로 미국 학문의 수입에서 시작된다. 이제 미국식 정치언어는 지식인 사이에 집단적 무의식을 형성하는 기반이 되었고, 나아가 사회현실을 분석하고 처방하는 데 있어 옳고 그름을 나누는 척도가 되고 있다. 이제 한국의 지식시장에 미국식 가치관을 거부하는 새로운 언어가 진입하는 것은 매우 어려운 일이 되었다. 학자 개인의 능력보다는 미국학위 자체가 사회적 자본으로 활용되어 교수채용이나 연구비 수혜를 결정하는 중요한 기준이 되고 있다. 학문의 장에서 전개되는 이와 같은 권력게임은 유통경로를 통해 일반 대중에게 막강한 영향력을 행사하면서 시민사회의 정치적 가치관을 형성한다. 이것이 바로 미국이 세계를 지배하는 새로운 연성권력의 실체이다.[22] 이러한 맥락에서 보면 오늘날 한국사회는 미국에 대해 식민성(*coloniality*)의 상태를 벗어나지 못하고 있다.

한편, 언어를 매개로 한 권력효과는 비단 정치색이 짙은 사회적 쟁점에 국한되는 것은 아니다. 매우 중립적으로 보이고, 미학적 관점에 의해서 논의되는 일상적 사안(의류나 음식에 대한 개인의 소비취향이나 대중예술에 대한 평가 등)도 사실은 일정한 가치관과 정치적 판단을 전제로 논의되고 있다. 자본의 유연축적 전략에 따라 생산양식이 세계적 규모로 보편화됨으로써 각국의 시민사회 안에는 특정한 욕망의 형태만이 충족될 수 있는 경제구조가 형성되고 있다. 이것은 순차적으로 소

---

22 오늘날 국제정치에서 권력의 작동방식이 바뀌고 있다. 1960~80년대에 이르는 시기가 군사적 패권의 시기로, 1990년대를 경제적 패권의 시기로 구분한다면, 2000년 이후 미국을 중심으로 하는 패권의 전개방식이 문화적인 것(지식, 소비)으로 바뀌고 있다. 물론 이와 같은 세 가지 요인은 서로 중첩되고, 혼용되어 나타나는 경우가 보통이다.

비영역에서 개인의 미적취향과 가치관을 강제하게 되면서, 특정 계급의 문화적 헤게모니를 공고히 하는 구실을 한다. 필자는 이를 두고 취향의 세계화 구조라고 부르고자 한다. 이것이 한국에서 일반 대중의 정치적 가치관과 행동에 심각한 영향을 주고 있다.

예를 들어보자. 30초 단위로 쏟아져 나오는 상업광고는 이성적 사고를 마비시킨다. "당신이 사는 집이 당신을 말해준다"라는 광고문구는 신자유주의가 무엇인지 전혀 모르는 초등학생부터 생존경쟁에 찌든 성인남녀까지 감성적으로 포섭해 버린다. 그들은 무의식중에 치열한 경쟁력의 논리를 무비판적으로 받아들이고 만다. 이러한 상황에서 "함께 사는 세상"을 외치는 공익광고의 문구가 들리지 않는 것은 너무도 당연하다.

이처럼 학문과 취향의 영역에서 작동하는 언어의 사회적 효과에 주목하다 보면 오늘날 한국정치가 마주해야 할 당면과제가 과거와는 달라졌다는 점을 알게 된다. 이제 정치 민주화를 제도나 법적 형식의 테두리에서 사고하는 수준을 벗어나야 한다. 정치언어의 유입과 유통은 이미 과학성으로 포장되어 계급지배의 본질을 숨기고 있다. 또 취향의 지배양식은 오락의 유희와 개성의 다양성이라는 이름으로 자본착취의 핵심을 감추고 있다. 더구나 학문과 취향을 매개로 하는 정치적 가치관이 국제관계에서 유래한다는 점에서 한국의 정치 민주화는 새로운 국면을 맞이하고 있다. 국내정치에서 제도적 민주화를 달성하는 문제와 달리 국제정치에서 유입되는 자본과 언어의 힘은 무차별적이고 비인간적이어서 타협의 여지가 그만큼 없어진다.

이러한 맥락에서 국가나 공공기관이 나서 하루빨리 미국 내 한국 전문가들의 인식의 지형도를 파악해내는 작업이 시급하다. 우선 미국 대학이나 연구소에서 한국관련 전문가들이 행한 강의와 논문들, 그리고 한국에 나와 있는 미국기관들(상공회의소, 투자단체, 종교단체 등)의 지식인 그룹과 이들과 연계된 한국 지식인들의 네트워크(국내의 유학과 교수들, 재벌기업의 연구소의 연구인력 등)를 상세히 조사해볼 필요가 있다. 한·미 관계의 본질은 군사무기나 투기자본의 움직임이 아니라 지식의 유통과정이라고 할 수 있다. 또한 민주(옮음)와 반민주(그름)의 구도가 아니라 좋음과 싫음의 구도에서 진보와 보수를 준별하고, 여기서 민중의 변혁역량을 키워나가는 일이 필요하다. 이것이 한국의 진보세력이 진지하게 고민해야 할 과제이다. 노동운동을 포기하지 않으면서도 생활세계의 취향을 부르주아 문화로부터 지켜낼 수 있는 문화운동이 동시에 진행되어야 한다. 이렇게 보면 남북관계를 개선하고, 시민사회에서 양극화를 해소한다는 제도권의 정치적 목표를 해결하기 위해서는 일반 대중의 생활세계에 침투해 있는 언어와 취향을 바꾸는 작업이 선행되어야 한다. 필자는 이러한 작업을 **문화 민주주의**의 과제라고 부르고자 한다.

이 글은 이에 대한 문제제기에 불과하다. 해결해야 할 과제가 아직도 많이 남아 있다. 정치언어를 분석하는 것이 문화연구에 해당하는데, 연구의 주제와 대상을 어떻게 설정하는가 하는 과정 자체가 중요한 작업이다. 그 중에서도 개인의 정체성 형성과정을 추적하는 작업이 시급하다. 지금 한국 사회변동의 지형이 변화하고 있고, 그에 따라 학문연구의 초점도 바뀌어야 한다. 1980년대가 국가의 권력배분을 둘러싼 사회구성체의 시대였다면, 1990년대는 시민사회론의 시대였다고 할 수 있다. 지금은 개인의 가치관과 취향이 정치적으로 중요한 요인으로 등장하고 있다. 2000년대는 이른바 개인주의의 시대이다. 이러한 맥락에서 개인의 주체화 과정(정체성 형성과정)에 대한 연구가 필요한 것이다. 이를 위해서는 지식경영에 대한 연구, 미디어 연구, 소비행태 연구, 사이버 공간 연구, 사회심리분석에 대한 연구와 같이 다양한 분과학문의 연구가 정치학과 연계되어야 한다.

제7장

계급 아비투스와 정체성의 정치

언어의 사회적 유통과 한국 지역주의

1. 서론

이 글은 지역주의에 대한 학계의 이론적 흐름을 비판적으로 정리하고 보다 충실한 분석모델을 구성하기 위한 준비작업의 성격을 갖는다. 오늘날 한국의 지역주의에 대한 담론은 정치적 논평의 차원을 넘어서 상당한 정도의 이론적 기반을 갖춘 학문적 논의의 수준으로 성장해 왔다. 그런데 그 이론의 이면에는 서로 다른 인식론적 전제가 자리잡고 있어 다양한 패러다임이 충돌하고 있다. 정치적 명분만 가지고 지역주의를 타파하고자 했던 과거의 허술한 태도를 통해서는 현재 진행중인 지역주의를 둘러싼 학문적 담론을 이해하기 어려운 상황에 이르렀다. 현실정치가 빚어내는 부정적 효과를 감안할 때 지역주의를 바라보는 다양한 시각이 존재한다는 것은 문제의 소재를 보다 복합적으로 분석하려는 시도라는 점에서 일면 긍정적인 것으로 평가할 수 있다. 의견의 불일치가 잘못된 가정으로 비롯된 것이라면 그에 대한 철저한 검증과 비판을 통해 올바른 관점을 설정하는 일이 현실에 대한 정확한 해석을 위해서뿐만 아니라 적절한 처방을 제시하기 위해서도 대단히 시급한 과제라고 할 수 있을 것이다.[1]

물론 한국의 지역주의연구 성과 중 이론적 연구가 전혀 없는 것은 아니다. 그렇지만 그러한 시도들은 일정한 인식론적 틀을 일단 수용한 채 이론 안의 공리들에 대해서는 논쟁을 허락하지 않고 있어 현실에 대한 이해가 부분적으로 한정되어 왔다. 따라서 이제 한국의 지역주의를 해석하는 데 일정한 차별성을 보이는 몇 가지 패러다임의 특성들을 정리하고 비교하여 각 진영의 이론적 한계를 밝혀야 한다. 나아가 이를 보완함으로써 한국의 지역주의에 대하여 보다 성숙한 관점을 수립하는 것이 절실히 필요한 단계에 이르렀다고 하겠다.

1 대체로 선거정치에 대한 정치학적 연구가 경험적인 인터뷰자료나 선거결과에 대한 해석을 두고 의견이 나누어지는 것이 일반적인데, 일정한 사건에 대한 해석의 배후에는 해석자의 세계관이나 이론적 시각이 전제되는 것이 보통이어서 현실에 대한 올바른 이해가 가능하기 위해서는 이러한 인식론적 전제들을 학문적 차원에서 논의하는 연구가 필요하다.

2. 합리적 선택론에서 본 근대화론과 비판이론

이러한 이론적 과제를 효과적으로 수행하기 위해서는 최근 한국의 선거양태를 합리적 선택론이라는 이론적 자원을 근거로 해석하는 일군의 학자들을 논의의 출발점으로 삼는 것이 유용해 보인다. 그 중에서도 조기숙의 연구는(1996, 2000) 지역주의에 대한 기존의 연구를 일정한 기준을 가지고 분류한 후 명시적으로 비판하고 있어서, 이 분야에서 기왕에 존재했던 학술적 담론의 위치와 내용을 일목요연하게 파악하도록 해주는 장점이 있다고 판단된다.

이론적 관점에서 조기숙이 비판하는 한국 지역주의 연구의 커다란 두 조류는 근대화론과 비판이론이다. 우선 근대화론에 대한 그녀의 입장을 간단하게 요약해 보고, 이에 대한 필자의 비판적 관점을 정리해 보자. 그녀에 따르면 근대화론의 핵심[2]은 전통적이고 전근대적인 사회에서 투표행위가 혈연, 지연 등의 일차적 집단에 대한 충성에 따라 좌우되었던 반면, 근대화가 진전함에 따라서 참여적 문화가 형성되고 이로 인해 2차적인 정치적 이해관계에 따라 투표행위가 이루어진 것이라는 점이다. 이러한 논리에 근거해 보면 한국사회에서 농촌을 중심으로 뿌리 깊게 남아 있는 전근대적 정치문화로 인해 물질적 향응이나 인맥위주의 지역주의 투표가 사라지지 않고 있고, 이러한 이유 때문에 지역주의 문제가 해결되지 못한다.

이와 같은 근대화론의 관점에 대해서 조기숙은 세 가지 정도로 이론적 결함을 지적하고 있다. 첫째는 근대화론이 사용하는 기능적 설명이 인과관계를 규명하기보다는 우연히 발생한 사건을 상호연관시키는 오

2 한배호 · 어수영(《한국의 정치문화》, 법문사, 1987)과 이지훈(《한국정치문화와 참여문화》, 형설출판사, 1989)을 참조할 것.

류를 범했다는 지적이다. 예를 들어 경제적 발전을 정치적 민주화의 선행조건으로 보는 립셋의 근대화론은 인과관계를 규명했다기보다는 제3의 변수에 의해 일어난 두 가지 변수를 상호연관시키는 오류를 범했다는 것이다. 둘째로 근대화론은 사회학적 변수를 사용하여 정치현상을 설명함으로써 핵심적인 정치적 변수를 간과할 위험이 있고, 셋째, 가치나 문화를 강조하는 사회학적 이론이 각 나라마다 다른 문화를 설명변수로 내세워 아무것도 설명하지 못하는 오류에 빠짐으로써 비교연구에서 일반이론의 구성에 실패하였다(조기숙, 1996: 52~53).

인식론적 관점에서 보자면 조기숙의 비판의 핵심은 전근대적 사회문화가 곧바로 정치행위를 결정지은 것으로 해석하는 근대화론에 대한 강력한 반발이다. 여기서 특히 필자의 주목을 끄는 것은 그녀가 개인의 정치행위를 결정하는 계기에서 감정의 요소를 제외시키고 있는 부분이다. 즉 조기숙은 지역주의 투표가 단순히 전통적 감정의 결과라기보다는 유권자들의 합리적 선택이라고 단언하면서, 여기에 필요한 충분한 논거는 놀랍게도 생략하고 있다(2000: 46).

바로 이 지점이 필자가 조기숙의 합리적 선택론에 대하여 첫 번째로 비판적 의문을 던지고 싶은 대목이다. 우리사회에서 지역주의에 대한 역사적 근거를 논했던 논문(신복룡, 1996)에 구태여 기대지 않더라도 정치행위에서 일정한 관습과 타성이 반복되고 있다는 점은 사회과학방법론을 연구하는 학자들에게는 지극히 상식적인 사실이다. 그럼에도 불구하고 조기숙은 근대화론을 비판하는 이론적 도구로서 합리적 선택론을 동원함으로써 인간의 행위양식을 설명하는 기본적 전제들을 지나치게 배제하고 있다. 과연 인간행위의 결정과 발현을 설명하는 데 감정과 기억과 같은 문화적 요인을 제거하는 것이 가능한가? 이것은 정치유권자들을 '어떠한 행위주체로 상정하는가'라는 인식론의 핵심문제로서 합리적 선택론의 인간관에 대한 비판적 탐구를 필요로 하는 부분이다.

두 번째는 비판이론이라고 이름 붙인 일군의 정치학자들에 대한 조기숙의 비판적 태도를 살펴보자. 여기서 거론되는 학자들은 최장집, 황태연, 손호철인데, 필자가 이들의 사고틀을 함축적으로 단순화시킨다면 사회구조적 요인들이 지역감정을 유발시킨 주요한 요인이라고 생각하고 있다는 점에서 세 학자들은 공통적이다. 예컨대 최장집(1991)은 지역감정이 물질적 기반을 갖는 것이며, 지배권력 블록의 권력을 유지시키는 지배이데올로기로서 작동한다고 말하면서, 실질적 민주주의의 달성이 지역감정을 해소할 수 있는 방안이라고 본다. 지역주의를 지역패권구도와 연결짓는 황태연(1994)은 한국의 지역문제는 국가권력과 경제를 관통하는 지배와 피지배의 사회적 차원에 속하는 것으로 파악하며, 특히 호남지역은 한국사회에서 일종의 내부적 식민지 상태에서 살아왔다고 본다. 따라서 그에게는 지역주의를 타파하는 길은 그동안 경상도 일부의 지역계급을 중심으로 형성된 지역패권구도에서 소외된 대다수의 세력들이 정치적으로 연합하여 저항적 패권을 창출하여 정권을 새롭게 창출하는 것이다. 이것이 바로 저항적 지역패권의 정당방위적 투쟁이다.

비교적 물질적 토대와 계급적 모순을 강조했던 두 학자에 비해서 손호철(1993)의 경우는 지역주의에 대한 원인분석이 보다 복합적이고 정교하다. 그에 따르면 지역갈등의 원인은 구조적 조건, 인간의 비합리성, 엘리트들의 전략 등에 기반을 둔다. 다시 말해 그는 지역주의의 궁극적 요인으로서 지역 간의 불균등한 발전이라는 물적 토대의 영향을 받는 것으로 파악한다는 점에서는 위의 두 학자와 입장이 유사하지만, 이것을 넘어서 정치적 단위의 조직역량, 정치세력의 전략적 개입, 지역의 지역담론, 지역의 정치사회〔+화〕과정 등을 강조하는 보다 유연하고 포괄적인 관점을 견지하고 있다.

여기서 분명한 점은 이들이 공통적으로 한국의 지역주의 정치를 인간의 감정적 문제로서보다는 정치-사회적 구조에서 발생하는 병리적 현상으로 보고 있다. 그런데 이러한 비판이론가들의 관점에 대해서 조기숙은 두 가지 차원에서 비판을 가하고 있다. 첫째는 이들이 가정하는 유권자들의 모습이 합목적적 인간이라기보다는 허위의식에 사로잡힌 행위자라는 점이며, 둘째는 특히 손호철에 대한 비판인데 그가 제시한 3가지 지역감정의 요인들을 일관되게 설명하는 논리가 결여되어 있다는 점이다. 허위의식과 관련된 조기숙의 비판은 위에서 필자가 제기한 정치주체에 대한 합리적 선택론의 인간관을 살펴보는 작업에 포괄될 것이므로, 여기서 필자는 과연 경제나 정치체제의 구조적 요인과 인간의 비합리성과 같은 개인적 요인들의 다양성을 어떻게 통합된 이론틀로 묶어낼 수 있는가 하는 점에 초점을 두고자 한다. 다시 말해 조기숙의 비판에서 핵심은 비판이론가들이 지역주의 원인을 총체적으로 바라보려고 한 공과는 인정하더라도 다양한 요인들의 결합방식에 대한 논리적 설명력이 부족하다는 것이다. 이 점을 필자는 사회연구의 방법론적 차원에서 거시적(구조적) 요인과 미시적(개인적) 요인의 결합과정을 찾아내자는 문제의식으로 발전적으로 해결할 수 있다고 생각한다.

3. 합리적 선택론의 비판

합리적 선택론에 대한 필자의 비판은 두 가지 방향에서 진행될 것이다. 첫째는 이론이 전제하는 인간학에 대한 인식론적 비판이고, 둘째는 사회연구에서 미시-거시 양자를 통합할 것을 요구하는 방법론적 비판이다.

우선 인간학의 문제를 살펴보도록 하자. 합리적 선택론에서 인간행위는 합목적적 계산에 근거해서 수행되는 것으로 이해된다. 그렇다면 도대체 인간행위가 합목적적이라는 서술은 무엇을 의미하는가? 이 논문에서 초점을 두는 정치적 투표행위에 관련시켜 본다면 합리적 선택론이 생각하는 유권자들의 투표행위는 일정한 목표설정과 그에 대한 행위결정이 상황조건과는 무관하게 일정하다는 것으로 해석하는데, 과연 이것이 현실정치에서 가능한가?[3] 그러나 이러한 이론적 절박성에도 불구하고 조 교수는 합리적 선택론의 인식론적 전제에 대해서 상세

3 예를 들어 강원택(2000)이 지적하듯이, 지역주의 투표성향이 합리성에 기반하여 이루어진 정치행위라는 해석이 가능하기 위해서는 '내가 살고 있는 지역이 잘 되면 나도 잘 될 것이다'라는 전제가 충족되어야만 하겠지만, 개인의 이해와 지역의 이해가 일치되는 경우는 현실에서 오히려 예외적이라고 보아야 할 것이다. 그런데 강원택의 문제제기는 개인주의적 방법론이 미시적인 개인의 행동에 주목하는 반면에 지역투표는 집단적 수준에서 이루어지는 만큼, 개인행동과 집단행동은 서로 다른 논리적 수준에서 설명될 필요가 있음을 언급하고 있을 뿐, 개인의 투표행위가 계산적 합리성에 기반하고 있다는 전제에 대해서는 이론적 타당성을 여전히 인정하고 있다는 점에서 비판의 핵심을 정확히 지적하고 있다고 보기는 어렵다. 따라서 합리적 선택론의 관점에서 한국정치의 지역주의적 특성에 대한 설명이 설득력을 얻기 위해서는 인간행위를 서술하는 합리성의 개념자체에 대하여 보다 심도 깊은 이론적 검토가 요구된다.

하게 언급하고 있지 않다. 뿐만 아니라 그녀는 합리적 선택론의 기본적 공리를 설명하는 자리에서 인간은 합리적이라는 지극히 단순한 가정에 기반하고 있으며 이러한 공리에 대해서는 논쟁을 허락하지 않는다고 단언함으로써 합리적 선택론에 대한 메타이론적 검증가능성 자체를 스스로 차단하고 있다(1996: 46~47).

따라서 조기숙이 빗겨가는 인식의 여분을 채우기 위해서 합리적 선택론을 정치학 방법론의 차원에서 비교적 자세하게 소개하는 황수익(1994)의 논문을 통해 인간행위를 합목적적인 것으로 보는 이론적 가정에 대해서 검토해 보기로 하자. 우선 합리적 선택론은 미시경제학으로부터 유추된 방법론적 개인주의를 기조로 하는데, 이때 핵심적인 전제는 모든 사물이 그 구성원들에 의해 가장 잘 이해되는 까닭에 전복합체를 알려면 복합되는 것을 알아야 하고, 사회라는 복합체 역시 그를 구성하는 개인들을 통해 이해되어야 한다는 것이다(황수익, 1994: 71). 이러한 주장의 연장선상에서 방법론적 개인주의는 상호연결된 3가지[4] 기본가정을 전제로 인간행위의 가장 기본적 사실은 언제나 개인

4 첫째는 사회적 객체와 그 속성의 존재론적 성격에 관한 것으로 사회에 실재하는 것은 개인과 그 행위일 뿐이며 제도, 조직 및 관행과 같은 사회현상은 개인행위의 특정국면에 대한 인간 마음의 구성체로서 그 자체가 실재는 아니다. 다시 말해 사회현상에 관한 한 오직 개인들만이 궁극적 원인력을 갖는 것이며, 따라서 개인에 관한 사실만이 사회현상을 설명할 수 있다. 둘째는 사회적 개념이 무엇을 의미하고 또 의미해야 하는가라는 의미론적 또는 개념구성에 관련하여 방법론적 개인주의는 사회현상을 창출하는 개인들 또는 그 집단을 구성하는 개인들의 행위속성, 그리고 그들 사이의 관계로만 정의되거나 될 수 있어야 하고, 그렇지 않은 개념은 무의미하다고 본다. 셋째, 개인주의자들은 위에서 규정된 바와 같은 무의미한 개념을 포함하는 법칙 또는 법칙과 유사한 명제를 설명항으로 하는 설명을 받아들이지 않는다. 그들은 오직 개인들에 관한 사실만이 사회현상을 궁극적으로 설명할 수 있는 것이기 때문에 대규모 사회

은 어떤 목표를 실현하기 위해서 행동한다는 것이며, 이것을 바로 계산적 합목적성이라고 규정하고 있다.

이 같은 이론적 전제에 대해 필자는 두 가지 비판적 의문점을 가지지 않을 수 없다. 황수익의 설명에 따르면 인간행위가 계산적이고 합목적적이라고 생각할 수 있는 근거는 개인들의 행동이 이해관계를 매개로 하여 일정한 목표를 달성하기 위해 작동하기 때문이다. 그렇다면 개인들이 계산을 한다는 것은 무엇을 의미하나? 이때 그들이 실현하려는 이해라는 것은 과연 무엇인가? 첫 번째는 행위주체에 대한 철학적 인간학과 관련된 질문이다. 이 점과 관련하여 필자는 합리적 선택론이 상정하는 인간형과는 달리 현실세계에서 모든 인간행위를 합목적성(*rationality*)이라는 단일한 층위로 환원시켜 설명할 수 없다는 사실을 강조하고 싶다. 막스 베버의 논리에 기대어 보면 인간행위는 감정적(*affective*) 행위, 전통적 행위, 목적합리적(*zweckrational*) 행위, 가치합리적(*wertrational*) 행위와 같이 다차원적으로 구분될 수 있는 바, 이것은 인간의 실존이 합리적 선택론이 가정했던 것처럼 단일한(*uni-dimensional*) 차원이라기보다는 다차원(*multi-dimensional*)적 성격을 갖는다는 사실을 보여주는 것이다. 이렇게 보면 합리적 선택론은 복합적 구조를 포함하는 인간의 사회적 존재론 중에서 오직 목적합리성만을 인간행위의 유일한 특성으로 강조하는 인식론적 오류를 범하고 있다.

둘째는 목표달성의 선행조건이라고 할 수 있는 이해(*interest*)의 개념과 관련된 비판이다. 방법론적 개인주의가 개인의 선호를 설명하는 방식을 보면 한 개인이 A보다 B를 선호하고 B보다 C를 선호한다면

현상에 관한 법칙은 개인과 대규모 현상을 관련지어주는 구성률 또는 일치율을 통해 개인적 사실에 관한 미시적 법칙으로 환원될 수 있는 것이어야만 설명적 전제로 받아들일 수 있다고 주장한다(황수익, 1994: 73~74).

그는 항상 A보다 C를 선호한다는 식의 이른바 선호관계의 축차적 서열구조를 가정하는 경우가 보통이다. 이러한 선호의 위계구조라는 개념은 인간의 욕망이나 이해관계가 이미 선험적으로 주어진 것으로 간주할 경우에만 가능하다. 그런데 이것이야말로 현실정치에서는 받아들이기 힘든 가정이다. 왜냐하면 인간의 선호는 일정한 사회적 구조와 가치관을 매개로 할 때 비로소 개인에게 의미를 가질 수 있으며, 특히 오늘날 한국과 같은 사회에서는 자본주의 시장조건을 통해서 개인의 이해관계가 형성되는 것이 전형적인 경우이기 때문이다. 따라서 개인의 선호나 이해관계를 선험적인 축차서열로 위계화시킨다는 것은 개인의 정치적 행동을 결정짓는 구조적 맥락을 완전히 무시하는 것이다.

더구나 정신분석학의 연구성과를 통해서 인간의 실존방식을 설명해 본다면 인간행위의 기본이라고 할 수 있는 계산적 합리성은 각성된 의식주체의 행위라기보다는 '욕망하는 주체', 혹은 '무의식적 주체'의 습관적 행동이다. 그렇다면 합리적 선택론이 가정하고 있는 인간모형은 지나치게 현실로부터 유리된 추상적 이론체계라고 비판받지 않을 수 없다.[5]

---

5 행위주체를 어떻게 개념 정의할 것인가라는 문제는 사실 사회과학 방법론에서는 대단히 오랜 역사를 가진 논쟁거리였다(리처, 1987; 폴킹톤, 2001; 휴즈 외 지음, 2000 참조). 그 중에서 최근 프랑스의 사회학자 레이몽 부동(1990)과 피에르 부르디외(Bourdieu, 1980b)의 입장차이는 방법론적 개인주의가 갖는 이론적 결함을 보다 선명하게 보여준다는 의미에서 이 자리에서 잠시 언급할 필요가 있어 보인다. 앞서 조기숙의 인용문에서 등장했던 '합리적 개인과 비합리적 사회'라는 명제가 부동에서는 바로 '개인의 합리성과 사회적 무질서'로 용어만 바뀐 채 또다시 반복되고 있다. 그런데 이러한 방법론적 개인주의에 대한 대표적인 반대론자로서 부르디외는 개인의 행동이 객관적 사회구조와 분리될 수 없으며, 개인의 합리성과 계산적 전략 속에는 이미 과거로부터 누적된 역사와 전통의 흔적이 남아 있다고 설명한다. 철학적으로 보면 사르트르의 실존철학이나 후설의

따라서 인간의 행위를 설명하기 위한 기본 도식에는 인간실존을 규정하는 물질적 조건, 행위주체가 거쳐 온 경험의 궤적과 미래에 대한 기대감 등이 설명요인으로 반드시 포함되어야만 한다. 특히 여기서 강조되어야 할 것은 개인들의 행위결정이 일정시점에서 동일한 기준의 합리성에 근거하기보다는 인간의 육체 위에 각인된 습관, 혹은 부르디외가 아비투스(홍성민, 2000a 참조) 라고 이름붙인 사회적 관행에 보다 깊숙이 연관되고 있다는 점이다. 결국, 지역투표연구에서 우리가 학문적으로 해결해야 할 과제는 개인의 합리성과 사회적 관행이라는 문화적 요인이 어떻게 맞물려 작동하는가를 파악하는 점이다.

이것은 선거민주주의의 정당성과 연관지어 볼 때 대단히 중요한 의미를 갖는다. 근대적 사회계약론의 전통에 따라 성립된 1인 1투표의 대의제 민주정치제도는 정치주체 스스로가 자신들의 선호체계를 분명히 의식하고 있으며 투표행위를 통해 이러한 이해관계가 분명히 표시될 수 있다는 전제 아래서 출발한 것이다. 그런데 만일 개별 정치주체가 발휘하는 정치적 합리성의 형태가 근대정치사상이 가정했던 것과는 달리 사회적 조건과 역사적 경험에 따라 다양한 형태로 왜곡될 수 있다고 한다면, 선거를 통해 일정한 정치적 합의에 도달하려는 시도는 기본 가정에서부터 잘못된 것이다. 이것이 바로 최근 서구에서 비판정

현상학적 전통이 방법론적 개인주의의 이론적 토대이다. 이러한 개인중심 철학이 넘어서지 못한 치명적인 한계는 인간의 의식이 어떻게 유래하는가라는 질문을 무시하고 있다는 점이다. 물론 사회적 물질성만을 강조하는 구조주의에도 결함이 없지는 않다. 대표적인 예가 레비스트로스의 구조인류학의 경우로서, 여기서 개인의 의식은 사회구성의 규칙에 밀려 처음부터 이론의 구성에서 제외되고 말았기 때문이다. 그러나 동일한 맥락에서 방법론적 개인주의가 전제하는 인간학의 궁극적인 기반에는 인간의식의 발현과정 자체를 괄호치기함으로써 인간행위란 계산적 합리성에 기반하고 있다는 공리만을 반복하는 오류를 범해 온 것이다.

치이론 혹은 포스트모던의 정치학이라는 이름으로 분류되는 급진적 이론들이 대의제 민주정치제도에 대해서 근본적 비판을 가하는 지점이다(베리, 1990; 안승국 외, 1995 참조). 한국의 지역주의가 정치적으로 문제시되는 이유도 근대정치사상이 정초(定礎)해 놓은 대표성의 논리가 개인들의 비합리적 요인에 의해서 왜곡되기 때문이다. 만일 개인의 행위가 속성상 명증적인 합리성의 기반 위에서 이루어지기보다는 일정한 사회적 조건과 시간의 경험에 의존하고 있다고 한다면 한국 지역주의에 대한 처방도 지금까지와는 전혀 다른 차원에서 고려되어야만 할 것이다.

두 번째로 방법론과 관련된 문제점을 검토해 보자. 손호철이 제기한 상부구조적 요인과 정치적 토대의 상호연결성에 대한 문제제기는 방법론적으로 지역주의현상을 설명하는 데 대단히 중요한 지적이다. 사실 사회과학방법론을 크게 두 가지 부류로 나누어 본다면 개인을 중심으로 한 미시적 연구방법과 사회전체를 강조하는 거시적 연구방법이 존재하는 바, 이 두 가지 접근방법이 공통적으로 가지고 있는 한계는 구조를 개인의 합리성에 근거해 설명하거나 또는 반대로 개인의 미시적 행동요인을 구조적 틀 안에서 설명하려는 이른바 환원주의라고 할 수 있다. 조기숙은 비판이론과 비교하여 합리적 선택론이 지역주의적 투표성향을 설명하는 데 일정한 논리적 수준에서 일관된 설명모델을 제시하고 있다고 강조하고 있으나, 여기서 일관된 설명모델이 가능할 수 있었던 것은 사회구조적 요인을 개인의 미시적 행위에 근거하여 설명했기 때문이라는 점에서 합리적 선택론이 환원주의의 오류를 범하고 있다는 점은 부인하기 어려울 것이다.[6]

---

6 좀더 구체적으로 살펴보면, 합리적 선택론의 이론적 기초가 되는 방법론적 개인주의는 거시적 구조의 실재성이 어떠한 자율적인 힘도 함축하지 못한 것으로 생각한다. 인과적 설명에서 진정한 원인으로 간주될 수 있

따라서 방법론적인 과제는 분명해진다. 좀더 적극적으로 단순화시켜 본다면 지역주의 연구에서 최선의 방법론은 미시와 거시의 연계를 이루어낼 수 있는 길을 찾는 것이다. 그렇다면 이것이 어떻게 가능한가? 개인행동을 결정짓는 미시적 요인과 사회구조적 요인을 동시에 나열하는 것이 과연 미시와 거시를 연계하는 방법이라고 말할 수 있을 것인가? 분명 미시-거시의 연계라는 구조의 이중성을 동시에 포착하는 과제는 새로운 분석대상과 접근방법을 필요로 하는 것인 만큼, 개인과 사회를 포괄적으로 서술하는 방식으로는 해결할 수 없다. 한편, 이 문제는 사회과학방법론에서 대단히 오랜 역사를 가진 논쟁거리였으며, 특히 맑시즘에서는 하부구조에 대한 상부구조의 상대적 자율성이라는 테제로 여러 학자들의 연구의 핵심주제가 된 바 있다. 따라서 미시-거시의 연계라는 방법론적 요구를 충족시키면서 지역주의 현상을 설명하기 위한 모델을 완성하기 위해서는 사회과학의 방법론적 연구성

는 것은 자율적이고 능동적인 개인의 행위뿐이라고 파악하며, 따라서 정치투표에 관련된 모든 설명 또한 개인의 행동들에 의해서 이루어져야 한다고 보고 있다. 여기에는 크게 보아 두 가지 이론적 딜레마가 존재한다. 첫째는 개인의 행위가 반드시 미시적일 뿐만 아니라 거시적일 수도 있다는 점을 이해하지 못한 점이다. 예를 들어 국가정상들의 외교회담과 결정을 떠올려 보면 그들의 행위가 개인적 수준에서 발생하더라도 이러한 행위를 두고 미시적이라고 규정하기는 곤란하다. 따라서 개인의 행동은 그 위치와 영향력에 따라 거시적일 수도 있다는 점을 인정해야만 한다. 둘째는 방법론적 개인주의는 개인의 행동을 미시적, 개인적 수준에만 귀속시킴으로 말미암아 거시적 행위가 독자적으로 존재할 수 있다는 점을 애초부터 배제하고 말았다. 예컨대 집단적 행위이론에서 다루는 행위패턴은 개인행동의 종합으로 파악할 수 없는 거시적 행위의 독자적 논리가 있다는 점을 분명히 보여주고 있다. 따라서 행위의 주체가 반드시 '개인'이라고 규정하는 것은 행위단위의 실체와 제도 사이에 교감하는 개인들의 동기, 기회, 이해관계들에 대하여 보다 구체적으로 이해하려는 시도를 처음부터 거부하는 것이라고 할 수 있다.

과를 총체적으로 검토해야 한다(정태석, 1998 참조).

이 논문에서 필자가 줄곧 제기한 문제의식은 인간의 합리성은 구조라는 차원과 깊숙이 맞물려 있다는 사실이었으며, 따라서 행위의 문제는 인간의 의식이 외부구조로부터 영향을 받아 이루어지는 '외부성의 내재화 과정'(*intériorisation of externality*)과 '의식의 내면이 외부로 표현되는 외부화 과정'(*exteriorsation of internality*)이라는 이중적 구조로 나누어 생각해야만 한다. 이때 중요한 분석의 대상이 바로 개인의 사회적 정체성 형성과정이다. 이것은 마치 알튀세의 사고틀에서 하부구조와 상부구조의 이중성을 변증법으로 파악하는 길이 인간주체의 형성과정과 깊숙이 연결되어 있다는 철학적 통찰과 일맥상통하는 것이다.

그렇다면 개인의 정체성은 사회적으로 어떻게 획득되는 것인가? 필자는 여기서 기든스류의 발생론적 구조주의의 문제의식을 차용하여 한국의 지역주의 현상을 설명하려고 노력했던 최영진(1999a, 1999b, 2001)의 작업에 주목하고자 한다. 그의 작업은 행위와 구조라는 차원을 명시적으로 도입했다는 점에서 투표행위의 원천을 여전히 합리성에 찾으려 했던 이재열의 방법론적 시도를 넘어서고 있다는 것이 필자의 판단이다.[7] 우선 최영진은 지금까지 축적된 한국지역주의 연구의 흐름

7 최영진의 작업이 갖는 학문적 의미를 온전하게 포착하기 위해서는 알튀세(1968, 1974)나 기든스(1998)와 같은 이론가들의 방법론적 교훈을 점검하는 것이 필요해 보인다. 예를 들어 알튀세의 중층적 결정(*Surdetermination*)이라는 개념을 통해서 우리는 사회구조의 이중성을 동시에 포착하기 위한 실마리를 찾을 수 있다. 이 개념은 지배적 구조에 의한 종속적 구조와 그 요소들의 결정이라는 문제틀을 설명하기 위해서 정신분석학에서 도입한 개념이지만, 이를 통해서 우리는 사회구조의 복합적 전체가 모순들 간의 차이에서뿐만 아니라 구조적 요인들 간의 접합방식에 따라 서로 상이하게 현시된다는 사실을 인식할 수 있게 된다. 즉, 필자가 알튀세를 통해 강조하고자 하는 바는 사회란 다양한 심급들 사이에서 등장하는 다양한 실천과 그 효과들의 상호작용으로 이루어지는 복합체라는 사실

을 크게 세 가지로 분류하고 있는데, 첫째는 정치경제학파로서 여기에는 필자가 위에서 비판이론가들로 분류했던 학자들이 속하며, 둘째는 조기숙을 대표로 하는 합리적 선택론자들이며, 셋째는 정치적 동원론을 강조했던 일군의 학자들이다. 최영진은 지금까지 이 세 가지 부류의 정치학적 연구가 어떤 특정부분의 요인을 통해 지역주의를 연구하

이다. 한국의 지역주의 문제에 올바르게 접근하기 위해서는 사회를 고정적 실체로서가 아니라 다양한 요인들의 접합에 의해서 유동적으로 움직이는 관계적 개념으로 파악해야 한다는 것이다. 한편, 기든스의 구조화 이론은 첫째 개인의 이기적 행동, 둘째 이러한 행동을 조정하는 제도적 조건, 셋째 이 조건으로부터 파생하는 거시사회적 결과라는 3가지 요인을 동시에 포착할 수 있는 분석 등을 제공한다. 이것을 근거로 한국지역주의 연구에 방법론적 과제로 남아 있는 미시-거시의 연계를 해결할 수 있는 실마리를 찾을 수 있을 것으로 보인다. 다만 알튀세나 기든스의 이론화의 수준이 지나치게 추상적이어서 한국 지역주의 연구방법론에 그대로 적용되기에는 담론의 수준에서 너무나 깊은 질적 차이를 안고 있다는 점을 인정하지 않을 수 없다. 그럼에도 불구하고 필자는 그들이 사회현상을 분석하는 데 획기적인 시각을 제시했으며, 비록 대단히 추상적임에도 불구하고 그의 저작 속에는 한국사회의 특수성을 설명해 낼 수 있는 이론적 자원이 존재한다고 생각하는 바이다.

한편 이재열(1996)의 작업은 이러한 문제의식을 잃지 않으며 기든스 이론틀을 한국 지역주의 투표연구에 적용한 드문 사례라고 하겠다. 다만 필자는 이재열이 시도했던 분석모델과 현실해석에 약간의 괴리가 있음을 지적하고 싶다. 그가 구조화이론을 변형시켰던 부분에서 특히 '지위체계와 공론의 형성과정'이라는 통찰은 유권자들의 의사결정과정이 정보의 획득과 같은 하나의 요인으로 환원될 수 없음을 시사하는 대단히 중요한 이론적 통찰이었다. 그럼에도 불구하고 지역주의 현상을 설명하는 그의 관점은 여전히 합리적 선택론에서 유래하는 합리성이라는 가정을 고수하고 있다는 인상이 짙다. 즉, 비록 정보의 차단과 왜곡으로 개인들의 합리성이 제한될 수 있음을 인정하고 있다는 점에서 그는 견고한 합리적 선택론의 인간관에 수정을 가하고 있지만, 유권자들의 행위의 원천은 여전히 합리성에 근거한다는 가정을 폐기하지 못하고 있는 것이다.

려는 이론적 편향을 보였다고 비판한다(최영진, 1999a: 142).

여기서 흥미로운 사실은 그가 지금까지 이루어진 지역주의에 대한 연구성과를 구조, 행위, 계기라는 개념어를 통해 분류하고 있다는 사실이다. 그가 동원하는 사회분석의 시각은 이 논문에서 줄곧 강조했던 구조와 행위의 변증법이라는 문제의식과 정확히 일치하고 있으며, 특히 사회구조의 이중성을 파악하기 위해서는 이른바 '계기'에 해당하는 매개변수가 있다는 사실을 보여주고 있다는 점에서 지금까지 살펴본 어떤 모델보다도 현실적응력이 높다. 최영진은 세 가지 분석모델에 대한 변증법적 종합이 필요함을 역설한 후 곧바로 새로운 분석틀을 구축하기 위해서는 정치적 정체성과 동기부여 구조에 천착해야 한다고 역설한다(최영진, 1999a: 142). 그의 논리에 따르면 정치적 정체성의 개념을 사용함으로써 차별과 지역적 저항사이의 연결고리를 발견하는 동시에 정치적 동원이 없음에도 불구하고 발생하는 강력한 지역적 결집을 설명할 수 있다. 또한 개체적 차원의 합리성이 집단적 결집으로 변하게 되는 인식의 전환을 해명함으로써 기존 논의의 약점을 부분적으로 보완할 수 있다. 또한 동기부여구조라는 개념을 통해 우리는 지역주의가 한국의 전역으로 확산되었던 이유를 설명할 수 있게 된다.

그러나 필자는 이러한 최영진의 문제의식에 철저히 공감하고 있음에도 불구하고, 그가 구성하고자 했던 분석모델을 좀더 가시화하고, 새로운 문제의식들을 첨가함으로써 그의 이론적 노력들을 보다 정교하게 보완할 필요성을 느낀다. 보다 엄격히 말하면 필자의 눈에는 그가 생각하는 정체성의 형성과정이 어떤 사회적 층위에서 발생하는 것인지에 대한 입장이 분명하지 않다. 그는 정체성을 사회적 범주화의 차원에서 다루는 경우가 있는가 하면(최영진, 1999a: 58), 집단적 운명공동체의 동기부여과정에 주목하는 정치심리학의 차원에서 다루는 경우(1999b: 64; 1999a: 145)도 있기 때문이다. 전자가 강조된다면 이것은 구조적 요인이 우위에 서는 것이고, 후자가 강조된다면 개인의 미시적 성격이 강조되는 것인 바, 역시 분석의 과제는 이 두 가지 요인을 어떤 방법으로 통일시키는가에 달려 있다.

4. 지역주의에 대한 발생론적 접근

필자는 지금까지 한국 지역주의 현상을 설명하는 다양한 이론적 흐름을 비판적으로 고찰함으로써, 방법론적 수준에서 지역주의 담론이 가진 이론적 결함을 해결하는 길은 주체와 구조에 대한 변증법적 시각을 완성하는 것이라는 결론에 이르렀다. 다시 말해 지역주의 성향을 도출시키는 요인 중에서 '구조'와 '행위'를 분리해서 설명하기보다는 사회적 관계 속에서 이 양자를 통일시키는 방식을 보여 주어야한다.[8] 이때 관건은 개인들의 실천이나 행위가 사회적 관계 속에서 관계적으로 행해지고 있다는 사실을 보이는 데 있다. 다음 장에서는 편의상 구조의 차원과 개인의 차원을 나누어서 설명하고 결론 부분에서 두 가지 요인이 어떻게 상호 의존하는가를 그림으로 나타내 보도록 하겠다.

---

8 물론 이러한 방법론의 결과가 필자에 의해서 처음 발견된 것이라고 보기는 어렵다. 기든스(1998), 쯔톰프카(Sztompka, 1979, 1991), 라레인(1990) 등의 구조화 이론가들이 이러한 문제의식에서 대단히 유효한 분석틀을 제시한 바 있다. 그러나 위에서 언급한 바와 같이 구조화이론으로부터 유래된 방법론적 탐구는 그 추상성의 수준이 지나치게 높아 현실적용에 많은 어려움이 있었던 것이 사실이다. 이것을 우리 현실에 적용하려는 한국의 신진학자들의 학문적 시도(강명구, 1993)마저도 만족스럽지 않다. 이러한 학문적 분위기 속에서 필자는 현재 지역주의 연구와 관련하여 현 단계의 학문적 과제를 해결하려는 일종의 모험적 시도를 해보고자 한다. 다시 말해 구조화이론의 문제의식을 그대로 살리면서 한국의 지역주의 투표를 설명하는 데 현실적응력이 높은 모델을 구성해 보려고 한다. 여기에는 프랑스의 사회학자 피에르 부르디외의 작업이 중요한 전형으로 활용되었음을 미리 밝혀둔다.

1) 구조적 차원

그런데 이러한 과제를 효과적으로 수행하기 위해서 우리는 지금까지 지역주의 현상을 바라보던 기존의 시각에 몇 가지 수정을 가해야만 한다. 우선 개인의 투표행위가 일정한 목표를 실현하기 위해서 동원되는 직접적 수단이라는 단선론적 사고틀을 벗어나 개인들을 사회공간위에 위치설정하자. 그리고 나면 일정한 지점에서 개인들의 사고와 행위를 규정하는 복합적 요인들의 관계망을 추적할 수 있는 구조적 인과관계를 설정하는 작업이 필요하다. 예를 들어 개인의 투표는 분명 정치적 장(*champ*)[9] 위에서 전개되는 행위지만, 개인의 의사결정은 정치적 장의 논리로서만 설명될 수 없다. 여기에는 언론의 장, 학문의 장, 문화의 장과 같은 서로 다른 심급으로부터 유래하는 사회적 공간의 힘이 작동한다. 이러한 방법을 통해서 개인의 미시적 합리성과 구조요인의 연결관계를 분석할 수 있다.

첫째, 이러한 장의 개념을 통해서 바라보면 정치의 장을 지배하는 일정한 게임규칙이 있다는 사실을 발견하게 된다. 정치를 하나의 게임에 비유하는 것은 현실정치가들이 내세우는 정책지향이나 담론들이 개인의 소신으로부터 출발하기보다는 한국정치를 이루고 있는 구조적 속성으로부터 유래하고 있다는 점을 암시한다.[10] 한편 여기에는 보다 은

9 여기서 부르디외가 제안한 바 있는 장(*champ*)이라는 개념이 유용한 분석도구로 활용될 수 있다. 장이란 개인의 정치적 행위가 등장하는 계기를 사회적 공간 위에서 표현할 수 있도록 해주는 개념인 바, 다차원적 공간으로 사회현상을 분리하여 개인들의 행위결정과 표현이 다양한 요인들에 의해서 결정되고 있다는 사실을 보여준다(Bourdieu, 1979 참조).

10 예를 들어 한국의 지역주의 구도가 현재 민주당과 한나라당을 두 축으로 하는 여/야의 대립구조로 재편되고 있다는 것이 일반적인 평가이다(최영

밀한 언어적 효과가 동원된다. 보통 일반 유권자들은 정치권에서 등장하는 전문적인 용어나 입법현황에 대해 문외한으로 남아 있는 경우가 대부분이어서, 그들이 정치적 사안에 능동적으로 참여하기보다는 기성의 의견들 중에서 그들에게 적합한 것으로 보이는 정치대안들을 선택하는 경우가 보다 일반적이다. 이때 일정한 정책대안들은 정치인이나 정당의 정책보좌관들이 만들어 놓은 세계관에 근거하지만, 일반 유권자들은 그 이데올로기적 함의를 파악하지 못한 채 정당이나 정치인이 내놓은 정치적 상품에 자신의 결정을 일임하게 되는 경우가 많다. 이를 두고 정치가와 유권자들 사이에 '허위의 동일시' 현상이 존재한다고 말할 수 있다. 한국정치에서 병리적 현상으로 거론되는 지역주의 문제에는 바로 이러한 효과가 작동한다. 그 대표적 예가 마치 김대중이라는 인물이 호남주민들의 이해관계를 대변할 것이며, 나아가서는 기존의 정치질서를 위협할 인물로 묘사했던 경우이다.

한편 한 정치가가 정치권에서 생존하기 위해서는 일정한 정신구조와 세계관에 길들여져야만 한다. 학자들은 종종 현실 정치가들에게 획기적 사고와 진보적 정책들을 기대하지만 이것은 정치의 논리를 충분히 이해하지 못한 미숙한 학자들의 바람일 뿐이다. 정치의 장에 진입하는 인물은 일정한 진입장벽을 넘어서야 하며, 그 이후에도 일정한

진, 2001; 조성대, 2001). 민주노동당과 같은 진보주의 정당의 정강정책이 정치권의 주류담론을 형성하지 못하는 까닭은 한국정치의 구조 속에 일정한 담론을 차별적으로 배제하고 통제하는 독특한 메커니즘이 존재하는 것으로 유추해 볼 수 있다. 다시 말해 한국의 국회의원 선거라는 것이 지역주민의 대다수를 대변하는 인물을 선출하는 것으로 인정된 정치의 관문이라고 할 때, 지역구의 국회의원의 발언과 행위는 이른바 사회적 주류를 대변하는 것으로 정당성을 획득하게 된다. 이때 그가 발의하지 않은 입법이나 정책들은 '주류의 이해' 관계에서 자연스럽게 배제되어 특수한 사회적 이해관계의 한 부분으로 남아 있게 되는 것이다.

학습논리와 세계관의 훈련을 거치는 것이 일반적이기 때문에 한때 대단히 진보적 사회운동 경력을 가진 인물이라고 하더라도 일단 정치에 입문하면, 자신의 개인소신은 거대한 정치구조의 게임논리에 매몰 당하게 된다. 그람시의 표현을 빌면, 한국정치에는 일정한 지배블록이 형성되어 있고, 그 안에는 지배블록을 떠받치는 '정당한' 이데올로기가 존재하는 것이다.[11]

이러한 맥락에서 보면 한국정치에서 유럽과 같은 다양한 이념적 스펙트럼을 갖는 정책정당이 출현하지 못하는 이유가 우리사회가 진보사상의 맹아를 자생적으로 발전시키지 못했다거나, 시민사회의 정치적 요구가 미숙해서가 아니다. 차라리 한국정치의 진입장벽을 이루고 있는 게임의 법칙이 전형적으로 일 대 일의 전투적 구도를 이루고 있기 때문이라고 보아야 한다. 즉, 다양성의 이념적 편차를 인정하는 다면게임이 아니라 나/적 이라는 양면게임의 논리가 한국정치를 지배하고 있는 규칙인 것이다. 이러한 논리를 조금 더 확대하면 2002년 대통령

11 예컨대 과거 한나라당의 이부영과 같은 정치인은 사실 그의 정치경력으로 보아 대단히 진보적 성향을 가진 인물이라고 생각할 수 있으나 실제로 그가 정치무대에서 제시하는 정책이나 발언들은 한국정치현실에서 개혁적인 것으로 평가하기는 어렵다. 그가 통일한국당의 분리과정에서 한나라당에 잔류할 수밖에 없었던 사실 자체가 바로 한국의 정치구조에는 정치노선을 두고 다양한 선택을 할 수 없는 한계가 존재한다는 점을 웅변한다. 또한 정치가의 정치적 정체성이 그가 가진 이념적 기반과 개인적 소신을 근거로 하기보다는 거대한 정치게임의 논리가 부여한 행위규칙에 지배받고 있다는 점을 말해주는 것이다. 이렇게 보면 이회창과 김대중을 중심으로 하는 당 대 당의 대결구도는 나의 존재가 인정되기 위해서 필요한 타자의 역할과 같은 것이다. 물론 김대중과 비교하여 이회창이라는 인물이 경험했던 삶의 여정이 보다 보수적 성향을 갖는다는 것은 인정하지 않을 수 없지만, 오늘날 한나라당 내에서 이회창이 내세우는 정책들이 민주당과의 차별성을 통해서 유지될 수 있으며, 나아가 정치적 대권을 확보할 수 있는 길은 바로 김대중에 대한 반대를 통해서 가능해지기 때문이다.

후보를 위한 민주당 내의 대선 경선주자들 사이에서 드러나는 정치적 이념과 이미지의 차별양상마저도 일정한 구조적 틀 안에서 보이는 미소한 차이정도로 의미가 축소된다. 정치적 대권을 두고 그들 사이에서 벌어지는 경선이란 정치사회적 관점에서 보면 결국 상징적 지배의 독점권을 두고 벌이는 투쟁과 같다. 이른바 일곱 마리의 용 중에서 어떤 인물이 정치적 대권고지에 오르더라도 한국정치의 게임의 법칙을 바꾸기에는 한계가 있는 것으로 보인다.

둘째, 정치적 장이란 개념을 통해서 정치현상이 다른 종류의 사회적 현상과 밀접히 연계되어 있다는 점을 간파하는 것이 중요하다. 이것은 알튀세의 중층적 결정논리에서 쉽게 유추될 수 있는데, 사회현상이란 다양한 심급 간의 불균등한 조합에 의해 형성되는 균형점과 같다. 우선 지역투표의 성향을 정치에서 일정한 의견의 형성과정이라고 정식화해 본다면, 이러한 의견의 생산양식은 몇 가지 서로 다른 장의 논리와 맞물려 있다. 다시 말해 정치적 의견을 생산하는 가장 핵심적인 장소는 역시 정치적 장이라고 할 수 있겠지만, 그 외에는 언론의 장, 교육의 장, 문화의 장 등이 그 영향력을 동시에 발휘하고 있다. 이것은 일종의 정치적 의견의 공급측면이라고 말할 수 있으며, 여기서는 지식인들의 역할과 활동배경이 대단히 중요하게 작용한다.

우선 정치적 장과 언론의 장의 연관성에 대해서 검토해 보자. 신문이나 방송에서 정치담당 프로그램에 종사하는 전문가들은 사건의 보도나 시사토론을 구성하면서 중요한 정치적 사안을 결정하게 되는데, 이것 자체가 정당한 정치영역의 범위를 결정짓는다. 이때 미디어는 다양한 시민단체의 의사를 걸러내는 작용을 하면서 자연스럽게 언론의 장을 관장하는 지배블록의 이데올로기를 공고히 하게 된다. 하버마스가 기대했던 '공공영역'이란 이제 허울뿐인 영역이 되었고(트랜드, 2001: 34), 거대한 기업과 자본의 논리가 지배하는 언론의 장은 다양한 테크놀로지의 발달에도 불구하고 시민 개개인들을 능동적 참여자로 만들지 못하고 있다. 언론의 장이 공공영역의 기능을 수행하지 못하는 구조적 비리는 시장점유를 두고 벌이는 경쟁 탓이다. 방송이나 언론이 제시하는 사건기사와 해설기사는 이른바 '돌고 도는 방식'에 매몰되어 있으며, 이로 인해 언론사 간의 차별성은 사라지고, 모든 정보나 의견이 균등화된다. 사실 한국의 언론사 기자들은 비슷한 학력배경과 출신배경 등을 가지고 있으며, 그들 사이에도 친밀한 교류관계를 유지하는 것이 보통이다. 다시 말해 언론의 장은 대단히 폐쇄적인 회로에 갇혀 있으며, 이로 인해 정치의 장을 견제하는 역할보다는 정치적 장이 만들어 낸 통념을 유포하고 재생산하는 기능에 머물고 마는 경우가 많다.[12]

여기서 언론의 장과 정치적 장의 상호역학에 대해서 지적할 점이 있어 보인다. 조기숙(2000)이나 김만흠(1997)은 언론의 보도양태에 대해서 대단히 비판적 자세를 취하면서, 지역주의를 심화시킨 주범이 바로 언론의 보도태도라고 말한 바 있다. 그런데 필자는 여기서 언론의 장에서 생산되는 의견의 양식들이 일정 부분 정치적 장의 투쟁의 논리와 밀접하게 연결되고 있다는 사실을 강조하고 싶다. 언론에 제공되는 담론의 형식이란 결국 정치적 장이나 학문의 장에 소속된 정당의 정책

12 또한 시사프로그램에 출현하여 한국정치의 병리적 현상을 진단하고 처방하는 지식인들의 역할은 정치의 장과 언론의 장의 연계성을 분석하는 데 빼놓을 수 없는 부분이다. 일단 토론 프로그램에 자주 등장하는 '단골손님'들이 갖는 언어적 한계를 지적해 보자. 그들은 세계를 해석하는 일방적 언어를 가진 사람임에도 불구하고 그들이 시사토론에서 말하는 내용은 시청자들에게 보편적인 것으로 받아들여지게 된다. 이들이 사용하는 전문가적 식견은 일반대중에게 현실정치에 대한 고정한 세계관을 만들어낸다. 그런데 토론 프로그램의 참여자들에 대한 입장과 해석이 자기강화의 논리에 의해서 지속적으로 재생산되고 있다는 사실을 일반대중들은 미처 인식하지 못하고 있다.

전문가들이나 교수들이 장악하는 경우가 대부분이다. 한국에서 정당 간의 위치와 차별성은 진보와 보수라는 이념적 실체로 구분되기보다는 정치적 파벌들이 자신의 목표를 달성하기 위해 필요한 입지를 확보하려는 일종의 자리싸움과 연결되어 있다. 또 여기에서 지식인들은 자신들이 가진 문화적 자본과 영향력을 정치적 자본으로 전환하려는 무의식적 노력을 기울이게 된다. 한국의 지역주의적 문제틀과 담론들이 끊임없이 재생산되는 메커니즘이 바로 이것이다. 다시 말해 비록 수많은 지식인과 정당인들이 지역주의 타파를 구호로 내세움에도 불구하고, 정치적 의견의 생산양식을 발생론적 구도에서 볼 때는 지역주의 담론 구도가 여전히 지속되는 것이다.[13]

마지막으로 문화의 장과 관련하여 여론조사의 과정에서 발생하는 부정적 효과에 대해서 분석해 보도록 하자. 노병만의 연구(1998)에서 지적되듯이, 여론조사방법의 문제가 오히려 지역감정을 부추기는 효과가 있다는 점을 인식해야 한다. 그의 직관에 따르면 여론조사의 설문들에 의한 지역갈등의 원인분석은 존재하지도 않는 지역감정과 지역갈등을 존재하는 것으로 여기게 만들고, 여기에다 감정적 근거까지 제시하여 오히려 지역감정이나 지역갈등을 조장하는 역할을 했다는 평가

---

13 아마도 그 대표적인 예가 황태연(1994)의 작업이다. 그는 호남세력을 중심으로 기타 지방의 소외된 민중들이 저항적 연대를 형성하여 정권의 수평적 교체를 이루어내는 것이 지역주의 병폐를 해소할 수 있는 해법이라고 제시한 바 있다. 또 텔레비전 방송에도 자주 출연하여 대단히 급진적인 발언을 한 바 있지만, 그의 정치적 의견은 여전히 지역주의 구도 안에서 빠져나오지 못하고 있다. 이렇듯 지역주의 타파를 외치는 지식인들의 담론이 여전히 지역주의구도에서 빠져나오지 못하는 근본적 이유는 학문의 장과 정치의 장의 연계점에서 지속적으로 반복되는 언어의 재생산 메커니즘이 존재하기 때문이다. 따라서 진정한 지식인의 역할은 바로 이와 같은 불공정한 언어의 재생산 구조를 타파하는 데 있다고 하겠다.

이다. 이 점은 여론조사를 통해서 공공여론을 파악하겠다는 현대 민주주의의 이념적 근거에서 보면 치명적인 지적이다.

다시 말해 여론조사야 말로 개인적 감정과 정향으로 잠재해 있던 지역감정에 대한 평가가 본격적으로 현실에 발현하는 매개체이며, 따라서 지역주의 성향도 개인의 무의식의 수준에서는 분명하게 파악되지 않고 있다가 여론조사를 계기로 정치적 의견으로 자리 잡을 수 있다. 이것을 일명 '문제틀의 강압효과'(Champagne, 1996: 110)라고 부를 수 있을 것이다. 예를 들어 여론조사의 질문지에 '당신은 한국정치가 지역주의 성향에서 자유롭다고 생각하십니까?', '현재의 관료 기용은 공평한가?', '현재의 지역발전은 균등한가?'라는 문항들은 개별 조사대상들에게 이미 일정한 정치적 의사를 강제적으로 주입하는 효과를 발휘하고 있다.

지금까지 살펴본 정치적 장과 연계된 언론, 학계, 문화의 장의 상호관계를 통해서 우리는 정치적 의견의 생산이 몇몇 정당정책가나 지식인들의 의도적인 노력으로 이루어지기보다는 서로 다른 장들의 역학관계를 통해서 재생산되고 있다는 점을 확인했다. 그런데 지역주의 성향을 타파할 수 있는 방법으로 대다수의 학자(손호철, 1999; 조기숙, 2000)들이 새로운 정책적 대안이나 진보성향의 정강정책을 마련해야 한다고 강조했는데, 이러한 장의 논리에서 보면 정치적 대안의 산출과 유포라는 것이 사회구조적 문제와 연결되어 있기 때문에 이들 학자들의 해법이 새로운 차원에서 재해석되어야만 할 것이다.

2) 개인적 차원

사회적 장 안에서 활동하는 개인들의 행위는 두 가지 계기에 의해서 결정된다. 하나는 계급적 위치(공간)이며, 다른 하나는 삶의 궤적과 미래에 대한 예측(시간)이다. 이것은 두 가지 분석상의 함의를 갖는다. 첫째는 개인의 행동을 규정하는 기본 요인은 역시 물질적 기반이겠지만, 지금까지 통념적으로 사용된 경제적 토대를 기반으로 한 계급 개념을 통해서 한국의 지역주의 성향을 설명하는 것에 한계가 있다. 따라서 계급과 투표행위의 상관관계를 설명하기 위해서는 문화론적 접근방법이 필요하다. 둘째는 개인의 행동이 고정된 시점에서 작동하는 계산적 합리성에만 근거하기보다는 한 사회구성체가 전통적으로 가지고 있는 문화적 가치들에 개인들이 노출되어 있다는 점이다.

우선 개인행동의 기반을 전적으로 물질적 근거로 환원시킬 수 없는 이유와 이에 대한 대안으로 문화론적 접근법이 갖는 학문적 의미에 대해서 고찰해 보자. 한국의 지역주의 성향을 분석하는 논문에서 가장 두드러진 특징은 투표행위에서 계급관계와 지역주의 성향을 서로 대립적인 것으로 파악하려 한다는 점이다. 즉, 지역주의를 탈피하여 바람직한 형태의 투표성향을 보이는 것이 바로 계급적 투표나 진보-보수의 대립구도를 통해 투표결과가 나오는 것이라고 생각하는 경향이다(김원동, 1999; 조성태, 2001). 김원동은 1987년 대통령 선거에 대한 통계를 토대로 영남에서 김대중 후보에 대한 지지경향을 계급별로 순위를 정해보면 신중간 계급의 상층에서 가장 높았고, 이어서 노동자 계급 상층, 신중간 계급의 하층, 프티 부르주아지, 노동자 계급 하층의 순으로 나타난다고 해석하고 있다(김원동, 1999: 302). 또 1997년 대선에서 이회창 후보가 서울에서 1위를 차지한 지역은 부유층의 밀집지역이었는 데 반해, 김대중 후보는 성남시내의 구시가지인 수정구와 중원구에서 압도적 지지를 받은 것으로 조사되었다. 이를 근거로 유권자들의 투표성향이 지역주의적 특징을 넘어서 계급투표의 단초를 보인다고 해석하고 있다. 그럼에도 불구하고 한국의 대통령 선거는 계급주의 성향보다는 지역주의적 특색이 압도적이라고 하면서, 그는 그 원인을 과거 한국의 정치구조가 반공으로 무장한 권위주의 정권 아래서 이념정당이나 계급정당이 뿌리내릴 수 없었기 때문에 이에 대응하여 한국의 유권자들의 정치적 정체성이 계급적 기반을 확보할 수 없었다고 말한다. 이것은 지역주의 투표성향을 근대화론의 입장에서 설명하려는 대다수 학자들의 견해와 일치하는 것으로 한국정치학의 주류라고 할 만하다.

그런데 여기서 필자는 과연 계급의 구성조건이 무엇인가를 묻고 싶다. 위에서 김원동이 사용한 계급분석모델은 경제적 소유관계를 기초로 하는 것으로 보이는데, 이처럼 계급을 생산양식의 틀 안에서만 생각한다면 지역주의 투표성향의 배면에 놓인 계급적 행동원리에 대해서는 다소 소홀한 감이 없지 않다. 즉, 계급에 대한 개념정의가 달라져야 한다. 물론 맑시즘의 틀 안에서 강조되는 경제적 생산관계와 그로부터 유래하는 자본의 총량이 계급을 결정하는 주요변수라는 사실을 부인할 수는 없다. 상식적 수준에서 보더라도 한국사회에서 여전히 소득의 격차가 계급의식의 차이를 만들어내고, 이를 통해서 진보와 보수의 이념적 성향이 구분된다.

그러나 여기에 첨가되어야 할 설명요인은 개인이 계급적 정체성을 획득하는 계기에는 경제적 소유관계를 넘어서 일상생활에서 반복적으로 등장하는 삶의 양식과 경험, 그리고 실천의 양식들이 존재한다는 사실이다. 첫 번째 요인을 맑시즘의 전통 위에서 경제적 토대와 관련지을 수 있다면, 두 번째 요인은 베버적 전통을 이어가는 문화적 요인이다. 문화적 요인으로 중요한 기관은 계급적 세계관과 인식틀을 규정하는 학교이다. 현대 자본주의 사회에서는 신분의 결정이 임금의 차이에서 직접적으로 연유하기보다는 비경제적 자본의 형태를 띤 사회적 배경이나 졸업장 등과 같은 이른바 문화자본(혹은 상징적 자본)으로부터 유래한다. 더구나 정치투표행위를 결정하는 것이 소득보다는 학교교육과 같은 문화자본의 논리와 밀접하게 연결되어 있다는 연구가 일반적 사례로 인정받고 있다(에더, 2000; 김왕배, 2001). 이러한 연구성과에 근거해 보면 이제 계급의 사회적 존재는 표면적으로 드러난 계급의식에서 확인될 수 없다. 그것은 단지 계급행위의 문화적 부호화에 의존하고 있을 뿐이다.

따라서 계급의식 대신에 계급 아비투스라는 개념을 사용할 필요가 있다(홍성민, 2000a). 계급 아비투스란 개인들의 사회적 행위가 집합적 무의식의 수준에서 이루어진다는 사실을 보여준다. 좋은 것/나쁜 것, 정당한 것/정당하지 못한 것과 같은 사회적 가치의 분류체계가 개인들의 사회화과정에서 개인들의 무의식에 각인되어 있고, 이것이 계급정체성의 획득과정에서 문화적 자본으로서 큰 역할을 한다. 만일 한국 지역주의 투표성향을 이러한 관점에서 보면 이미 상당한 정도의 계급적 특성을 보인다고 평가할 수 있다.

좀더 부연설명하자면, 문화자본이란 가족이나 교육체계에 의해서 전수되는 말투나 몸짓 등과 같이 인간의 육체 위에 각인된 습관 등이 사회적으로 인정받는 정도에 따라 누릴 수 있는 혜택을 의미한다. 그런데 문화자본이 결여된 계급들은 자신의 소외현실을 인식하지 못하는 경우가 많다. 이것을 두고 바로 자본주의 사회 안에 내장된 상징적 지배의 특성이라고 말할 수 있다. 이로 인해 문화자본의 견지에서 소외계급으로 분류될 수 있는 사람들의 정치적 행동에서 계급투쟁의 가능성이 상실되는 경우가 종종 있다. 지역주의 성향을 심리적이거나 문화적 차원에서 설명하면서 이것을 경제적 변수와는 무관한 것으로 해석하는 연구들은 종종 계급적 정체성을 개인의 내면적 요인으로만 생각하는 경우가 있는데, 이로 인해 사회의 불평등 구조가 어떻게 개인의 세계관과 가치관을 왜곡시키는가에 대한 통찰은 사라지고 만다(민경환, 1991; 나간채, 1991).

따라서 계급개념을 새롭게 정의하면서 포괄적인 문화적 요인이 계급적 행위성향과 깊은 연관성을 가지고 있다는 사실을 인식해야 한다.

흔히 우리사회의 결혼풍습이나 취업조건 중에서 일정지역의 사람들을 배제하는 경우가 있는 것처럼, 개인이 가지고 있는 문화적 행동습관들은 곧바로 사회적 효용과 연결되고 있다는 사실을 지역주의 투표연구에서도 염두에 두어야만 한다. 이렇게 보면 한국 지역주의 투표성향이 경제적 계급기반과는 크게 유리된 채 심리적 기제에 의해서 좌우된다고 생각하는 것은 대단히 편협한 논리다.

지역주의 투표현상의 근저에는 분명 경제적 불평등에 대한 개인적 혹은 집단적 인지가 존재한다. 그러나 여기서 한발 더 나아가 계급 아비투스라는 관점에서 지역주의 현상을 바라보면 여기에는 개인들이 자신들의 불평등을 명백히 설명할 수 없는 인식 일관성의 결여상태가 중요한 작동원인으로 남아 있음을 알게 된다. 이러한 관점에서 한국의 지역주의 투표는 서구에서 하층노동자들이 보수화되는 현상과 일맥상통한다. 즉, 지역주의는 자신의 계급적 기반에서 포착할 수 없는 목표상실과 함께 세계관의 전도현상과 일정부분 궤를 같이 한다.[14]

결론적으로 개인의 계급적 위치는 경제자본의 총량과 문화자본의 비율에 따라서 결정된다. 자본의 총량이 높아감에 따라서 보수성향을 보이고 그 반대의 경우에는 진보성향을 보이는 것이 서유럽의 경우 일

14 예를 들어 상식적인 수준에서 호남주민들의 지역주의 투표가 장기적으로 타 지역주민들의 반호남적 정서를 유발할 수도 있을 것이라는 합리적 고려나, 지역전체의 집단행위가 반드시 개인들의 이해관계를 충족시키지 못할 것이라는 합리적 선택론의 비판적 시각들이 이론적으로 가능함에도 불구하고, 여전히 정치현실에서 반이성적이고 열정적인 지역주의 투표성향이 지속되는 까닭은, 인지불평등으로 작동하는 계급 아비투스가 더 큰 영향력을 발휘하기 때문이라고 유추해 볼 수 있다. 개인적 수준의 합리성보다는 비합리적인 집단적 무의식(아비투스)이 개인들의 계급적 정체성을 결정하며, 이로부터 지역주의라는 정치의견이 발현되는 것이다. 이때 인지불평등을 야기하는 계급 아비투스의 존재는 경제와 문화가 중첩되는 정치적 정체성을 형성하고 있는 것이다.

반적 사례라고 할 때, 한국의 경우 자본의 총량이 낮은 계급임에도 불구하고 (예를 들어 도시의 노동자나, 비호남권의 하층 프롤레타리아) 그들의 투표행위가 여전히 보수성향으로 나타나거나 혹은 지역투표의 형태를 벗어나지 못하는 이유는 경제자본과 문화자본의 비율을 통해 그들의 계급 아비투스를 추적하는 가운데서 일정부분 설명된다. 따라서 개인들의 정치행위는 표면적(경제적)으로 보이는 객관적 위치와는 전혀 다른 행동양식을 보일 수 있다. 예컨대 황태연은 경상도 일부지역을 제외한 한국 소외지역의 민중들이 쉽게 저항적 연대를 이룰 수 있을 것이라고 생각했지만, 이것이 가능하지 못한 이유를 바로 계급적 위치와 자본의 총량에서 문화적 자본의 비율이 높다는 사실에서 찾을 수 있다. 즉, 자본의 구성비율 중에서 경제자본보다 문화자본의 비율이 높은 경우, 한 개인이 갖는 문화자본의 박탈감이 무의식적으로 지배블록의 이데올로기에 자신의 행동을 맞추도록 이끄는 이른바 부정적인 지배효과(인식 일관성의 결여)로 작동할 때, 민중계급의 연대는 현실정치에서 대단히 어렵다.

일반적으로 개인이 내리는 정치적 의사결정은 자신이 점유한 계급적 위치와 세계관의 표상이라는 이중구조로 이루어진다. 관찰자에게는 객관적으로 점유된 위치가 명쾌하게 보일지 모르나, 한 개인이 계급적 관점에서 가지고 있는 정치적 표상이 현실과 어느 정도 괴리되고 있는가는 쉽게 포착되지 않는다. 이러한 관점에서 볼 때 전국적 규모의 민중연대가 불가능한 원인을 계급적 허위의식 탓으로 돌릴 수는 없다. 이것은 바로 계급구성의 경제적 논리와 문화적 논리가 중첩되고 있다는 사실을 망각한 채 지역주의를 심리작용과 같은 상부구조적 요인으로 생각하는 전형적인 사례이다.

둘째로 이러한 논리의 연장선상에서 개인의 계급적 위치는 시간의 흐름 속에서 분석되어야 한다. 지역주의 성향과 관련해서 상당수의 연구가 한국 지역주의의 역사를 점검하는 것은 이러한 맥락에서 분명 타당하다. 합리적 선택론이 제시하듯이 한 개인의 정치적 의사결정과정을 주어진 한 시점으로 고정시켜 합리성의 여부를 논하는 것은 인간행동의 근본적 작동과정을 충분히 이해하지 못한 이론적 오류라고 하겠다. 인간의 기억이란 집단의 공동체의식이 형성되는 데 대단히 중요한 요인이다. 1980년 당시 광주에서 민주화운동을 경험했던 사람들의 기억들이 그들의 정체성 형성에 엄청난 영향력을 행사했을 것이라는 점은 더 이상 거론할 필요가 없다.

다만 한 가지 필자가 여기서 지적하고자 하는 것은 계급정체성의 형성과 관련하여 자본의 총량이나 경제자본과 문화자본의 구성비율이 시간에 따라 쉽게 변하는 것과는 별도로 개인이 갖는 계급 아비투스의 변화는 대단히 느리게 진행된다는 점이다. 이러한 사실은 특히 중간계급의 정치행동을 해석하는 데 대단히 중요하다. 예를 들어 과거 하층계급에 속하던 자가 자본의 총량이 증가해서 현재 신중간계급으로 분류되는 경우와 상층계급에 속하던 자가 쇠락하여 현재 중간계급의 수준으로 포착되는 경우의 두 가지 사례가 있다고 할 때, 통계자료에서 이 둘은 모두 중간계급으로 분류되겠지만, 그들이 가진 정치적 세계관과 행동에는 무시할 수 없는 차이가 존재한다. 가령 하층계급에서 중간계급으로 이동했던 사람의 경우 그가 과거에 가졌던 계급 아비투스가 대단히 진보적이었다면 현재 중간계급으로 객관적 위치가 변화했더라도 여전히 과거와 유사한 정치적 행태를 보일 것이고, 반면에 상층부에서 중간계급으로 하락한 사람의 경우에는 현재 그가 처한 객관적 상황이 현실정치에 대해서 보다 저항적인 자세를 갖도록 만들 것임에도 불구하고 과거의 기득권 세력에서 길들여졌던 보수적 계급 아비투스가 남아 여론조사나 투표행위에서 대단히 보수적 행태를 나타낼 수 있을 것이다.

여기서 만일 자본의 총량 중에서 문화자본의 비율이 높아지는 경우를 고려한다면 계급의 정치적 행동을 일반화하기란 사실상 불가능하게 된다. 왜냐하면 문화자본이란 속성상 시간의 흐름 속에서 인정된 사회적 가치를 기반으로 하는 것이므로 경제적 지표에서 비록 하층계급으로 분류된다고 할지라도 자신의 계급적 성향은 대단히 보수적으로 나타날 수 있기 때문이다. 수도권 중심의 이른바 과거 명문가문 출신의 지식인들 중에서 이러한 현상의 단면을 보이는 경우가 종종 있다. 그들이 비록 경제자본의 기준으로 보면 하층계급으로 분류되겠지만 그들이 소유한 문화적 자본은 자신들이 스스로 느끼는 계급적 정체성을 통계수치보다 훨씬 격상시킬 수 있기 때문에, 일반 하층계급(총자본이 적을 뿐만 아니라, 총자본 중에서 문화자본의 비율 역시 낮은 계급)과 비교하여 현실정치에서는 대단히 보수적으로 나타날 수 있다.[15]

15 계급의 정체성과 정치행위의 관계를 이처럼 시간의 궤적이라는 틀 속에서 새롭게 바라보는 경우 중간계급의 정치적 잠재력에 대해서 그동안 긍정적으로 평가했던 연구들은 심각한 타격을 받지 않을 수 없다. 한상진의 중민이론이 그 대표적인 예인데, 그의 주장에 따르면 중간계급이란 한국의 경제발전에 힘입어 점차 하층계급으로부터 새롭게 성장하는 계급이며, 갈등하는 정치적 의견에 대하여 광범위한 타협과 종합이 가능한 계급범위로 간주된다. 그리고 한국사회에는 점차 중간계급의 범주가 확대되고 있다. 이들은 대체로 미래에 대하여 진보적이고 개혁지향적인 성향을 갖는다고 파악하면서, 한상진은 이들이 한국사회를 이끌어 가는 주체세력이 된다면 오늘날의 지역갈등의 문제도 상당부분 진전을 이룰 것이라고 예단한 바 있다(한상진, 1991a, 1991b). 그러나 과연 한국사회가 거쳐 온 지난 10년이 한상진의 예상처럼 중간계급의 확대에 따라 현실정치에 새로운 변혁의 움직임이 있었는가라는 점에 필자는 의문을 갖지 않을 수 없다. 필자는 예견과 현실사이에 노정된 불일치의 근본원인이 중산층에 대해서 한상진이 걸었던 성급한 기대감에 있다고 본다. "한국의 중산층이 과연 보수적인가?"(1987)라는 논문으로 기존의 계급연구에 큰 도전을 했던 그의 논리에는 위에서 필자가 지적한 계급구성의 시간적 궤적과 그로부터 유래하는 계급 아비투스에 대한 고려가 충분하지 않았던 것이다. 사실 그의 이론 뒤에는 하버마스의 철학적 이성주의에 대한 강고한 믿음이 존재했다. 만일 그가 분석하고 처방했던 한국사회에 대한

결국 지역투표행위와 중간계급의 사회적 속성을 연관시킨 좀더 철저한 연구조사가 이루어져야만 한다. 그런데 앞으로 수행될 연구과정을 염두에 두면서 IMF 이후 한국사회의 계급구조가 새로운 지형변화를 경험하고 있다는 점을 언급할 필요가 있다. 그 특징 중에서 주목할 만한 사실은 첫째, 중간계급이 점차 상실되며, 둘째, 개인들의 계급화 과정이 과거와는 다른 양상을 보인다는 것이다. 첫 번째 특성은 자본주의의 병리적 현상과 관련된 것인 만큼 한국사회에만 독특하게 나타나는 것은 아니지만, 두 번째 특성은 개인들이 정치적 의견을 갖는 방식이 바뀌어 간다는 점에서 새로운 연구주제가 될 만하다. 벡(2000)의 용어를 빌려서 표현하자면, 2차적 개인화 과정이 진행중이며, 이것은 한국의 지역주의 성향을 계급적 관점에서 연구하는 데 있어 놓칠 수 없는 사회적 변수라고 하겠다.

지금까지 설명된 내용들을 도식으로 나타내 보면 〈그림 7-2〉와 같다. 〈그림 7-1〉은 강명구(1993)가 정리한 것을 인용한 것이고, 〈그림 7-2〉는 필자가 지금까지 설명한 내용들을 모델화해 본 것이다. 우선 합리적 선택론과 구조주의 접근법(이 논문에서는 비판이론에 해당한다)에 대한 분석상의 결함은 이 논문의 설명과정에서 드러났을 뿐만 아니라, 〈그림 7-1〉에서도 이러한 방법론적 한계가 잘 나타나고 있다. 다만 강명구가 내세운 사회공간상의 모델과 필자의 발생론적 접근에 대한 비교가 이루어져야 할 것이다. 우선 강명구 자신도 기든스류의 구

학문적 시도가 하버마스의 이성적 기획에 그대로 의존한 것이었다면, 계급행동에 대하여 심층적 분석을 하기보다는 변혁의 논리에 지나치게 낙관적이었다는 비판을 피하기 어려울 것이다. 물론 이것은 한상진에게만 국한되는 것은 아니다. 김원동(1999), 조성대(2001) 경우처럼 한국정치학자의 대부분이 암묵적으로 중간계급을 정치적 변혁을 이루어 낼 잠재력을 가진 계급으로 간주하고 있지만, 이것은 검증되지 않는 대단히 위험스러운 통념이다.

〈그림 7-1〉 지역주의에 대한 기존의 모델

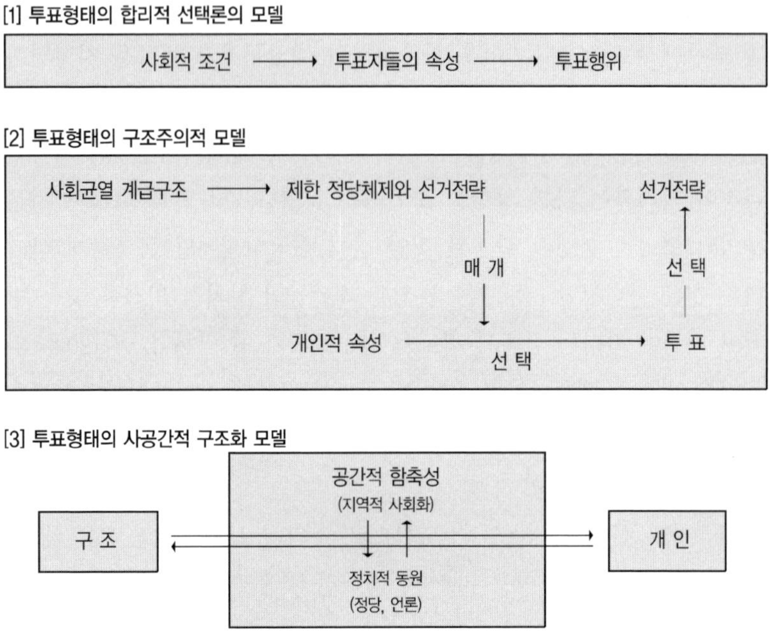

조화이론과 신그람시적 시각을 종합하여 한국의 지역주의 성향을 분석하겠다고 공언했다는 점을 감안한다면, 그의 문제의식이 주체와 구조의 변증법적 종합을 이루려는 의도에서 출발했다고 평가될 수 있다. 이러한 맥락에서라면 필자의 작업과 거의 동일한 목표점을 가지고 있는 것으로 보인다. 다만 필자가 제시한 이론적 모델은, 모델의 유용성에 대해서 강조해 본다면, 강명구가 제시한 모델과는 달리 주체와 구조가 서로 상호작용하는 과정이 보다 정교하게 설명되고 있다. 또 주체와 구조가 각기 자신의 영역에서 서로 다른 심급의 논리와 복합적으로 연계되고 있음을 밝혔다는 점에서 한국의 지역주의 성향에 대한 총체적인 설명에 한걸음 다가섰다.

한편, 위에서 최영진의 작업에 대하여 제기된 비판점을 이 자리에서

〈그림 7-2〉 지역주의에 대한 발생론적 접근

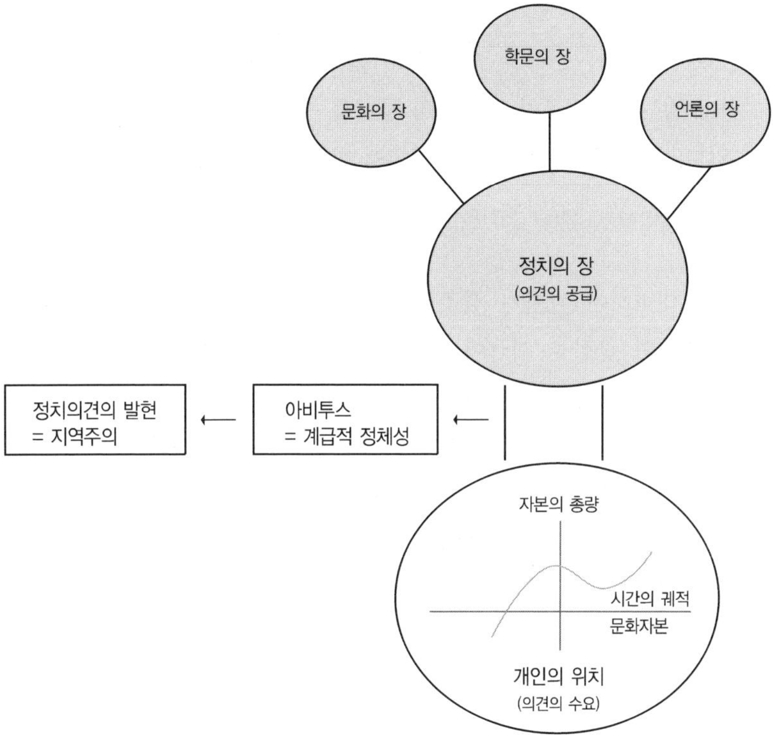

간단히 정리해 보자. 필자는 그가 한국의 지역주의 성향을 연구하기위해 방법론적으로 주체와 구조의 변증법적 종합을 시도했으며, 그 과정에서 정치적 정체성 형성과정이 분석의 단위로 등장할 필요가 있음에 착목한 사실에 동감을 표시했다. 이것은 지금까지 한국에서 발표된 연구결과와 비교할 때 대단히 발전된 이론적 성과를 이룬 것이다. 그럼에도 불구하고 그가 정체성 형성과정을 설명하는 데 일관된 태도를 유지하지 못했다는 것이 치명적인 한계였다. 이제 필자는 계급 아비투스라는 개념을 동원하여 최영진이 혼동했던 부분을 보다 명쾌하게 해결했다고 평가하고 싶다.

그는 정치적 정체성을 '개인과 외부세계와의 관계설정으로부터 비롯되는 자의식'(1996: 54), 또는 '집단적으로 공유하는 이해와 정서의 응축으로서 우리가 누구일 수밖에 없다는 운명공동체 의식'(1996: 142)이라고 정의내림으로써 정체성의 문제를 주체 중심적 시각에서 강조하고 있다. 이것은 분명 주체와 구조를 종합해야 한다는 방법론적 기치에도 불구하고 개인만을 강조하는 환원주의의 함정에 다시 빠져버린 것이다.

이와 대비하여 필자가 강조하는 계급 아비투스는 개인의 자의식이라는 주체의 관점을 계급이라는 사회적 토대의 요인과 연결함으로써 이러한 환원주의를 벗어나고 있다. 정치주체의 행위가 개별적 수준에서뿐만 아니라 집단적 차원에서도 이루어질 수 있는 가능성을 포착하고 있다는 점에서 거시-미시의 연계를 정확히 수행하고 있다. 이렇게 보면 정치적 정체성이란 개인의 자의식으로 대표되는 정신적 표상일 뿐만 아니라, 객관적 이해관계를 포함하는 물질적 근거로 존재한다. 즉 계급 아비투스가 바로 정치적 정체성의 근원이다. 〈그림 7-2〉에서는 이러한 부분의 설명들이 잘 나타나고 있다. 그런데 계급 아비투스가 형성되는 계기에는 문화적 요인과 시간의 궤적이라는 분석단위를 통해 개인의 자의식 형성과정이 충분히 반영되고 있으며, 사회구조적 측면에서는 정치의 장에 부과되는 사회권력의 지배요인들과 이에 추종되는 계급이해의 논리가 충실히 반영되고 있다. 따라서 계급 아비투스라는 개념을 통해서 '사회적 요인의 내재화'와 '개인의식의 외면화'라는 정체성 형성의 이중구조가 충실하게 설명되고 있는 것이다.

5. 결론

그렇다면 과연 지역주의는 어떻게 극복될 수 있는가? 사실 이 논문은 지역주의 현상을 분석하기 위한 모델을 구축하는 것이 목표였기 때문에 지역주의에 대한 구체적 대처방안을 제시하는 부분에 대해서는 상대적으로 소홀했다. 지금까지 이루어진 학문적 연구 속에서 이미 한국정치가 지향해야 할 바가 대부분 언급되었다고 보기 때문에, 구태여 비슷한 내용을 반복하는 것이 무의미하다고 생각한다. 그러나 이 글을 마무리 하는 자리에서 기왕의 논의와는 색다른 차원에서 필자의 개인적 생각을 간단하게 정리할 필요가 있을 것 같다.

이 글에서 필자는 한국의 지역주의를 정치적 장으로부터 유래하는 구조적 요인과 개인의 행동을 좌우하는 계급적 요인이라는 이중구도를 통해서 설명했다. 따라서 논리적으로 보면 한국정치에서 지역주의를 극복하기 위한 대안을 찾는 방법 또한 이러한 이중구도 안에서 모색되어야 하는 것이 지극히 당연하다. 지금까지 발표된 연구성과를 검토해보면 정치적 장에 대한 구조적 요인을 개선하는 방안이 가장 많이 제시되었고, 그 중에서도 특히 지역화된 독점적 권력구조를 민주화해야 한다는 주문이 압도적이었다. 한편, 개인의 정치적 행동을 개선하는 방향에서 지역주의를 극복하려는 시도들을 보면, 사회적 편견을 불식시키기 위해서 민주시민을 위한 교육이나 시민단체를 통한 계몽운동 등이 제시된 바 있다.

물론 필자는 이러한 제안에 대해서 전적으로 동감하고 있다. 그러나 정치의 권력구조를 바꾸는 작업에 몰두하는 것은 비유컨대 정치의 장에서 하드웨어만을 바꾸는 것일 뿐, 실제로 정치를 운영하는 소프트웨어에는 큰 변화를 주지 못할 우려가 있다. 다시 말해 정치권력 구조가 변화하여 민주화된 이후에도 지역주의는 그대로 잔존할 수 있다는 점을 지적하고 싶다. 특히 김대중 정권을 거친 오늘날 한국정치를 놓고 볼 때 저항적 지역주의에 근거한 수평적 정권교체가 병폐적인 지역주의를 극복했는가라는 비판적 의문을 갖지 않을 수 없다.

독점적 권력구조를 바꾸어 본다는 것은 국가권력을 담당하는 행위주체에 변화를 주는 것인데, 이것은 조야(粗野)한 도구적 국가관이나 완고한 경제주의적 발상에 지나지 않는다. 한국정치의 지역주의 특성은 기본적으로 경제적-정치적 차별구조를 뒷받침하지만, 그에 대한 정치적 표상은 경제논리와는 전혀 다른 언어생산구조에 의해서 끊임없이 재생산되고 있다. 이러한 맥락에서 보면 필자의 생각은 지역주의를 정치동원론의 관점에서 분석한 기존의 연구와 상당부분 공통점을 갖는다. 그러나 기왕의 정치동원론은 정치가들의 의도적인 정략과 전술에 의해서 지역주의의 표상이 유포되는 것으로 파악한 반면, 필자는 한국정치판에 유통되는 언어구조가 일정한 규칙을 벗어나지 못한 자기도취적인 상태에 빠져 있기 때문에 지역주의적 정체성이 극복되지 못하고 있다고 판단한다.

좀더 구체적으로 설명하자면 한국의 정치판에서 지역주의 정체성을 무의식적으로 조장하는 세 부류의 정책집단이 있다. 첫째는 이른바 전문가 집단들이다. 이들은 정치의 주변에서 일종의 정책참모로서 지역주의 문제에 대하여 조언하는 사람들이다. 그러나 이들이 지역주의의 병폐를 포착하기 위해서는 정치계에서 인정된 표현의 기회를 통과해야만 한다. 즉, 정치가들이 자신에게 표를 준 유권자들의 기대를 충족시키지 못하고, 나아가서 자신의 정치적 위상에 손해가 되는 지역주의 문제는 이미 정치적 표현의 기회를 얻을 수가 없다. 따라서 정치가들뿐만 아니라 그 주위에 포진한 전문가들은 TV토론이나 회의장 안에서 사람들의 시선을 끄는 주제들에만 몰두하게 된다. 이들은 국민을 위하는 정책을 표방하고 있지만 진정으로 국민이 원하는 것이 무엇인지는 모른다.

둘째는 여론조사나 시청률 또는 인기도의 조사를 통해 나타나는 결과를 아무런 생각 없이 보도하는 언론의 태도이다. 언론 내부의 경쟁과 외압 등으로 말미암아 기자들은 뜨거운 사회문제를 충분히 여과할 시간도 없이 경쟁적으로 보도한다. 지역주의와 같은 정치적 병폐에 대하여 쉴 새 없이 지적하고 있지만, 그들이 말한 내용은 일반대중이 듣고 싶어 하는 것이 아니다. 오히려 대중매체의 보도는 지역문제에서 예외적인 것만을 강조하는 경향이 있기 때문에, 정치의 근본적인 문제점이 무엇인지를 파악하는 데 혼란을 초래하는 경우가 더 많다.

셋째는 지식인 집단이다. 오늘날 지식인은 두 부류로 나누어 볼 수 있다. 하나는 관념 속에 파묻힌 채 주석달기에 전념하는 이른바 스콜라주의자들이다. 이들은 학문의 순수성만을 강조하면서 지식의 사회적 배경에 대해서는 전혀 관심이 없다. 또 다른 부류는 학문의 과학성을 내세우면서 사회위기를 표현하는 징후들을 정확하게 해석하고 예측할 수 있다고 장담하는 이른바 기능주의자들이다. 두 부류의 학자들은 지식을 대하는 태도에서 전혀 다른 성격을 보여주지만, '한국의 지역주의 문제를 이해하는 데'는 고집스럽게 자기의 방식과 주장만을 고집하면서, 실천적 대안을 내놓는 일에는 효과적이지 못하다.

결국 한국의 정치판에는 정치가-언론인-학자로 이어지는 언어의 공급방식이 독특하게 틀지어져 있으며, 각각의 행위주체들 또한 자신의 언어사용의 관행에서 일정한 관습에 얽매여 있다. 따라서 한국정치에서 지역주의 문제가 제대로 극복되기 위해서는 우선 정치판의 언어구조를 해체하고 새로운 정치적 이념과 표상을 마련하는 것이 시급한 과제라고 하겠다.

두 번째로 개인의 계급행동이 지역주의 성향을 벗어날 수 있는 길에 대해서 생각해 보기로 하자. 합리적 선택론을 제외한 경우 개인들의 투표행동을 지역주의로 규정하는 연구결과물들은 대부분 개인들의 정치적 판단을 집단적 동기부여의 과정을 거친 이른바 왜곡된 의사결정과정으로 파악해 왔다. 그러나 여기서 필자는 개인들의 정치적 판단이 사회적으로 위치지어진 계급의 위상에 따라 크게 달라질 수 있음을 다시 강조하고 싶다. 특히 개인의 정치적 행동을 규정하는 기본적 동인을 새로운 시각으로 바라볼 필요가 있다.

전통적으로 정치학에서는 민주시민이란 모두가 평등하고 동등한 능력을 가진 것으로 생각했으나, 실제로 현실에서 개인이 일정한 정치적 사안에 대해서 결정을 내린다는 것은 정치에 대해서 말할 수 있는 언어자원을 가지고 있는 경우에만 가능하다. 오늘날 정치적 표상을 통해 드러난 다양한 정책들은 상식적 수준에서 이해될 수 있는 것으로부터 상당한 수준의 전문성을 요구하는 것에 이르기까지 그 편차가 매우 심하다. 이러한 상황에서 개인들이 정치의 장에서 제시되는 정책과 그에 따르는 정치적 표상들을 모두 동일하게 받아들이고 해석하는 것은 사실상 불가능하다.

즉, 개인의 정치능력 자체가 이미 정치구조와 계급적 위상에 의해서 불평등하게 배분되어 있는 것이다. 그러므로 지역주의 정치가 타파되지 못하고 재생산되는 원인을 불평등한 언어시장의 현실에서 찾아야 한다. 한국사회에서는 정치적 이슈를 두고 자신의 의사결정을 내릴 수 있는 언어자원이 유권자들에게 공평하게 배분되어 있지 않다. 다시 말해 정치가, 언론인, 학자들이 정치판에 유포하는 언어구조에 일방적으로 매몰되어 일반유권자들이 자신들의 이해관계를 정확히 파악하지 못한 채 일부 정치인과 그들이 제시하는 표상에 거짓으로 동화되고 있는 것이다.[16] 서구에서 이 문제는 유권자들이 정책사안에 대하여 자신의 의사표시를 못하고 침묵으로 일관한다는 차원에서 학문적 주목을 끌어 온 것인데(Singly, 1982; Gaxie, 1978), 자신의 정치적 의견을 표시하는 데 일정한 분별력을 행사하지 못한다는 점에서, 한국의 지역

16 최영진은 '의사정체성'이라는 용어를 쓰고 있다(최영진, 1999b).

주의 투표성향과 서구의 침묵의 정치행태 사이에는 일정한 유사성이 있다.

이와 같은 논리에서 보면 정치주체로서 개인들이 충분한 언어자원을 확보하도록 하는 것이 그들의 정치적 판단에 합리성을 고양시키는 길이 될 수 있다. 각 개인들이 언어자원을 확보한다는 것은 그들이 정치에 대한 감각을 키워 우리사회에서 중요한 정치적 사안으로 등장하는 문제들에 대하여 자신의 분별력을 높인다는 것을 의미한다 (Canivez, 1995 참조).

이것은 탈지역주의의 잠재력을 단순하게 진보적 청년세대들에게 기대하는 학습이론(한상진, 1991a)과는 그 차원이 다르다. 왜냐하면 지역주의와 관련하여 현재 한국정치의 주체들이 길들여져 있는 사회적 정체성은 진보나 보수와 같은 이분법적 분류로 설명될 수 없는 다양한 편차를 가지고 있기 때문이다. 오늘날의 정치주제는 자신이 거쳐 온 삶의 궤적과 경제적 자본의 구조 안에서 그들이 차지하고 있는 위치에 따라 필요로 하는 언어자원이 서로 다르다. 바로 이러한 이유로 정치주체들의 개인화 과정(*individualisation*)에 대한 연구가 지역주의 문제에 대한 해결방안을 찾는 데 시급한 기초작업이라고 할 수 있다.

제 3 부

시민사회–개인

제8장

아비투스(*Habitus*)의 두 얼굴

프랑스 지성사에서 부르디외 학문의 위상

1. 서론

부르디외의 학문적 성과는 이제 해외학계에서는 물론이고 국내에서도 무시할 수 없는 중요한 연구의 대상이 되고 있다. 그동안 그에 관한 연구서가 없었던 것은 아니나, 그것이 대체로 그의 학문의 중요성을 소개하는 정도에 머물렀다. 이제 그가 세상을 떠난 만큼 부르디외의 학문적 업적에 대하여 보다 본격적인 평가가 이루어져야 할 시기가 왔다고 볼 수 있겠다. 이러한 맥락에서 이 논문은 부르디외에 대한 본격적인 연구작업의 일환이다.

그런데 부르디외를 연구함에 있어 학문영역을 결정하는 문제가 시급해 보인다. 부르디외는 사회학자로 분류되는 것이 일반적이지만, 그가 개척한 학문의 영역은 인류학이나 정치학 혹은 문학비평을 넘나드는 방대한 영역에 걸쳐 있는 만큼, 그의 학문에 접근하는 통로가 한 가지로 축소되기는 어렵다. 그럼에도 불구하고 필자가 보기에는 그가 사용하는 아비투스의 개념을 이론적으로 정리하는 것이 여러 갈래로 뻗어 있는 부르디외의 사회학적 문제의식을 포착하는 데 기초작업이 될 수 있다. 즉 아비투스는 부르디외가 거쳐 왔던 인식론의 기초를 밝혀내는 데 핵심개념이며, 이를 통해서 그의 구체적인 사례분석들이 기존의 고전적 사회학자들, 예컨대 맑스나 베버 혹은 뒤르켐의 연구성과와 어떠한 차별성을 갖는지를 평가하는 데 중요한 기준이 된다는 것이다. 더구나 이 개념을 통해서 프랑스의 지적 흐름 속에서 부르디외 사상이 갖는 의미를 밝혀내는 작업도 가능해 보인다.

그렇지만 부르디외의 저작에서 아비투스의 개념은 사용범위가 지나치게 광범위할 뿐만 아니라 용법이 너무나 자의적이어서, 이론적 정리가 생각보다 쉽지 않다. 지금까지 부르디외를 연구한 작업 중에서 아비투스의 본래의미를 놓고 본격적인 탐구를 시도한 논문이 극소수라는 점이 이러한 사실을 웅변한다. 그런데 한 세대를 풍미했던 대학자의 학문을 이해한다는 것은 바로 그 사람이 즐겨 사용했던 핵심개념을 정확히 파악하는 일과 직결되는 만큼, 필자는 이 논문에서 부르디외를 사회학자로서보다는 사상가로서 취급하면서, 그가 치밀한 설명 없이 사용했던 아비투스의 개념적 구성요인들을 구체적으로 부각시켜보고자 한다. 이것은 비유컨대 견고해 보이는 건축물의 철골구조를 샅샅이 해부해 보는 작업과 같으며, 이를 기반으로 하여 우리는 정치사회학의 보다 근본적인 물음들, 예를 들어 인간의 합리성이나 계급운동의 원천, 혹은 사회변동의 가능성과 같이, 한국 현실에서 늘 첨예하게 등장하는 문제들을 설명하고 처방하는 데 이론적 교훈을 끌어내 볼 수 있을 것이다.

필자가 보기에 이러한 목적을 위해서는 부르디외의 저작 중에서 《실천이론 소고》[1]와 《구별짓기》를 대조하는 것이 유용하다. 물론 부

---

1 《실천이론 소고》(*Esquisse d'une théorie de la pratique*)(1972)는 《실천적 감각》(*Le sens pratique*)(1980)과 그 내용에서 거의 유사하다. 두 저작 모두 1부와 2부로 구성되어 있는데, 전자의 1부에 실린 3개의 논문은 카빌리 지방에 대한 인류학적 사례분석이고, 이것이 제목을 바꾸고 약간의 수정을 거쳐 후자의 2부에 실렸으며, 전자의 2부에 이론적 내용이 좀더 보충되어 후자의 1부에 실렸다. 대체로 《실천이론 소고》의 1부에

르디외의 대표작이라고 한다면 《구별짓기》를 꼽지 않을 수 없으나, 《구별짓기》에서는 아비투스의 사회학적 활용이 지나치게 산만하여 연구자들이 이론적으로 개념정의를 내리기에는 여러 가지 어려움이 있다. 이와 비교하면 《실천이론 소고》에는 인류학의 실증조사를 진행하면서 구조주의를 비판하는 연구의 주제가 분명하게 부각되기 때문에 그가 어떠한 맥락에서 아비투스라는 개념을 동원하게 되었는지가 보다 쉽게 이해될 수 있다. 다시 말해 《실천이론 소고》를 원시 부족사회의 인류학적 분석으로 간주한다면, 《구별짓기》는 현대 프랑스사회를 분석한 사회학적 작업이라고 분류해 볼 수 있을 것이고, 이러한 두 얼굴을 갖는 아비투스의 개념을 대조함으로써 부르디외 사고의 진전과정을 보다 분명히 포착해 낼 수 있을 것이다.

여기서 필자가 두 저작에 등장하는 아비투스 개념을 비교하는 작업을 시도하는 것은, 각각의 문제의식에 확연한 단절이 있다고 생각해서라기보다는, 서로 다른 경험분석의 영역(원시 부족사회의 결혼관행분석과 현대 프랑스의 소비행태분석)을 설정하는 것 자체가 아비투스 개념의 차별성을 부각시킬 수 있으며, 이것은 부르디외 사고의 진전과정에 어떠한 변화가 있는가를 평가하는 데 유용할 것이라는 연구의 전략에 따른 것이다.

실린 3개 논문이 사례분석으로 부르디외의 문제의식의 단면을 나타내는 좋은 지침서라면, 이에 대한 이론적 논의는 《실천적 감각》의 1부에 의존하는 것이 보다 유용한 것으로 보인다.

2. 카빌리 지방 결혼관례 분석

1) 레비스트로스의 구조주의 비판

부르디외의 아비투스 개념은 레비스트로스(Lévi-Strauss)의 인류학을 비판하는 가운데 처음 등장한다. 따라서 아비투스에 대한 개념적 이해를 위해서는 반드시 부르디외가 취하고 있는 반구조주의적 입장을 살펴보아야 한다. 이러한 작업목적을 위해서는 《실천이론 소고》의 두 번째 논문인 "대표성과 의지로서의 친족체계"(*La parenté comme représentation et comme volonté*) (Bourdieu, 1972: 71~128)를 참조하는 것이 유용하다. 여기서 레비스트로스의 구조주의에 대한 부르디외의 비판은 주로 '평행 사촌혼'에 집중되고 있다. 레비스트로스는 이러한 결혼관행을 족외혼이 그 정의상 구분하는 결연집단과 출계집단의 계보에 혼선을 가져오는 예외적 상황으로 파악했던 반면에, 부르디외는 이것을 정치적이며 경제적인 이해관계를 실현시키려는 부족들의 전략적 행동으로 간주한다. 구조주의적 관점에서 보면 결혼이란 친족의 계보학을 중심으로 한 결연관계에 충실한 규칙의 절차일 뿐이지만, 부르디외에 따르면, 이러한 관점은 결혼의 또 다른 기능, 즉 동맹이나 교환과 같은 보다 정치적이고 경제적인 전략이라는 사실을 설명하지 못하고 있다.

레비스트로스 구조주의의 약점은 기본적으로 공식적 친족관계와 실제적 친족관계의 차이를 인식하지 못했기 때문에 비롯된 것이다. 결혼이란 부족 간에 이루어지는 교환관계의 다양한 형태 중의 하나이며, 친족행위를 결정짓는 구체적 조건들이 존재한다. 그러나 이러한 조건들이 구조주의가 상정했던 계보학적 다이어그램으로 포착되기는 어려웠던 것이다. 크게 보아 레비스트로스에 대한 부르디외 비판은 다음과 같이 세 가지로 정리해 볼 수 있다.

첫째, 레비스트로스의 인류학은 공평무사한 관찰자를 전제로 하는 '관찰자의 인식론적 우월성'(*privilége épistémonologique de l'obervateur*)에 근거하기 때문에 친족행위에서 전개되는 지배적 관점, 즉 여성의 관점이 아닌 남성중심적 관점만을 관찰할 수 있다. 여기서 지배적 관점이란 결국 실제적 친족행위를 배제한 공식적 상황을 의미한다. 그는 '모델의 실제'와 '실제의 모델'을 혼동하고 있었으며, 바로 이러한 이유에서 구조주의적 세계관은 관찰자의 세계관을 벗어나지 못한 채 실천의 구체적 조건을 놓치고 말았다.

둘째, 구조주의 인류학은 친족행위에 관여하는 전략적 선택의 문제를 고려하지 않는 범리론(*panlogisme*)의 오류를 범하고 있다. 이에 반발하는 부르디외는 구조주의 인류학의 실체론적 접근법을 폐기하고, 각 부족의 구성원들을 하나의 사회적 공간에 배치할 것을 제안한다. 친족행위의 근원적 동인은 형식적 규칙이 아니라 사회-경제적 조건에 있기에, 결혼관행의 구체적 전략이 어떻게 선택되는가를 해명해야 한다. 앞서 언급한 바와 같이 결혼관행은 부족 간에 전개되는 다양한 교환행위 중의 하나에 불과하다. 원시 부족사회에는 결혼뿐만 아니라 남녀간의 노동관행, 농사를 짓는 관행 등이 독특하게 형성되고 있으며, 이러한 사회적 행위를 결정짓는 것이 바로 '실천적 감각'(*Sens Pratique*)이다. 여기서부터 부르디외는 구조주의가 방기했던 정치적 기능에 주목한다. 결혼관행에서 전략적 선택이 개입한다는 것은 이를 통해 각 부족들이 자신들이 이해관계를 실현한다는 것을 의미한다. 이러한 맥락에서 부족간의 결혼이란 당사자들이 부족사회 내에서 자신의 위상을 격상시키거나, 혹은 재생산[2]시키기 위한 전략적 행위이다.

---

2 '재생산'(*reproduction*)이라는 용어는 부르디외의 저작에서 그 비중이 대단히 크다. 원시 부족사회를 분석한 《실천이론 소고》에서 재생산이란 개

셋째, 결혼관행을 통해 실현되는 이해(*intèrêt*)의 성격이 반드시 물질적으로만 한정되는 것은 아니다. 오히려 부족사회에서는 상징적 이해관계가 더욱 중요하게 작동할 수 있다. 《실천이론 소고》의 첫 번째 논문의 제목이 '명예의 의미'(*Le sens de l' honneur*)라고 되어 있는데, 이를 통해서 확인할 수 있는 것은 부족간의 관계에서 이루어지는 이해관계의 형태 중에서 명예나 권위가 대단히 중요한 요인이라는 것이다. 즉 정당한 결혼의 성립에는 반드시 권위라는 자원이 동원되며, 전략은 언제나 명예라는 가면을 쓰고 현실에 등장하는 것이 일반적이다. 왜냐하면 다양한 세력투쟁의 전형적 형태로서의 '도전과 응전의 변증법'(*dialectique du défi et de la riposte*) (Bourdieu, 1972: 22)은 제도적 관행을 통하지 않고서는 실현될 수 없기 때문이다. 이렇게 보면 전략이란 개인의 선택으로 한정될 수 없으며, 여기에는 사회적 요인이 깊숙이 관련되어 있다. 개인과 사회라는 두 가지 요인의 혼합이 정치적 결정을 내린다는 생각은 곧바로 주체와 객체의 분리를 전제로 했던 구조

인의 소유물을 영속화시킨다는 뜻으로서, 명예와 같은 상징적 재화의 유지에 관여하는 개념이다. 특히 여기서는 상징적 재화라는 개념에 주목할 필요가 있는데, 이것은 사회적 주체로서의 개인의 행동이 반드시 합리적이고 의식적인 고려에서부터 유래하는 것은 아니라는 뜻을 함축하고 있다. 여기에서 아비투스가 반도구적이며, 반이성적인 성격을 띤 개념이라는 것을 알 수 있다. 부르디외의 중반기 작업 중에 "La production de la croyance"(*Actes de la recherche en sciences sociales*, n.13, 1976), "L'anatomie du goût"(*Actes de la recherche en sciences sociales*, n.4, 1976)라는 논문들이 있는데, 이를 통해서 그가 인간의식의 형성과정을 어떻게 사회적 장(*champ*)이라는 공간 속에서 설명하고 있는지를 알 수 있다. 둘째로 원시 부족사회에서 교환행위를 상징적 재화의 유지나 확대와 연결시키려는 부르디외의 생각 속에는 개인의 행동이 일정한 성향체계에 길들여진다는 사실을 강조하려는 의도가 있다고 보아야 한다. 바로 이러한 관점이 《구별짓기》에서는 계급분석으로 확대되어 나타나는데, 이때 재생산의 중요한 기제가 되는 것은 바로 교육이다.

주의 인식론을 공격하는 것으로 해석될 수 있다. 이것이 바로 새로운 사회적 주체의 성격을 설명하기 위해 처음으로 아비투스(*habitus*) 개념이 동원된 인식론적 맥락이다.

넷째, 사회적 공간 속에서 자신의 이해관계를 실현시키는 아비투스의 개념은 원시 부족사회에서 나타나는 친족행위의 분석단계에서는 '신화적-관행의 범주'(*Catégories mythico-rituelle*)에 대한 설명과 밀접하게 연결되어 나타난다. 이것은 결혼관행이 한 사회 구성체가 포괄하는 문화적 전통이나 관행에 따라 결정됨을 의미하는 것으로, 한 사회의 이분법적 표상체계와 관련이 깊다. 예를 들어 남성의 세계/여성의 세계, 닫힌 공간/열린 공간, 안/밖과 같은 공간의 분류는 일정한 사회적 가치나 도덕관념과 연계되어 있게 되며, 친족행위도 이러한 논리에서 벗어나지 않는다. 따라서 정당한 결혼이란 바로 한 사회의 신화적-전통의 범주에서 허락하는 전략적 선택의 결과이다. 개인의 전략적 선택은 문화적으로 길들여진 성향체계(*la disposition cultivée*)이며, 이것이 바로 초기 부르디외가 사용하는 아비투스 개념의 인류학적 의미이다.

2) 아비투스의 구성요인: 시간, 육체, 표상

이제 아비투스 개념이 등장하게 된 반구조주의적 입장을 토대로 그 내용을 보다 자세히 살펴보자. 분석의 틀로서 아비투스 개념은 다음과 같은 세 가지 요인을 포함한다.

첫째로 시간의 문제를 고려해야 한다. 부르디외에 따르면 현대 사회과학의 약점은 인간행위를 설명하기 위해서 시간의 개념을 고려하지 않는다는 점이다. 따라서 그는 원시 부족사회의 교환행위를 설명하면서 지연(*délai*)의 개념을 강조한다. 부족 간의 교환행위는 선물의 주고-받기(*don et contre-don*)의 행위이며, 여기에는 일정한 시간의 지연이 생기기 마련이다. 따라서 전략의 선택과 실현에는 일정한 시간간격이 존재한다는 사실을 반드시 고려해야만 한다. 이러한 점을 고려하면서 부르디외는 사회적 주체의 행위를 설명하기 위해서 게임의 메타포를 사용한다. 게임의 메타포는 주체의 행동이 합리적 계산에 의해서 이루어진다기보다는 타자의 전략에 따라 가변적이라는 점을 보여준다. 또한 게임의 메타포는 개인의 전략뿐만 아니라 미래에 대한 가능성과 집단적 믿음이라는 객관적 논리가 동시에 작용한다는 사실을 말해준다. 즉 게임의 논리에는 미래와 과거의 시간적 흐름이 독특하게 맞물려 있는데,[3] 이것이야말로 아비투스 개념의 가장 중요한 분석내용 중의 하나이다.

둘째로 아비투스 개념을 이해하기 위해서는 육체의 문제를 고려해야 한다. 객관화된 제도와 조직[4]에서 사회적 구성요인에 대한 반응으로 작동하는 아비투스는 객관화된 시간의 영향을 받게 된다. 그리고 제도화된 영역에서 시간의 영향력이 작동할 수 있도록 만드는 매개체가 다름 아닌 육체이다. 이렇게 보면 사회적으로 범주화된 가치가 육화된 상태로 나타나는 것이 바로 아비투스라고 말할 수 있다. 예를 들어 원시 부족사회에서는 성적 정체성이나 노동의 분업 혹은 일상적 행위(섭생, 걸음걸이 등) 등이 일정한 유형을 이루고 있음을 알 수 있는데, 이것이 바로 아비투스의 전형인 것이다. 한편 육체의 유형화는 타자에 대한 반응으로 형성되기보다는 일정한 세계관과 맞물려 사회적으로 구성된다. 이러한 해석은 정체성 형성과정에 대한 부르디외의 독특

3 필자가 보기에 아비투스의 시간적 속성에 대해서는 부르디외가 하이데거의 시간개념으로부터 영향 받은 흔적이 역력하다. 부르디외는 《파스칼적 명상》(*Méditations pascaliennes*) (2000) 에서 아비투스의 시간개념을 설명하면서 하이데거의 이름을 잠시 거론하고 있을 뿐인데, 아비투스의 존재론적 의미를 본격적으로 연구하기 위해서는 하이데거와의 비교가 시급해 보인다.

4 부르디외는 이것을 장(*champ*) 이라고 부른다.

한 입장을 대변해 주는 것으로, 상징적 상호작용론의 입장과 확연하게 구분된다. 아비투스의 형성과 발현은 한 사회가 공통적으로 인정하는 세계관적 도식에 따라 결정되므로, 한 개인이 아비투스를 습득한다는 것은 지식의 전수나 교육을 통해서라기보다는 무의식적 과정을 통해서 가능하게 된다.[5]

셋째로 아비투스의 사회적 기능은 도식(*schèmes*)의 문제와 직결되어 있다. 개인의 행동을 결정하는 것은 순수한 지식이 아니라 사회적으로 구성되고 전수되어 온 도식이다. 이를 통해 부족간의 교환행위와 그에 부수적으로 따르는 가치관이 결정된다. 여기에는 두 가지 기능이 있다. 하나는 문화적 성향을 만들어 내는 것이고, 다른 하나는 사회적 행위에 일정한 코드를 형성하는 것이다. 따라서 도식은 사회적 관행의 위반에 일정한 제재역할을 하게 되고, 사회적 행위에 보편성을 부여하는 공식화(*officialisation*)의 기능을 수행한다. 특히 공식화의 기능은 두 가지로 나누어 살펴볼 수 있다. 하나는 한 사회에서 허용 가능한 사상의 범위와 질서의 경계를 나누는 범주화의 기능이고, 다른 하나는 사적 이해관계를 보편적이고 공적인 이해관계로 전화시키는 기능을 수행하는 것이다. 여기서 공적 언어의 작용이 중요한 역할을 갖게 된다. 이러한 맥락에서 부족사회의 교환관계에서 명예의 기능이 차지하는 비중을 새롭게 이해할 수 있다. 명예란 교환행위에 부여하는 일종의 상징적 행위로서 교환의 정당성을 독점할 수 있게 해주는 계기이며, 이러한 이유에서 아비투스의 형성과 발현에는 상징적 지배(*domination symbolique*)의 논리가 개입한다.

---

5 이 지점에서 필자는 부르디외의 아비투스 개념이 베르그송이나 메를로퐁티의 '육체의 철학'에 크게 빚지고 있음을 발견한다. 이와 관련하여 자세한 것은 졸저 *Habitus*, *Corps*, *Domination*, Harmattan, 1999, 2장을 참조할 것.

3) 몇 가지 비판점들

이제는 지금까지 살펴본 아비투스 개념에 대하여 비판점을 음미해 보자. 아비투스의 생성과 관련하여 부르디외는 이것을 실천행위의 범주화와 관련시키고 있지만, 몇몇 이론가들은 이러한 부르디외의 태도가 지성주의의 함정에 빠져 있는 것이라고 비판한다(Alexandre, 1995; Schatzki, 1987). 즉 인간행위를 규정하는 이해관계도 부르디외의 설명틀 내에서는 사회적 위계질서에 의해서 구조화된 것일 뿐, 원시 부족사회를 중심으로 한 아비투스의 논리에는 인간의 감정적 요인이 개입할 여지가 없다는 것이다. 또 문화적으로 길들여진 성향도 물질적 조건에 그대로 순응하는 것으로 묘사되고 있는데, 이러한 맥락에서 보면 부르디외가 구조주의를 비판했지만 그 역시 완전하게 구조주의에서 자유롭지 못하다는 비판이 가능해진다.

인간의 실천행위에 감정적 요인과 같은 주관적 요인이 배제되었다는 비판은 윤리의 지평을 설정함에 있어 대단히 중요한 의미를 갖는다. 다양한 행위의 선택지 가운데서 자신의 이해관계를 실현시키기 위한 전략이 고려된다고 할 때 여기에는 과연 타인을 위한 이타적 배려가 가능하겠는가라는 질문이 등장하지 않을 수 없다. 좀더 철학적인 용어를 빌려 설명한다면, 부르디외가 인간행위를 설명하기 위해 동원하는 '무의식'이나 '상징적 요인'과 같은 수식어는 과연 어떤 의미의 합리성을 함유하고 있는가를 묻지 않을 수 없는 것이다. 적어도 《실천이론 소고》에서 부르디외는 인간의 전략적 행위가 경제적 토대나 사회적 전통에 의해서 결정된다고 설명하는 만큼, 하버마스의 이성적 합리성의 논리를 기대하기는 어려운 것으로 보인다.[6]

---

6 부르디외 사회학을 윤리적 차원에서 하버마스·가다머와 비교한 논문으로 Inglis, 1979; Ingram, 1982를 참조하라.

그렇다면 초기 부르디외가 사용하는 아비투스 개념은 공리주의적 설명틀을 벗어나지 못한다는 비판이 타당하다(Caillé, 1981). 그러나 원시 부족사회를 기반으로 했던 초기 아비투스 개념설정이 과연 현대 사회에서도 그대로 적용될 수 있는지는 의문이다. 바로 이러한 이유로 해서 필자는 그가 프랑스 현대사회를 분석하는 《구별짓기》로 논의의 초점을 옮겨 보고 싶은 것이다.

3. 생활세계에서 취향의 분석

1) 취향과 아비투스

《구별짓기》에서 부르디외의 작업목적을 한마디로 정의하면, 개인들의 일상세계에서 전개되는 취향의 선택이 어떠한 사회구조의 틀 안에서 결정되는가를 파악하는 것이다. 그런데 취향(*goût*)이란 개인의 사적 감정과 주관적 의지가 적극적으로 개입하는 성향체계를 가리키는 것인 만큼, 《구별짓기》에서 전개되는 아비투스의 사회학적 활용을 연구해 보면 《실천이론 소고》에 대하여 던져진 비판적 의문들, 즉 부르디외의 아비투스가 여전히 구조주의적 사고틀을 벗어나지 못한 것이 아닌가라는 의문들에 대한 해답을 찾을 수 있을 것이다. 특히 이러한 연구결과는 부르디외가 독특하게 제시하는 계급개념을 이해하는 기초적 자료가 될 것이다. 여기서 필자는 다음과 같이 세 가지 차원으로 나누어 아비투스의 개념을 탐구해 보고자 한다. ① 아비투스의 발생요건, ② 사회적 정체성으로 활용되는 아비투스의 기능, ③ 시간과 관련한 아비투스의 형성과정이 그것이다.

(1) 아비투스 발생조건을 살펴보기 위해 부르디외의 정의를 잠시 살펴보자. 그는 아비투스를 "객관적 유형분류가 가능한 실천의 발생적 원칙이며, 실천의 분류체계이자 표상된 사회체계, 즉 생활양식의 공간이 구성되는 것은 실천을 발생시키는 능력(아비투스)과 이러한 실천과 그 결과물(취향)을 차별화하고 평가하는 능력 사이의 관계를 통해서 결정된다"(Bourdieu, 1979: 190; 《구별짓기》 상: 297)라고 말한다. 우선 '발생의 원칙'이라는 표현에 주의를 기울여보자. 이 점과 관련하여 부르디외는 아비투스의 형성이 '필요에 의한 거리'(*la distance à la n*

écessité) 에 근거하고 있다고 말하고 있는데, 이것은 성향체계의 구성이 여전히 경제적 자본에 의해서 결정된다는 것을 의미한다.

따라서 전통적 계급분류에서처럼 부르주아와 프롤레타리아의 구분은 경제적 필요에 어느 정도 종속되고 있는가에 따라 결정된다. 둘째로 '분류의 체계'라는 표현이 중요하다. 이 말을 이해하기 위해서는 '구분감각으로서의 미적 감각'〔Bourdieu, 1979: 59; 《구별짓기》 상: 103 (이 말은 소장의 제목이다)〕을 파악해야 한다. 미적 성향이란 취향의 한 종류로서, 이는 사회공간에서 차지하는 개인들의 서로 다른 조건들에 의해서 결정된다. 동일한 취향을 갖는다는 것은 사회적 공간 내에서 차지하는 조건들이 유사하다는 것을 의미한다. 그리고 취향은 계급구조 안에서 일정한 서열구조를 갖는다. 따라서 취향의 표현으로, 예컨대 예술작품을 구입한다는 것은 사회공간 내에서 한 개인의 특권적 위상을 표현하는 일종의 구별짓기의 표현과 다르지 않다.

(2) 아비투스가 내포한 구별짓기의 속성은 사회공간에서 개인들의 정체성이 어떻게 확정되는가를 잘 보여준다. 미적 성향이란 사회적 조건에 상응하는 것으로서, 개인들의 정체성이란 결국 사회적 공간에 할당된 차별화의 속성 그 자체이다. 예를 들어 남성/여성의 분류나 상층/하층의 분류는 남성다움/우아함과 같은 미적 속성이나 형태/실재와 같은 기능적 분류를 통해 생활세계에서 차별화된 속성으로 나타난다. 여기서 보듯이 부르디외에게 사회적 정체성은 맑스 계급분류와는 그 성격이 다르다. 미적 속성이나 기능적 속성을 통해 결정되는 사회적 정체성은 상징적 형태를 띠게 되기 때문이다. 따라서 취향이란 일종의 사회적 정향(*orientation sociale*) 을 의미하며, 아비투스는 곧 사회세계에 대한 가치판단을 전제로 하는 **육체적 도식**(*hexis corporelle*)이다.

아비투스의 육체적 속성은 부르디외가 '세 가지 차별화 방식'(*trois manière de se distinguer*) (Bourdieu, 1979: 204; 《구별짓기》 상: 300)

이라고 부른 소비구조의 설명을 통해서 분명해진다. 그는 ① '식료품', ② '문화 = 교양', ③ '외모와 상징을 위한 지출'의 세 가지 항목을 들어 취향의 사회적 위계가 결정되는 방식을 보여주고 있다. 예를 들어 식료품에 대한 하층계급의 취향은 육체적 강인함(*force*)을 키우는 쪽으로 소비되는 반면, 상층계급의 경우는 육체적 형태(*forme*)를 유지하는 쪽이 선호된다. 이러한 강인함/형태의 이분법적 차별화 현상은 의상이나 언어의 사용법에도 그대로 적용된다. '자유분방함/우아함', '거침없이 말하기/조심스럽게 말하기'와 같은 차별화의 형태에서 보여지듯이, 사회적 정체성은 개인들의 미적 성향을 통해서 드러나는 육체의 사회적 활용, 즉 육체적 도식의 결과이다.[7]

이렇게 보면 사회적 정체성은 상징적 투쟁이 드러나는 장소이다. 육체의 사회적 활용은 일정한 세계관과 가치관을 반영하는 계급적 범주화의 전형적 양식이기 때문이다. 따라서 지배/피지배의 대립은 물리적 속성을 은폐한 채 가치관의 범주화에서 보다 치열하게 전개된다. 한편 상징적 투쟁의 대표적 사례는 '정당한 언어/정당하지 못한 언어'의 범주화에서 잘 나타난다. 언어란 사회적 가치관의 내포와 배제의 논리를 극명하게 실현하는 매개체인 만큼, 한 집단의 공식언어가 어떻게 사회적 정당성을 획득하는가는 분류체계를 통해 형성되는 아비투스

---

7 사회적 정체성의 형성에 관련하는 육체적 도식이란 결국 사회적으로 '이상적 육체/비정상적 육체'라는 이분법적 대립들을 초래하게 된다. 여기서 흥미로운 사실은 부르디외가 육체적 도식이라는 개념을 통해서 사르트르가 《존재와 무》에서 거론한 바 있는 '소외된 육체'의 개념을 비판한 점이다. 후자에게서 소외의 근원은 타자의 시선에서 유래하지만, 전자에게는 이른바 유발하는 타자의 시선은 보편적이고 추상적인 시선이 아니라 사회적 힘으로, 항상 수신자가 자신들에게 부과하는 지각범주와 평가범주를 승인함으로써 비로소 효력을 나타내는 것이다(La Distinction: 229; 《구별짓기》 상: 333). 이러한 분석의 관점은 최근 한국사회에서 여성들의 육체를 재단하는 성형수술의 사회적 유행을 설명하는 데 유용할 것으로 보인다.

의 기능에서 가장 중요한 기능이라고 할 만하다.

(3) 아비투스의 마지막 기능은 시간과 행동의 관련성이다. 앞의 두 기능이 전통적인 계급분류에서 물적 토대를 강조한 맑시즘의 전통과 문화적 요인을 강조한 베버주의자의 전통을 각기 이어받고 있다고 한다면, 이번에 설명될 시간의 문제는 하이데거식의 실존철학의 영향이 강하게 남아있다고 필자는 평가하고 싶다. 아비투스와 시간의 연관성은 중간계급의 행동양태를 통해서 잘 설명된다. 우선 부르디외에 따르면 중간계급은 자신의 사회적 정체성을 확보하지 못한 계급인데, 이들의 행동양식을 설명하는 데 필요한 중요한 매개변수가 바로 중간계급의 사회적 신분상승과 관련된 시간의 개념이다. 사실 지금까지 현대 계급이론이 중간계급의 행동방식을 이해하는 데 있어 이론적 궁지를 벗어나지 못한 상태임을 감안한다면, 여기서 전개되는 부르디외의 설명방식은 학문적으로 주목할 만한 가치가 크다고 할 것이다. 중간계급의 행동을 설명하기 위해서 부르디외는 출산율에 초점을 맞춘다. 중간계급의 수입을 고려할 때 그들의 출산율은 사회적 성취욕과 관련된다. 즉 그들은 미래에 대하여 자신의 신분상승 욕망을 가장 많이 가진 계급으로서 자신의 욕망을 실현하기 위해서 자식들에게 더 많은 교육의 기회를 강조한다. 지배계급에 비해서 상대적으로 경제자본이 부족한 중간계급으로서는 자연히 출산율을 낮출 수밖에 없게 된다.

물론 낮은 출산율은 미래를 신분상승의 기회로 간주하는 중간계급의 행동양식의 한 유형에 불과하다. 그들은 정치적으로는 엄격주의를, 노동윤리에서는 헌신주의를, 경제적으로는 문화적 선의(*bonne volont culturelle*)를 소유하는 것이 일반적이다. 미래에 대한 기대감은 과거로부터 유래하는 성향체계가 사회적 조건에 적응하려는 노력으로부터 비롯된 결과이다. 사회적 구조에 적응하려는 태도는 인식된 계산이라기보다는 무의식적인 습성이다. 이렇게 해서 태도, 언행, 정치적 의견,

교육에 대한 투자 등에서 그들의 행동양식은 부르주아나 프롤레타리아와 차별화된다. 여기서 중요한 사실은 동일한 중간집단이라고 하더라도 사회적 공간 내에서 그들이 신분상승의 궤적에 있는가, 혹은 신분하락의 궤적에 있는가에 따라 중간계급들의 정치적 의견이나 도덕의식이 커다란 차이를 보이게 된다는 것이다. 즉 중간신분의 행동양식과 가치관을 결정짓는 데 중요한 요인은 바로 객관화된 시간에 대한 현재의 인식이다.

이제 《구별짓기》에 나타난 아비투스의 개념의 강점을 정리해보도록 하자.

첫째는 《실천이론 소고》에서와는 달리 아비투스의 사회학적 활용에는 객관적인 물적 조건과 함께 개인의 주관적 요인이 보다 적극적으로 고려되고 있다는 점이다. 개인들의 정체성 형성과정에 대한 탐구를 통해 밝혀졌듯이 아비투스 발현에는 사회적 요인의 내재화 과정이 보다 명확히 나타나고 있는데, 이는 분명 구조주의와 주관주의를 동시에 넘어서겠다는 부르디외의 인식론적 주장이 제대로 실현된 것으로 보인다.

둘째는 개인의 사회화 과정을 설명하는 계기에 문화적 취향을 분석함으로써 사회적 주체가 선택하는 전략적 행동들이 어떻게 집단화되고, 위계화되는가를 밝혔다는 점이다. 이 점은 계급이론에 새로운 지평을 연 것으로 평가될 만한 부분인데, 부르디외는 지배와 비지배의 구분이 물적 자본의 소유(맑스)나 문화적 지배요인(베버)의 양자를 모두 포괄하는 상징적 형태를 갖는 것으로 분석하고 있다. 이로 인해 그의 분석틀 내에서 인간해방은 바로 육체의 해방과 밀접하게 연결되고 있다.

그러나 여전히 문제점은 남아 있다.

첫째, 아비투스의 생성에서 사회적 물질성이 개인으로 내재화되는 구체적 과정이 설명되지 않는 점이다. 아비투스란 과거로부터의 전통이 축적된 형태와 현재를 기준으로 미래에 대한 가능성을 예측하는 상태로 나누어볼 수 있다(Mary, 1992). 부르디외의 사회학에서 전자는 주로 《재생산》(*La Reproduction*)과 같은 교육학적 연구를 통해서 밝혀진 바 있고, 후자는 《구별짓기》에서 보여진 대로 내재화의 과정을 통해서 연구된 것으로 보인다. 그런데 이 두 가지 형태의 아비투스를 통해 그려진 주체는 주어진 세계에 적응하는 수동적인 모습으로 남아 있다. 주체에 대한 연구가 주체의 생성과 주체의 발현이라는 두 차원으로 분류될 수 있다고 할 때, 전자는 아비투스의 생성과 관련되고 후자는 인간행동의 실천과 연관지어 볼 수 있을 것이다. 그런데 부르디외는 이 두 가지 모두를 상징적 범주로 환원시키고 있기 때문에 사회적 모순에 저항할 수 있는 주체의 모습은 이론의 전제에서부터 불가능하게 되고 말았다.

둘째, 부르디외 사회학에는 사회변혁의 논리가 상대적으로 희박하다는 점을 지적하지 않을 수 없다. 부르디외에게 학문적으로 큰 영향을 준 엘리아스나 푸코의 문제의식과 비교해 보면 이 점은 대단히 흥미롭다. 엘리아스나 푸코는 모두 육체의 사회적 활용이 역사 속에서 어떻게 변화해 왔는가에 관심을 보였기 때문이다. 물론 부르디외 사회학에 변동의 동학을 짐작하게 할 만한 부분이 전혀 없지는 않다. 예를 들어 **장의 변화**(*transformation du champ*)라는 용어를 사용하면서 사회변화의 양상을 포착하려고 한 부분이 있기 때문이다. 그러나 그가 사용하는 용어들은 사회변동을 설명하는 데 동원되었던 전통적 사회학의 관점에서 보면 대단히 생소하다. 알튀세와 같이 프랑스 맑시즘을 대표하는 학자들에게 **모순**(*contradiction*)이나 **단절**(*rupture*)이라는 용어가 자주 등장했던 반면, 부르디외는 이러한 개념들을 의도적으로 거부하고 있지 않은가라는 의문이 든다. 학문적 연배로 보면 알튀세와 부르디외는 사제지간이며, 따라서 부르디외에게 알튀세의 영향은 보이지 않게 스며있다고 볼 수 있다. 그런데 그가 전통적인 맑시즘의 흐름을 거부하고 있다면, 그 이유를 좀더 구체적으로 살펴볼 필요가 있을 것이다. 필자가 마지막으로 맑스와 부르디외, 그리고 알튀세를 비교해 보고자 하는 이유가 바로 이것이다.

4. 지배와 사회계급 : 맑스, 알튀세, 부르디외

필자가 위에서 다루었던 아비투스의 두 얼굴은 결국 인간행동의 발현과 기능이 사회적 지배의 문제와 밀접하게 연결되고 있다는 사실을 밝힌 것이라고 볼 수 있다. 《실천이론 소고》에서 전개된 '전략적 행위'나 《구별짓기》에서 강조된 '취향의 사회적 기능'들을 곰곰이 따져보면, 그 모든 것이 결국 사회적 위계질서 안에서 각 개인들이 이해관계를 관철시키는 지배의 한 형태라고 볼 수 있기 때문이다. 그런데 사회적 지배관계가 객관적 형태로 등장하는 전형적인 예는 역시 계급분석이다. 따라서 계급개념을 새롭게 정의함으로써 지배에 대한 학문적 수준을 한층 고양시킬 수 있을 것이다.

맑스에게서 계급적 분류가 지배계급/피지배계급과 같이 극단적인 이분형태를 띠게 된 이유는 그가 사회적 지배의 주요한 계기를 모순과 적대와 같은 이분법적 형태로 파악했기 때문이다. 그런데 경제적 지배관계를 사회적 모순의 유일하고도 주요한 계기로 파악했던 맑스와는 달리 부르디외는 지배의 문제를 문화적인 차원으로까지 확대시키고 있는 까닭에 계급을 사회적 장(*champ social*)에서 다양한 위치를 점유하고 있는 사회집단 간의 관계로 파악한다. 그의 계급개념은 맑스와 비교해 보다 다차원적이다. 이것은 부르디외가 바라보는 사회적 변혁의 모델이 맑스와 비교해 보다 복합적이라는 뜻이다.

한편 프랑스 맑시즘의 조류에서 사회동학(社會動學)의 요인들을 이처럼 복합적으로 파악했던 최초의 인물은 알튀세였다. 그가 1960년대 프랑스 지식계를 지배하던 맑스 자본론의 헤겔적 해석에 반대하며 새롭게 주창했던 '중층적 결정'(*Surdetermination*)이라는 개념은 바로 부르디외가 내다보는 사회적 동학의 그림과 대단히 유사해 보인다. 따라서 계급과 사회구성체 개념을 두고 알튀세와 부르디외의 인식의 차이

점을 비교하는 것이 필요하다.

1) 맑스와 부르디외

우선 부르디외가 지배와 계급의 문제를 어떻게 연결시키고 있는지를 살펴보자. 그에 따르면 지배란 지배계급에 의해서 이루어지는 단순하고 직접적인 행동의 영향이 아니라, 사회적 장의 구조에 영향을 받는 지배의 그물망으로부터 형성되는 복합적인 행위의 간접적인 영향이다(Bourdieu, 1994: 57). 즉 지배의 문제는 사회적 공간을 점유하는 계급의 구성과 밀접하게 연결된다. 사회적 장이란 서로 다른 자본의 유형으로부터 유래하는 다양한 세력관계가 이루어지는 공간이다. 여기서 부르디외는 자본의 개념을 과감하게 확대시키면서 맑스의 계급개념을 비판한다. 물론 계급의 구성에 경제적 토대를 무시할 수는 없다. 그럼에도 불구하고 부르디외에 따르면, 맑스는 계급개념을 설정하면서 경제로 환원될 수 없는 문화적 요인을 배제하는 치명적인 실수를 범했다. 다시 말해 사회적 지배라는 관점에서 파악된 계급행동의 본체는 경제적 자본뿐만 아니라 문화적 자본 혹은 상징적 자본에도 밀접하게 연결되어 있다. 이러한 맥락에서 경제는 다양한 요인들 중에서 구조적 인과성(*Causalité structurale*)에 불과하다.

여기에서 필자는 맑스와 대비하여 부르디외의 계급개념에서 다음과 같은 세 가지 사실을 강조하고 싶다.

첫째, 사회적 행위 주체는 다음과 같은 두 축에 의해 사회적 장에서 위치가 결정된다. 첫 번째는 자본의 총량(*Volume globale du capital*)이고, 두 번째는 자본의 구조(*Structure de leur capital*)이다(Bourdieu, 1979: 126; 《구별짓기》 상: 192). 특히 부르디외에게서는 두 번째 개념이 중요한데, 자본의 구조란 다양한 자본의 종류가 여러 가지 형태로 결합될 수 있으며, 또한 자본이란 고정되어 있기보다는 유동적으로 바뀔 수 있음을 의미한다(Bourdieu, 1979: 122~126; 《구별짓기》 상: 188~193).[8]

둘째, 사회적 공간에서 자본의 구조가 달라지면 계급의 위치도 달라진다. 예를 들어 동일한 프티 부르주아지라고 하더라도 그들의 자본구조에 따라 서로 대비되는 두 종류의 계급분류가 가능하다. 문화적 자본에 비해서 경제적 자본이 상대적으로 취약한 집단(예를 들어 교수집단)은 문화적 자본에 비해서 경제적 자본이 풍부한 집단(예를 들어 상업가 집단)과 자본의 총량으로 보면 동일한 계급에 속한다. 그렇지만 자본의 구조에 따라 사회적 위치가 달라지는 전형적인 예이다. 그러므로 사회계급을 이해하기 위해서는 계급 내의 관계(*Relation dans inter-classe*), 계급간의 관계(*Relation de inter-classe*)를 파악하는 것이 대단히 중요하다. 왜냐하면 소유물의 점유 그 자체가 아니라 소유물이 각각의 사회 구성원에게 부여하는 가치와 그에 따른 실천의 구조적 관계가 사회계급을 결정하기 때문이다(Bourdieu, 1979: 117~118; 《구별짓기》 상: 182~183).

셋째, 자본을 통해서 이윤이 발생하기 위해서는 계급 상호간에 자본에 대한 인정(*reconnaissance*)이 존재해야 한다. 적어도 부르디외의 사회모델에서 경제적 자본이 이윤을 창출하기 위해서는 반드시 문화적 자본이나 상징적 자본이 동시에 작동해야만 한다. 특히 근대사회에서 자본의 가치에 대한 상호 인정이 중요한 까닭은 자본에 대한 객관화 혹은 제도화가 수행되기 때문이다. 국가의 역할 중에서 빼놓을 수 없는 것 중의 하나가 바로 다양한 자본의 가치에 대해서 인증(*verdict*)을 부여하는 행위이며, 이처럼 국가에 의해서 인증 받은 제도화된 자본의 전형적인 예가 바로 학력자본, 즉 학위이다. 사실 타인의 인정을 받아

8 “Classe sociale et Classe de trajectoire”을 참고할 것.

야만 경제적 가치가 발생한다는 면에서 보면 교육의 자격증만큼 국가의 인증을 필요로 하는 부분도 없다(Bourdieu, 1989, 2부 참조). 이러한 관점에서 보면, 물리력의 합법적 독점으로 정의 내린 베버식의 국가의 개념정의를 국가란 상징적 자본의 합법적 독점체라고 바꾸어 볼 수 있을 것이다(Bourdieu, 1994: 101~133, "Esprit d'Etat: Genèse et structure du champ bureaucratique" 참조).

넷째, 부르디외에게서 계급은 주어진 실체라기보다는 상징적 투쟁의 결과물이다. 따라서 여기서 강조되어야 할 사항은 계급간의 투쟁이 물리적 소유관계를 둘러싸고 나타나기보다는 보다 은밀한 상징적 형태를 띤다고 할 때, 과연 부르디외는 사회변동의 원인을 어떻게 이해하고 있는가이다. 그는 사회적 모순이라는 전통적인 맑시즘의 개념틀을 벗어나 장의 전환(*transformation du champ*)이라는 용어를 선호한다. 계급관계가 완전히 철폐될 수 없다고 본 그에게 사회변동은 지배와 피지배의 주체가 바뀔 뿐, 또 다른 지배의 형태는 여전히 유지되고 있다는 것이다. 부르디외는 볼셰비키 혁명 이후 소련사회의 계급관계를 비판하는 자리에서 비록 자본주의 체제를 중심으로 하는 자본가와 노동자의 대립은 사라졌지만, 혁명 이후의 소련사회에는 여전히 계급적 지배관계가 지속되어 왔다고 주장한다(Bourdieu, 1994, chap. 1).

2) 알튀세와 부르디외

알튀세와 부르디외를 비교하기 위해서는 두 가지 요인이 중요하다. 하나는 알튀세의 모순론과 부르디외의 상동성의 개념이며, 두 번째는 알튀세의 이데올로기 국가장치와 부르디외의 몰인정(*meconnaissance*)의 개념이다.

(1) 우선 알튀세의 모순론(*contradiction*)을 살펴보자. 그에게 모든

모순은 또 다른 모순과의 관계에 의해서 조건지어진다. 예를 들어 정치적 모순은 경제적이며 이데올로기적 모순에 의해서 중층 결정되는 것이다. 바로 이러한 의미에서 알튀세는 모순이란 내부적 요인에 의해서 결정된다고 말한다. 따라서 모순을 이해하기 위해서는 장(*champ*) 내부의 다양한 요소의 상호 복합성에 대한 연구가 필요하다. 모순은 주요한 요인에 의해서 일방적으로 결정되는 것이 아니라 모순의 복합성(*complexité*)에 따라서 다양하게 나타나기 때문이다. 알튀세는 모순의 다양성을 설명하기 위해서 맑스의 《자본론》에서 *Gliedrung*라는 개념을 차용하여 접합(*articulation*)이라는 개념을 자주 사용하는데(Althusser, 1968: 46, Tome II), 결국 모순은 사회 구성체의 다양한 층위와 수준에 의해서 결정된다는 의미에서 중층 결정된다고 말할 수 있다(Althusser, 1974: 100).

그런데 알튀세에게는 모순을 구성하는 요인들의 유기적 연결관계가 분명하게 나타나지 않는다. 다시 말해 상부구조와 하부구조의 결합방식에 대한 설명이 명쾌하지 않으며, 유기적 총체성의 구성방식에 대한 언급이 부족하다. 이러한 약점은 부르디외의 사회학적 작업의 의미를 일깨워 준다. 필자가 보건대 인식론적 차원에서 중층적 결정개념을 차용하고 있는 부르디외는 알튀세의 유물론적 변증법의 시각에 동의하고 있다. 알튀세가 철학적 수준에서 사용하고 있는 중층적 결정의 개념은 부르디외에 와서 사회학적으로 활용되는 것이다. 알튀세가 정신분석학으로부터 빌려 온 전위(*deplacement*), 응축(*condensement*)과 같은 개념적 활용도 부르디외에 와서 상동성(*Homologie*), 사회적 장(*champ social*)이라는 개념을 통해 응용되고 있다. 알튀세가 정확히 설명하지 않았던 '요인들 간의 유기적 연결관계'도 부르디외는 사회학적 연구방법과 통계자료를 통해 보다 선명하게 설명하고 있다. 이것은 분명 부르디외 사회학의 학문적 공헌이라고 할 만하다.

사실 부르디외의 사회구성체에 대한 사고는 베버의 종교사회학에 크게 빚지고 있다. "종교적 장의 발생과 구조"(Bourdieu, 1974 참조)라는 논문은 베버의 《야훼의 사람들》을 바탕으로 종교적 갈등관계와 정치질서의 변동을 다루는데, 그의 사회동학을 이해하는 데 대단히 중요한 글이다. 이 논문에 따르면 부르주아/프롤레타리아의 계급투쟁의 대립이 사제/예언가의 대립으로 치환되고, 경제적 소유관계를 축으로 하는 계급갈등은 특수한 이해의 대립이 낳은 상징적 질서의 갈등으로 바뀌고 있다. 부르디외는 사제를 통해 안정화된 정치질서가 예언자의 담론에 의해서 붕괴되는 계기가 바로 위기상황이라고 본다. 다시 말해 사회변동의 심층적 원인을 생산력의 변화가 아니라 조직(*organisation*)의 변화로 보고 있다. 그렇다면 예언자들의 카리스마적 권력이 정당성을 확보하는 원인은 무엇일까? 부르디외는 새로운 형태의 종교적 관행이 자리를 잡는 과정을 인정투쟁(*lutte cognitive*) (Bourdieu, 1997, 6장)으로 설명한다. 그런데 필자의 눈에는 이것이 정치적 이상주의(*idealism politique*)에 빠진 것으로 보인다. 변증법의 논리에서 따져보면 중층적 결정이란 상부구조(정치)와 하부구조(경제)의 결합방식이나 상호 영향력의 관계를 문제삼는 것인데(Texier, 1977 참조), 부르디외에게서는 이러한 문제의식이 지나치게 희석되고 말았다. 경제결정론을 비판했다는 점에서 부르디외는 알튀세와 맑스를 넘어서고 있다. 그러나 경제적 생산관계와 정치적 연결고리를 놓치고 말았다는 점에서 부르디외는 이미 맑시즘의 틀을 벗어나고 있다.

(2) 알튀세의 후기 작업 중에서 "이데올로기와 이데올로기 국가장치"(Althusser, 1976)에서 보이는 주체형성 과정에 대한 이론적 관심은 구조주의를 넘어서려는 그의 인식론적 태도를 잘 보여주고 있다. 만일 부르디외의 주장대로 아비투스 개념이 구조주의와 주관주의를 넘어서려는 방법론적 태도에서 비롯된 것이라고 한다면, 후기 알튀세와

의 비교를 통해서 그의 주체형성 과정이 좀더 엄격하게 분석될 필요가 있다. 부르디외는 지배의 효과를 항상 상징적(*symbolique*)이라고 표현한다. 여기서 맑스의 문제틀에서 부르디외가 생각하는 지배의 형태를 새롭게 질문해 보자.

프롤레타리아(피지배자)가 어떻게 불평등한 현실을 정상적인 것으로 내면화하고 받아들이는가?

그의 문맥에서 보면 이것은 지배의 효과가 피지배자의 권력에 대한 **몰인정**(*méconnaissance*)에서부터 유래하는 것으로 이해될 수 있는데, 이 부분이 바로 주체형성의 과정을 추적해 볼 수 있는 단서가 된다. 즉 지배의 효과가 내면화되어 권력의 존재 자체를 인식하지 못하는 단계(몰인정하는 단계)가 어떻게 가능한가에 대한 설명을 제시해야 한다.

부르디외에게 지배의 내면화과정은 주체의 사회화 과정을 설명하는 데서 찾아질 수 있다. 프랑스 교육시스템에서 존재하는 교사와 학생들 사이의 불평등한 계급차별에 대한 연구가 부르디외의 생각을 잘 보여준다(Bourdieu, 1970, 1989). 학생들의 언행이나 글쓰기의 양식을 평가하는 교사의 상징적 권력이 개별학생들의 이해관계와 덕성을 변화시키면서 이것이 궁극적으로 개인의 아비투스를 형성한다. 이러한 맥락에서라면 개인의 주체화과정은 **사회적 분류**(*classement social*)와 연결된다. 교사들의 상징적 권력 속에서 학생들의 주체화 과정은 고상한/저속한, 탁월한/평범한, 남성적/여성적이라는 이분법적 분류의 체계를 통해서 결정된다. 그렇다면 사회화 과정의 일환으로 획득되는 아비투스는 개인의 믿음이나 신념과 같은 주관적 요인이 개입하기보다는 사회적 분류체계에 따라 개인의 소속이 결정된다. 이것은 마치 모스와 뒤르켐이 원시 부족사회에서 집단정신을 사회적 범주화의 논리에 의해서 설명한 것과 대단히 유사하다(Mausse and Durkheim, 1969).

그렇다면 알튀세는 주체형성 과정을 어떻게 설명했는가? 그에게도 지배의 효과에 대한 몰인정의 문제설정이 존재한다. 그런데 알튀세는 이 문제를 설명하기 위해서 라캉의 정신분석을 끌어들인다. 알튀세는 개인이 생산의 주체일 뿐만 아니라 이데올로기에 의해서 호명되는 주체라고 본다. 바꾸어 말하면 주체형성 과정에는 물적 토대를 근거로 하는 생산력의 논리와 이데올로기적 종속을 통한 심리적 요인이 동시에 작동한다는 것이다. 즉 이데올로기는 인간실존의 한 형태이다. 이 점을 라캉의 논리를 빌려서 좀더 구체화시켜보자.

인간이 현실에 접근하기 위해서는 항상 대문자로서의 상징(*Symbolique*)의 매개가 필요하며, 이러한 사실을 지배효과와 연결지으면 권력에 대한 인정/몰인정을 생산해 내는 것은 바로 상징의 매개작용이라고 요약할 수 있다. 이러한 의미에서 인간과 현실세계는 상상적(*imaginaire*) 관계를 맺는다. 물론 상상적 관계는 인간과 대상 사이에만 국한되지 않는다. 주체의 형성은 타자와의 관계를 통해 결정된다는 것이 라캉 정신분석학의 주요한 테마이다. 이러한 맥락을 그대로 따르는 알튀세는 '대문자 상징'을 바로 '타자'라고 생각한다. 즉 주체는 대문자 주체(*Sujet*)가 생산해 내는 상상적 자아에 다름 아니다. 다만 알튀세의 이론적 한계는 상징적 질서가 다양하며, 이에 따라 주체의 형성과정 또한 문화적 상황에 따라서 여러 가지 형태가 있을 수 있다는 점을 포착하지 못하고만 점이다.

이러한 비교를 통해서 부르디외가 현대사회의 문화적 질서를 사회학적으로 분석한 것은 생활세계의 다양성을 통해서 주체형성의 과정이 복수적이라는 사실을 밝힌 것이라고 볼 수 있다. 이러한 관점에서라면 그는 알튀세의 이론적 약점을 넘어서고 있다. 그러나 주체형성을 외부세계의 **내면화**(*intériorisation*)와 내면화된 의식의 **외부화**(*extériorisation*)라는 이중구조로 나누어 볼 때 부르디외에게는 의식의 외부화(이것이 바로 아비투스이다)가 강조된 반면, 외부세계의 내면화 과정은 알튀세에 비하여 상대적으로 소홀하게 취급되고 있다. 그 결과로 부르디외에게서 지배의 효과를 당연하게 받아들이는 주체의 모습 이외에 저항하는 주체의 모습을 찾을 수 없게 된다. 흔히들 알튀세의 주체가 구조주의에 매몰된 채 저항의 실체를 찾을 수 없다고 비판한다. 그렇지만 알튀세는 스피노자 철학에 기대어 저항하는 집단적 주체를 찾으려 했다. 그에 따르면 스피노자는 근대의 부르주아 철학이 기반을 둔 법적-이데올로기적 주체개념을 가장 먼저 비판한 사람이며, 그를 통해 인간학적 주체를 벗어난 새로운 저항의 주체를 찾을 수 있다(Tosel, 1994 참조). 즉 저항하는 주체를 고려함에 있어서 부르디외는 알튀세에 뒤져 있다.

5. 결론

인식론적 차원에서 부르디외의 아비투스 개념을 연구해 보면 주체형성 과정에 대한 철학적 논쟁이 깊이 관련되어 있다는 사실을 발견하게 된다. 물론 사회학적 관점에서 보면 그의 문제의식은 계급행동의 작동방식과 사회적 영향력을 찾는 데 있다. 하지만 이러한 계급행동의 논리를 설명함에 있어서 그는 주체형성 과정에 대한 일정한 전제들을 받아들인 것으로 보이는데, 필자는 여기서 그가 메를로퐁티의 '육체의 철학'에 대한 문제의식으로부터 크게 영향을 받았다고 평가하는 바이다. 대체로 부르디외는 사르트르식의 초월적 이성 중심주의에 반대하면서 인간의 합리성을 구조적 상황과 연결시키고 있다. 《존재와 무》에서 보이는 사르트르의 극단적 지성주의(*Ultra-intel-lectualisme*)는 사회적 구속과 개인의 의지를 대립시키고 있어, 개인의 의식과 판단이 어디로부터 유래하는지를 설명할 수 없는 딜레마에 빠지고 말았다. 그런데 인간의 의식을 설명하지 못하는 것은 구조주의에서도 마찬가지이다. 이 논문에서 살펴본 바와 같이 레비스트로스식의 구조주의적 설명에서 인간행위는 구조 안의 규칙이나 절차로 그 의미가 축소되기 때문에 인간의식의 연원은 물론 행위의 자율성마저도 구조 안에 매몰되고 있다. 따라서 인간의 실존을 설명하기 위해서는 사르트르식의 주체철학과 레비스트로스 식의 구조주의를 넘어서야만 한다. 프랑스 철학의 전통에서는 이러한 문제의식의 단초가 이미 베르그송에서부터 존재했고, 메를로퐁티가 이것을 이어받아 한층 세련된 수준으로 발전시켜 놓은 바 있다. 필자는 부르디외의 아비투스 개념이 바로 베르그송으로부터 메를로퐁티로 이어지는 육체의 철학에서 규정하는 인간실존의 한 양상을 그대로 답습하고 있다고 평가한다.

그런데 부르디외는 주체형성 과정을 계급지배의 문제와 관련짓고 있다는 점에서 분명 철학적 인간학을 넘어서고 있다. 그런데 주체의 형성이 개인들의 합리성이나 의도적 선택에 의해서 이루어진다고 볼 수 없다면, 주체형성을 설명하는 데에는 두 가지 방법이 가능하다.

첫째는 사회경제구조 안에서 주체가 차지하는 위치를 살펴보는 방법(거시적 방법)이고, 둘째는 구조적 효과가 개인의 의식 안으로 내면화되는 과정을 살펴보는 방법(미시적 방법)이다. 적어도 부르디외는 장(*champ*) 이론을 도입하여 계급의 위치를 설명함으로써 개인행동의 합리성과 판단력이 사회적 구조와 연계되고 있다는 사실을 명쾌하게 보여 주었다. 이러한 점에서 주체형성 과정의 거시적 설명에는 성공한 것으로 보인다. 부르디외의 논리를 유추해 보면, 사회적 장의 효과는 개인의 위치에 따라 주체형성 과정이 달라질 수 있다는 점을 알려 준다. 그 안에 소속된 개인들에게는 일정한 강제적 효과와도 같다. 이것은 장의 지배논리를 벗어난 일탈적인 행위는 원초적으로 가능하지 않다는 사실을 설명해 준다. 개인의 합리성은 장이 허락하는 절차 안에서 일정한 이해관계를 실현하기 위한 전략의 선택에 한정된다. 따라서 주체의 형성과정은 문화의 장, 학교의 장, 언론의 장과 같은 다양한 사회적 공간으로부터 유래하는 거시적 지배효과를 고려하지 않고는 설명될 수 없는 것이다. 이것을 확대 해석해 보면 하버마스가 강조했던 '공공영역'이 공허한 구호에 지나지 않으며, 개인의 의사소통적 합리성에 기반하여 새로운 사회변혁을 시도했던 기왕의 작업들도 사실은 대단히 불충분한 이론적 기반에서 출발하고 있다는 비판이 가능해진다.

그렇다면 과연 부르디외는 사회변혁의 가능성을 어느 정도 인정하고 있는 것일까? 흥미로운 점은 부르디외 자신이 아비투스 개념을 설명하면서 지배의 효과를 내면화하는 피지배자의 인정(*reconnaissance*) 메커니즘을 여러 차례 강조했음에도 불구하고, 위에서 살펴본 바와 같이 실제로는 외부구조의 효과가 개인의 의식 안으로 내면화하는 주체형성과정의 미시적 관점에 대해서는 만족할 만한 설명이 없다는 것이다. 따라서 부르디외의 이론틀 안에서는 개인의 이성적 능력을 근거로 하는 사회변혁의 가능성을 찾는 일이 어렵다.

그에게 주체형성에 대한 미시적 설명이 상대적으로 부족한 것은, 행위주체의 변화보다는 역시 구조적 변동이 사회변혁의 원동력이라 생각한 것이라고 유추 해석해 볼 수 있을 것이다. 이러한 이유로 해서 부르디외는 구조주의를 비판했음에도 불구하고 구조주의를 완벽하게 넘어서지 못했다는 비판을 듣기도 한다. 필자가 부르디외를 알튀세와 비교해 보지 않을 수 없었던 이유가 바로 여기에 있다. 알튀세는 주체형성 과정을 이데올로기 국가기구와 관련지었다는 점에서 거시적 방법으로 주체의 문제를 설명하려고 시도했을 뿐만 아니라, '호명효과'라는 정신분석학적 작업을 적극 수용함으로써 미시적 방법으로 주체형성을 설명한 바 있다. 위에서 제시한 바와 같이 두 학자의 학문적 장단점이 보다 분명해졌고, 필자는 이것이 새로운 윤리적 지평을 모색하는 데 유용한 이론적 자원으로 활용될 수 있을 것으로 판단한다.

디지털시대의 문화정체성

제9장

1. 디지털사회론의 문제설정

이 글은 오늘날 한국사회가 맞고 있는 사회변동 과정을 디지털사회로의 전환이라는 관점에서 분석하고 처방하기 위한 시론적 성격을 갖는다. 우리 학계에서 정보화사회론이나 사이버공간의 문제를 정치적 변수의 하나로 간주해 발표된 연구논문이 없는 것은 아니지만(강정인, 1998; 안청시, 1987; 윤영민, 2000; 임혁백, 2001) 필자는 지금까지 다루어진 정보화사회론의 분석대상이 오늘날 한국사회의 변동을 설명하기에는 적절하지 못한 개념설정에 근거하고 있다는 판단에 따라 이 글을 작성하게 되었다. 즉, 기왕에 한국의 정치학계에서 진행된 정보화사회론의 외연이 너무 협소했기에, 사회변화의 다양한 변수와 그에 따른 모순점을 파악하는 데 여러 가지 한계점을 가지고 있었다는 것이다. 이 글은 기존의 정보화사회론에 대한 보충적 성격을 띤다. 따라서 정보화사회에 대해 그동안 정치학이 취해온 입장을 살펴보고 그에 대한 한계점을 지적하는 것으로 방향을 설정해 보도록 하자.

이러한 방향설정을 위해 임혁백의 글은 좋은 길잡이가 된다. 약간의 편차가 있기는 하지만, 그의 글에는 기왕에 정치학의 관점에서 분석된 정보화사회론에 대한 입장이 간결하게 정리되어 있다. 바로 그러한 간결성으로 말미암아 필자의 비판적 시각을 개진하기가 용이해 보인다.

우선 임혁백은 디지털사회로의 진입을 기정사실로 인정하려는 입장을 취하는 것으로 보인다. 아니 진입되어야 한다는 당위성을 강조한다. 다시 말해 오늘날의 사회구조가 과거와는 판이한 성격을 띠고 있다는 것이다. 그는 산업문명과 디지털문명을 대립적 개념으로 비교한다(임혁백, 2001: 182). 둘째는 이러한 디지털혁명으로 말미암아 영토국가가 민주주의 실현에 가하던 제약, 예컨대 의사소통의 시간적, 공간적 제약이 해체되고 있다고 평가한다(185). 일반시민들이 공공정책의 결정에 직접참여하고 인터넷을 통해 정부와 정치인들과 직접 대화하면서 공적토론에 참여할 수 있다는 점에서 전자민주주의는 결사체적 성격뿐만 아니라 심의적 민주주의의 의미도 크게 부각시키고 있다고 말한다. 물론 전자민주주의가 대의제 정치를 완전히 대치한다고 주장하지는 않으며 전자민주주의에서 발생할 위험요소에 대해서도 신중하게 유보조항을 달고 있다. 그렇지만 전반적으로 그는 전자민주주의의 특성의 하나인 정보의 신속한 공급으로 말미암아 시민들의 정치적 판단력이 더 합리적이 될 것이라고 낙관하고 있다. 셋째로 따라서 부정적 요인에 대한 개선을 위해서라도 정부차원에서 정보통신기술의 인프라를 확충하는 데 총력을 기울여야 한다는 정책적 과제를 제시하고 있다(192).

필자가 판단하건대 임혁백을 포함해 한국정치학계의 일반적 추세는 정보화사회론 혹은 전자 민주주의에 대해 긍정적 자세를 취하고 있는데, 이러한 태도는 한국사회가 맹목적으로 추종하기에는 여러 가지 염려스러운 요인은 간과하는 것으로 보인다. 물론 임혁백의 경우에도 전자장치에 따른 부작용에 대해 언급하고 있지만, 대체로 그 수준이 현상을 기술하는 정도여서 현재 진행중인 사회동학의 위험요인에 대처하기 위해서는 더 정교한 분석의 과정이 요구된다. 구태여 그의 입장과 비교해 필자의 태도를 밝히자면, 정보화사회론은 미국이나 일본 중심의 선진자본국가의 자본축적과정을 효율적으로 뒷받침하려는 이데올로기적 혐의가 짙다. 그래서 필자는 기존의 정보화사회론이라는 용어보다는 디지털사회론이라는 개념어를 동원해 기존의 시각과는 다른 관점에서 현재 진행중인 정치변동의 과정을 살펴보려고 한다. 아래에서 그 논점을 좀더 구체적으로 피력해 보자.

첫째, 정보화사회나 사이버 사회라는 용어에는 사회변동과정에 필연적으로 개입하는 정치·경제와 같은 구조적 요인이 상대적으로 간과되고 있다. 만일 사회변화의 구조적 요인이 사이버사회론에서처럼 단순히 컴퓨터 기술의 발달과 그에 따른 가상공간의 일상화 정도로 축약된다면, 최근 한국사회가 겪는 사회변동의 부정적 효과가 분석의 틀에서 제외될 우려가 있다. 아래에서 더 자세히 논의되겠지만, 현재의 정보화사회론은 전 세계를 강타한 신자유주의의 이념적 공세와 밀접하게 연결되어 있다. 그럼에도 불구하고 전자 통신망의 기술적 발전이 이루어 놓은 공과에만 집착하는 경우, 인터넷경제가 기반으로 하는 유연축적 전략의 폭력적 성격을 놓칠 우려가 있다. 그렇게 되면 한국에서의 노동과 자본의 대립은 사회발전도상에서 제거되어야 할 장애물 정도로 간주되고 말 것이다.[1]

1 정보화사회론의 쟁점 가운데 하나는 오늘날 사회변화를 두고 과거와는 질적으로 다른 사회로 진입한 것이라고 평가할 수 있는가 하는 것이다(벨, 1987; Benige, 1986). 이러한 논쟁의 이면에는 기술발전이야말로 한 사회구성체의 질적 변화를 유도하는 관건이라는 기술결정론의 편협된 시각이 공유되고 있다. 그런데 이와 같은 선형발전 모델 안에는 미국이나 일본의 사회적 변화를 결국 한국사회가 궁극적으로 실현해야 할 목표로 간주하도록 만드는 일종의 지식이데올로기의 효과가 은폐되어 있다. 어쩌면 우리사회에서 정보화사회론이 언론을 통해 장밋빛 미래로 치장되는 실질적 이유라고 해도 좋을 것이다. 그러나 실제로 정보화사회가 가져올 사회적 영향력은 그 공과를 쉽게 판단할 수 없다. 우리는 이미 1960년대와 1970년대에 선진산업사회를 맹목적으로 추종하던 근대화론의 폐해를 심각하게 경험한 바 있거니와, 유연축적 전략과 밀접하게 연

둘째, 정보화사회론은 새로운 기술력이 삶의 양식에 어떠한 변화를 초래했는지 간과하고 있다. 경제적으로 나타나는 불평등의 심화과정 외에도 새로운 기술력과 경제시스템이 구축됨에 따라 우리의 삶의 양식은 엄청난 변화를 각오하지 않을 수 없게 될 것이다. 자본과 결탁한 정보기술력은 문화산업이라는 미명 아래 시각매체를 중심으로 하는 디지털 영상매체를 점차 상업적 이윤의 대상으로 포섭하고 있다. 이를 통해 우리사회에는 수많은 국적불명의 이미지와 기호가 범람하게 될 것이며, 한국인의 정서와 취향은 점차 새로운 감수성으로 길들여질 것이다. 소비생활을 부추기는 전자상거래의 활성화는 점차 개인의 욕망을 정치적 책임감으로부터 소원하게 만들어 사회전체가 보수적 성향으로 체질변화를 겪게 될 수도 있다. 국제정치적으로는 영상매체를 통해 등장하는 오리엔탈리즘의 문화제국주의적 성향이 민족정체성을 와해시킬 수도 있다.[2]

결된 오늘날 전자화시대의 경제논리가 자본과 노동의 대립구도에서 분명 자본의 힘에 무게를 더하는 쪽으로 작동할 것이기 때문에, 이 땅의 많은 노동자와 농민 또는 도시빈민의 궁핍과 질곡이 바람직한 방향으로 해결될 것이지는 의문이다.

2 전자정보화와 함께 거론되는 세계화는 문화적 관점에서 보면 개인들의 귀속성을 전혀 다른 차원에서 규정할 수 있는 새로운 가능성을 보여주는 개념이다. 시간·공간의 구속이 모더니티의 삶의 양식을 구획하던 전형적인 모델이었다면, 인터넷의 발달로 말미암아 지구의 반대편에 있는 익명의 타자와 우리는 자신이 원하는 시간대에 자유롭게 의사소통할 수 있는 탈근대의 시대를 살아가고 있다. 지금까지 한국인이라는 정체성의 뿌리에는 한반도라는 공간과 우리 조상으로부터 유래하는 경험의 배타성이 존재한 데 비해, 인터넷시대를 맞이해 시간과 공간의 구속성은 문화적 정체성을 결정하는 데 과거와는 전혀 다른 의미를 갖게 된다. 이제 더 이상 한반도에서 살아가는 것만으로 한국인의 정체성을 논하는 것이 무의미하게 되었다. 그런데 중요한 것은 이렇게 변화된 삶의 양식에는 여전히 문화적 선진국과 후진국의 차별이 존재한다는 사실이다. 따라서 정

셋째, 필자는 전자민주정치에 대한 낙관론에 대해 좀더 신중하고 싶다. 물론 정보화정치에 대한 이론적 평가도 이중적이다. 새로운 기술력을 바탕으로 더욱 편리해진 의사소통의 구조가 더 나은 민주정치를 이루어 낼 것이라는 입장이 있는가 하면(Becker, 1993; 토플러, 1993), 컴퓨터기술을 기반으로 한 다양한 통제장치의 발달은 오히려 개인들의 사생활을 더 촘촘한 감시의 그물망으로 옥죌 것이며, 이것은 결국 정치·경제 분야에서 전문가들의 지배양식을 공고화할 것이라는 비관론도 만만치 않다(Lyon, 1991; 라키토프, 1995).

사실 전자정치에 대해 한국정치학이 재단하는 분석수준이라는 것이 영미학자들의 예견을 크게 넘어서지 못하고 있는 실정이다. 이러한 맥락에서 한국의 현실에서 전자민주주의의 부정적 요인으로 지목되던 현상에 대한 더 깊은 분석이 필요하다. 임혁백이 지적하듯이 전자공간에서의 익명성은 전자토론을 저질스런 욕설의 장으로 타락시켜 버리고 있다(임혁백, 2001: 194). 그러나 그 대안이 상대방을 존중하는 에티켓사회를 형성시켜야 한다는 제안만으로 그칠 수는 없다. 정보통신분야의 발달이 있을 때마다 공존했던 비관론과 낙관론 사이에서 기술발달의 궁극적 완성은 인간의 선한의지와 정책적 계몽에 달려있다고 결론내리는 것은 학문적으로 무책임한 태도일 수 있다. 차라리 문제의 초점은 사회변동과정에서 등장하는 문제의 양상을 이론적으로 정리하

보화를 통해 구축된 세계화의 동심축에는 시간과 공간적 거리를 축소시킨 문명적 혜택만이 아니라, 선진자본주의 논리에 매몰되어 자국문화의 위기를 초래하게 만드는 일종의 문화제국주의 양상이 동시에 진행되고 있다. 이렇게 보면 과거 군사나 경제를 통해 진행되던 제국주의의 침투가 오늘날에는 기호화된 형태로 변질되어 나타나고 있다. 그런데 디지털시대의 기호논리는 제국주의적 성격을 은폐한다는 데 그 특성이 있다. 바로 그러한 비가시성이야말로 디지털시대의 문화정체성에 대한 연구가 주목해야 할 부분이다.

고, 이를 토대로 한국사회가 주목해야 할 문제에 토론의 기회를 주어서, 궁극적으로는 우리사회가 추진해야 할 사회진화의 방향을 설정하는 데 있다고 하겠다.

넷째, 이러한 점에서 사회 속에서 활동하는 인간행위의 속성에 대한 규명이 시급하다. 이것이야말로 디지털시대의 문화정체성 연구에서 핵심적인 대상이다. 사이버 공간에서의 토론문화가 하루속히 정착되어야 한다는 주장은 이미 오래전부터 제기되어 왔지만, 오늘날 전자공간의 토론문화는 개선되기보다는 점차 심각한 위험수위에 다다르고 있다. 따라서 왜 이성적 대화의 상황이 달성되지 못하는가에 대해 사회과학적 분석이 필요하다. 이것은 궁극적으로 인간의 사회적 성격을 규명하는 일과 연결된 문제이다. 그런데 전자 민주주의론에 대한 낙관론은 컴퓨터 앞에 앉아 있는 개인들이 현실공간에서 더욱 적극적인 민주적 자질을 갖는 것으로 전제하는 것이 보통이다. 그래서 사이버사회론에서 쟁점이 되는 인간정체성에 대한 이론적 관심사마저도 철저하게 컴퓨터 앞에 앉아 있는 개별자들의 심리철학적 변화를 설명하는 데 모아지고 있는데(여명숙, 1998; 정기도, 2000), 이로 인해 자칫 정체성의 형성이 사회구조의 논리를 배제한 채 개인생활의 사적 원리에만 의존하는 것으로 오해할 가능성이 있다.

어원적으로 보더라도 시간적 연장 속에서 변화하지 않는 본질을 추구한 주체성이라는 철학적 개념과 달리, 정체성이란 인간과 인간 혹은 사회 속에 존재하는 활동적인 인간의 모습을 추구하는 데 필요한 조작적 개념이다. 따라서 정체성의 변화과정을 설명하기 위해서는 반드시 한 사회의 정치·경제적 특성을 포함시켜야 한다. 이러한 맥락에서 필자는 컴퓨터 앞에 앉아있는 개인의 정체성이란 가상현실과 실제를 오고가는 '사이버 호모티쿠스'(*cyber homoticus*)라기보다는, 컴퓨터라는 기계를 제작하고 응용하는 '화이버 호모티쿠스'(*fiber homoticus*)라고 강조하고 싶다. 전자가 실상과 대비되는 가상공간을 통해 드러나는 이중적 정체성을 가리킨다면, 후자는 여전히 사회적 공간을 배경으로 한 사회적 실천의 한 양식을 설명하려 한다. 특히 후자의 관점에서 보면 전자화시대의 인간의 활동은 전통적 산업사회의 개념틀에서 크게 벗어나지 않은 채 분석될 수 있다. 이것의 사회과학적 의미는 자못 크다. 컴퓨터 통신을 통한 개인들의 의사소통의 기회가 확대되더라도 이것이 결코 산업사회구조 안에서 길들여진 이데올로기적 정체성이 변화된 것이라고 말할 수 없기 때문이다. 또한 이러한 입장에서는 전자시대의 바람직한 인간형의 완성을 이루기 위해 여전히 산업사회의 구조적 모순을 해결하는 것이 급선무라는 처방이 가능해진다.

다섯째, 이렇게 확장된 디지털 사회에 대한 개념적 외연을 토대로 우리는 한국사회의 현황을 분석하고 처방하는 데 좀더 신축적일 수 있다. 앞의 설명에서 밝혀졌듯이, 오늘날 진행중인 사회변화는 정치·경제·문화를 아우르는 총체적인 동학(動學) 과정이다. 따라서 필자는 이 가운데 어느 하나도 분석의 대상에서 뺄 수 없다고 본다. 다만 분석의 논점을 하나로 모은다는 의미에서 디지털사회론의 분석목표는 정치·경제의 구조적 변화가 삶의 양식에 어떠한 변화를 초래할 것인지를 파악하는 데 있다고 말하고 싶다.

이때 구조의 변화를 거시적 요인으로, 생활세계의 변화를 미시적 요인으로 구분한다면, 디지털사회론의 분석목표를 실현하기 위해서는 이 양자를 동시에 포착해야 한다. 그런데 거시와 미시의 통합이라는 이러한 방법론적 요구는 문화분석을 통해 가능해지며, 이때 분석의 중심은 개인정체성의 변화과정에 놓이게 된다. 정치경제를 강조하는 구조결정론과 생활세계의 변질을 심리적 변화로 간주하는 현상학적 철학론의 이중적 한계를 변증법적으로 극복하는 계기는 바로 인간 정체성의 변화과정을 추적하는 데 있다. 다른 한편으로 이것은 인간정체성을 이데올로기적 추상이나, 가상현실의 이미지 조작의 결과로 간주하는 사이버사회론에 대한 이론적 도전이다. 필자가 디지털사회론을 새로운 대안개념으로 제시하면서 문화정체성을 분석의 초점으로 강조하고자 하는 이유는 바로 우리가 경험하는 사회변동의 중층적 결정과정이 문화라는 요인으로 모아질 수 있으며, 그로부터 새로운 사회운동의 방향성과 저항의 지점을 찾아볼 수 있다고 생각하기 때문이다.

2. 디지털사회의 정치 · 경제구조

디지털사회의 성립배경을 이해하기 위해서는 세계적 규모로 재편된 자본시장의 구조적 변화를 분석해야 한다. '탈조직화된 자본주의로의 이행', '포스트 포드주의적 생산체계' 등과 같은 새로운 개념어를 통해 유추할 수 있듯이 오늘날 자본의 축적구조는 과거와는 판이하게 달라지고 있다.[3] 이러한 관점에서 보면 디지털시대의 도래는 새로운 기술력으로 말미암은 자연스러운 현상이라기보다는 변화된 세계자본주의 체제가 구조적으로 요구하는 인위적 현상이라고 해석할 수 있다(경상대 사회과학 연구소, 2000). 현재 진행중인 자본주의의 탈조직화 현상은 생산과 소비의 유형이 더 분화되고 노동자의 희생을 구조적으로 강요하는 특징을 가지고 있다. 다른 한편으로는 자본의 순환이 국제화되

---

3 1930년대에서 70년대에 이르는 시기에 전개된 선진산업자본주의의 모델은 관료주의적 통합경제의 시스템을 주축으로 한 국가독점적 생산체제였으며, 이때 정책의 기본방향은 유효수요 관리를 해결하기 위한 자본과 노동의 타협에 있다. 노/자의 타협은 자유주의에 근거한 미국형과 사회민주주의에 기반을 둔 유럽형으로 나누어질 수 있지만, 두 형태의 공통점은 자본과 노동의 피할 수 없는 계급갈등의 모순을 국가개입에 의한 분배정책의 형태로 은폐했다는 점이다. 그런데 1980년대를 전후해 자본의 가치증식과정은 과거와는 판이하게 달라졌다. 1970년대 후반 전 세계적 불황 때문에 산업자본주의체제가 기반하던 포드주의적 생산관리체제는 극소전자기술이나 과학기술혁명의 성과를 도입하는 고도기술의 자본주의 형태로 전화하지 않을 수 없게 되었다(황병덕, 1992). 이것은 노/자의 대립을 무마하기 위한 국가정책이 더는 효과를 발휘할 수 없게 되었음을 의미한다. 왜냐하면 이러한 고도기술을 바탕으로 하는 탈조직화된 자본주의 생산방식은 노동력의 기술적 유연성을 요구하기 때문에, 빠른 속도로 변하는 시장의 요구에 대처하기 위해서는 임금협상이라는 구태의연한 관리방식을 고수할 수 없게 되었기 때문이다.

기 때문에 국민경제가 심각한 위기상황에 처할 가능성이 있다. 신자유주의체제로의 편입으로 인한 노동자의 희생에 대한 논의는 좀더 심각한 정치경제학적 분석과 처방이 필요한 부분이다.

세계화 논리의 핵심을 이루는 자본의 국제화 경향은 초국적 금융자본의 활성화로 요약된다(김성구, 1998). 초국적 산업독점자본과 초국적 은행독점자본의 융합형태로 운동을 하는 초국적 금융자본은 산업부문에서 이윤생산을 통해 가치증식을 하는 고전적 산업자본의 성격을 넘어서 각종의 금융의 수단을 동원해 새로운 이윤창출을 꾀하고 있다. 초국적 금융자본은 무역신용이나 결제, 외환업무와 같은 전통적 업무로부터, 주식·채권의 발행, 인수 등과 같이 국제화된 형태로 나타나는 것이 보통이다. 이것은 실물거래량보다 투기적 목적을 가진 의제적 자본의 이동으로 나타난다. 결국 투기성 자본이란 실물경제와 연계되지 않은 채 국경을 자유롭게 넘나들 수 있다는 점에서 한국과 같은 제3세계 국민경제의 입장에서 볼 때는 커다란 위협이다. 1997년 한국이 맞이한 IMF 외환위기의 본질을 음모설과 연루시키고 있는 연구가 있다(박훈탁, 1998). 이때 음모의 핵심이 반드시 정보기관에 의한 조작정치라는 뜻은 아닐지라도 세계적 금융가의 투기적 자본의 파괴력이 일국경제에 어떠한 영향력을 주고 있는가를 간접적으로 웅변하는 것이라고 하겠다.

그런데 비실물부분에서 의제적 자본이 급속도로 발전할 수 있는 계기가 바로 정보통신기술의 발달이다. 세계시장에서 자본의 움직임을 기초짓는 증권시장은 국경을 넘나드는 데 장애가 되는 다양한 일국경제의 규제조치를 제거하도록 만들었다. 이것은 궁극적으로 증권시장의 전자화를 통해 가능했다. 이러한 맥락에서 보면 디지털시대의 정치경제구조는 투기성 자본의 국제화를 유도하고 궁극적으로 제 3세계 국민경제를 선진자본에 종속시키는 금융제국주의에 불과하다는 극단적인 평가도 가능하게 된다(래쉬, 1998). 즉, 자본의 세계화는 글로벌매체 독점의 세계적 팽창, 지배 그리고 이에 따른 시장의 동질화를 통해 진행되고 있는 것이다.

그러나 국제화된 자본의 폐해가 반드시 금융제국주의 형태로만 나타나는 것은 아니다. 이른바 세계자본주의는 언론, 정보, 오락 등의 소비영역에 대한 세계적 통합 없이는 불가능하기 때문이다. 유연축적 전략을 기반으로 한 자본의 힘은 점차 가치증식의 대상을 문화산업으로 확대하고 있다. 이에 따라 영화나 음반과 같은 문화산업이 거대한 초국적기업으로 발전하는 경향을 보인다. 나아가 텔레비전, 비디오, 하이파이체제들은 문화의 초국화 현상을 유도하는 첨병이다. 사실 이러한 영상시각매체는 자본의 국제적 이동보다 훨씬 빠른 속도로 국경을 넘나들면서 일국 내의 지역적 정체성을 파괴하고 세계적 소비를 유도하는 자본의 충실한 옹호자 역할을 한다. 그런데 범람하는 선진자본주의의 문화적 공세는 현란하게 치장되는 색채와 기호로 은폐되기 마련이어서, 민족문화의 정체성 위기가 자본의 공세에 비해 쉽게 드러나지 않는다(강내희, 1996, 1998). 그러나 위기의 심각성은 분명 금융자본의 폐해에 뒤지지 않는다. 오히려 장기적으로 보면 그 영향력은 더 막대하다.

결국 글로벌매체의 세계적 팽창은 각국 노동자의 정신세계를 통제함으로써 국제적 자본의 이익을 유지하고 확대하도록 돕는다. 컴퓨터의 발달은 디지털시대를 맞이하여 문화제국주의의 한 정점을 이룬다. 공중파방송시대에 제약이던 공간과 시간에 대한 장애는 이제 컴퓨터통신기술의 발달로 거의 해결되었으며, 이로 인해 지구촌이라는 이데올로기적 구호가 보편화되고 있다. 이렇게 보면 정보통신기술의 발달에 따른 다양한 정보와 오락상품의 제공은 단순한 상품거래라기보다는 제3세계의 입장에서는 내국민의 문화적 가치를 지배한다는 의미에서 "국제적 언론파시즘"(김승수, 2000)의 성격을 갖는다고 할 수 있다.

3. 디지털시대의 기호와 권력

그렇다면 글로벌매체의 디지털제국주의는 어떻게 가능하게 되는가? 지금까지는 초점이 매체식민지화론에 집중되었던 것으로 보인다. 예를 들어 전 세계 매체시장의 지배구조에서 미국자본이 차지하는 비율을 분석함으로써 미국의 제국주의적 성격을 파악하는 것이다(김승수, 2000). 그러나 이러한 하부구조의 집중 이외에 문화제국주의 성격은 디지털시대의 독특한 기호의 논리에 의해서도 더욱 심화되고 있다. 바로 이러한 기호의 논리가 있어서 선진자본의 문화적 공세의 심각성이 제대로 인식되지 않고 있다. 나아가 기호의 논리가 전자화사회에 대한 기대감과 허구적 이미지를 유포시키고 있다. 극단적으로 말하자면, 디지털기술이 자본주의의 자본축적의 논리를 끊임없이 확장시키고 있다는 점을 감안한다면 디지털 정보혁명은 일종의 환상이라고 하지 않을 수 없다. 그런데 이러한 환상이 어떻게 생성되며 확산되는가? 이 문제를 기호의 성립과 유포의 과정을 분석함으로써 밝혀내어 보자(홍성태, 2000 참조).

도대체 디지털시대의 기호의 속성이란 무엇인가? 이러한 문제제기는 순수하게 이론적 차원에서 보면 인간에게 강요된 지배양식과 이를 은폐하는 권력의 효과에 대한 질문이다. 그렇다면 자본주의 사회에서 계급의식을 이데올로기나 물신숭배의 관점에서 설명했던 맑스의 문제의식이 이 지점에서 이론적 준거틀이 될 수 있을 것 같다. 예를 들어 《자본론》 2권 1장에는 세 가지 종류의 자본(화폐자본, 생산자본, 상품자본)의 순환과정에 대한 언급이 있는데, 이 대목이야말로 디지털경제의 기호학적 순환을 설명하는 데 좋은 출발점이 된다. 우선 맑스는 이러한 순환이 현실의 지리적 공간 안에서 전 역사에 걸쳐 일어날 것이라고 생각한 것 같다. 실제적 공간 안에서 상품의 사용가치(본질)와 이에 대립하는 교환가치(외양)가 공존한다고 보았고, 상품의 본질과 외양의 전도현상은 자본주의 생산관계에서 필연적으로 도출된 것이라고 생각한 것이다.

그런데 디지털시대의 경제의 흐름은 이러한 자본의 순환이 기호학적 순환으로 대치된다. 맑스의 정치경제학에 대한 보드리야르의 기호학적 비판이 주목받는 대목이 바로 여기이다. 맑스의 정치경제학은 상품에 대한 사용가치와 교환가치를 실재론적으로 구분하는 것으로부터 출발하는데, 이는 기본적으로 인간에게 고유한 욕구가 존재하며 나아가서 그에 상응하는 고유한 노동의 질이 존재한다는 형이상학적 가정을 전제로 한 발상이다. 그렇지만 보드리야르에 의하면 이것은 욕구와 사용가치에 대한 근본주의적 개념에서 벗어나지 못한 19세기적 착오이다(보드리야르, 1992). 보드리야르에 따르면, 사용가치와 교환가치의 물신주의는 결국 상품에 결합된 양면임에도 불구하고 맑스는 물신주의의 등가논리를 사용가치에다 적용시키지 못하고 말았다. 보드리야르는 물신주의를 상품형식이 아니라 대상형식의 영역으로 확장시킨다. 이렇게 되면 자본주의 순환관계 안에서 모든 대상물은 추상적인 등가의 코드로 번역된다. 기호 안에서 대상물의 가치와 효용성이 동시에 드러나는 것이다. 이러한 기호의 정치경제학이 가능해진 시대가 우리가 맞이하고 있는 디지털시대의 한 단면이다.

그에 따르면 오늘날의 자본주의사회는 재현과 실제의 세계를 가늠하는 경계가 무너졌다. 독자적 작동법칙을 갖고 운동하는 기호의 자립성이 여타 기호와 접합하는 가운데 사회질서가 구성된다는 뜻이다. 이것은 상품관계에서도 그대로 반영되어 나타난다. 상품기호 역시 동일한 코드의 규칙에 의거해 다른 상품코드와의 관계 속에서 자신의 의미를 얻게 된다. 따라서 포스트모던 사회에서는 생산수단에 대한 사회적 갈등보다는 코드의 지배권을 둘러싼 투쟁이 더 심층적이라는 것이다. 기호의 세계가 실제의 세계보다 우월하다는 것은 결국 개인들이 상품

기호, 미디어의 재현, 시뮬레이션 속에 매몰되어 기본적으로 상대적이며 가상적인 세계에 갇혀 있다는 뜻으로 풀이할 수 있다.[4]

그리하여 미디어와 리얼리티의 차이는 없어진다. 이것이 보드리야르에 따르면 모사(模寫)의 질서인데, 이러한 사회에서는 하이퍼 리얼리티(*hyperrealité*)가 출현한다. 초현실이 현실보다 앞선다는 의미에서 하이퍼 리얼리티라는 모사물이 현실세계를 지배한다는 것이다. 따라서 미디어의 메시지로 가득한 디지털사회는 정보의 의미가 무의미한 잡음에 불과하게 되고, 진실/허위, 실제/상상의 구분은 점차 모호해지며, 사유/사물, 외양/리얼리티의 구분은 사라진다. 이른바 내파(*implosion*)의 시대인 것이다. 이때 대중의 일상행위는 사적 영역으로부터 공적 영역에 이르기까지 일정하게 규정된 코드화의 논리에 조정될 뿐이다. '침묵하는 다수'(Baudrillard, 1982)는 바로 기호의 지배를 받는 포스트모던 사회의 대중을 가리키는 것이다.

그러나 이것은 너무 지나치다. 필자가 내다보는 디지털시대의 특성은 보드리야르가 생각하는 포스트모던의 사회적 속성과는 분명 거리가 있다. 보드리야르의 초기작품인 《기호의 정치경제학 비판》에서 보여진 기호학적 설명은 많은 시사점을 제공하지만, 후기의 《시뮬레이션》에서 보여진 모사의 질서론은 받아들이기가 어렵다. 후자의 관점에서

---

4 보드리야르는 교환관계를 중심으로 ① 고대나 중세처럼 상품의 특정한 잉여부분만이 교환되는 시기, ② 전통적 자본주의 정치경제의 시기, ③ 지식이나 덕, 사랑 등이 교환의 대상으로 등장하는 시기를 구분한다. 필자가 볼 때 디지털시대 등가교환의 속성이 바로 세 번째 시기에 해당된다. 물론 교환과정을 코드화된 경제행위의 소비중심 사회로 이해하는 것은 상품논리에 내재된 생산의 중요성을 간과하는 것이고, 나아가 잉여가치의 존재와 착취논리를 무시하는 것이 아닌가라는 의문이 든다. 그러나 보드리야르는 단순한 착취보다는 좀더 근본적인 억압의 형태가 디지털시대에 작동하고 있다고 말한다(Baudrillard, 1973).

는 디지털사회의 병리적 현상을 타파할 수 있는 인간내면의 창조력이나 시민사회의 긍정적 역량을 찾아보기가 어렵다. 그렇기에 초기 보드리야르의 문제의식에서 다시 한 번 방향설정을 시도해 보기로 하자.

필자가 보기에 그가 남긴 이론적 자원 가운데 논란의 여지가 있는 것은 이데올로기나 물신숭배라는 맑스주의의 개념들이 합리성을 전제로 하는 인간적 발상에 근거하고 있다는 비판이다. 그는 맑스가 선험적으로 계급투쟁의 변증법을 고수했기 때문에 넓은 의미에서 이데올로기의 생산양식을 정확히 이해하지 못했다고 공격한 바 있다. 물신숭배의 주술적 효과는 사용가치와 교환의 전도에 의해서가 아니라 기호들의 차별적인 약호에서 비롯된다고 주장한다.

> 그러므로 물신숭배가 존재한다면, 그것은 기의(*Signfie*), 실체, 가치에 대한 것이라기보다는 기표(*signifiant*)에 대한 것이다. 즉 물신의 대상이 소외된 주체를 사로잡는 것이 아니라 주체 자신이 체계적으로 코드화된 가상의 대상 안에 거주하는 것이다. 따라서 물신숭배 안에서 말하는 것은 실체가 아니라 코드이다. 이 코드야말로 주체뿐만 아니라 객체까지도 복속시키고 조정한다. 이것이 이데올로기의 진정한 실체이다. 즉 상부구조에서 소외된 의식의 발로가 아니라, 구조화된 코드화의 양식이 전체사회를 포섭할 때 비로소 이데올로기의 효과가 발동되는 것이다(Baudrillard, 1992).

위의 인용문은 보드리야르의 문제의식의 핵심을 잘 보여주고 있다. 체계화된 코드화의 양식이 자본주의 문화의 기본이고, 이를 기반으로 기호의 효과가 무의식과 욕망을 관통한다는 것이다. 여기서 극명하게 드러나듯이, 보드리야르는 이미 주체의 내적 역동성을 포기하고 있다. 주체, 의식, 가치 같은 개념이 구조 앞에서 모든 의미를 상실한 것이다. 그렇기 때문에 계급투쟁을 전제로 하는 상/하부구조의 도식은 당연히 폐기되어야 한다. 극단적인 반유물론의 입장이다. 물론 이러한 인식론적 태도 때문에 보드리야르는 기호분석의 활용가치를 일상생활의 더 광범위한 영역으로 확대시켜, 성도착, 육체, 아름다움의 영역 등을 기호학의 연구대상으로 끌어들인다. 이 점을 두고 볼 때 그의 통찰력이 문화분석에 많은 자극을 준 것은 부인할 수 없는 공적이다. 그러나 그는 구조적 기호론을 강조함으로써 주체의 창조적 행위양식이 존재할 수 있는 일말의 가능성마저 거부하고 말았다. 이렇게 되면 기호의 투쟁은 주인 없는 장기판의 놀이와 다름이 없게 된다. 도대체 기호는 누가 만들었으며, 누가 조정하는가? 인간을 뺀 기호들의 전쟁놀이의 중심에는 인공지능을 가진 슈퍼컴퓨터만 있다는 말인가? 보드리야르가 묘사하는 기호의 놀이는 디즈니랜드와 같은 비현실적 공간 속에서나 가능할 뿐이다.

이 대목에서 필자는 기호의 생산이 자본주의 문화생산의 관점에서 파악되어야 한다는 점을 다시 한 번 강조하고 싶다. 여기서 문화생산이란 한 사회의 관행과 코드화의 양식이 철저하게 자본축적의 논리에 근거하고 있다는 사실을 강조하는 개념이다. 보드리야르와 대비해 필자의 입장을 다시 한 번 밝힌다면, 오늘날의 문화산업은 자본의 유연축적 전략에 따라 규모를 키워가고 있으며, 그에 따라 한국인의 가치관과 생활세계의 유형이 점차 변화하고 있다. 또한 전체사회가 하나의 일정한 코드화 양식 안으로 포섭되는 순간에도 자본주의적 문화전파는 여전히 계급적 불평등과 소외를 확대재생산하고 있다. 따라서 우리는 기호의 구조적 생산이 어떻게 계급적 불평등을 강화하는가를 파악해야만 하는데, 분명 이것은 보드리야르의 이론틀 안에서는 가능하지 않다.

이러한 이론적 과제를 해결하기 위해 필자는 바르트의 기호학을 탐구할 것을 제안한다. 시기적으로는 보드리야르보다 앞서지만, 자본주의 문화현상에 대한 바르트의 기호학적 설명은 좌파 이데올로기론의 유물론적 독단을 극복하는 데 돌파구를 열어준다. 더구나 기호의 작동과정이 자본주의의 계급적 지배양식을 공고히 한다는 점을 밝혀낸 점에서 현대사회의 특징을 이해하는 데 도움을 준다.[5] 자본주의 문화에 대한 바르트의 기호학적 설명은 프라그학파에서 발견된 언어의 이중구조를 사회과학적으로 응용하는 것이 핵심이다. 일상생활의 언어적 가치는 크게 보아 지시의미(*denotation*)와 부가의미(*connotation*)로 이루어진다는 예름슬레브(Hjlemsleve)의 통사론의 내용을 바르트는 기표와 기의의 다층적 구조로 바꾸어 놓는다(Barthes, 1985).

〈파리 마치〉(*Paris March*)에 표지사진으로 실린 흑인병사의 경우가 좋은 예이다(Barthes, 1957). 프랑스 군복을 입은 흑인병사가 삼색기에 경례를 하는 장면이 표지사진으로 실린 주간잡지가 수백만 부 팔렸다고 해보자. 그 사진을 보는 사람들이 받아들일 기호학적 효과는 무엇인가? 첫 번째 과정은 일차적 의미로 흑인병사가 프랑스 군복을 입고 삼색기에 경례를 한다는 객관적 사실을 전달하는 것으로 끝난다. 즉, 언어의 지시적 의미이다. 그러나 이러한 1단계의 기표/기의 관계가 또 다른 기표/기의 관계로 발전할 수 있다. 부가적 의미가 사람들 사이에서 유통되는 이미지를 새롭게 구축하는 것이다. 그 의미는 다양하게 해석될 수 있다. 예를 들어 프랑스는 위대한 제국이라는 것, 모든 프랑스의 아들은 피부색의 구분 없이 국기 아래 충성한다는 것, 혹은 프랑스는 모든 인종차별을 넘어서는 박애주의 나라라는 것 등이다.

바르트는 자본주의사회에서 기호의 이중적 효과가 사회적 불평등이나 계급적 차별을 은폐하는 효과를 갖는다는 점을 강조하면서, 이를 두고 '신화'(*Mythologie*)라고 부른다. 신화의 핵심은 현재 자연스럽게 보이는 사회적 사실이 일정한 역사적 동기를 가지고 있음에도 불구하고 그것이 보편적인 것으로 보인다는 데 있다. 대표적인 예가 남성성과 여성성의 구분에 대한 사회적 통념이다. 강인한 남성성에 대비되는 여성성은 일반적으로 순종적이고 연약한 모습으로 그려지는 것이 보통

5 바르트 기호학의 철학적 의미에 대해서는 김상환(2000)이 유용하다.

이다. 우리사회에 가장 널리 퍼진 현모양처의 신화는 그야말로 자본주의 문화가 만들어낸 현대의 신화 가운데 대표적인 것이다.[6] 한편, 이처럼 신화가 만들어진 역사성을 은폐하고 그 정치적 효과를 지워버리는 기능을 일컬어 현대기호학에서는 '동기의 자연화'(*naturalisation of motivation*) (박정순, 1997: 276 참조)라고 한다. 그런데 현대사회에서 이와 같은 가치관과 행위양식의 신화적 형식은 대체로 자본주의 문화상품의 표상을 통해 구성되는 경우가 많다.[7]

---

6 가족의 계보학을 살펴보면 분명해진다. 서양사회에서 가부장적 가족구조가 정착된 것은 시기적으로 19세기 중엽 산업자본주의가 태동하던 무렵이다. 남자들의 노동력을 중요한 착취의 대상으로 생각한 자본은 여자들의 사회적 역할을 가족 안에 가둔 채 가사노동과 육아에만 한정시켜 왔다. 여성의 역할은 남성노동력의 보조자 역할로 평가절하된 것이다. 그렇다면 여자가 가정을 책임지고 남자가 바깥일을 담당한다는 이분법에 의해 시작된 '현모양처'라는 성역할의 구분은 최근에 비롯된 특수한 가치관을 대변하고 있을 뿐이다. 이는 우리 역사의 경우에도 마찬가지이다. 여자의 성역할이 서양에 비해 소극적이었다는 점을 인정하더라도, 일반적 통념과는 달리 전통사회에서 여성의 역할이 남성에 종속되기 시작한 것은 조선후기부터이다. 당시 사회가 겪던 정치경제적 위기와 그로 인한 사회통합의 위기를 해결하기 위해 취해진 조치가 권위적 남성우월주의로 표면화된 것이다(한국여성연구소, 1999). 그럼에도 불구하고 한국사회에서 유통되는 현모양처의 개념을 둘러싼 기호학적 효과는 가히 신화에 가깝다. 현모양처는 시공을 초월한 보편적 규범이자 누구도 대항할 수 없는 절대적 가치기준으로 여성에 대한 가치관과 행위양식을 결정했던 것이다.

7 여성들의 화장품 광고에서 전형적인 예로 자주 거론되는 샤넬향수의 경우를 생각해 보자(윌리암스, 1988, 65~67). 샤넬향수 No.5는 세계적으로 가장 높은 판매고를 올린 제품이며, 이 향수의 표지모델은 프랑스의 유명한 여배우 카트린 드뇌브이다. 광고의 형태는 매우 파격적이다. 드뇌브의 얼굴이 화면전체를 매우며, 우측 모퉁이에 작은 샤넬 향수병이 자리잡고 있다. 도대체 이러한 광고사진이 전 세계적으로 확산되었을 때

따라서 한국과 같은 제3세계 국가는 자본주의 문화가 유입되는 과정에서 문화상품의 기호학적 효과가 문화적 정체성을 혼란시킬 수 있다는 가능성에 주의해야 한다. 이것은 광고, 할리우드 영화, TV에서 방영되는 외화드라마를 통해 확산되고 있다(톰린슨, 1994). 최근 우리 학계에서 서양의 문화제국주의를 극복하자는 의미에서 오리엔탈리즘에 대한 논의가 빈번한데(우실하, 1998 참조), 이러한 시도가 제대로 실현되지 못하는 까닭은 바로 서구에 대한 동경과 허구적 환상이 언제나 신화적 형태로 살아 움직이고 있기 때문이다. 필자에게는 신자유주의와 맞물린 정보화사회의 장밋빛 이미지가 우리사회에 널리 유포되는 것도 일종의 문화적 신화의 형태로 보인다.

제3세계의 사람들이 받게 될 기호학적 효과는 무엇일까? 드뇌브는 〈쉘부르의 우산〉이라는 영화로 국내에도 널리 알려진 여배우로, 유럽에서는 프랑스의 미적 이미지를 가장 잘 표현하는 미인으로 손꼽힌다. 여기서 광고의 기호학적 효과는 이중적이다. 샤넬 No.5의 제품과 드뇌브의 얼굴 사이에는 의미의 내적 필연성이 없음에도 불구하고, 이 광고사진은 각종 영화에 출현해 형성된 드뇌브의 미적 표상을 향수의 특성과 일치시켜 준다. 즉, 매혹적인 여성이라는 이미지(이것이 바로 기의의 내용이다)는 샤넬향수의 5번에 전치되고 있다. 이러한 전치는 앞서 언급한 바와 같이 또 다른 기표와 기의관계를 통해 새로운 전치를 만들어 낸다. 예컨대 샤넬향수와 더불어 프랑스는 미의 상징처럼 여겨지며, 이것은 정치적으로 평화지향적인 국가로 인식될 수도 있다. 물론 기호의 의미는 광고 밖에 존재하는 사회적 기표의 의미를 이용할 뿐이다. 그러나 그 결과는 실제와는 아무런 관계가 없는 일종의 신화를 만들어 내고 있다.

4. 디지털사회의 문화정체성

기호의 생성은 분명 자본주의 사회의 물질성을 기반으로 한다. 그러나 사회적 효과는 개인들의 수용자적 입장을 전제로 한 것인 만큼, 디지털사회 문화정체성의 지시대상은 바로 개인들의 정체성이다. 보드리야르는 물론이고 바르트의 기호학에는 인간에 대한 사회적 구조를 우위에 두는 인식론적 입장이 암묵적으로 전제되고 있는데, 기호학에 대한 사회과학적 관심이 1960년대를 풍미한 구조주의 시대의 산물이라는 사실을 감안한다면, 충분히 납득이 갈만하다. 그러나 여전히 문제는 해결되지 않은 채 남아 있다. 도대체 인간의 정체성 형성과정을 어떻게 설명해야 하는 것인가? 더구나 최근 우리 학계에서 사이버시대의 주체형성 과정이 학문적으로 관심의 대상이 되면서 많은 이론적 혼란을 보이고 있다. 이것은 사이버정치의 긍정성을 가늠하는 데 중요한 지표가 된다는 점에서 필자에게는 중요한 과제로 보인다.

물론 주체형성 과정에 대한 이론적 혼란이 정보화사회론에만 국한된 것은 아니다.[8] 그런데 최근에 들어 사이버 공간에서의 정체성 문

---

8 주체성에 대한 이론적 관심은 1980년대 후반부터 시작된 포스트모더니즘의 수입에 의해 촉발된 것이라고 해도 무방한데, 이때 초점은 철학적으로 인간의 이성능력과 합리성의 근거에 대한 형이상학적 전제를 의문시하는 것이었다. 특히 근대적 기획을 옹호하는 하버마스의 포스트모더니즘에 대한 비판은 프랑스를 중심으로 한 후기구조주의 사상가 모두를 反이성주의자, 反주체주의자로 몰아붙이는 결정적 계기가 된다. 그러나 필자의 판단에 이는 대륙의 철학이 미국을 경유해 한국에 전파되는 과정에서 빚어진, 사상의 온당치 못한 왜곡현상에 불과하다. 프랑스에서의 평가와는 달리 보드리야르가 국내에서 많은 인기를 얻게 된 것도 이러한 추세와 깊이 맞물려 있다고 하겠다. 그러나 그 폐해는 사뭇 심각하다. 후기구조주의자들의 사상 속에 내장된 주체의 형성과정에 대한 정교한 이론자원이

제가 새삼스럽게 거론되면서 이론적 혼란이 다시 한 번 재현되는 듯한 인상을 받게 된다. 이번에는 영미학자들의 이론적 자원이 그대로 수입되어, 포스트모던 시대에 죽어 있던 인간들의 망령이 순식간에 되살아나고 있다. 정보화시대에는 새롭게 컴퓨터통신을 통한 가상공간이 만들어졌고, 이를 기반으로 사람들이 현실공간과는 달리 왕성한 정치참여의 욕구를 보인다는 주장이 학계 일각에서 확산되고 있다. 사이버공간에서는 정체성의 형성과정이 과거와는 전혀 다른 양상으로 전개되기 때문에 지금까지 보지 못한 주체의 역량이 발현되고 있다는 것이다.

다시 말해 정보화시대에 컴퓨터통신에 접속된 자아는 경직되고 통합된 자아가 아니라 질적으로 전혀 다른 교류에 의해 형성되는 복합적이고 다면적인 자아로 변화한다는 것이다. 경직되고 통일된 자아가 의미하는 것은 전통적 정체성이 가족관계나 학교 혹은 타인과의 상호의존적 관계를 통해 형성된 반면, 접속의 시대에 사람들은 가상공간에서

손쉽게 폐기된 채 소비사회 속에서 개인들은 거의 일률적으로 파편화되고 분리된 존재로 매도되고 말았기 때문이다. 이와 같은 학문적 폐해는 주체 형성 과정을 매도하는 이론으로도 활용된 바 있다. 즉, 근대적 주체(혹은 모더니즘시대의 주체)는 존재론적으로 하나의 일관된 전체로서 통일성을 가지며, 행위하는 주체 역시 자신의 동일한 정체성을 바탕으로 하는 공통감각을 갖는다. 반면, 포스트모던 시대의 주체는 찰라적 행복감이나 히스테리적 불안감에 사로잡힌 실존적 존재로서의 실체와 일관성을 상실했다는 양분법을 과감하게 인정하도록 만들었다. 이때 근대적 주체의 철학적 기반은 데카르트나 칸트에 근거하는 반면, 포스트모던적 주체의 특성을 설명하는 데 자주 인용되는 이론가는 역시 보드리야르이다(김혜인, www.cyberculture.re.kr, 2000 참조). 이 무슨 해괴한 이론적 환상이요 망발인가! 프랑스 후기구조주의자들의 발상을 포스트모더니즘이라는 상표로 이해하고 그것을 통해 한국사회를 설명하려는 시도 자체에 큰 문제가 있는 것이다.

자유롭게 창조할 수 있는 가상인물 속에 자신을 투영함으로써 여러 종류의 정체성을 동시에 공유하고 있다는 것이다.

또한 복합적 정체성을 정신분열증 상태가 아니라 유연적 자아의 상태로 보아야 한다고 주장한다. 왜냐하면 여러 종류의 가상인물 상태에 몰입된 개인은 현실공간에서 받은 욕구의 좌절을 가상공간에서 적극적으로 실현함으로써 다양한 행위과정에도 불구하고 혼란에 빠지지 않으며, 오히려 이로 말미암아 자신의 행위를 성찰할 수 있는 기회마저 생긴다고 한다. 그리하여 급기야는 가상공간에서 만들어지는 가상인물의 정체에 대해 과도하게 집착한 나머지 현실세계의 자아의 모습과 가상공간을 조정하고 있는 자아의 모습은 서로 다른 것이라고 주장하는 사람도 나오게 되었다.

> 실제세계의 나 자신을 특징짓는 심리적 속성과 육체적 속성이 사이버스페이스에서 임의적으로 바뀔 수 있다는 점에서 전통적 의미로서 자아의 정체성은 성립하지 않는다. 사람들은 실제세계와 가상세계 둘 다에서 동일한 자아를 지닌 인격체로 참여할 수 있다. 그러나 가상환경이 제공하는 무제약성은 사용자들로 하여금 단일하고 고정된 자아의 속박에서 벗어나 자유로운 변신을 추구하게 만든다. 사이버스페이스에서 자아동일성의 문제는 자유와 선택의 문제가 된다(여명숙, 1998: 100).

이 인용문에 따르면 실제/가상의 분리가 철저하게 가능하며, 가상세계에서의 자유가 현실세계에서보다 더 적극적인 것처럼 묘사된다. 사이버공간에서는 익명성의 특징으로 말미암아 개인들의 정체성 형성과정에 육체의 구속성이 더 이상 고려될 필요가 없다는 주장도 등장한다(김혜인, 2000; 정기도, 2000). 비육체성을 전제로 하는 자유? 그렇다면 나의 자유와 해방은 언제나 가상공간에서만 가능하다는 뜻인가? 필자는 여기서 더 이상 용인할 수 없는 이론적 황폐감을 느끼지 않을 수 없다. 영미학자들의 문헌에 매몰된 한국의 이론가들이 과연 우리사회의 현실을 어느 정도 절감하고 있는가를 묻고 싶다. 그러기에 이제 차분히 정체성의 형성과정에 대한 이론적 공부를 다시 시작하지 않을 수 없을 것 같다.

우선 우리가 명확히 해야 할 논쟁점은 첫째, 실재/가상이라는 이분법처럼 인간의 정체성이 극명하게 구분될 수 있는가라는 문제와 둘째, 인간의 육체성이 개인들의 정체성 구성과 관련해 어떤 의미를 갖는가를 설명하는 것이다. 이러한 문제의 해결을 위해 필자는 인간의식과 육체성에 대해 깊이 있는 통찰력을 남긴 베르그송의 철학을 재점검하고자 한다.[9]

첫 번째 쟁점은 인간이 갖는 의식의 다양성을 철학적으로 규명하는 것인바, 베르그송이 제시한 확장된 시간개념, 즉 **지속**(*DUREE*)의 개념을 통해 이 문제를 새롭게 이해해보도록 하자. 그에 따르면 인간의 의식은 고정된 실체가 아니라 질적인 흐름이라 할 수 있기 때문에 언제나 복수적이다. 다시 말해 진정한 인간의식은 총체적 자아로부터 연

---

9 그는 일찍이 칸트로 대변되는 고전적인 형이상학의 인간학적 전제를 공격하면서 인간의 의식과 존재, 그리고 행위에 대한 상관관계를 설명하기 위해서 파격적으로 자연과학적인 연구결과를 바탕으로 새로운 철학의 영역을 개발한 바 있다. 팔자는 오늘날 유행하는 사이버공간의 존재론이라는 것도 결국 기능주의적 사고나 기계결정론적인 사고가 득세해 전통적인 형이상학에 대해 반기를 든 것으로 보는데, 이것은 베르그송이 활동하던 19세기 말과 20세기 초의 시대적 분위기와 매우 흡사하다. 당시야말로 인간의 의식을 생리학이나 기계동학과 같은 관점에서 설명할 수 있다는 과학만능주의가 팽배하던 시기였다. 베르그송의 철학은 바로 여기에 반대해 인간의식의 본질은 기능주의가 전제하는 것과는 달리 인과론으로 설명할 수 없다는 문제의식에서 출발했다. 따라서 베르그송의 철학적 숙고를 다시 한 번 음미함으로써 우리는 오늘날 유행처럼 번지는 사이버존재론에 대한 기능적 전제의 허구를 파헤쳐 볼 수 있을 것이다.

유한다. 이것을 포착하기 위해서는 인과론에서 의해 결정되는 객관적인 시간개념이 아니라, 직관을 가능하게 만드는 내적 시간의 개념이 필요하다. 이것이 바로 지속으로, 공간성에 펼지는 다차원적 시간개념이라고 할 수 있다(홍성민, 1999). 그런데 인간의식이 내적 지속에 의한 직관을 통해 파악되어야 하는 이유는 의식의 실체가 두 가지 상반된 모습을 보이기 때문이다. 즉, 인간의 의식이란 '내적 자아'(심층적 자아)와 '표층적 자아'로 나누어질 수 있으며, 전자가 감정, 숙고, 결단 등의 단계를 거치는 반면, 후자는 의식의 와부세계와 접촉하는 부분을 가리킨다. 그런데 의식은 내적 자아와 표층적 자아의 어느 극단이라기보다는 그 중간에 자리잡고 있다. 순수한 주체성도 순수한 객관성도 아닌 것이다. 인간의 감정, 지식, 관념은 그 자체가 순수하지만, 표층적 자아와 사회적 세계와의 조응을 고려할 때 그것이 반드시 인격성에 국한된 것이라고 생각해서는 안 된다. 다시 말해 의식의 흐름은 매우 부정확하고 유동적이다. 따라서 우리가 자유롭게 행동하고 있다고 믿는 순간에도 그것이 진정한 총체적 자아로부터 유래하는 자유가 아닐 수 있는 것이다.

이렇게 보면 의식을 실제/가상으로 분리하는 사이버공간의 존재론은 대단히 위험한 발상이다. 컴퓨터의 기술력으로 말미암아 경험의 대량복제가 가능해졌기 때문에 이미지만이 주체를 구성하는 중요한 매체가 되었다거나(정기도, 2000: 110), 현실의 주체는 시간적 제약을 벗어날 수 없는 데 반해 반복 가능한 경험의 복제가능성은 시간적 장애를 해결해 주체들로 하여금 역사성을 망각하게 만들었다는 주장(정기도, 2000: 112), 가상공간에서 자아는 고정된 자아의 속박에서 벗어나 자유로운 변신을 취한다는 주장(여명숙, 1998: 100) 등은 인간의 현실적 존재방식이 표층적 자아와 실체적 자아라는 이중성으로 특징지어진다는 베르그송의 시각에서 보면 엄청난 오해이다. 실제현실에서 인간의 의식이 고정되고 단일하다는 가정자체가 잘못된 것이기 때문이다. 이러한 맥락에서라면 가상공간에서의 정치적 참여가 과연 긍정적인가를 묻는 질문자체에도 손쉽게 대답할 수 있다. 인간의 행위자체가 표층적 자아와 심층적 자아의 중간적 입장에서 비롯된 것이라고 한다면, 사이버공간이 개인들의 감정적 배설로 이어지는 부정적 역할이거나, 반대로 좀더 효율적인 대화의 창구로 기능하는 긍정적 기능이거나, 모두가 인간의식의 이중적 속성으로부터 유래하는 자연스러운 현상일 뿐이기 때문이다. 그러므로 사이버정치론의 극단적 옹호론자들이 주장하듯이, 실제세계에서는 감정적이고 비이성적인 행위를 하던 사람들이 가상공간에 접속한 이후로는 갑작스럽게 정체성의 변화를 경험해 성찰적 행위를 보인다고 유추하는 것은 지나친 논리임에 분명하다.

다음으로 인간의 육체성이 자아정체성의 형성과정에서 폐기되어야 할 요인이라는 주장에 대해서도 필자는 동의할 수 없다. 이 점은 좀더 정교한 철학적 이론을 점검할 필요가 있으므로, 파격적인 주장을 내세워 이 분야에서 독보적인 이론가의 자리에 있는 여명숙의 입장을 잠시 검토해 보자. 여명숙은 박사논문의 한 절(사이버스페이스에서의 인격과 자아정체성)에서 인격의 정체성을 위한 기준을 설명하면서 육체성이 사이버존재론을 설명하는 데 적절하지 못하다는 주장을 펼치고 있다. 우선 그녀가 이해하는 육체성은 주로 성, 인종, 연령, 체형 등과 같은 생물학적 기준이 중심이 되고 있는데, 이를 일컬어 그녀는 인격에 대한 유물론적 입장이라고 규정한다(여명숙, 1998: 91).

필자가 보기에 그녀는 여기서 인격의 동일성을 육체의 동일성과 혼동하고 있다. 그녀는 인간의 육체적 특성이 시간이 지남에 따라 끊임없이 변화하기 때문에 자아정체성을 규정하는 데 적절한 기준이 될 수 없다고 말한다. 또한 기억의 지속성이 인격의 특수성을 담보한다는 전통적 개념에도 반대한다. 기억상실증이나 거짓된 기억이 발생한 경우에서 보이는 것처럼 기억의 지속이 항구적으로 인격의 동일성을 확보할 수 없다는 것이다(여명숙, 1998: 95). 결국 여명숙은 자아형성에서 신체성을 물리적 속성만으로 이해하고 있다. 따라서 현실세계의 육체적 표상에 상응하는 것이 사이버스페이스에서 존재할 수 있다면 생물학적 실체가 아니라 하더라도 인격성을 갖는 존재로 인정해야 한다는 파격적인 주장을 서슴지 않고 하는 것이다. 그녀에 따르면, 아바타처럼 사용자의 의식과 연결되어 있으며 동시에 육체의 형상을 지니고 있는 가상주체들은 인격의 육체적 기준을 만족시킨다. 이 얼마나 기상천외의 주장인가! 위너(Wiener, 1954)가 소설 속에서 꿈꾼 기계인간이 여명숙에게는 육체를 가진 인간으로 살아 움직이고 있다.

여기서 끝나지 않는다. 그녀는 계속해서 인간의 의식상태는 본질적으로 기능적이며, 인격과 자아는 다양한 심리과정을 제어하고 통합하는 기능적 메커니즘과 관련되기 때문에, 심적 과정을 정보의 계산처리 과정으로 볼 수 있다고 말한다(여명숙, 1998: 96). 결국 타인과 나를 구분하는 인격의 개별성이란 컴퓨터의 정보처리능력과 동일시되고 말았다. 그런데 철수와 영희가 보유하는 인격의 개별성을 386컴퓨터와 486컴퓨터의 차이 정도로 생각할 수 있단 말인가? 그녀에게는 컴퓨터의 기능이나 전문적 시스템이 바로 기억이나 경험을 대신하는 인격의 실체로 이해되고 있는 것이다.[10]

10 지나친 파격이 필자를 당혹스럽게 한다. 그러나 돌이켜 보면 이러한 기계론적 인간관이 반드시 사이버시대에 와서 새삼스럽게 등장한 것은 아니다. 기하학적 세계관이 극에 달했던 19세기 말의 생체심리학이나 심리물리학은 인간의식의 지속과정을 기계론적인 생리문제로 파악해 인간의 심적 상태를 두뇌상태의 흐름과의 평행으로 보았기 때문이다. 이렇게 보면 사이버공간의 존재론을 주장하는 여명숙의 주장은 19세기 말에 등장했던 기계론적 세계관의 복사품에 불과하다. 물리적인 것이 심리적인 것을 결정한다는 기계론적 관점을 두고 철학에서는 '심신평행론'이라고 부르며, 이러한 입장을 대변하던 철학자로서는 데카르트나 칸트를 꼽는다. 이러한 경향의 철학자들은 정신의 본질은 사유이고, 물질의 본질은 정신의 연장(延長)이라고 구분하고는 이 둘의 공유가능성을 적극 거부한다.

그러나 정말 그런가? 인간의식의 흐름을 기계적 도식으로 설명하면서 심적 기능을 정보처리기능 정도로 생각할 수 있는 것인가? 그렇다면 인간과 기계의 차이가 무엇인가? 생체심리학과 사이버존재론이 공통적으로 범하는 오류는 인간의 의식과 지각의 문제를 혼동한다는 것이다. 외부자극에 의해 반응하는 두뇌 속의 반응이라는 도식이 생체심리학과 사이버존재론이 동시에 공유하는 이론틀이라고 한다면, 이것은 오히려 인간의 지각·반응의 현상을 설명하는 것이지 인간의식의 문제를 다룬 것이라고 볼 수 없다. 베르그송도 이 점을 강조해 지각과 기억은 전혀 다른 본질에 속한다고 말한 바 있다. 그런데 지각과 의식의 문제를 혼동하게 되면 인지나 무의식과 같은 현상은 전혀 설명되지 못하고 만다. 그렇다고 무의식이나 인지메커니즘이 정체성을 구성하

그러나 서양철학사에서 인간의 의식(마음)과 육체가 사유와 연장으로 분리될 수 있다는 생각에 모두 찬성한 것은 아니다. 그 대표적인 예가 스피노자나 베르그송이다. 특히 베르그송의 경우는 인간의 육체 위에 각인된 기억의 형태가 현재와 미래의 행위를 결정한다는 사실을 밝힌 점에서 다시 한 번 사이버공간의 존재론에 대한 이론적 타당성을 점검하는 데 좋은 길잡이가 될 수 있다.

한마디로 베르그송의 철학적 명제를 정리한다면, 심신평행론에 기반을 둔 생체심리학의 한계를 지적한 것이라고 할 수 있다. 그에 따르면, 생체심리학에서는 인간의 기억을 정신작용의 기능으로서만 인정하기 때문에 기억의 장소가 있다고 본다. 예를 들어 대뇌의 하부 말단에 언어에 대한 분절운동을 관장하는 기억의 장소가 있고, 두 번째 대뇌의 뒤쪽에 문자의 시각적 영상에 대한 기억이 비축되어 있다는 식이다(Bergson, 1993b: 166). 더욱이 기억의 보관상태 또한 영상이 필름에 담겨 있듯이 기억이 뇌세포 속에 담겨 있다고 본다. 이러한 관점에서 인간의식이란 뇌세포 속에 담겨있는 다양한 기억들이 외부자극에 의해 감각중추기관에 집중적으로 연결되는 신호처럼 등장하는 현상일 뿐이다. 여기서 분명히 정리되었듯이, 사이버존재론이 주장하는 인격개념은 한 세기 전에 등장했던 생체심리학의 아류에 불과하다.

는 요인이 아니라고 단정할 수는 없지 않은가!

따라서 인간의식의 특성을 파악하기 위해서는 베르그송의 제안에 따라 기억을 **'습관적 기억'**(*Mémoire-Habitude*)과 **'정신적 기억'**(*Mémoire-Esprit*)으로 구분하는 것이 유용하다. 전자가 시험치기 위해 과목을 암기하거나 반복적인 훈련에 의해 피아노 연주에 익숙해지는 경우를 가리킨다면, 후자는 생애에서 발생한 특이한 사건을 회상하게 하는 정신적 직관을 뜻한다. 후자가 두뇌에 기억된 영상이 일정한 자극을 통해 되살아난다는 의미에서 '영상적 기억'(*Mémoire-image*) 혹은 '추억적 기억'(*Mémoire-souvenir*)이라고 한다면, 전자는 일상생활의 행동양식에 깊숙이 배여 무의식적으로 가동된다는 의미에서 '습관적 기억'(*Mé moire- habitude*) 혹은 '신체적 기억'(*Mémoire-corps*)이라고 부른다. 여기서 습관적 기억은 과거의 노력으로부터 촉발된 기억이지만, 일단 행동양식에 익숙해지면 그것은 새로운 자아의 원천이 된다. 이것이 바로 아리스토텔레스가 인격을 구성하는 제2의 천성이라고 말한 습관(*virtue*)의 개념 그 자체이다. 베르그송은 고대 철학부터 면면히 이어져 내려온 습관의 개념을 생물학적 근거를 통해 더 정교하게 설명하고 있는 것이다.

습관의 철학적 의미는 지대하다. 첫째는 인간의 의식이 육체와 분리될 수 없음을 확인시킨다. 과거의 기억이 재인식되기 위해서는 현재의 시간 속에 등장하는 구체적 행위가 있어야만 하는데, 이때 매개역할을 하는 것이 바로 육체이다. 다시 말해 육체는 자극을 수용해 행위를 유발하는 기능을 담당할 뿐만 아니라, 외부의 자극에 조응하는 기억을 재인식하도록 해 일정한 행위를 선택하도록 만든다. 바로 이러한 맥락에서 육체와 영혼이 결합된 것이라고 주장하게 된 것이다. 둘째, 재인식의 과정에는 실천적 유용성의 계기가 개입된다. 사실 베르그송의 철학체계에서 기억은 일반화된 과거의 상태를 의미하지 않는다. 더구나 기억이 현재에 살아오는 과정은 현재의 응급사태에 아무렇게나 반응하는 것이 아니라, 일정한 긴장과 지적인 노력을 필요로 한다. 즉, 재인식이 결코 기계적인 과정이 아니기 때문에, 과거의 기억은 현재의 적극적인 필요에 따라 선별되어 재인식될 수밖에 없다는 것이다. 결론적으로 인격이란 구체적인 행위양식을 통해 결정되며 여기에는 자신의 이해를 실현시키려는 적극적인 의지가 개입된다.

베르그송의 철학적 입장은 여기서 끝나고 있지만, 이러한 입장을 적극적으로 확대해석하면 계급, 성, 인종, 체형이 사회적으로 고정된 실체가 아니라, 과거의 경험과 현재의 이해관계가 공존하면서 만들어내 일종의 표상이라고 이해할 수 있다. 왜냐하면 인격형성에 개입하는 개인의 적극적인 의지와 노력은 언제나 사회적 요구와 충돌하면서 조절되고 강요되는 것이 현실이기 때문이다. 푸코나 부르디외의 역사분석을 통해 검증되었듯이, 사회적 필요와 요구는 대체로 육체의 관리를 통해 개인에게 영향을 미친다. 몸짓, 말하는 법, 식생법과 같은 일상생활의 영역은 분명 개인들의 독특한 경험이 육체 위에 누적된 결과이면서, 동시에 여기에는 한 사회가 요구하는 수많은 요구와 명령과 가치관이 각인되어 있다는 사실을 이제는 어렵지 않게 인정할 수 있다.

한편, 개인인격과 사회성이 육체를 통해 매개된다는 사실은 사이버공간을 정보민주주의의 일환으로 간주하는 낙관론자들에게는 커다란 경고의 메시지로 들릴 수 있다. 일단 정보민주주의 실현을 위한 전제조건이 적극적인 개인들의 소통행위에 있다고 하자. 그런데 개인들의 사회적 행위는 궁극적으로 한 사회가 생산한 언어적 자원을 활용하는 방식을 취할 수밖에 없으며, 이때 가상공간에서의 소통양식은 결국 개인들이 특수하게 쌓아온 경험의 재현을 통해 구성되지 않을 수 없다. 그러므로 가상공간에서의 연대라는 것도 궁극적으로는 개인적인 이해관계에 따라 판가름 나는 일종의 정치적 권력관계의 결과일 뿐이다. 물론 여기에는 여전히 육체를 매개로 하는 인격의 실체가 충돌하고 있다.

5. 디지털시대 사회과학의 과제: 정치학과 교육의 역할

필자는 지금까지 디지털사회의 특성을 "이중 공간론"으로 설명하려는 이른바 사이버존재론이나 정보민주주의의 가능성을 낙관하는 학자들의 이론에 대해 비판적 거리를 두어 왔다. 그러나 필자가 반대하는 것은 현실과 가상을 구분해 새로운 공간을 사회적 관계와 단절시키려는 이론적 오류였을 뿐, 현재 진행되는 디지털사회가 모두 잘못된 현상이라고 생각하지는 않는다. 분명 오늘날 새로운 기술력을 바탕으로 사회조직의 구성에 커다란 변화가 이루어지고 있다.

그런데 생산기술력의 발전에 상응하는 변화 가운데 가장 심각한 우려를 자아내는 분야가 바로 지식생산 과정이다. 지식의 사회적 기능과 위상이 달라지고 있다는 것은 디지털사회의 효율성의 논의에서 지엽적인 문제로 생각되기 쉬우나, 지식생산 과정이 개인은 물론 한 사회의 문화적 정체성을 규정하는 데 큰 영향을 주는 만큼, 마지막으로 이 점에 대해 살펴보지 않을 수 없다. 특히 지식생산은 곧바로 주체형성 과정과 연결되는데 사회구조의 변동과정에서 부수적으로 발생하는 위험요인을 해결하는 관리능력의 궁극적 원천이 개인들의 성찰적 자세에 있다는 점에서, 오늘날 우리사회의 지식이 차지하는 위상과 문제점을 짚는 것은 매우 중요한 과제로 보인다.

전통적 산업사회에서 지식이란 생산공정을 관리하는 외부적 요인으로 기능하는 경우가 대부분이었다. 예를 들어 테일러주의나 포드주의와 같은 지식유형에서 보듯이 지식의 기술적 이행형태는 다분히 생산관계의 외부에 존재했다. 그러나 사이버시대에서 지식은 그 자체가 자본이나 노동과 더불어 새로운 생산수단의 위치로 격상되고 있다. 김대중 정부시절 정부차원에서 추진했던 신지식인운동이라는 것이 단적인 예이다. 21세기는 지식이 사회발전과 기업의 흥망에 큰 역할을 하게 될 것이라는 논리에 따라, 신지식인의 존재여부가 국가경쟁력의 결정적 요인으로 강조되고 있다. 또한 지식기반사회에서 지식의 존재여부는 지식의 생산성과 부가가치를 통해 결정된다고 본다. 이러한 맥락에서 신지식인이 부가가치를 창출하기 위해서는 새로운 기술력에 적응할 수 있는 전문성을 필수조건으로 갖추지 않을 수 없는데, 여기서 우리는 교육의 불평등 문제를 직감하게 된다.[11]

그러나 이러한 신지식인론은 궁극적으로 신자유주의적 시장논리에 갇힌 이데올로기에 불과하며, 자칫 미국을 중심으로 한 선진자본에 대한 경제적 종속을 심화시킬 가능성이 크다는 점을 지적하지 않을 수 없다. 따라서 디지털시대에 등장하는 정치·경제·문화의 중층적 위험요소를 타개하는 데는 여전히 성찰적 주체형성 과정이 필요하다. 기든스나 벡에 의해 한국 지식계에 크게 유행하는 성찰성은 근대화 과정에서

---

11 미디어를 통해 홍보되는 신지식인의 대부분이 '잘 나가는 20~30대의 성공한 사업가'인데, 이들의 학벌이나 가계구조를 보면, 중산층 이상의 계급분포를 보이며 거의 90% 이상이 미국유학을 경험한 벤처사업가라는 점이 이를 대변한다. 물론 우리사회에서 급격하게 확산되는 컴퓨터보급에 상응하는 기술교육의 필요성을 부정할 수는 없다. 그러나 컴퓨터교육이 이처럼 지식의 부가가치만을 요구하는 시장논리에 매몰되고 만다면, 교육을 통한 인격완성이라는 전통적 교육가치에 커다란 장애를 초래할 것이다. 벌써부터 우리사회에서는 시장논리에 기반을 둔 대학의 서열화를 암묵적으로 추진중이며(대표적인 예가 BK21사업이다), 이에 편승해 신지식인 운동이 급격하게 확산되면서 고등교육은 인성교육보다 기술정보교육에 치중하는 경향을 보이고 있다. 이러한 관점에서 인문과학의 위기를 이해하는 것이 타당하다. 대학졸업 후 노동시장에서 취직이 보장되지 않는 학문은 부가가치를 생산하지 못하는 분야로 전락하고 말았기 때문이다. 이로 말미암아 오늘날 우리사회에서는 인간적 가치나 해방적 가치를 운운하는 것이 시대착오적인 것으로 간주되고 말았으며, 경쟁이데올로기에 매몰된 교육구조는 조기유학이나 영어의 취득이 고등교육의 가장 큰 목표인 것인 양 교육이념 자체를 매도하고 있다.

발생하는 사회적 병리현상을 치유하기 위해 발전의 논리를 스스로 규제한다는 의미가 강하다(기든스 외, 1998). 현대사회를 위험사회로 규정하는 이들은 환경오염이나 대의민주주의에 대한 대안을 찾기 위한 실천적 태도를 가리키는 뜻으로 '성찰적'이라는 수식어를 사용한다. 그런데 이러한 자기대면적 성찰성은 근본적으로 개인의 합리적이고 도덕적인 능력을 통할 때 비로소 가능해진다. 따라서 이들의 전략은 넓은 의미에서 이성적 주체를 기반으로 하는 계몽주의적 전략에 동조하는 것이다. 이러한 관점에서라면 디지털시대의 인간교육에서도 전통적인 도덕교육의 내용이 여전히 강조되어야 한다. 규율에 대한 책임감이나 도덕적 사명감 따위가 교육의 기본목표가 될 것이다.[12]

그러나 이것만으로는 부족하다. 성찰성의 의미를 도덕적 자아형성으로 축소시킨다면 디지털시대에 나타나는 다양한 문화충격에 대응하기가 쉽지 않다. 이미 여러 차례 강조된 바와 같이 신자유주의시대에 자본의 전략은 문화산업을 통해 가치증식을 꾀하기 때문에, 성찰성의 대상이 책임감과 도덕성을 요구하는 공적 영역에만 한정되지 않고 일상생활의 전반으로 확대되어야만 한다. 공공영역과 사적 영역의 구분이 전통적인 정치학의 발상법이었고, 시민사회운동 역시 이러한 구분을 대체로 따른다고 할 때, 이제 한국에서는 전통적인 사회운동의 논리에 포섭되지 않는 다양한 영역이 존재한다는 사실을 하루 빨리 인식해야 한다. 섭생으로부터 시작해 의상이나, 시각매체, 혹은 스포츠나 건강행위에 이르기까지 개인 사생활의 미시적 영역도 이제 정치적 공공성 안으로 포섭되었다는 사실을 인정해야 한다.

따라서 교육은 심미적 가치기준을 바로잡는 일에도 소홀할 수 없다.

12 필자가 보기에 윤영민의 성찰적 정보기술교육론 제안(윤영민, 2000: 7장)이나 손봉호 교수 주도의 국민도덕개혁 시민운동이 바로 여기에 해당한다.

예를 들어 자신이 좋아하는 영화나 즐겨 먹는 음식에 대한 개인적 취향을 되돌아보고, 문화행위 자체에 대한 심미적 반성의 계기를 갖는 작업 등(이것이 바로 성찰적 작업이다)이 일견 사회구성체의 변혁을 강조하던 좌파성향의 논리에서 보면 지엽적인 것일 수도 있겠으나, 심미적 취향의 변화야말로 우리사회의 변혁을 이루기 위해 교육이 담당해야 할 중요한 과제이다. 왜냐하면 개인의 정체성은 기본적으로 도덕적·인지적 모델에 의해 형성되는 것 못지않게 다양한 문화적 경험의 응축된 형태를 띠고 나타나기 때문이다.[13]

궁극적으로 디지털시대의 교육이 추구해야 할 목표가 성찰적 주체의 완성이라고 한다면, 이것은 해방의 정치를 강조한 전통적 좌파의 논리를 배제하지 않으면서도 개인 사생활의 미시영역을 놓치지 않는

13 심미적 성찰성의 개발은 그 자체가 큰 정치적 의미를 갖는다. 예를 들어 인터넷에서 사용되는 언어의 유통을 생각해 보자. 언어의 축약이나 사물을 묘사하는 표현방식에 많은 변화가 있다는 것은 이제 누구나 아는 일이다. 그런데 이러한 언어의 굴절은 접속자들에게 하나의 강제이다. 인터넷상의 언어를 모른다면 의사소통은 불가능하기 때문이다. 그런데 언어의 전파는 그 안에 내장된 심미적 가치관을 동반하기 마련이어서, 일정한 시점에서 중요한 정치적 쟁점이 부각되었을 때 그에 대한 의사표현을 일정한 방식으로 굴절시킨다. 이것은 반드시 전문가들에 의한 정보독점에 의해 비롯되지 않는다. 오히려 가상공간에서 언어나 이미지를 공유하면서 접속자들 사이에 형성되는 전자적 연대감이 더 큰 문제이다. 이러한 연대감에 귀속되기 위해서는 자신의 심미적 가치관에 혼란을 주더라도 가상공간에 사용되는 언어나 이미지에 익숙해져야 하기 때문이다. 이른바 '허위의 동일시'가 이루어지는 것이다. 그러나 이것은 곧바로 정치적 소외로 전락하고 만다. 왜냐하면 정치적 사건에 판단을 내릴 수 있는 언어적 자원은 이미 한정되어 있기 때문이다. 현실사회를 비난하는 안티사이트에 올라온 대부분의 글이 일률적인 언어로 표현되거나, 현실세계의 언어적 파행성을 벗어나지 못하는 사례를 통해 우리는 언어를 통한 정치적 소외가 발생하는 과정을 짐작할 수 있다.

이중전략 속에서 가능하다는 것이다. 그러나 이러한 전략이 이론적으로 가능하더라도 교육정책에 반영되지 못하는 것이 한국사회의 현실이고 보면, 이론틀을 설정하는 것 못지않게 시급한 것은 교육개혁의 현실적 장애요인에 대해 실증분석을 하는 것이라고 하겠다.

한국정치와 계급분석

문화 민주주의론 서설

제10장

1. 서론

과연 한국정치는 계급분석 모델을 통해서 설명될 수 있는가? 간명해 보이는 이 자문에 필자는 선뜻 대답을 내지 못하고 있다. 강단에 서서 고전적 정치 사회학자들에 대해 강의하고 있지만 필자는 맑스나 베버 또는 뒤르켐이 언급했던 계급이론과 계층이론을 통해 한국정치를 설명하는 부분에 이르면 늘 당혹스럽다. 예를 들어, 2002년 대선을 평가해 보면, 적어도 민주노동당의 대통령 후보가 득표한 비율은 한국사회의 계급구성을 놓고 볼 때 지나치게 낮은 수치이다. 전국 노동자 계급이 고작 그 정도에 불과하지는 않을 것이기 때문이다.[1]

이론적 차원에서 볼 때 계급분석을 근거로 한국사회를 설명한다는

1 중앙선거관리위원회(2002) 통계자료에 따르면 권영길 후보의 전국 득표율은 3.9%이며, 인구비율에서 노동자 비중이 높다고 볼 수 있는 창원이나 울산의 경우는 각각 9.2%, 11.4%의 득표율을 보였다. 도대체 노동자들은 왜 민주노동당에 투표하지 않는가? 더구나 노무현 당선자와 이회창 후보의 득표율을 지역별로 분석해 보면 한국인의 정치행위는 계급을 단위로 한다기보다는 여전히 지역주의 성향에 크게 좌우된다고 말하지 않을 수 없다.

것은 사회개혁이나 정치 민주화의 운동에 일정한 중심세력이 존재한다는 것을 전제로 한 것이다. 예컨대 1980년대를 풍미했던 이른바 사회구성체 논쟁을 이끌어간 학자들이 한국을 독점자본주의로 인식하는가 또는 식민지 반봉건 상황으로 인식하는가에 따라 사회성격의 규명에 일정한 입장차이가 있었던 것은 사실이다. 그러나 그들이 노동자 계급 또는 광범위하게 민중계급이라는 단위를 개혁의 중심세력으로 간주하고 있었다는 점에서는 공통적인 인식의 기반을 가지고 있었다. 다시 말해 노동자 또는 민중이라는 단위는 동일한 물적 기반과 생활경험을 토대로 일정한 세력으로 규합될 만한 세계관과 가치관을 가진 사회세력으로 인정되어 왔다는 것이다.

그런데 과연 지난 10여 년 동안 한국 정치개혁의 중심세력은 누구였는지 새롭게 반문하지 않을 수 없는 상황이 되었다. 물론 1990년대 초반에 한국학계에서 시작된 시민사회운동에 힘입어, 현실정치에서도 변혁의 중심세력을 노동자로 한정하는 이론적 태도는 분명히 완화되었고, 그에 따라 사회운동의 주체를 두고 다양한 해석이 가능하게 되었다. 하지만 오늘날 한국사회에서 정치행동과 가치관의 변화를 주도하고 있는 사람들의 행위패턴을 고전적 계급개념으로 설명할 수 있는가 하는 데 강한 의문이 들지 않을 수 없다.

한편, 우리가 생각하는 민중민주주의는 물론이고 시민사회를 주축으로 하는 시민민주주의 모델도 일정하게 수정되어야 할 것이다. 2002년 대선에서 보여준 노사모의 행태가 바로 그 전형적인 예가 된다. 도대체 그들의 정치적 연합을 계급연합으로 이해해야 하는 것인지, 아니면 20대와 30대를 중심으로 하는 세대간 결집으로 해석해야 하는 것인지 불분명하다. 또 그들간에 이루어진 연대의 근본 동인이 계급적 이해관계(*interests*)인지 감성적 공감대인지에 대해서도 논란의 여지가 많다.

따라서 이제는 계급모델을 통해 한국정치를 분석하기 위해서는 기존의 시각과 초점에 변화를 주지 않을 수 없게 되었다. 결국 필자의 직관으로는 오늘날 한국정치는 급격한 정치지형의 변화를 겪고 있으며 그 변화의 관건은 정치 행위자로서 개인들의 정체성 형성과정이 과거와 같은 계급적 관계를 벗어나 새로운 개인화 과정(*individualization*)을 통과하고 있다는 점이다. 사실 개인화 과정은 이해관계를 통해 정치행위를 설명하는 분석틀을 넘어 개인들의 감성적 요인까지 포괄해야 한다는 점에서 기존의 학문언어에는 무척이나 낯선 주제나 대상 — 예컨대 욕망, 감성 등 — 을 분석의 차원으로 끌어들여야만 한다. 그렇다고 기존의 계급모델을 완전히 폐기하는 것이 변화의 결과를 평가하고 미래에 대한 비전을 제시하는 전략적 작업에서 반드시 유용한 것만은 아니다. 계급모델을 벗어나 개인화 과정을 설명하려는 시도가 자칫하면 엄밀한 사회과학적 개념에 혼란을 초래하고 정책대안이나 사회운동을 주관해야 하는 현장에 책임 없는 언어적 유희만 난무하도록 만들 수도 있기 때문이다. 따라서 우리에게 주어진 과제는 강고한 계급모델을 더 현실적인 모습으로 수정하여 현재 한국정치의 현장을 설명하는 데 유용한 작업모델로 활용하는 것이다.

이러한 작업을 위해서는 문화론적 시각이 필요하다. 전통적 계급 모델이 생산양식과 임금노동 관계를 중심으로 한 정치-경제학 모델이었다고 한다면, 오늘날 한국정치를 설명하는 데 시급히 요구되는 모델은 정치 행위자들의 미시적 행위에 대한 설명이다. 여기에는 객관적 생산관계만으로는 도저히 포착되지 않는 다양한 개인행위의 동기들이 설명변수로 등장하게 된다. 이러한 요인들은 비교적 생산의 논리에서 벗어나 있으며 개인의 무의식이나 습관들과 관련되어 있기 때문에 일률적인 통계수치를 통해 가시화하기가 매우 어렵다. 물론 그렇다고 해서 개인들이 지닌 행위동기의 내면적 요인들이 사회적 생산구조와 전혀 무관하다는 말은 아니다. 다시 말해, 계급모델 자체가 완전히 폐기될 필요는 없다는 것이다.

그러므로 급격하게 변모하는 한국 정치지형의 한 단면을 포착하기 위해서는 계급모델을 포기하지 않으면서도 정치행위들을 규정하는 다양한 요인들을 설명해내는 균형잡힌 시각이 필요하다. 필자는 이러한 이론적 태도를 정치에 대한 문화론적 관점이라고 부른다. 지금까지 정치학 분야에서 거론된 정치분석과 그에 따른 민주화 모델이 계급적 이해관계를 정치적/법적으로 해결하는 차원에 머물러 있었다면, 여기서 제안하는 문화론적 관점은 동일한 경제적 기반과 생산관계 아래서 개인들의 정치행위가 어떠한 조건을 통해 그 편차를 보이는가를 설명하려는 시도이다. 또 이를 근거로 정치적 민주화를 달성하기 위한 미시적 근거를 찾아볼 수 있다. 사실 군사정부 이래로 문민정부와 국민정부라는 두 차례의 민간정부를 거치면서 법적이고 제도적인 차원에서의 민주화는 상당한 정도의 성과를 거두었다. 따라서 이제 한국정치는 형식적 차원에서 이루어낸 민주화의 외부조건을 근거로 실질적 민주화를 이룩해내야 할 과제를 안고 있다. 문화분석은 바로 우리사회의 정치주체들이 보이는 행위양식을 규정하는 비가시적 요인을 밝혀내고 이를 근거로 실질적 민주화의 완성조건을 탐색하는 것이다. 이것은 국민의 참여와 통합을 이끌어내려는 현실적 목표를 가지고 있다는 점에서, 한국의 진보정치가 이룩해야 할 문화민주주의 모델이라고 생각할 수 있다.

2. 계급분석모델의 수정

필자의 의도를 정당화하기 위한 첫 번째 순서로 간략하게 기존의 계급모델의 한계를 살펴보고 어떻게 이것을 극복해야 할 것인지를 고민해 보도록 하자. 대체로 사회학을 중심으로 1980년대와 90년대 초까지 전개된 계급연구는 계급의 분포와 위치를 어떻게 결정하는가에 초점을 맞춰 왔다. 김진균 외(1986)의 작업에서 확인되듯이 사회학 일반에서 진행된 계급연구의 주된 내용은 한국의 산업화 과정에서 비롯되는 인구이동과 직업별 변화를 설명하는 연구였다.

한편 이러한 작업을 추동하는 이론적 입장은 서구 사상가를 어떻게 활용하는가에 따라 몇 가지로 대별해 볼 수 있다. 먼저 정통 맑시즘의 입장을 견지하는 태도(유팔무, 1991), 알튀세나 발리바르의 이론으로부터 계급구성에 있어 상부구조적 요인을 강조하는 태도(박형준, 1986; 윤소영, 1987; 서관모, 1990), 톰슨이나 카츠넬슨의 이론에 근거하여 노동자들의 계급경험을 강조하는 태도(임영일, 1987), 그리고 라이트와 같은 계층연구 이론가들의 모델을 원용하여 한국의 직업별 계층구조화 과정을 강조하는 태도(홍두승, 1988; 조은 외, 1991) 등이다.

한편, 1990년대 계급연구는 잠시 침잠한다. 아마도 90년대 초 학계의 분위기가 시민사회와 시민운동에 대한 연구에 휩싸인 탓으로 보이는데, 아무래도 시민운동의 성격이 계급운동을 넘어서는 경우가 많아 계급에 대한 성격규정이 그다지 시급하지는 않았을 것이다. 그러다가 2000년대에 들어서며 계급연구 분위기는 다시 활성화되는 듯하다. 필자는 그 대표적 작업으로 윤도현(2000), 구혜근(2002), 김왕배(2001)의 책을 꼽고 싶다. 먼저 윤도현의 경우는 맑스의 계급이론에 대하여 견고하게 무장한 후 정통 맑시즘의 한계를 맑스 안에서 극복하려는 진지한 노력이 있으며, 더욱이 독일에서 전개된 계급이론에 대한 이론적 추이를 정교하게 정리하여 계급연구의 모범을 보이고 있다. 구혜근의 경우는 톰슨의 이론에 기반을 두고 한국사회에서 노동자 계급의 정체성 과정을 산업구조, 그리고 정치사회, 문화권력과 연관시켜 설명하고 있다. 마지막으로 김왕배는 기존 계급연구의 이론적 한계를 돌파하기 위한 시도를 펼쳐 보이는데 주로 기든스나 부르디외와 같은 이른바 문화론자들을 끌어들여 계급연구의 새로운 지평을 탐색하고 있다.

이제 필자는 과거의 연구성과를 염두에 두면서 한국정치를 이해하기 위한 분석의 도구로서 계급연구가 수행해야 할 과제를 몇 가지 제안하고자 한다. 여기서 구태여 한국정치를 분석하는 것으로 계급연구의 필요성을 한정시키는 이유는 본인이 사회학자로서 계급연구 전문가가 아니기 때문이다. 필자는 다만 한국정치를 지금보다 더 정교하게 이해하기 위한 절차의 하나로서 계급연구의 필요성에 공감하고 있다. 따라서 정통사회학자들이 생각하는 방식과는 다르게 계급분석의 필요성과 차원을 거론할 위험성도 안고 있다.

(1) 우선 인식론적으로 보면 기존의 계급연구의 성과들은 암묵적으로 경제를 통해 개인의 계급적(직업적) 위치를 결정짓는 데 강조점을 둔다. 반면, 오늘날 한국정치는 그렇게 결정된 계급적(직업적) 위치에서 예상되는 행위결과가 왜 나타나지 않는가를 밝혀야 한다. 대체로 노동자 계급연구에 몰두했던 많은 학자들은 노동자들의 정치세력화를 집단적 연대로 간주했던 것 같은데, 여기서 연구의 초점을 잠깐 바꾸어 새로운 질문을 던져볼 필요가 있다. 예를 들어, 노동자들이 집결된 울산에서 왜 광역단체장 선거나 총선을 통해 민노당 출신들이 한 사람도 당선되지 않는가를 설명해야 한다.[2] 이러한 문제의식에 공감하기

2 2002년 기초단체장 선거에서는 울산의 동구(이갑용), 북구(이상범)에서 민노당 출신의 당선자를 낸 바 있다.

위해서는 경제적 계급위치와 개인들의 정치적 행위를 직접적인 인과관계로 연계시킬 수 없으며, 이 두 가지 변수 사이에 새로운 설명의 기제를 도입하는 인식의 전환이 필요하다.

⑵ 그렇지만 개인의 정치적 행위가 계급적 위치로 환원될 수 없다는 점을 인정하면서도 개인의 정치적 성향이나 정치적 선택이 계급구조화와 일정한 인과관계를 맺고 있다는 사실을 전면적으로 부정할 수는 없다. 만일 이 관계설정을 완전히 무시한다면 그것은 곧바로 계급분석 모델 자체를 포기하는 것이기 때문이다. 따라서 남겨진 과제는 이러한 인과관계에서 조응성과 이질성을 설명해야 하는 것인데, 이를 위해서는 역시 두 가지 인식의 전환이 요구된다. 첫째는 계급구조화의 과정(계급의 객관주의)과 계급의식화의 과정(계급의 주관주의)이 분리되지 않는다는 사실을 인정해야 한다. 둘째로 계급의식화 과정(개인화 과정 1)과 계급의 정치적 표현과정(개인화 과정 2)이 동일하지 않다는 사실을 인식해야 한다.

⑶ 앞서 언급한 바와 같이 계급연구라는 것이 어떤 식으로든지 일정한 민주화 모델을 전제하지 않을 수 없는 만큼 새로운 문화연구 기법을 통해서 수정된 계급모델이 향후 한국의 민주주의 모델에는 어떠한 함의를 갖는가를 염두에 두어야 한다. 대체로 1980년대에 진행된 노동계급론이 민중민주주의로 귀결되었고, 90년대의 중간계급론이 시민 민주주의론으로 귀착되었다면, 필자가 보기에 2000년대의 신세대 계급론을 문화민주주의론과 연결시켜 볼 수 있을 것 같다. 물론 필자의 문화민주주의론의 내용과 정책적 함의가 무엇인가에 대해서는 좀더 많은 연구가 이루어진 후에 구체화될 것이다. 다만 여기서 연구의 방향에 대해서는 언급할 수 있다. 잠정적으로 평가해 본다면 민중민주주의나 시민 민주주의론은 모두가 일정한 실체로서 노동계급과 중간계급

을 상정한 채 그들을 중심으로 정치 세력화에 주력했다. 그런데 문화민주주의론은 오늘날 한국사회에 고정된 실체로서 계급이나 계층이 존재하기보다는, 정치적 쟁점이나 상황에 따라서 끊임없이 유동하고 변화하는 관계로서의 계급적 연대가 존재할 뿐이라는 가설에 근거하고 있다. 따라서 과거 한국의 민주화 모델이 고정된 실체로서의 계급(노동자, 중간계급)관계를 설정하고 그들의 이해관계가 정치권에 반영되는 법적이고 제도적인 정치를 생각했다면, 이제 문화민주주의론에서 정치란 다양한 정치적 쟁점들이 개인들의 정체성 형성과정에 어떠한 영향을 주며, 또 반대로 개인화의 과정을 거쳐 온 개인들이 어떻게 다시 정치적으로 의미 있는 쟁점들을 생산해 내는가에 관련된 일련의 과정이다. 이러한 관점에서 과거의 정치가 자신의 이해관계를 관철시키는 과정이었다면, 문화민주주의 시대의 정치란 스스로 이해관계를 창출하고 이것을 기반으로 새로운 연대를 만들어내는 과정이다.

3. 새로운 분석틀

지금까지 언급되었던 부분을 근거로 필자가 생각하는 분석의 모델을 완성해 가도록 하자.

1) 주관주의와 객관주의를 넘어서

첫 번째 문제를 정확히 인식하기 위해서는 맑시즘이 근거하는 인식론의 전제를 검토하는 작업이 필요하다. 맑스의 계급개념은 일차적으로 사회-경제적 범주이고, 여기에는 생산양식의 구조와 특성이 사회구성원들의 물질적인 삶과 정신을 규정한다는 전제가 놓여 있다.

이때 계급적 차이는 개인들이 처한 사회경제적 성질에 따라 달라진다. 이렇게 보면 맑스가 생각하는 계급이란 이성적 인간형을 기반으로 하는 근대적 사고의 전형이다. 이러한 인식의 특성은 자본가와 프롤레타리아의 계급투쟁이라는 명제에서 더 분명해진다. 여기서 투쟁의 대상은 이해관계로 압축되며, 이때 자본가뿐만 아니라 프롤레타리아는 자신의 이해관계를 명증적으로 인식하고 있다는 전제가 작동하고 있다.

그렇다면 보이지 않는 손을 강조하면서 경제주체의 자율성을 강조했던 애덤 스미스의 경제인과 맑스의 계급적 주체는 별반 차이가 없는 근대적 사고의 소산이라 할 수 있다. 맑시즘의 시작에서 이해관계를 정확히 인식하지 못하는 것은 치유되어야만 하는 병리적 현상이며 객관적 계급의 위치에서 어긋나는 정치의식이란 적어도 용인할 수 없는 허위의식에 해당하는 것이다. 그러나 이러한 병리현상과 허위의식이 현실정치에서는 매우 자연스럽게 등장하며 따라서 이러한 상황을 일시적인 의식의 전도라고 생각하기보다는 그것 자체를 전형적인 한국정치의 모습으로 인정해야 한다. 이러한 인식의 전환이 가능하기 위해서는 맑스가 근거하던 인간관 자체를 근본적으로 성찰하고 반성하지 않을 수 없다.

그런데 흥미롭게도 필자가 검토한 문건 가운데 계급문제와 관련하여 새로운 인간관 연구에 탁월한 통찰력을 제공한 사람이 바로 철학자 메를로퐁티(Merleau-Ponty)이다. 메를로퐁티의 《지각의 현상학》(1993)은 인간실존을 이해하는 데 있어 매우 풍부한 사유의 가능성을 열어 보이고 있으며, 우리는 이를 통해서 전통적 계급분석이 저지른 인식론적 오류를 발견해 낼 수 있다. 특히 이 논문에서 특별히 강조하는 연구주제가 바로 계급적 위치와 정치적 행동들 간에 괴리가 발생하는 원인을 규명하는 것인 만큼, 이제는 학문의 굴레를 벗어나 철학의 언어에 기대어 우리의 문제를 해결하려는 학문적 적극성이 필요한 때이다. 우선 계급문제와 관련하여 메를로퐁티의 말을 인용해 보자.

> 유물론적 역사가 민주주의를 형식적 제도로 특징짓고 그 제도가 선동하는 갈등을 기술할 때, 자신이 시민의 법적 추상작용 아래에서 찾고자 애쓰는 역사의 실재적 주체는 경제적 주체, 즉 생산자로서의 인간, 자신의 삶에 형태를 부여하기를 원하는 자, 사랑하고 증오하는 자, 예술작품을 창조하거나 창조하지 않는 자, 자녀를 가지거나 가지고 있지 않은 자로서의 인간이다. 역사적 유물론은 경제를 배제하는 인과성이 아니다. 그것이 역사와 사고방식의 근거를 생산과 일하는 방식에 두는 것이 아니라, 보다 더 일반적으로, 존재방식과 공존재방식, 인간의 상호관계에 두는 것이라고 말하고 싶을지도 모른다. 그것은 사상사를 경제사로 귀결시키는 것이 아니라, 그 양자가 모두 표현하는 단 하나의 역사, 사회적 존재의 역사인 단 하나의 역사에 그 양자를 놓는 것이다. 철학적 교의로서 유아론은 사유재산의 결과가 아니라, 고립과 불신이라는 실존적 선입견이 경제제도와 세계의 개념규정으로 투사되는 것이다(Merleau-Ponty 2003: 번역본 269~270).

이 인용문에서 메를로퐁티는 역사의 주체가 생산하는 인간을 넘어서 사랑하고 증오하는 인간으로서 살아 있는 자라고 말하고 있다. 그의 논리에 따르면 생산관계에서 규정된 계급이 철저하게 이해관계를 근거로 설정되었으며, 따라서 역사적 주체의 한 단면을 놓치는 불충분한 개념이라는 사실이 여실히 증명된다. 메를로퐁티의 실존적 인간관을 바탕으로 계급개념을 수정하게 되면 경제적 이해관계와 더불어 감성적 요인들이 복합적으로 계급에 작동하고 있다는 점을 감안하지 않을 수 없게 된다.

이러한 작업을 위해서 필자는 부르디외가 주창했던 '아비투스'라는 개념을 변용하여 **계급 아비투스**라는 용어를 사용하고자 한다. 필자가 보기에 부르디외는 메를로퐁티의 철학적 영향을 깊게 받은 사회학자로서,[3] 그의 용어 '아비투스'를 변형시킨 필자가 창출한 **계급 아비투스**라는 개념을 통해서 경제적 토대를 근거로 한 계급들의 객관적 위치 속에서도 개개인이 경험하는 일상적 경험과 감성의 누적된 결과에 따라 전혀 다른 세계관과 정치적 성향을 만들어낼 수 있는 정치현상을 설명할 수 있게 된다.

이것은 이론적 계급과 실천적 계급이 일치하지 않으며 계급적 실천, 즉 정치행위의 표출은 사회적으로 인정된 게임의 감각에 따라 개인들이 독자적으로 판단하고 실천하는 문화적 산물이라는 사고를 강하게 반영하고 있다. 우리는 이 개념을 통해 이론적으로는 계급의 주관주의와 객관주의를 넘어서고 있는 것이다.

그러나 사회과학의 개념은 구체적 사회분석을 실현하기 위해서 좀 더 명료한 하위언어로 만들어져야 할 필요가 있다. 따라서 계급 아비투스라는 개념을 두 가지 하위개념으로 쪼개어, 생산하는 개인과 더불

---

3 부르디외와 메를로퐁티의 관계에 대해서는 필자의 졸저(홍성민, 2000b)를 참조할 것.

어 사랑하고 증오하는 개인을 파악할 수 있는 기회를 마련하고자 한다. 그 하나는 전통적 계급개념이 사용했던 이해관계이고 또 다른 하나는 그동안 소홀히 취급되었던 감성(*emotion*)이라는 범주이다.[4]

한편, 2002년 대선정국을 지켜보면서 필자가 받았던 인상은 한국의 계급적 이해관계 또는 감성적 계급행동들이 표출되는 계기나 동기가

---

4 감성이라는 용어를 사용하면서 몇 가지 우려를 피력하지 않을 수 없다. 우선 감성이란 용어 대신 허쉬먼(Hirchman)의 경우처럼 열정(*passion*)이라고 부를 수 있다는 반론이 제기될 만하다. 물론 필자가 감성을 선택한 것은 역시 메를로퐁티의 철학에 크게 영향 받았음을 밝혀둔다. 그러나 좀더 학문적으로 필자의 입장을 정당화해 본다면, 열정은 시민의 덕성과 연결된 근대정치사상의 개념인 반면, (루소의 《불평등 기원론》이나 《에밀》이 주목하고 있는 것이 바로 열정을 다스리는 문제이다) 감성은 현대의 정체성과 보다 깊이 관련되어 있다고 판단했기 때문이다. 예를 들어 기든스의 《현대성과 자아정체성》에서 거론하는 페미니즘, 동성애, 불안, 고독 등이 현대인의 실존의 핵심을 다루고 있다면, 역시 감성이라는 용어가 이러한 현상을 담아내기에 적절하다고 판단했던 것이다. 두 번째는 맑스와 대비하여 베버의 계급개념이 이미 감성의 문제를 거론하고 있었다는 주장이 가능해 보인다. 사실 사회학에서는 베버의 신분개념이 위신이나 명예와 같은 생산영역 외부에 놓인 요인을 통해서 개념화된 용어이며, 따라서 베버야말로 계급을 규정하면서 감성의 부분을 다룬 학자라는 평가가 있기도 하다. 그러나 필자의 판단에는 베버 계급개념의 핵심은 맑스가 생산관계를 기본축으로 계급을 규정했던 것과 비교하여, 넓은 의미에서 시장관계를 축으로 계급의 형성문제를 다룬 것에 있기에, 맑스와 베버가 모두 계급문제를 이해관계라는 요인으로 설명하고 있다는 점에서 동일한 인식의 지평을 공유하는 것으로 보인다. 이 자리에서 거론하는 감성의 문제를 두고 계급행동을 고민했던 최초의 학자로서 필자는 차라리 토크빌(Tocquevile)을 꼽고 싶다. 1848년 2월 혁명을 전후로 한 토크빌의 정치해석은 당시의 상황을 계급투쟁으로 해석했던 맑스의 견해와 좋은 대조를 보이며, 이러한 토크빌의 입장과 태도가 필자의 이 글 속에 깊이 녹아 있음을 밝혀둔다. 좀더 자세한 부분은 결론부분에서 다시 거론하기로 한다.

〈표 10-1〉 2002년 대선 정국의 구도

	계급 아비투스	
	이해관계(*interest*)	감성(*emotion*)
저항적(*resistance*)	1	2
프로젝트(*project*)	3	4

과거와는 달리 미래지향적이라는 사실이다. 과거 권위주의 정부시절 한국의 노동운동이나 학생운동 등이 대단히 저항적인 성격을 띠었던 것에 반하여, 2002년 대선에서 보여준 노사모의 결집형태나 정치적 의사표현들은 대단히 미래지향적이고 현실대안적이었다. 이렇게 놓고 보면 우리는 최근의 한국정치를 둘러싼 계급행동의 양상을 정밀하게 바라볼 수 있는 분석틀을 갖게 된다. 즉, 이해관계와 감성이 하나의 축을 형성하고 저항적 운동과 미래지향적 운동이 또 다른 축을 형성하고 있는 것이다. 이를 근거로 한국의 정치와 계급모델은 네 가지 서로 다른 상한에 놓을 수 있게 된다(〈표 10-1〉).[5]

이때 한국정치의 지형은 1 상한에서 4 상한으로 움직여간다고 말할 수 있을 것이다. 필자가 보기에는 적어도 2002년 대선에서 노무현 진영의 승리는 감성적 계급연대와 미래지향적 운동의 축이 만나 이루어낸 결과(4 상한)라고 할 수 있다. 이와 비교하면 이회창 진영의 선거전략은 여전히 저항적이고 이해관계적 축에 근거하며(1 상한), 한국의 유권자들이 이러한 계급행동의 유형에 상당한 거리를 두었다는 것이 역설적으로 입증될 수 있을 것 같다.

5 이 그림은 차성수(2001)가 처음 시도했던 것을 약간 변용했다.

2) 객관적 위치와 정치의식의 괴리: 개인화 과정

이제 두 번째 문제를 검토해 보자. 객관적으로 설정된 계급들이 예상과는 다른 정치적 행동을 하는 이유는 무엇인가? 우선 이러한 현상을 이해하기 위해서는 객관적으로 정해진 계급위치와 개인들의 정치적 의사표현이 반드시 일치하지 않을 수 있다는 점을 인정해야 한다.[6] 생각이 여기에 이르면 물질적 토대와 정치행위 사이에 주관적 계급이라는 개념을 설정해 볼 수 있고, 이것을 그림으로 비교해 보면 〈그림 10-2〉와 같다.

〈그림 10-1〉은 객관적 계급을 통해서 동일한 조건에 처한 사람들이 동일한 성향과 가치체계를 가지게 될 것이며 이것이 정치행위로 표현될 가능성도 높을 것이라는 고전적 계급모델을 보여준다. 아마도 1980년대에 진행된 한국사회의 계급연구가 여기에 해당한다고 할 수 있다. 그러나 행위자들이 사회공간 내에서 머무는 위치만을 설정하는 것으로 전체행동의 유형을 판단할 수 없다. 즉 계급은 물질적 토대를 근거로

---

6 예를 들어, 적지 않은 노동자 계급이 작업장에서 상당한 수준의 전투성과 진보성을 보이고 있어, 이를 근거로 해서 대통령 선거에서 권영길 후보가 노동자 계급으로부터 높은 득표를 할 것이라는 기대했지만, 선거결과는 그와는 많은 차이를 보이고 있다. 이에 대한 설명이 필요하다. 물론 최장집(1994, 1997), 임영일(1987), 김동춘(2002)과 같은 학자들이 보인 노동자 정치세력화 대한 연구결과를 통해서 이 문제에 대한 해답을 얼마간 찾아볼 수 있지만, 그들의 학문적 태도는 분명한 계급의식을 전제하고 있으며, 조직력이 갖추어진다면 노동자 계급의 정치적 행동이 언제든지 가능하다고 생각한다는 점에서 객관주의적 전략에서 계급정치를 바라보는 것으로 필자는 판단한다. 그런데 필자가 문제 삼는 것은 그러한 조직력이 갖추어진 후에도 여전히 민노당의 득표율이 저조한 이유를 찾으려는 데 있으며, 이것은 계급행동의 객관주의적 요인과 함께 주관적 요인을 동시에 파악해야 한다는 이론적 태도를 바탕으로 하고 있다. 필자는 이것을 계급정치에 대한 문화분석이라고 부르고자 한다.

〈그림 10-1〉 객관적 계급과 정치행위

〈그림 10-2〉 수정된 계급과 정치행위

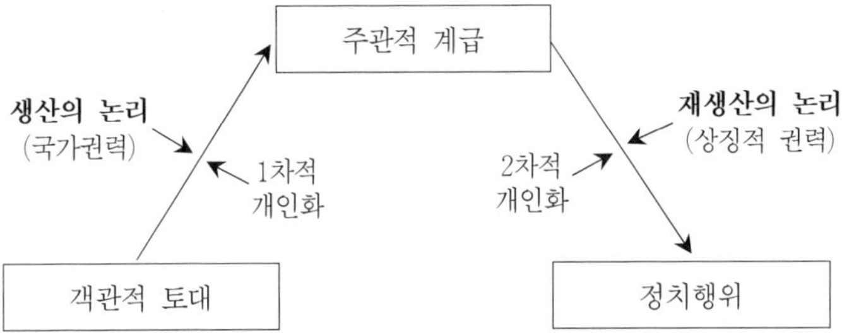

실재하는 경우보다 사회적 관계 속에서 구성되는 경우가 많으며, 따라서 우리는 일정한 계급적 위치로 분류되는 것과 그러한 범주에 있는 사람들이 개별적으로 자신의 정치적 의견을 표현하는 기제가 전혀 다르다는 것을 설명할 수 있어야 한다. 이를 위해서 필자는 아래에서 몇 가지 설명변수를 제안하고 이 점에 대해서 설명하기로 한다.

우선 〈그림 10-2〉에서 객관적 토대에서 주관적 계급으로 향하는 첫 번째 화살표 방향을 1차적 개인화라고 하면, 주관적 계급에서 정치행위로 이어지는 화살표 부분은 2차적 개인화라고 분류할 수 있겠다. 1차적 개인화와 2차적 개인화는 각각 생활세계(사적 영역), 정치적 영역(공적 영역)으로 나눌 수 있는데, 이것은 외부적 요인의 내재화(*intériorisation*)와 내재화된 가치관의 외재화(*extériorisation*)의 과정을 구분하여 설명해야만 계급의 위치와 그로부터 기대되는 정치행위가 불일치하는 이유를 비로소 이해할 수 있게 된다.

결국 과거의 계급모델과 비교해서 새로운 분석의 초점으로 등장하는 과정이 바로 개인화 과정인데, 그렇다면 현대정치에서 개인화 과정은 무엇을 의미하는가? 이와 관련해 최근 문화연구 영역에서 주목을 받는 울리히 벡(1997, 1998, 2000)의 연구성과가 자주 거론되지만, 학문사적으로 보면 개인화에 대한 문제제기는 1968년을 전후로 한 서유럽사회에서 계급정치의 종말을 우려하는 학계의 목소리가 시작된 이후 줄곧 지속되었다고 보는 것이 옳다. 이른바 포스트모던 계열의 사상가들이 이 분야에 속한다고 볼 수 있다. 예를 들면 허버트 마르쿠제(Marcuse, 1963), 다니엘 벨(Bell, 1966), 크리스토퍼 라쉬(1989), 질 리포베츠키(Lipovertsky, 1983) 등이 있다. 이들은 모두 맑시즘의 계급이론으로 설명하기 어려운 개인의 정체성 형성과정을 설명하려 했다는 점에서 비슷한 문제의식을 공유했던 학자들이며, 특히 욕망, 감정, 이해관계 등과 같이 정신분석학이나 경제학의 개념들을 동원했다는 점에서 기존 사회과학의 경계를 넘어서고 있다. 필자는 이 부분에 대한 연구를 활성화하는 것이 신진계층들의 정치적 다원화를 설명하는 데 있어 매우 시급한 과제라고 생각한다.

여기서 우려할 만한 사항 두 가지를 지적하고 싶다. 첫째는 개인화 과정이 반드시 소비생활을 중심으로 하는 생활세계의 연구에 집중될 필요는 없다는 것이다(김정로, 2001, 2002; 장미혜, 2002 참조). 서구의 학문과 한국의 현실 사이에 괴리가 존재한다는 점을 잊지 말아야 할 것이다. 서구의 정치경험에서 생활세계라는 개념은 노동범주를 벗어난다는 의미에서 일종의 사적 영역을 가리키는 것이었고, 그 중 대표적인 것이 바로 소비생활 영역이었다. 1960년대 이후 소비행태가 정치사회학의 관심사로 부상한 이유는 노동자들의 정체성이 생산관계를 통해서만이 아니라 소비패턴을 중심으로 한 일상생활의 습관에서도 크게 좌우된다는 문제의식과 일맥상통한다(Dunn, 1898 참조).

하지만 한국사회는 경우가 조금 다르다. 우리사회에서 직장인들의 정체성 형성과정은 오히려 직장생활 내의 언어구조나 인간관계를 통해서 더욱 집중되는 만큼 생활세계의 패턴과 구조가 어떤 식으로든지 생산구조와 연결되고 있다는 점을 잊지 말아야 한다. 특히 한국에서 일정한 생산구조에 편입되기 전에 국가교육기관이나 국가고시 등을 통해서 일정한 사회성원으로 길들여지는 과정이 있는데, 이것은 서유럽의 경험과 비교해 보면 매우 특이한 현상이다. 우리사회의 특수성 중에 하나가 중급 이상의 관료, 과장급 이상의 기업의 관리책임자, 벤처기업의 사장들과 같이 한국사회의 신중산층의 주도세력들이 독특한 교육훈련 과정을 거친다는 사실이다. 향후 이 점에 대한 연구가 좀더 집중적으로 이루어지는 것이 생활세계 연구에서 대단히 중요한 과제라고 생각한다.

둘째로 개인화 과정에 대한 연구가 대단히 비가시적이고 추상적인 차원에서 진행할 수밖에 없는 문화연구의 차원이지만, 문화연구를 사회과학적 차원에서 진행하고 분석하기 위해서는 엄밀한 개념과 구체적인 분석대상을 놓치지 말아야 한다. 일군의 문화연구자들이 쏟아내는 학술언어를 보면 종종 지나치게 추상적이고 난해해서 과연 그러한 성과를 두고 어떻게 현장 속에 뛰어 들어갈 수 있을지 의문이 들곤 한다(이진경, 2002; 강내희, 2002; 심광현, 2002, 2003 참조). 특히 프랑스식 담론들이 문화연구자들 사이에서 크게 유행하는 것으로 보이는데, 그들의 학문언어가 어떤 식으로든 우리감각에 맞도록 수정·보완되지 않고서는 문화연구의 방법론과 대상설정들이 늘 막연한 상태로 남아 있게 되지 않을까 우려된다.

바로 위에서 언급한 한국 생활세계의 연구 특수성과 관련해 지금 간략하게 제기하고자 하는 필자의 대안은 다음과 같다. 한국에서의 개인화 과정이 보이지 않게 국가 권력구조와 밀접하게 연결되고 있다는 점에 착안하여, 필자는 넓은 의미에서의 문화매체(교육기관, 언론, 인터넷)를 통해 보급되고 유통되는 지식의 움직임이 개인의 정치적 성향과 가치관에 어떠한 영향을 주는가를 정교하게 분석해야 한다고 생각한다. 여기에는 기호학과 같은 미시적 분석기법으로부터 해방 이후 한국사회를 주도했던 정치 패러다임에 대한 지식의 계보학이나 외국에서 유래하여 끊임없이 한국사회 정치분석의 모델이 되고 있는 서양의 정치학적 지식에 대한 텍스트 분석에 이르기까지 다양한 차원의 분석을 동원해야 한다. 이러한 본인의 생각에는 결국 지식(언어)이 개인의 정치적 판단을 형성하는 데 결정적 역할을 한다는 학문적 직관이 깔려 있다.

(1) 1차적 개인화(생활세계의 영역)

① 과거 전통적 계급모델에서 개인의 정체성은 생산관계를 기준으로 자리매김되거나 가족이나 집단적 관습 따위들에 의해서 규정된다고 간주했다. 그러던 것이 1960년대를 전후로 서구사회에서 소비의 문제가 정체성의 형성에 개입하는 주요한 변수로 관심을 끌게 된다. 바로 이때부터 다양한 문화상품이 개인들의 생활세계에 영향력을 행사한다는 인식의 공감대가 생긴다. 부모, 노동자, 학생과 같은 사회적 정체성이 이제는 소비의 역할과 성격에 따라 의미가 변화하게 되었다. 예를 들어, 고급 승용차를 소유하고 있는가, 주말에는 어디에서 외식을 하는가, 여름 휴가철에는 어디로 여행을 가는가에 따라 계급의 위상이 결정되는 상황이 전개되고 있다. 생산관계에서 촉발되는 사회적 불평등이 과거에는 공적 영역에 한정되어 있었다면, 이제는 자본의 힘이 생활세계의 소비문화를 새로운 차원에서 사회적 불평등들의 기제로 활용하고 있다. 이것이 이른바 '구별짓기'(*distinction*) 전략인데, 이것은 개인들의 무의식적인 생활습관을 통해서 확산되고 재생산되는 특징을 가지고 있다(Bourdieu, 1979 참조).

생활세계가 자본의 논리에 지배당하는 현실은 정치적 이데올로기와는 달리 개별자들이 스스로 인식하기가 매우 어렵다. 무의식적 생활습관과 관련된 계급적 아비투스는 당연하게 인정된 사회적 통념에 가까운 것으로 개인들이 치열한 성찰적 자세를 유지하지 않는 한 깨닫기가 매우 어렵기 때문이다. 이것이 바로 객관적 계급위치와 기대되는 정치적 행동이 일치하지 않는 첫 번째 이유이다.

예를 들어, 노동자들은 생산관계의 임금수준을 놓고 볼 때 현실정치에 대하여 저항하고 새로운 변혁의 질서를 요구해야 마땅함에도 불구하고, 그들이 즐기는 부르주아 소비문화는 그들이 마치 한 사회의 중산층이라는 의식을 갖게 만듦으로써 주관적 계급성향은 실제와 괴리될 수 있다. 대체로 한국사회에서는 1990년대를 기점으로 서구식의 소비문화 시대를 맞이한 것으로 해석할 수 있고, 이러한 맥락에서 소비문화가 개인들의 정치적 각성을 파편화시키고 있다는 지적은 서구와 마찬가지로 우리사회의 경우에도 비슷하게 적용될 수 있다고 본다.

② 계급의 정치행위를 설명하는 데 중요한 요인은 동일한 계급 내 자본의 구성비율에 관한 분석이다. 우리는 지금까지 노동자 계급, 상층계급, 또는 중간계급의 객관적 위치를 설정할 때, 그들이 소유한 경제적 자본비율만을 고려했으나 개인 정체성의 결정이 경제적 요인과 함께 문화적 요인에 따라 규정된다는 점을 감안하면 문화자본이라는 용어를 차용해 볼 만하다. 그 중에서도 특히 학력자본이 분석의 대상이 될 만한데, 이는 한 사회에서 다양한 정치적 의견들은 언어를 통해 표현될 수밖에 없으며 개인의 차원에서도 일정한 정치적 성향을 습득하는 과정은 결국 언어를 통해서 내면화되기 때문이다. 따라서 경제적으로 동일한 범주에 있다고 하더라도 학력자본의 비율에 따라 정치에 대한 성향은 달라지게 마련이다. 예를 들어, 고등학교 졸업자와 대학 이상 학력을 가진 사람이 정치에 대해 가지고 있는 언어적 식견은 분명 차이가 날 것이며, 이를 근거로 더 풍부한 언어자원을 가진 사람들이 그렇지 못한 사람과 비교해 지배 이데올로기에 저항적일 수 있다고

가정해 볼 수 있을 것이다.[7]

③ 문화자본의 비율을 논하는 자리에서 빠질 수 없는 부분은 동일한 계급 내에서 시간의 궤적에 따라 한 개인의 주관적 계급의 정체성이 달리 형성될 수 있다는 점이다. 예를 들어, 부친의 계급위치가 노동자였다가 본인이 중산층으로 진입한 사례와 부친이 상층 부르주아지 계급이었다가 본인이 중산층으로 하락한 사례를 비교해 보자. 객관적 통계수치에서는 그 내부의 편차가 정확하게 반영되지 않는다. 노동자의 가정에서 자란 현재의 중산층이 갖는 정치적 성향이란 결국 그가 어린 시절 가족에서 길들여진 가치관에서 비롯될 것이며, 이것은 부르주아 계급을 부친으로 둔 현재의 중산층의 정치적 성향과 다른 경우가 많을 것이다. 시간의 궤적을 통해 동일한 계급 내의 정치성향의 변화를 추적하는 작업은 가족관계에서뿐만 아니라 학교의 진학과정이나 직장 내에서의 환경변화에 따라서도 달라질 가능성이 있다.

예를 들어, 대학시절 상당히 진보적 성향을 보이던 그룹들이 30대를 넘어서 시간의 흐름에 따라 정치적으로 보수적 성향을 나타내는 경우를 종종 목격하게 된다. 그 이유를 추정해 보면 그들이 밟아가는 교육의 형태, 직장을 얻기 위해서 접하게 되는 시험의 종류, 직장취직

7 여기서 아마도 '구멍가게' 아저씨가 왜 지하철 노조파업에 대해서 부정적 태도를 보이는가를 설명할 수 있을 것이다. 즉 구멍가게 아저씨는 객관적 계급의 위치에서 볼 때는 지하철 노조원들과 동일한 계급적 위치에 놓여 있음에도 불구하고, 문화자본의 비율이 매우 열악하여 자신의 언어로 정치적 판단을 할 수 있는 언어능력이 부족한 것으로 판단할 수 있다. 따라서 그가 지하철 파업을 해석할 수 있는 유일한 언어자원은 그동안 사회적 통념으로 남아 있는 공공성과 효율성의 이데올로기일 뿐이며, 바로 이러한 의미에서 그는 지배계급의 헤게모니에 포섭되어 있다고 볼 수 있다.

후 작업장에서 강요하는 사내 분위기들이 크게 작용한다. 만일 한국의 대기업 중에서 삼성에 입사한 20대와 30대의 정치의식조사를 실시해 본다면 그들이 다른 기업에 종사하는 직장인들의 정치의식과 일정한 차이를 보일 것이라고 예상해 볼 수 있다. 고시를 통해 5급 이상의 공직에 진입한 한국 공무원들의 정치성향은 비슷한 경제적 지위와 연배를 가지고 있는 화이트칼라의 경우와 크게 다를 것이다. 이러한 맥락에서 계급연구에 시간의 궤적을 도입한 이른바 '세대(*generation*) 연구'가 시급하게 이루어져야 할 것으로 보인다.

(2) 2차적 개인화(정치영역)

① 울리히 벡의 견해에 따르면, 개인화라는 용어는 오늘날 개인 정체성의 재생산과정이 과거 산업사회와 다른 형식을 띠는 데서 나타났다. 이는 사회통합을 이해함에 있어서 새로운 시각이 필요하다는 것을 의미한다. 사회학의 범주로 인식되어 온 개인화의 과정은 계급사회가 해체되고 새로운 정체성의 형성기제에 주목하는 시각에서 보면 위에서 언급한 생활세계의 영역에 해당한다. 그럼에도 필자가 이 부분을 따로 분리하여 설명의 대상으로 설정한 것은 오늘날 개인들의 정치적 표현행위가 계급적 제도와 조건을 벗어나서 이루어지고 있다는 점을 설명하기 위해서이다.

2002년 대선에서 보인 뚜렷한 특징 가운데 하나인 노사모의 정치적 결집력을 보면 이들의 모임이 과거와 같이 명확한 정치적 각성이나 저항적 프로그램을 가지고 있지 않다는 것을 알 수 있다. 노사모에는 대학생이나 지식인부터 자갈치 시장의 생선장수에 이르기까지 다양한 사회적 계급이 공존하고 있었지만, 그들을 하나로 통합해 낼 정치적 형상도 정확히 설정되지 않았다. 그럼에도 불구하고 이질적인 계급기반을 넘어서 회원간의 의사소통이 가능할 수 있었던 것은 이 모임이 처음에 동호회나 여가행위의 연장선에서 시작되어 모든 회원에게 의사개진의 자유가 열려 있었기 때문이라고 유추해 볼 수 있다.

이처럼 오늘날 정치적 의사표현 행위는 뚜렷한 정치적 정향을 가진 집단이나 단체를 기반으로 하기보다는 이웃이나 동호회 모임과 같은 사적 영역에서 시작되어 점차 공적인 영역으로 그 영향력이 확대되는 경향을 보인다. 최근 몇 년간의 지방선거나 총선, 보궐선거들의 투표참여율은 한결같이 대단히 미진하다. 반면, 2~30대를 전후로 한 신진세대들의 인터넷을 통한 동호회 가입은 그 수가 기하급수적으로 증가하고 있어, 현재 사이버상의 동호회 숫자만 하더라도 비공식적 통계에 따르면 3만이 넘는다고 한다. 다시 말해, 공적 정치영역은 점차 축소되는 데 반해 사적 활동영역은 엄청난 속도로 증가하고 있다.

여기서 주목해야 할 사실은 이와 같은 사이버상의 사적 연결관계가 종종 정치적 결집과 연대로 이어져 엄청난 정치변혁의 결과를 낳는다는 것이다. 2002년 12월에 있었던 광화문 촛불시위가 그 대표적인 예가 될 수 있다. 또 어느 일간지에서 말했듯이, 2002년 대선에서는 월드컵처럼 선거를 치른 2~30대가 정치적으로 연대하여 결국 노무현 후보를 대통령에 당선시켰다고 볼 수 있다. 그렇다면 이것 자체가 한국정치지형에 커다란 변화가 있었음을 암시하는 대목이라고 할 만하다. 다시 말해, 동호회 성격을 갖는 비정치적 모임들이 일단 정치적 세력으로 동원될 경우 그 효과를 쉽게 예단하기 어려운 상황이 된 것이다.

② 한편 한국 현실에서 특이한 점은 직장 내에서의 성취 이데올로기가 개인의 정치적 성향을 표현하는 과정에서 대단히 큰 역할을 한다는 점이다. 근대화 이후 한국사회의 경제논리를 주도하는 '경쟁과 효율'의 구호는 학교에서뿐만 아니라 직장에서의 작업환경을 극단적 경쟁논리로 이끌고 있다. 즉 노동자들의 정체성이 혼란을 겪는 것이다. 특히 화이트칼라 노동자들은 자신들의 객관적 계급위치가 민중계급과

더 가까움에도 불구하고, 직장 내에서 홍보하는 승진 가능성에 현혹되어 서열에 대한 위장된 기대를 가지고 살아가게 되는 경우가 종종 있다. 이것이 아마도 자신의 계급적 위치를 파악하지 못하도록 만드는 중요한 이유 중 하나라고 하겠다. 즉, 개인들이 실제로 점유하고 있는 계급적 자리(*position*)와 작업장에서 그들에게 부여되는 지위(*titre*) 사이에 미묘한 이데올로기 효과가 작동하고 있는 것이다(Bourdieu et Boltanski, 1975 참조).

더구나 직장 내에서 벌이는 충성도 경쟁은 한국사회에서 쉽게 관찰되는 현상이고, 이로 인해 행위주체들이 작업장 내에서뿐만 아니라 사회 전체적으로 중요한 정치적 쟁점이 부각될 때 자신의 계급적 이해관계를 생각하기보다는 직장의 사주나 주요간부들의 의견을 그대로 반영하는 경우를 보는 것은 흔한 일이다. 결국 계급위치와 정치적 표현행위 사이의 괴리현상을 설명하기 위해서는 이처럼 일터(생산의 논리)와 삶터(사적 기대영역) 그리고 정치적 표현행위(공공영역의 논리)를 연계시켜 분석할 필요가 있다. 필자는 이러한 작업을 미루어온 것이 우리 학계의 한계라고 생각하며 지금 문화분석의 필요성을 표방하면서 이러한 연결고리를 어떻게 분석의 대상으로 끌어낼 수 있는가를 고민하고 있다.

③ 이렇게 보면 개인들의 계급 아비투스가 형성되고 그것이 다시 표현되는 차원이 비교적 생활세계의 영역(또는 사적 영역)이라고 하더라도 이미 거기에는 학교와 같은 이데올로기 국가기구나 기업의 작업환경과 같은 생산관계가 여전히 작동한다는 사실을 인식하는 것이 중요할 듯하다. 근대화를 먼저 경험한 프랑스나 일본을 통해서 증명되듯이(Boltanski, 1982; Min Byoungil, 2000) 중간계급이 형성되는 사회적 배경이 국가 공무원이나 기업의 중간간부의 충원과정과 밀접하게 연결되는 것이 보통이다. 따라서 우리사회에서 중간계급의 형성과정

을 세계화의 논리, 경제적 효율성의 논리와 같은 생산의 영역과 함께 국가의 정책기조나 운영의 원리와 연결시켜 분석하는 것이 학문적으로도 바람직해 보인다.

이러한 시각에서 보면 국가의 역할을 물리력의 독점이라고 인식했던 고전적 도식에서 벗어나 상징적 자원을 분배하는 차원으로 국가의 기능을 확대시켜 생각해 보는 것이 필요하다(Bourdieu, 1995; Steinmetz, 1995 참조). 여기서 대학교수나 언론기관의 간부들, 공무원이나 기업의 간부사원들과 같은 국가권력기관의 중추를 이루는 이른바 권력 엘리트 양성과정을 면밀히 살펴보고 그들의 언어행위와 세계관이 어떻게 한국의 중산층의 정치의식에 영향을 주고 있는가를 연구하는 것이 시급할 것이다.

여기서 필자가 객관적 계급의 차원과 정치의식의 괴리현상을 설명하면서 중간계급 성격에 중심을 두었던 까닭은 그들이야말로 시민사회의 주역이고, 이들의 계급적 연대가 한국정치 민주화의 향배를 가늠하는 데 대단히 중요한 역할을 한다고 믿기 때문이다. 그런데 지금까지 연구된 중간계급의 연구성과는 이들을 정치적 진보그룹으로 볼 것이냐(한상진, 1991b; Koo hagen, 1991), 아니면 보수로 볼 것이냐(김진균·조희연, 1986)라는 이분법적 판단에 치중되어 있었을 뿐, 이들의 파편적 정치행위의 원인을 설명하는 부분은 소홀했던 것이 사실이다. 한완상(1991)의 연구가 비교적 중간계급의 이중적 성격을 예리하게 관찰했던 시도로 보이지만 그 원인을 설명하는 작업에까지 이르지는 못했다. 그렇다면 위에서 필자가 열거한 요인들을 현실에 적용해 가면서 그동안 공백상태로 남아 있던 중간계급의 정치적 동요를 설명하는 작업을 추진할 수 있지 않을까 조심스럽게 제안하고 싶다.

4. 문화민주주의의 가능성

셋째로 현실 적응성을 높인 계급모델을 기반으로 한국정치가 지향해야 할 개혁의 내용들을 생각해 보도록 하자. 먼저 1980, 90년대를 주도했던 민주화의 내용들을 시대의 변화에 따라서 일정부분 수정하지 않을 수 없는데, 그렇게 수정한 민주화의 모델을 문화민주주의 모델이라고 부르자. 그런데 이러한 필자의 직관을 증명하기 위해서는 과거 민주화 모델이 가지고 있던 이론내용과 변화된 현실을 비교검증함으로써 새로운 정치전략이 자연스럽게 도출되어야 할 것이다. 따라서 과거의 연구성과 가운데 한국정치의 민주화를 본격적으로 고민했던 저작들을 집중적으로 검토하면서 시대변화에 따라 우리가 새롭게 인식해야 할 사실들이 무엇인지 밝혀내는 방식으로 문화민주주의의 내용을 짚어가도록 하자.

이러한 필자의 의도에 비추어보면 최장집 교수의 연구성과가 주목을 끌기에 충분하다(최장집, 1994). 왜냐하면 그는 한국의 민주화를 이루기 위한 개혁의 주체를 밝히는 작업을 연구문제로 설정, 이에 천착하고 있었다는 점에서 이 논문이 처음부터 견지하던 문제의식과 대단히 유사하기 때문이다. 특히 최 교수는 그의 논문 "한국 민주주의의 이론과 실천"에서 고전적 자유민주주의 이론이 한국현실에 그대로 적용되기 어려운 이유를 설명한 후, 우리사회가 이루어야 할 민주화의 목표는 경제적 민주화, 정치권의 부패청산과 같은 가시적 성과뿐만이 아니라 도덕적 하부구조와 같은 문화적 요인을 소생시키는 것이라고 언급하고 있다. 강고한 민주화 투쟁의 시기에 이미 필자가 이 논문에서 주장하는 것과 비슷한 문화민주주의의 필요성을 강조한 것이다(최장집, 1994: 371~376 참조). 그리고 이러한 민주화를 실천해 낼 수 있는 개혁주체를 설정하는 문제에 관심을 집중하면서 고전적인 계급이론을 수정해야 한다고 주장한다. 그는 민주화의 첫걸음은 자본주의 사회 내에서의 계급과 계급관계 및 이들 간의 갈등과 모순에 놓이기 마련이므로 민주화란 결국 계급간의 대립과 갈등을 해소할 수 있는 제도적 메커니즘이라고 말하고 있다. 이러한 맥락에서 계급문제를 새롭게 이해하는 것이 필수적인데, 그의 계급이해는 이 자리에서 필자가 시도하고 있는 문화분석에 놀랍도록 근접해 있다.

우선 최장집은 생산의 기본적 사회관계 내에서 객관적으로 존재하는 계급이 필연적으로 사회적·정치적 수준에서 계급으로 나타난다고 인식하는 고전적인 맑스이론을 거부하고 있다. 즉, 자본주의의 객관적인 생산의 사회관계에서 존재하는 계급이 시민사회와 정치사회에서 곧바로 계급으로 나타난다고 볼 수 없기 때문에 계급의 존재론적 변화를 상정하여 '경제적 생산관계에서의 계급 I'과 '정치사회와 국가권력관계에서 표현되는 계급II'로 구분하고 있다(최장집, 1994: 381). 사실 이러한 계급개념의 이해와 설명은 필자가 이 논문에서 시도하고 있는 객관적 계급위치와 정치의식의 괴리라는 주제와 거의 일치한다.[8]

8 그럼에도 불구하고, 필자는 그가 여기서 이론적 혼동상태에 빠지고 만 듯한 인상을 받는다. 계급 I과 계급II를 연결시키는 것은 정치적 실천, 헤게모니의 행사, 정치교육과 같은 문화적 요인이라고 설명하면서도 또 다시 "경제관계를 벗어난 사회적 관계는 계급관계라고 볼 수 없다"(최장집 1994: 380)고 말함으로써 강고한 계급분석의 모델로 환원해 버린 인상을 주기 때문이다. 계속해서 한국사회에서는 민중개념에 대한 구체적인 정의가 필요하다고 강조하고 그 기준을 네 가지로 정리하고 있다. 그중에서 가장 중요한 것은 자본주의 생산관계와 노동분업 내에서 피지배적 지위에 객관적으로 위치하는 사회집단이라고 설명하는데, 이것은 "민중은 계급 I과 계급II 사이에 현실적으로 광범위하게 실재하는 경제적·정치적·사회적 수준에서 범주화될 수 있는 사회집단이다"(384)라는 개념 정의와 일면 모순된다. 이처럼 계급단위를 설명함에 있어 문화적 지평을 포착하고 있었음에도 고전적 생산관계의 논리를 완전히 포기할 수

이 점에서 본다면 객관적으로 존재하는 계급과 사회적 · 정치적 수준에서 계급의식을 갖는 실천의 주체로서의 정체성을 갖는 계급 사이에는 괴리와 간극이 있음을 인정하지 않으면 안 된다. 편의상 앞의 것은 '계급Ⅰ', 뒤의 것은 '계급Ⅱ'라고 할 때, '계급Ⅱ'는 정치적 실천에 의해서만이 가능하다. 그러므로 이 정치적 실천에 영향을 미치는 많은 요소들이 확인되지 않으면 안 되고, 그 토대 위에서 이 실천을 위한 정치의 이론과 전략전술이 개발될 필요가 있다. 이 점에서 '계급Ⅱ'는 이에 객관적으로 존재하거나 구성된 듯이 상정된 수준들 사이의 상호 인과적 작용과 관계의 맥락에서 인식되는 것이 아니라, 실천의 맥락에서 인식된다.

'계급Ⅱ'는 주어진 경제과정의 반영으로서 어떤 인과적 과정의 결과물이 아니라 바로 이 경제적 생산과정과 사회정치과정 및 구조를 만들어 내리라고 기대되는 참여의식과 행위에 연결된다. 이 관점에서 볼 때 '계급Ⅱ'는 '계급Ⅰ'이 항상적으로 있어도, 없을 수도 있고 형성되고 해체될 수도 있다. 계급갈등은 정치적 · 사회적 수준에서 이미 객관적으로 존재하는 계급들간의 갈등이라기보다는 이 계급간 갈등에 이르는 계급형성의 과정을 중심내용으로 한다. 이 점에서 계

없었던 것은 아마도 당시를 주도했던 사회운동의 시대적 분위기와도 연관되어 있는 듯하다. 당시의 한국사회는 노/자 간의 갈등이 첨예한 시기였고, 1980년대까지 한국의 학계를 주도했던 사회과학의 패러다임도 역시 노동중심의 민중민주주의 이론이었기 때문이다. 조심스러운 평가이지만 필자가 보기에 최장집 교수가 자주 인용하는 쉐보르스키의 네오 맑시스트적 입장은 이미 노/자 간의 갈등을 벗어난 서구사회를 배경으로 하고 있다. 그런데 쉐보르스키를 통해 한국사회를 분석하고 있음에도 불구하고 최장집 교수는 한국사회에서 진보진영의 대표적 이론가로 분류되고 있었기 때문에 외국학자의 이론과 그것이 한국정치현실에 반영되는 맥락은 큰 차이를 보인다. 이렇게 보면 학자의 입장을 평가하기 위해서는 그가 전개한 이론을 두고 옳고 그름을 따지는 차원을 넘어서, 학자가 소속된 학문세계의 분위기를 동시에 파악해야만 할 것이다. 이 점에 대해서는 필자의 논문(2000b)을 참조할 것.

> 급투쟁은 계급간의 투쟁으로 들어가기 이전에 계급의 형성을 위한 투쟁이라고 말하는 쉐보르스키는 옳다(최장집 1994: 383~384).

최장집 교수가 시도했던 '계급 I'에서 '계급II'로의 변화는 이 논문에서 필자가 시도했던 객관적 계급과 주관적 계급에 해당하는 것으로 볼 수 있다. 여기서 의문점으로 남는 것은 최 교수가 이러한 존재론의 변화에 중요한 근거라고 설명했던 정치적 실천이 과연 무엇인가 하는 점이다. 다만 동일한 논문의 후미에서 민주화 이행의 전략을 설명하면서 시민사회에서의 계급과 민중을 조직화하고 '기대의식'을 현재화하는 교육의 역할을 강조하거나 선거와 정당체제를 중심으로 한 정치사회에서 지배권력의 헤게모니에 대항하는 민중운동에 앞장서자는 입장을 밝히고 있어(393), 최 교수가 생각하는 정치적 실천의 내용을 짐작해 볼 수 있다. 대체로 이 자리에서 필자가 최장집 교수의 생각을 정리해 보면 생산관계의 축에서 노동자 중심의 민중운동을 지속적으로 추구하면서 미시적 차원에서 국가기구나 정치사회, 시민사회에 내재해 있는 지배권력의 헤게모니 세력에 대항하여 민중 중심적 가치관과 이념을 확산시키는 시민운동을 동시에 전개한다는 것이 그의 구체적인 사회운동 프로그램으로 보인다. 이를 위해서는 노동조합-농민조직-전문가 집단을 아우르는 계층적·기능적 연대가 필요하며 또 민중운동이 정치 제도권으로 진입하기 위해서는 정당정치를 진보적인 성격으로 바꾸어야 한다고 생각했던 것 같다.

필자는 이러한 전략이 오늘날에도 여전히 유효하다고 평가하지만 몇 가지 정치상황이 바뀐 사실을 지적하지 않을 수 없다. 첫째는 1980년대 후반까지 군사독재 정권에서 민주주의를 실현시키기 위한 사회세력의 정치전략이 강력한 지배권력에 대항하여 시민사회나 정치사회를 민주화시키는 것에 초점을 맞추었다면, 오늘날 한국정치상황에서는 국가권력이 과거와 같은 독재적 성격을 띠고 있지 않다는 사실을 인식해야 한다. 앞에서도 한번 언급했듯이 지난 20여 년간 지식인과 시민사회가 주축이 되어 열렬한 반독재운동을 전개해서 이제 우리의 정치상황도 표면적으로 보면 일정 수준의 민주화를 달성했다고 보아도 무방하다. 오히려 이제 중요한 것은 국가권력과 정치사회(시민사회)의 대립이 아니라, 시민사회 내에서 발생하는 진보와 보수의 대립 혹은 정치사회와 시민사회의 의견 불일치와 같이 법률적 차원을 넘어서는 무형의 정치적 갈등이다.

예를 들면, 대북정책을 둘러싸고 끊임없이 불거져 나온 이른바 남남갈등은 한국의 시민사회가 어떤 면에서는 국가권력보다 보수적일 수 있다는 사실을 보여준 좋은 예이다. 이제 한국에서 민족주의나 반공과 같은 정치적 이데올로기의 문제는 더 이상 국가권력이 일방적으로 주입할 수 있는 차원을 넘어서 대단히 다원화되고 있는데, 정치권이 이처럼 다차원적인 정치 스펙트럼을 수용하고 반영할 수 있는 제도적 장치를 만들어내지 못하는 것이 한국정치를 위기상황으로 몰아가는 근본원인이라고 할 수 있다.

이른바 정치권의 보수화, 혹은 정당정치의 후진성이라고 이름 붙일 만한 이러한 상황에서 결국 시민사회 내의 세력다툼에서 어떤 이념적 그룹이 승리하는가가 제도권 정치의 성격을 크게 바꾸어 놓을 것이라는 것은 분명한 사실이다. 그런데 시민사회가 이미 정치권력이나 자본의 힘으로부터 순수하게 거리를 두고 있는가 하는 점에 의문을 제기하는 사람들이 있는 것처럼, 한국 정치상황에서 시민사회가 과거와는 다른 차원에서 정치투쟁의 장이 되고 있으며 따라서 시민사회의 조직을 어떠한 방향으로 끌고 갈 것인가 하는 질문 자체가 한국정치의 성격을 규정하는 중요한 과제로 부상하게 되었다.

둘째는 형식적(제도적/법률적) 민주화를 이루고 난 후에 한국의 정치상황은 민주화의 실질적 내용을 정확히 파악해내지 못한 채 혼란스러워하고 있다. 모든 정치인과 학자들이 한국정치의 이념적 기초로서 자유주의와 민주주의를 내세우고 있지만, 그러한 이념들이 현실정치에서 구체적인 정책으로 표현되는 계기를 살펴보면 상당한 진통이 있음을 알 수 있다. 예를 들어, 김대중 정권에서 추진했던 세계화 정책을 놓고 보면, 자유주의를 시장 지상주의로 해석하기도 하고 때로는 효율적인 자본우선 정책으로 해석하는 경우도 있는데, 이럴 경우 자유주의를 이끌어 갈 정치적 주체가 누구인가를 두고 치열한 논쟁이 생겨나지 않을 수 없다. 결국 김대중 정부는 노동자나 서민을 중심으로 하는 국민의 정부임을 자처했음에도 세계화의 추세를 이들에게 맞추어 해석하기보다는 자본의 논리에 근거해 한국현실에 적용하려는 모순적인 태도를 보여 정권 스스로가 자신의 존재기반을 위협하는 실수를 범했다. 실질적 민주화의 내용을 두고 국민의 정부가 보여준 혼동과 실수는 노동투쟁을 어떤 선에서 인정할 것인가와 같은 경제정책을 두고 뚜렷이 드러난다. 효율성과 정당성을 두고 정부가 일방적으로 정책결정을 할 수 없는, 이른바 민주화의 시대에 민주적 절차와 논리에 근거하게 되면 오히려 사회적 약자가 피해를 볼 수 있다는 아이러니가 발생하고 있는 것이다.

셋째, 시민사회가 양적으로 팽창함으로써 상당한 수준의 민주화를 이루어낸 오늘날 오히려 일반 유권자들은 점차 정치에 무관심해지고 있다. 지방자치단체 선거나 총선의 투표결과가 웅변하고 있듯이 일반 유권자들이 표현할 수 있는 절대적 정치행위인 투표의 참여 자체가 대단히 저조한 상황이다. 필자는 이러한 현상의 원인을 두 가지로 설명할 수 있다고 본다. 첫째는 폭발적으로 증가하는 시민사회의 요구를 정치권이 신축적으로 수용할 수 없는 한국 정당정치의 보수화이고, 둘째는 개인들이 정치문제라는 이른바 공적 영역의 문제를 진지하게 자신의 이해관계와 연결지어 고민할 만한 사회 분위기가 조성되지 않고 있다는 것이다.

첫째 문제가 아직도 정치제도의 개혁이나 정치 엘리트의 충원과 관련된 문제라면, 두 번째 문제는 더 무형적인 차원의 문화적 성격과 관련된 만큼 이 논문의 문제의식과 연계하여 좀더 상술할 필요가 있겠다. 먼저 필자는 개인들이 자신의 사생활 영역에 탐닉하여 공공성을 갖는 정치문제에서 점차 관심을 잃어가는 현상 자체가 사실은 국가권력이나 자본의 힘으로부터 연유하는 대단히 정치적인 효과라는 점을 강조하고 싶다. 사회운동의 차원에서나 학자들의 담론수준에서나 이 문제가 본격적으로 거론되고 있지 않다. 다시 말해, 사적 영역을 지배하는 개인들의 감성적 요인들이 결코 공적인 영역의 정치적 표현행위와 무관하지 않다는 사실을 깨닫는 것이 시급하다. 이와 같이 사적 영역이 공적 영역으로 전화되는 과정을 어떻게 이해하고 관리할 것인가를 두고 이제부터라도 정치학이 진지하게 고민해야 한다. 이러한 학문적 고민을 '문화 민주주의론'의 핵심과제로 삼아야 한다.

한국정치의 현장에 주목하다 보면 사적 영역이 공적 영역으로 전화되는 과정에는 언론매체를 중심으로 한 언어의 유통과정이 결정적인 역할을 하고 있음을 알 수 있다. 사적 영역이란 그 성격상 개인의 취향이나 성향과 같은 비정치적인 특징을 갖는다. 이것이 공적 영역으로 전환되는 과정에는 반드시 그것을 공식화해 낼 수 있는 통로가 필요할 것이고, 이것이 다름 아닌 언어의 개입이다. 아마도 한국정치의 대표적인 병폐로 남아 있는 지역주의 관행도 바로 언어의 유통구조와 깊숙이 맞물려 있다. 사적 영역에서 개인이 가지고 있던 다른 지역 사람에 대한 배타적 감정들이 선거 때가 되면 공적 정치영역으로 투사되는 현상이 한국의 지역주의 정치의 본질적 구도이다. 그런데 그와 같은 전화(*conversion*)의 계기에는 반드시 언론매체를 통한 언어화의 유도과정이 개입하고 있다. 언어의 유통과정을 관리하는 것이 한국의 문화민주주의를 완성하는 데 있어 가장 큰 관건이다.

4. 결론

필자는 지금까지 한국정치지형이 크게 변화하고 있다는 직관에 근거하여 그 내용을 설명하였다. 그리고 변화를 포착하기 위해서는 기존의 계급분석 모델이 수정되어야 하며 그렇게 변화된 모델을 기반으로 현 시점에서 시급한 정치적 과제가 무엇인지를 살펴보았다. 1980년대 이후로 지금까지 한국정치의 화두는 정치 민주화였으며, 지난 20년간의 투쟁을 통해서 제도적 차원에서 달성된 민주화는 그 성과를 인정할 만하다는 것이 필자의 입장이다. 그럼에도 불구하고, 오늘날 한국정치가 여러 가지 점에서 균형을 잡지 못하고 있으며 역대정부에서 끊임없이 정치적 불안과 부패가 해결되지 못하는 이유는 형식적 민주화에도 불구하고 그 내용을 이루는 실질적 민주화가 아직도 정착되지 못했기 때문이다. 물론 필자 자신도 현재로서는 실질적 민주화의 구체적 내용을 결정할 수 있는 처지에 있지 못하다.

다만 오늘날 한국정치가 법적/제도적인 범주를 넘어 정치주체의 감성적 폭발과 인간적 유대가 새로운 정치적 결집세력으로 부상하고 있다는 것은 분명하며 여기에는 계급적 이해관계라는 고전적 계급분석모델로는 정확히 설명되지 않는 독특한 사회적 기제가 작동하고 있다. 이러한 분석과정을 통틀어 정치에 대한 문화 분석이라고 명명했다. 그리고 계급분석이 생산관계를 중심으로 한 가시적인 정치혁명(예를 들어, 민중민주주의)의 프로그램을 제시할 수 있다면, 문화 분석이 제안할 수 있는 정치개혁의 프로그램을 문화 민주주의라고 말해 볼 수 있다. 그러나 구체적인 내용을 설명하는 작업이 그리 쉽지는 않다. 다만 이론적으로 보면 서구학자의 연구성과를 통해 연구방향을 점쳐 볼 수 있는데 그 가운데 하나가 바로 기든스이다.[9] 그가 강조하는 생활의 정치(기든스, 1997)라는 개념을 살펴보면, 제도나 법적인 영역으로 포착되지 않는 일상생활의 영역에서 개인적 삶의 질을 개선하는 것이 정치적으로 큰 의미가 있다는 통찰력을 발견하게 되는데 이러한 발상을 좀 더 한국적으로 응용하는 것이 바로 앞으로 필자가 실현해야 할 연구과제라고 생각한다.[10]

마지막으로 강조하고 싶은 것은 문화민주주의의 정책적 대안을 제시하는 것 못지않게 한국정치지형의 변화추세에 대한 정확한 인식이 필요하다는 것이다. 이제부터 한국정치에 필요한 것은 보편화된 민주화의 공식이 아니라, 학문적으로 보면 예외적인 현상으로 간주되는 사실들이 우리 현실에서 반복해서 등장하는 사태를 설명하는 것이다. 오늘날 한국사회는 계급이나 가족단위와 같은 과거의 공동체 기반이 서서히 무너져가는 반면, 새로운 공동체의 모습은 구체화되고 있지 않다. 또 과거 군사정권에서는 반공을 기반으로 한 정치적 주체를 국가

9 과거의 서구경험을 반추하면서 문화민주주의의 내용을 예상해 볼 수도 있을 것이다. 1848년 2월 혁명을 전후로 한 프랑스 사회의 정치변혁을 두고 의견대립을 했던 맑스와 토크빌의 이론적 태도를 비교해 보면, 오늘날 한국사회에서 필요로 하는 정치개혁의 내용을 얼마간 예상해 볼 수 있을 것이다. 맑스와 토크빌의 비교는 다음 기회로 미루기로 하자.

10 특히 필자에게 인상적이었던 사례 가운데 하나가 세계적으로 문제가 되고 있는 식량부족 문제를 해결하기 위해서는 농산물을 증산하고 후진국에 원조조치를 취하는 정책적 배려와 더불어 서구의 식사습관을 조절하여 남는 음식을 통제하는 것이 필요하다는 기든스의 지적이었는데(기든스, 1997: 7장), 이렇게 보면 그가 가리키는 생활정치의 내용이 무엇인지 짐작이 갈 만하다. 아마도 기든스를 비롯한 몇몇 정치 사회학자들이 신체적 습관을 길들이는 것에 상당한 정치적 효과가 있다는 점을 강조하는 이유도 여기에 있을 것이다. 사실 필자 자신도 이러한 일상생활에서의 습관문제를 정치의 대상으로 진지하게 고려하면서 전통사상 중에서 예론을 사회적 규범으로 확대시키는 것이 이른바 법적인 범주를 넘어서는 차원에서 정치와 인간을 연계시켜주며, 이것을 발전시키는 길이 바로 문화민주주의 한 절차라고 주장했던 적도 있다(홍성민, 2000b).

권력이 일방적으로 길들여왔던 반면, 정치적 민주화를 경험하게 되는 문민정부부터 오늘날까지 정치적 주체가 형성되는 길은 매우 다양해졌으며 그에 따라 매우 불안정한 정치행태를 보이기에 이르렀다.

본문에서 설명했듯이 일방적인 자본의 힘과 불균형한 언어의 유통구조가 개인을 편향된 정치주체로 만들어낼 우려가 있으며 그 심각성을 두고 '정치적 불안시대' 또는 '정체성의 위기시대'라고 부를 만하다. 왜냐하면 정치주체의 개인화 현상은 자칫 시민사회의 동요로 이어질 수 있기 때문이다. 이제 우리는 독재/민주주의라는 이분법적 사고를 벗어나 어떤 종류의 민주주의를 실현할 것인가라는 새로운 시대의 과제에 당면하고 있으며 이를 해결하기 위해서는 정치적 주체형성과정을 새롭게 정착시켜야 한다. 한국사회는 전통적 계급사회가 형성되기 전에 새로운 정체성의 위기와 함께 근대와 탈근대의 이중적 과제를 동시에 맞이하고 있는데 그 해결책은 결국 고전적인 개인주의 역사를 이론적으로 탐구하면서, 다른 한편으로 한국사회의 독특한 문화적 맥락에서 개인주의의 정착 가능성을 모색하는 가운데 찾을 수 있을 것이다.

제 4 부

새로운 대안을 찾아서

통치술과 한국의 정치리더십

제11장

1. 서론: 정치리더십에서 통치술로

필자는 이 논문에서 통치술(*art de gouverner*)이라는 새로운 개념을 통해서 서양정치사상에 나타난 국가운영의 기본원칙에 대하여 고찰하고자 하며, 이것을 오늘날 한국정치에 요구되는 국가경영의 철학을 정립하는 데 필요한 기초작업으로 활용하고자 한다. 즉, 이 논문이 서양의 정치사상에 대한 연구에 집중하고 있지만 그 목표는 현대 한국정치에서 바람직한 정치지도자의 모습을 정립하는 데 있다. 이와 같은 목표를 달성하기 위해서 가장 먼저 해야 할 작업은 정치리더십의 한계를 논하고, 이것을 대치할 수 있는 개념으로서 통치술이 필요한 이유를 설명하는 것이다.

우선 정치리더십이라는 주제로 다루어진 연구업적을 살펴보면 그 부류를 크게 두 가지로 나누어 볼 수 있는데, 첫째는 한국의 역대 대통령의 인물분석을 정치리더십 연구의 주된 대상으로 삼는 경우이고 (정윤재, 2001), 둘째는 조직의 효율적 관리를 달성하는 것이 정치리더십의 핵심으로 간주되는 경우인데 김석준(2002)과 함성득(1999, 2000)의 경우가 대표적이다. 그는 인물론이라는 주제 아래 한국현대정치에서 역대 대통령들의 통치스타일을 개인적 성격(*personality*)과 연결지어 연구하면서 대통령의 성장배경, 출신성분, 사회적 성격, 조직 장악능력 따위 같은 개인사적 요인들을 통해 역대정권의 정당성과 효율성을 판단하고 있다. 또 다른 한편으로는 바람직한 지도자의 원안을 논하는 자리에서 대통령이 행정부와 입법부, 사법부와의 관계에서 어떠한 조직을 어떻게 관리하고 통솔하는가를 정치리더십의 핵심으로 취급하고 있다. 이러한 경향은 정치학뿐만 아니라 심리학이나 행정학과 같은 인접학문에서 정치리더십을 다룰 때에도 비슷하게 반복된다. 심리학에서 자주 등장하는 지도자의 자질론이나 유형이론은 최고 정치지도자의 행동유형이나 특성 등에 주목하는 이론들이고(김명환, 1973), 행정학에서 강조하는 조직특성에 따른 리더의 역할체계(박우순, 2002)는 정치조직의 규율 아래서 효율성의 극대화를 추구하는 이론들이다.

이렇게 보면 지금까지 정치리더십이라는 개념 아래 바람직한 국가운영의 원칙을 찾으려는 노력은 최고 지도자들의 인물평가와 행동양식에 초점을 맞춰왔다. 여기서 필자는 적어도 세 가지 차원에서 이론적인 한계를 지적하고자 한다.

첫째, 한 개인이 지도자로서 처한 사회적 분위기나 상황조건이 무시된 채 최고지도자의 개인적 특성을 일반화할 수 없다. 예를 들어 세간에서 마키아벨리나 비스마르크와 같은 인물을 정치가들이 본받아야 할 정치리더십의 전형으로 거론하는 경우가 종종 있는데, 이 두 사람이 표면적으로는 정치적 술수에 능숙했던 동일한 권력형의 정치인이라고 볼 수 있겠지만, 그들이 처한 시대는 전혀 다른 상황에 있었다. 따라서 바람직한 국가운영의 원칙은 소수 권력엘리트에 의한 권력행사방식이라는 개인적 요인만으로는 설명될 수 없다. 우리는 한 시대를 관통하는 사회적 권력구조의 양상을 동시에 포착해야 할 필요가 있다. 이러한 관점에서 필자가 판단하건대 정치리더십이라는 개념은 권력구조의 시대적 객관성을 설명하지 못한 채 권력자의 개인적 성향에만 초점을 맞추는 오류를 범하고 있다. 물론 행정학 이론에서 상황론이나 정치학에서 조직론을 언급하고 있지만, 여기서 거론되는 상황이나 조직이란 개인이 속한 권력행사권 범위로 한정되고 있을 뿐 시대적 상황이 빚어내고 있는 물질적 토대라는 차원에서 권력의 객관적 상황을 고려하지 못하고 있다. 요약하자면, 최고권력자의 리더십 유형을 결정하는 것은 개인의 심리적 성향이나 행동특성뿐만 아니라, 최고권력자가 시대적으로 마주한 독특한 사회적 권력상황이다. 이것은 개인의 특성을 규정한다는 의미에서 **구조적 힘**이라고 표현해 볼 수 있겠다.

둘째, 정치리더십이라는 개념은 정치권력을 파악하는 데 일정한 편견을 작동시킨다. 위에서 지적한 바와 같이 기존 사회과학이론들이 바람직한 국가경영의 원칙을 찾아내기 위해서 통치지도자의 개인적 자질이라는 미시적 요인에 주목한 원인을 좀더 심층적으로 분석해 보면 정치권력을 이해하는 데 일정한 전제가 작동한다는 것을 알 수 있다. 다시 말해 한 개인의 행동양식과 통치유형이 정치권력의 방향을 결정짓는다는 전제가 있는데, 이때 권력이란 한 개인이 독점적으로 소유할 수 있는 물리적 실체라는 관념에 근거한다. 따라서 정치권력의 핵심은 국가의 지배와 시민의 복종이라는 이분법적 도식이 전제된 것이다.

그러나 권력개념에 대한 정치학의 이론화 업적들이 말해주듯이, 권력을 재산이나 소유물과 같은 물리적 실체로 바라보는 것은 행태주의적 시각에 한정된 개념정의일 뿐, 실제로 정치관계에서 작동하는 권력관계는 인간과 인간의 관계를 규정하는 사회적 계급관계, 사물의 배열상태를 규정짓는 지식의 역할, 한 개인의 정체성을 규정하는 정신분석학적 관계와 밀접한 관계가 있다(홍성민, 2000b 참조). 또한 현대 자본주의 사회에서 국가의 역할을 권력의 물리적 독점이라고 생각하는 베버적 사유체계에 도전하는 다양한 이론적 탐구가 있었다(제솝, 2000). 이를 통해서 우리는 국가의 역할을 과거처럼 과대평가할 수 없는 처지에 이르렀다. 더구나 시민사회의 역할이 강조됨에 따라 국가가 인민의 행복과 법적 권리를 관장하는 특수한 권력체라거나, 필수적인 사회경제적 기능들을 수행하는 본질적이고 특권적인 지점이 아니라는 생각이 팽배하기 시작하였다. 또한 포스트모던 계열의 정치이론에 따르면 국가란 권력이 코드화되는 특수한 방식이고, 정치적 영역과 비정치적 영역을 나누는 방식이며, 일정한 통치의 테크놀로지들이 잠정적으로 다른 것들과 관계를 맺는 특수한 방식이다(푸코, 1994). 따라서 현대정치의 작동방식을 이해하고 이에 상응하는 권력개념에 대한 확대된 이론적 시야를 확보해야만 한다.

셋째, 유럽정치사의 발전과정을 역사적으로 고찰해 보면 정치리더십이라는 개념이 정치영역의 한 부분만을 강조하고 있는 편협한 개념이라는 것을 알 수 있다. 근대국가의 성장과정에서 정치란 권력기구의 정당성과 효율적인 관리의 문제와 직결되었기 때문에 '통치'(*régner*)와 '권력을 통한 지배'(*dominer*)가 거의 동일한 개념으로 사용되었고, 현대 민주주의 관행에서도 국가경영의 철학이 마치 소수 권력엘리트들의 지배원칙인 것처럼 축소되는 것이 일반적이었다. 그런데 서양정치사상사를 연구하다 보면, 통치와 지배는 전혀 다른 뉘앙스를 갖는 단어라는 사실을 발견하게 된다. '통치'라는 말은 중세의 신학적 배경을 근거로 신이 각각의 신도들을 보살피고 인도한다는 의미가 강하게 남아있는 정치용어이다. 즉, 개인들의 영혼을 보호하고, 신도들의 행동을 바른 곳으로 이끌며, 교정한다는 의미를 갖는 의미이다. 이에 반해 '지배'라는 말은 근대국가 형성과정에서 권력구조가 제도화되는 절차에 관련된 단어이다. 여기에는 신학적 권위를 통해 자의적 권력행사를 원했던 군주권에 저항하는 의미가 내포되어 있다. 즉 권력행사의 법적 근거와 제도적 안착을 주장하는 계몽주의자들의 이론적 도전의식이 담겨 있는 것이다. 지배라는 개념이 담고 있는 시대적 과제는 권력의 정당성과 효율성을 해결하는 것이었으며, 여기에서 최우선의 목표는 지배와 복종의 관계를 안정적으로 수립하는 것이다(Senellart, 1989).

이렇게 보면 통치의 개념이 개인의 인성과 영혼을 관리하려는 도덕적 지도술의 원리였다고 한다면, 지배라는 개념은 권력행사의 법적 근거를 주창하는 이른바 주권적 권력의 전형이라고 할 만하다. 이러한 필자의 생각은 물론 대단히 위험스러운 부분도 있다. 대체로 중세를 거쳐 근대국가로 진행하는 서유럽의 정치사를 해석하는 일반적 패러다임은 이른바 마키아벨리적 국가이성개념이 한 정치적 전환기에 가장 중요한 통치의 이념으로 자리 잡았다고 보고 있기 때문이다(곽차섭, 1996).

물론 필자도 근대국가의 형성과정에서 중세의 종교적 윤리관념을 대치한 국가이성개념이 중요한 역할을 했다는 사실을 부정하지는 않고 있다. 다만 이러한 마키아벨리즘에 의해서 통치의 기술이 전적으로 중세와 단절되었다고 해석하는 것은 무리가 따른다. 필자는 근대국가 시기의 통치술을 구성하는 요인에는 마키아벨리적 국가이성의 논리와 함께 중세적인 윤리적 성향이 미미하지만 남아 있었다고 생각한다.

결론적으로 필자는 통치술이라는 개념을 활용함으로써 국가이성, 혹은 사회계약론과 같은 개념으로 근대정치의 흐름을 이해하려는 기존 패러다임의 한계를 넘어서 보고자 한다. 지배라는 단어는 국가이성론 혹은 사회계약론을 대변하는 개념으로서 국가운영의 정당성과 효율성을 강조했다면, 통치술은 이것과 함께 정치적 주체의 양산을 동시에 고려하는(그래서 윤리성마저 포섭하는 국가운영의 지침이라고 할 수 있는) 용어라고 주장한다. 물론 지배의 개념에는 효율성을 강조하는 경우 마키아벨리적 유형, 조직의 정당성을 강조하는 홉스유형, 피지배자들의 이해관계를 보호해야 한다고 강조하는 로크유형과 같은 다양한 형태가 존재한다.

따라서 통시적 관점에서 살펴본다면 바람직한 국가경영의 원리는 이러한 두 원리가 통합되는 곳에서 찾아져야만 한다. 그런데 오늘날 한국의 민주정치체제는 서양의 근대국가체제의 성립 이후 자유민주주의(*liberal-democracy*)에 이념적 기반을 두고 있음이 분명한데, 역사적으로 보면 서양의 자유주의란 바로 신학적 통치의 개념에 반기를 들고 시작된 계몽주의 철학의 정치적 표현이다. 이때부터 서양정치에서 국가경영의 원칙을 고려할 때 통치의 가능성에 대해서는 상대적으로 소홀하게 되고, 지배라는 관점에서 정치운영의 기술을 생각하게 된다. 필자는 이러한 맥락에서 한국정치현실에서 자주 거론되는 정치리더십이 근대정치 이후 등장한 지배개념에 포함된다고 간주한다. 그렇다면 정치사상적 입장에서 정치리더십은 정치의 일면만을 강조하는 불충분한 개념이라는 사실이 분명해진다. 그러므로 형식논리의 차원에서 판단하건대, 현대적 의미에서 바람직한 국가경영의 원리를 찾기 위해서는 신학적 의미의 통치와 법적 성향이 강한 지배의 양자를 종합할 수 있는 새로운 개념이 필요한 것은 당연하며, 필자는 이것을 두고 **통치술**이라 부르고자 한다.[1]

1 이 논문의 본문에서 필자가 루소의 시민종교론을 거론한 맥락이 바로 이것이다. 즉, 겉으로 보기에는 국내정치의 통치술이 대단히 과격한 비윤리성에 기반을 둔 것으로 보이지만 근대국가에서 시민들의 충성심을 담보한다는 의미에서 국가가 개인들에게 일정한 윤리성을 요구했다는 의미로 해석해 볼 여지가 있다는 것이다. 그래서 필자는 '국가이성'이라는 용어보다는 '통치술'이라는 단어가 근대정치의 특성을 설명하는 데 보다 포괄적이라고 생각한다. 사실 프랑스의 지적 전통에서 루소 이래, 토크빌이나 현대 푸코의 사상을 관통하는 생각 중에 하나가 인민들을 지배하는 감성적 분위기를 어떻게 정치 안으로 포섭할 수 있을까하는 문제이다. 이것이 바로 중세와 차별성을 갖는 근대적 의미에서의 감성의 정치학, 혹은 윤리성의 정치학이라고 불러볼 만하다. 이것은 또한 정치적 주체를 국가통치술에 의해서 양성했다는 의미이기도 하다.

2. 국가운영의 두 모델: 목자-양떼의 모델과 시민-국가의 모델

문명사적 관점에서 서양정치의 흐름을 길게 두고 보면 서로 다른 두 특징으로 구분된다. 하나는 헬레니즘의 전통이고 다른 하나는 헤브라이즘의 전통이다. 헬레니즘의 전통에서 정치란 공동체의 조직구성과 밀접하게 연결되어 이해되며 정치에 참여할 수 있는 자격과 권력의 행사방식에 필요한 법적 정당성 따위가 중요하게 다루어진다. 이것이 정치엘리트들의 교양(*paideia: educational practice*)이나 통치의 기본(*energesia: Aristocratic civicism*) 등을 강조하는 문화이다(Dean, 1999: 2장). 이때 정치적 권위가 근거하는 기반은 정치지도자들에게 요구되는 행위패턴이나 정치지도자들의 도덕성에 깊숙이 연결되고 있다. 아리스토텔레스가 《정치학》에서 바람직한 정치체계를 연구하면서 군주정, 독재정, 민주정 따위로 체제를 구분하는 것은 정치학의 일반상식인데, 이러한 분류가 가능할 수 있는 것은 정치행위에 일정한 패턴이 있다고 생각하는 헬레니즘 문화의 지적 특성 때문이다. 한편, 헤브라이즘의 전통에서 정치란 공동체의 구성원을 보호하고 교육하는 기능으로 이해된다. 개인의 일상적 삶을 관리하는 문제가 정치의 핵심이다. 아리스토텔레스적 전통에서 정치가 통치자와 피통치자로 구분된다면 헤브라이즘의 전통에서 정치는 가진 자와 못 가진 자 사이의 연대관계로 이해된다. 우리는 이러한 사상의 원류를 토마스 아퀴나스에서 찾아볼 수 있다.

요약하자면, 헬레니즘의 전통은 정치를 권력구조와 법적 차원에서 이해한다는 점에서 시민-국가모델이라고 한다면, 헤브라이즘의 전통에서 국가운영은 무형의 영혼을 관리하는 문제에 관심을 둔다는 점에 착안하여 목자-양떼의 모델이라고 불러 볼 수 있을 것이다. 서양정치사상의 흐름에서 시민국가의 모델은 그리스-로마시대를 풍미했고, 목자-양떼의 모델이 중세시대를 주도했다. 그런데 근대국가의 형성시기에 접어들면서 이 두 가지 모델이 혼재하게 되었다고 보는 것이 필자의 입장이다. 현대정치를 이러한 근대정치의 파생물이라고 간주한다면 근대정치의 성립에 관여하는 두 모델의 특징적 요소들을 점검하는 것이 한국정치에서 필요한 국가운영의 원리를 검토하는 데 중요한 작업이 될 것이다.

우선 근대정치에서 헬레니즘적 요소와 헤브라이즘적 요소가 어떻게 편재되어 있는지를 알기 위해서 간략하게 홉스[2]와 루소의 사상을 비교해 보자. 홉스의 《리바이어던》은 근대정치에서 국가운영의 새로운 지침을 마련한 선구적인 저작이다. 이 책은 4부로 구성되어 있으나, 이 논문과 관련해서 보면 2부의 국가론이 주목을 끈다. 1장(국가의 원인, 발생 및 정의)부터 14장(대표적 주권자의 직무)까지는 오늘날 정치학의 분과로 생각해 보면 법제도론이나 정부구성론에 해당한다. 국가의 발생에 있어서 동의가 원초적인 출발점이지만, 홉스가 끊임없이 강조하는 것은 국가가 실질적 권력행사의 능력을 갖추고 있어서 개인들의 안

2 대체로 중세적 정치지도 원리가 붕괴되고 근대정치의 리더십 유형이 등장한 사례를 마키아벨리에서 찾는 것이 보통이나, 군주에게 필요한 새로운 정치윤리를 강조했던 그가 과연 국가라는 권력기구와 정치조직에 대한 구체적인 구상을 준비하고 있었는지를 의심하지 않을 수 없다. 마키아벨리보다는 홉스가 근대정치사상사에서 헬레니즘적 전통을 계승하면서 새로운 지평의 국가운영의 원리를 밝힌 선구자라고 생각한다. 마키아벨리가 상정했던 군주란 신분적으로 보면 중세적 성격에서 벗어났다고 보기는 어려우며, 다만 신학적 윤리관을 거부한 채 군주 개인의 사적 이해를 통치원리의 기본으로 생각하는 것에 반해, 홉스의 사상을 면밀히 검토해 보면 군주권의 성립배경과 권력 행사방식 그리고 정치정당성의 기원을 중세와는 전혀 다른 배경에서 찾고 있다는 점에서 근대정치사상에서 정치리더십의 새로운 기초를 세운 사람이라고 평가할 만하다.

전을 보호할 수 있어야 한다는 점이고, 그의 사상에서 이러한 능력은 바로 정치의 법률적 정비와 동의어이다. 그리고 이러한 정치조직은 마치 인간의 육체와 같이 일정한 유기성을 갖는다. 이때 효율적인 조직관리의 체제를 구축하는 것이 국가운영의 가장 중요한 관건이 된다. 또한 홉스는 조직을 이끌어가는 주권의 공적 대행자가 준수해야 할 행위지침을 상세하게 언급하는데(2부 7장), 이것은 오늘날 공무원 시행수칙에 해당한다고 볼 수 있다. 특히 흥미로운 사실은 최고 통치권자의 의무가 인민의 안전과 생활상의 만족을 확보하는 데 있다고 규정함으로써 정치운영에서 실용적 관점을 견지하고 있다는 점이다(2부 14장). 이렇게 보면 홉스의 《리바이어던》은 바로 현대정치가 정치리더십의 개념을 사용할 때 암묵적으로 전제하는 조직론과 자질론 등을 가장 먼저 거론한 책이라고 간주할 수 있다.

그런데 국가운영의 원리를 이처럼 통치자의 자질이나 조직의 운영방식과 관련하여 논의하게 된 홉스사상의 근간에는 당시 영국사회를 주도하게 될 시장사회질서와 개인의 합리성에 대한 철저한 믿음이 전제되고 있다. 즉, 홉스는 완전히 시장적 논리에 의해서 행동하지 않는 사람들에게 새로운 사회질서를 위해서 사상과 행동을 바꾸어야만 한다고 경고한 바 있다. 그가 말하는 국가운영의 철학과 도덕 그리고 정치적 의무라는 것도 시장사회의 필요성과 강제성으로부터 유래하는 것이다. 그러나 홉스의 인간관에 반대하여 인간을 감성적인 존재라고 인식하는 프랑스의 계몽주의자들은 소유적 시장주의 논리를 펴는 홉스의 정치이론을 부당한 것으로 비판한다(맥퍼슨, 1991: 150). 다시 말해 개인에 대한 정치적 가정과 사회적 시장질서에 대한 가치판단의 문제가 달라짐에 따라 국가운영의 방향은 완전히 달라지는 것이다.

이러한 맥락에서 홉스와는 전혀 다른 차원에서 인간과 사회를 이해하고 있는 루소의 사상을 살펴보는 것이 필요하다. 더구나 필자의 눈에는 루소를 통해 근대정치사상 속에 남아 있는 헤브라이즘의 특성을 살펴볼 수 있다는 점에서 홉스와 비교할 만하다.

루소의 《사회계약론》은 크게 보아 1부에서 3부까지의 구성과 내용이 《리바이어던》과 매우 흡사하다. 사회계약의 필요성과 기본원리를 설명하고 주권의 개념과 정부형태에 대하여 논하는 3부까지의 내용은 전형적인 아리스토텔레스식 정치학의 범례를 따르고 있다. 다만 한 가지 필자가 강조하고자 하는 대목은 4부의 마지막 장인 "시민종교에 관하여"라는 부분이다. 《사회계약론》 전체가 새로운 정치체계가 달성해야 할 정치적 합리성에 대하여 논하고 있다고 한다면 4부의 마지막 장은 그 제목부터 대단히 이례적이다. 루소를 넓은 의미에서 계몽주의 계열에 속하는 사상가라고 할 때 그에게 종교란 분명 비합리적인 과거의 유산으로서 철폐되어야 할 대상임에도 불구하고 루소가 그의 책 마지막에서 시민종교에 대하여 논의하는 이유는 과연 무엇일까?

우선 설명되어야 할 부분은 정치권리의 주체로서 시민(*citoyen*)과 물리적 실체로서 자연인(*homme*)을 구분하는 것이 루소에게는 불가능하다는 점이다. 어쩌면 이것이 루소사상의 이중성을 대변하는 것일 수도 있다. 홉스에게 합리적 정치체 안으로 진입하는 사회계약의 모티브는 자신의 이해관계를 계산할 수 있는 개인의 도구적 이성에 있다. 따라서 정치적 주체로서 인간은 철저한 개인주의의 전형으로 가정된다. 그런데 루소에게서는 합리적 정치체의 구성이 이와 같은 계산적 이성뿐만 아니라 타인에 대한 연민(*pitié*)으로부터 비롯된다. 《인간불평등 기원론》에서 잘 설명되듯이, 루소는 사회구성의 시작뿐만 아니라 사회질서의 유지를 위해서 궁극적으로 필요한 것은 이성보다는 인간의 본원적 감정이라고 생각한다. 바로 이러한 맥락에서 《사회계약론》의 마지막에 등장하는 시민종교의 의미를 비로소 이해할 수 있다.

루소는 세속적 군주와 교권사이의 권력투쟁이 유럽정치사에서 일어났던 전쟁의 주된 이유라고 설명한 바 있고, 이에 대한 해결책을 제시한 사람이 바로 홉스라고 평가한다(루소, 1999: 170). 그러나 곧바로 홉스가 이룩한 정치적 통합은 종교적 기능을 배제한 채 불안전하게 남아 있다는 점을 공격함으로써 그리스도교와 정치가 어떻게 조화될 수 있는가를 정치적 과제로 거론하고 있다. 홉스가 당시 가톨릭 사제들의 전횡을 막기 위해 국가권력이라는 독점적 권력에 의존했다면, 루소가 고민한 것은 정치 안으로(법적 권리 안으로) 어떻게 종교적 감성이 결합될 수 있는가라는 문제였다. 그가 정치영역에 종교적 감성이 필요하다고 생각한 것은 사회가 평화롭고 안정된 질서를 유지하기 위해서는 정치제도나 법률관계를 정비하는 차원을 포함하여, 인간의 감성적 차원을 조정하고 관리할 수 있어야 한다고 생각했기 때문이다.

다시 말해 루소가 가정한 인간은 철저한 합리성을 갖춘 시민(*citoyen*)과 극단적 감성에 매몰된 자연적 인간(*homme*) 사이에 존재하는 "시민적-인간"이라고 보아야 한다. 이러한 맥락에서 보면 사회계약의 합리성과 종교적 감성의 조화(Goyard-Fabre, 2001: 130)가 바로 바람직한 국가운영의 원리가 지향해야 목표인 셈이다.

이러한 맥락에서 그가 말하는 종교란 당시 사회적 관계를 지배했던 가톨릭 자체를 지칭하기보다는 인간의 윤리성을 고무시킬 수 있는 문화적 요인이라고 할 수 있겠다. 루소는 종교를 인간의 종교(*religion de homme*)와 시민의 종교(*religion de citoyen*)로 구분하고 있는데(루소, 1999: 171), 필자의 관심을 끄는 것은 바로 후자이다.

> 사회계약이 주권자에게 주는 국민들에 대한 권리는 이미 말한 바와 같이 공적 유용성의 한계를 넘지 않는다. 따라서 국민들의 의견이 공동체에 관련되는 범위 내에서만 주권자가 책임을 진다. 그런데 국가로서는 각 시민이 그의 의무를 사랑하게 하는 종교를 갖는 것이 중요하다. 그러나 이 종교의 교리는 오직 윤리와 관련되는 범위 안에서, 그리고 이 종교를 믿는 자가 타인에 대해 지키지 않으면 안 될 의무와 관련되는 범위 안에서 국가 및 그 구성원들과의 관계를 맺는다. 따라서 순수하게 시민적인 신앙고백이 있는데, 그 신조를 정하

> 는 것은 주권자가 할 일이되 종교의 교리로서가 아니라 사회적 의식으로서 이다. 이 의식 없이는 선량한 시민도 충실한 국민도 될 수 없다(루소, 1999: 175~176).

시민종교에 대한 루소의 생각을 현대적 감각에서 해석해 보면 다음과 같은 정치적 교훈을 도출해 볼 수 있다. 국가를 운영함에 있어 법률적 정당성과 조직의 효율성을 확보하는 것만으로는 개인들의 자발적 복종을 끌어내기 충분하지 않다. 위에서 잠시 언급했던 바와 같이 개인의 행동을 관리하고 욕망을 규제하며, 일상생활을 규율하는 통치기술이 바로 헤브라이즘적 정치원리라고 한다면, 우리는 오늘날 한국정치의 현실에서 바람직한 지도자상이나 통치원리를 논의하면서 이러한 생활세계에 관심을 갖는 정치원리를 찾는 것이 중요하다. 개인 생활의 가치관과 행동양식이라는 것도 궁극적으로는 사회구성체의 질서와 가치판단에서 유래하기 때문이다. 결국 한국정치에 필요한 국가운영의 원리를 찾아내기 위해서는 한국사회가 처한 사회적 형태와 정치지형을 반드시 인식해야 하며, 그에 상응하는 개인의 정체성 형성과정을 동시에 포착해야만 한다. 이러한 맥락에서 홉스와 루소의 사상은 현대정치의 국가 통치원리를 고구(考究)하는 자리에서 일정한 원형(*ideal type*)을 제공한다.

3. 포스트모던의 정치운영: 푸코의 통치술

그런데 근대정치를 구성하는 요인을 헬레니즘 전통과 헤브라이즘 전통이라는 문화적 교차지점으로 해석하는 것은 통치기술의 구체적 내용을 밝혀내는 작업을 필요로 한다. 강단의 정치이론은 근대정치사상의 대표적인 정치적 이념으로 자유주의(*liberalism*), 민주주의(*democracy*), 사회주의(*socialism*), 공산주의(*communism*) 따위를 꼽는다. 국가운영의 기본원리를 탐구하는 이 논문의 문제의식에서 보면, 과연 이러한 근대정치이념들이 갖는 차별성이 무엇인가라는 본질적인 의문을 갖지 않을 수 없다. 이 점에 대한 필자의 의견을 미리 제시하자면 다음과 같다.

근대 정치이념들을 통치술의 원리차원에서 구분해 본다면 조직의 효율성이나 정당성을 강조하는 한 축과 개인의 자율성을 인정하는 또 다른 축으로 크게 나누어 볼 수 있으며(이것이 홉스와 루소로 대변되는 사회계약론의 정치철학적 배경이다), 그 둘 사이에 역사적 경험으로 자리잡은 시민사회(*civil society*)가 존재한다.[3]

---

3 퍼거슨(Furgerson)과 같이 시민사회의 성립에 이론적 기여를 했던 대표적 사상사가 없었던 것은 아니지만, 적어도 서양 근대정치사에서 시민사회의 기능에 대하여 인식하게 된 계기는 역사적 경험과 밀접하게 연결된다. 예를 들어 1848년 2월 혁명으로부터 1871년 파리 꼬뮨에 이르는 기간 동안 서유럽 정치사에서 전개된 노동자들의 사회운동은 점차 부르주아 정치로 하여금 기존의 사회계약적 발상과는 또 다른 차원에서 새로운 정치영역을 인정하지 않을 수 없게 만들었다. 또 노동자들의 계급의식 또한 자신들이 자생적 정치주체라는 자각을 갖도록 만든 계기가 되었다. 전통적 정치사상의 맥락에서 '시민사회'란 개념은 정치와 구분되는 경제의 영역을 지칭하는 의미로 쓰이지만, 필자가 여기서 제시하는 시민사회란 조직의 축과 자율성의 중간입장에 서 있게 되는 역사적 경험의 공간을 지

이때 위에서 열거한 네 가지 근대정치사상의 대표적 이념들은 조직론을 강조하는 공산주의와 개인의 자율성에 우위를 두는 자유주의로 나뉠 수 있으며, 사회주의와 민주주의의 경우는 정부구성의 대표성을 시민사회에서 찾으려는 정치조직의 형태라고 할 수 있다. 이렇게 보면 우리 정치세계에서 당연한 것으로 받아들여지는 자유주의-민주주의라는 이념적 짝은 또 다른 결합방식을 통해서 표현될 수도 있다. 예를 들어 자유주의적 사회주의나 공산주의적 민주주의라는 조작적 용어가 바로 그것이다. 따라서 이제 우리는 이념형으로 바람직한 정치체제를 구상하고 그에 상응하는 국가운영의 논리를 추정하기 위해서 정치구조를 가로지르는 이른바 근대적 사고방식의 골격을 이해해야만 한다.

사실 공산주의를 두고 계획경제를 강조하는 중앙집중성(*centralite*)의 통치술이라고 간주하고, 자유주의를 이에 대비하여 개인들의 경제주체능력을 신뢰하는 통치술이라고 대비해 볼 수 있다. 이때 중요한 사실은 중앙집중성과 자율성의 논리가 완전히 배제된 정치체제는 지금까지 한 번도 존재하지 않았다는 점이다. 따라서 공산주의와 자유주의를 전혀 다른 정치체제라고 생각하는 것은 정치적 프로파간다에 불과할 뿐이며, 실제로는 모든 정치체제가 공산주의와 자유주의의 이중적 골격구조 안에 자리잡고 있다고 보아야 한다.

그러므로 근대정치체제를 구성하는 사상적 담론을 메타이론적으로 이해할 필요가 있다. 다시 말해 정치체제의 특성을 설명하는 이론 뒤에 담긴 사고의 일반유형을 밝혀내야 한다는 의미이다.[4] 근대정치체제

칭한다. 즉 사회적 연대를 이끌어 낼 수 있는 자본주의 사회의 특징적 공간이 바로 시민사회이다.

4 철학에서는 미셸 푸코의 《말과 사물》(푸코, 1987)이 이러한 작업의 대표적인 예가 될 것이며, 맑스의 철학체계를 메타이론적 차원에서 연구한 대표적 사례는 J. Bidet(1990)가 있다.

가 형성된 이래 지금까지 모든 정치조직은 중앙집권화된 정부와 자발적 참여의사를 가진 개인들, 그리고 이 둘 사이를 매개하는 이른바 시민사회의 3가지 요인의 조합으로 구성되었다. 다시 말해 근대정치의 기본골격은 중앙집중성(*centricite*), 상호개인성(*interindividualité*), 사회성(*associativité*)(Bidet, 1990: 2장)의 3중구조로 이해될 수 있는데, 이렇게 보면 결국 아담 스미스의 《국부론》이나 맑스의 《자본론》이 모두 동일한 근대성의 사고과정에서 출현한 저작이라고 할 수 있다.

이러한 메타이론적 관점에서 분석하자면 지금까지 강단정치학에서 언급하는 국가통치원리나 정치리더십의 개념은 정치를 법률적 틀 속에 한정하고 있는데 그 특징은 다음과 같다. 첫째, 권력을 단일한 절대군주적 정치세력들이 소유(*possession*)하는 것으로 간주하며, 둘째, 정치분석의 핵심문제들은 지배세력의 정체성이나 지배의 정당성에 초점이 맞추어 지고, 셋째, 사회적 삶의 특정한 영역을 지배하는 정치적 영역이 존재한다고 가정하며, 넷째, 국가를 동질적인 전체로서 인식하고, 다섯째, 국가의 행동양식은 통치주체에 의해 다른 주체들에게 행사되는 것처럼 행정기구 등(공무원, 경찰, 재무부 따위)의 지배양식이라고 생각한다. 그러나 현실정치에서 작동하는 권력의 모습은 물리적 실체로서 소유할 수 있는 성격이라기보다는 개별행위주체들의 욕망과 가치를 조정하는 역할을 하며, 또 권력의 기반이 국가조직이라는 법률적 제도 안으로 수렴된다기보다는 일상생활을 광범위하게 관통하는 무형의 성질을 갖는다고 보는 것이 옳다.

그런데 근대정치를 메타이론적으로 이해하게 되면 국가운영의 논리를 탐구하는 작업이 인식론적으로 한 단계 고양될 수 있다. 이제 우리가 갖는 정치에 대한 안목은 예컨대 공산주의와 자유민주주의의 사이의 장단점을 비교하고 어느 한 쪽을 선택하는 수준을 넘어서야 한다. 결국 국가운영의 철학은 바로 근대성의 정치구조에 담겨 있는 특징들을 찾아내고 그것이 현대정치에서는 어떻게 변형되고 있는가를 찾아내는 과정이다. 물론 한국정치에서 필요한 통치술은 메타이론적 수준에서 정치개혁의 방향을 논의함으로써 자연스럽게 찾아질 것이다.

이러한 맥락에서 미셸 푸코의 통치술에 대한 논의는 필자의 주목을 끌기에 충분했다. 그에 따라 서양의 정치사에 등장했던 통치술의 특징적인 흐름을 메타이론적으로 검토해 보면 그리스-로마시대의 통치술, 중세의 기독교적 통치술, 근세기 초기 국가이성의 통치술, 그리고 18세기를 전후하여 등장하는 자유주의적 통치술의 시기로 구분해 볼 수 있다. 이렇게 보면 현대정치는 바로 18세기에 태동하기 시작한 자유주의적 통치술의 기예를 검토함으로써 오늘날 현대정치가 새롭게 필요로 하는 정치운영의 요인들을 찾아 볼 수 있을 것이다.

18세기 자유주의 정치원리는 세 가지 특징적인 통치기예(*art de gouverner*)를 갖는다. 첫째는 사회계약론으로부터 유래하는 법률적-행정적 제도의 정비를 들 수 있다. 이것은 주로 근대국가의 영토성을 확립하는 문제와 밀접한 관계가 있고, 주권적 권력개념이 여기에 해당한다. 당시 정치의 일차적 목적은 자신의 국가를 유지하는 것인 만큼, 이 전통은 마키아벨리적 근대국가이성의 개념과 그 맥을 같이 한다.

둘째는 경제적 영역을 다스리는 통치기예로서, 모두의 공공복지를 위한 현명한 통치를 실행하는 문제와 관련된다. 예컨대 국가 내의 주민들, 재산, 개개인과 인구전체의 행동에 대한 통치가 중요한 임무인데, 18세기에 통용되었던 경찰국가(*polizeistaat*)의 성격이 여기에 해당한다. 여기서는 법률을 제정하고 사람에게 부과하는 문제가 아니라 사물을 배열하고 효과적으로 관리하는 일이 중요한 과제이다. 이를 위해서 개인을 교육하고 통제하여 순화된 육체를 만들어 내는 것에 초점을 맞춘다. 18세기 이후에 광범위하게 확산된 학교, 의료시설, 군대조직들이 훈육적 통치기예를 실천했던 권력장치들이다.

셋째는 안전(*security*)의 통치기예인데, 이것은 개인의 영혼을 관리하는 것이 목표이다. 훈육적 통치술이 개별자들을 목표로 했다면, 여기서 사용된 통치기예는 전체인구를 관리하는 문제와 밀접한 관련을 갖는다. 즉, 경제가 가족의 모델을 출발점으로 했다면, 전체인구의 관리에 대한 통치술도 역시 가족의 모델을 국가차원으로 확산시킨 것이다. 예를 들어 출생률이나 사망률에 대한 관리, 결혼에 대한 국가적 통제, 질병에 대한 예방접종이나 캠페인과 같은 문제 등이 인구를 통한 국가통치기예의 효과가 나타난 계기들이다. 이 시기를 전후하여 인구를 통치한다는 것이 통치의 중대한 목표가 되는데, 그 이유는 국가권력의 실질적인 효과를 유지하기 위해서는 개인에 대한 이해관계나 사회적 무의식을 관리하는 것이 중요한고, 인구를 관리하는 기술은 바로 이러한 문제와 은밀하게 연결되어 있기 때문이다. 18세기 후반부터 유럽자유주의의 핵심은 바로 인구관리 기술에 초점을 맞추게 되는데, 이것이 바로 복지국가의 기원이다. 결국 현대정치는 바로 이러한 세 가지 축으로 이루어진 근대적 자유주의 통치기예를 정치적 유산으로 물려받고 있다.

그런데 여기서 자유주의 통치기예와 관련하여 몇 가지 특징적인 사실들을 언급할 필요가 있다. 첫째는 인구의 통치와 관련하여 18세기 후반부터 지식의 역할이 강조되기 시작했다는 것이다. 넓은 의미에서 인구와 관련된 모든 지식은 국가 행정기구의 통계자료를 통해 표현되기 시작했으며, 이때부터 통치-지식의 중요성이 인식되기 시작한다. 대체로 서유럽에 노동통계청이 설치되고, 매년 경제적 지표와 관련된 인구동향이 조사, 관리되기 시작한 것이 이 무렵이다. 둘째는 자유주의 통치술이 근대정치의 주체들을 생산해 내는 역할을 했다는 사실이다. 강단정치학에서는 자유주의 정치학이 개인을 자율적 행위주체로 인식하고 그들이 자발적으로 사회문제에 참여했다고 해석하는 것이 보통이다. 그러나 메타이론적 차원에서 근대정치학의 담론을 해체한다면, 이러한 전제가 반드시 타당한지 의심스럽다. '정치주체들의 자율성', '자본주의 국가의 계급'들과 같은 개념들이 과연 역사적 실체로 존재한 것이지, 아니면 학술담론들이 만들어 낸 일종의 허구인지를 판단하기란 그리 간단한 문제가 아니다. 푸코의 계보학적 입장에 찬성하는 학자들은 정치주체들이 학문적 대상으로 성립할 수 있었던 것 자체가 당시에 유행했던 학술담론의 효과라고 본다. 예를 들면 정상인-비정상인의 구분이라는 것이 의학, 범죄학, 골상학, 인구학과 같은 당시의 주도적 패러다임에 의해서 결정되었던 것처럼, 맑시즘이나 우파의 정치이론들도 계급이나 자율적인 개인이라는 개념들을 허구적으로 만들어 내어 그 시대의 주도적인 정치패러다임을 만들어 냈다고 보는 것이다.

이렇게 보면 한 시대의 정치 패러다임을 만들어 가고, 그에 상응하는 통치술의 원리를 파악하는 과정에서 지식의 역할이 대단히 중요하다는 것을 실감할 수 있다. 일정한 통치체제가 성립하고 쇠락하는 과정자체가 개인과 국가 혹은 시민사회를 관통하는 지식 패러다임의 변화와 밀접한 연관성을 갖는다. 오늘날 한국정치가 과거의 잘못된 유산을 청산하고 끊임없이 자기개혁을 위해 노력하고 있는데, 이러한 사상적 연구는 우리들에게 한국정치의 개혁을 위해서는 지금까지 한국정치를 주도했던 지식의 패러다임을 바꾸라고 가르치고 있는 것이다.

4. 한국 현대정치에서 통치술의 교훈

지금까지 필자는 한국 현대정치의 기본골격이 서유럽의 정치적 맥락에서 탄생한 자유주의 정치체제로부터 유래한다는 전제로부터 논리를 전개했고, 자유주의 정치철학에 기반을 둔 국가운영의 세 가지 특징을 살펴보았다. 우리는 이로부터 18세기의 자유주의 고전적 모델과 한국정치가 어떠한 차별성을 가지며, 그에 따라 우리에게 필요한 국가운영의 원칙이 무엇인가를 찾아 낼 수 있을 것이다. 결론적으로 말하자면 우리는 국가운영의 기본원리로서 18세기적 통치술을 현대적 감각에 맞게 재조정해야만 하는데, 그 이유는 현실정치가 작동하는 근거가 과거와는 크게 달라졌기 때문이다. 예를 들어 과거 18세기 자유주의 정치는 국가의 영토성, 개인의 자율성, 시민사회의 역동성을 근거로 하고 있으며, 여기에 상응하는 통치술의 기본골격은 주권적 권력의 완성, 훈육적 통치기예의 확충, 생체적 정치기구들의 확보였다. 따라서 오늘날 이러한 기본적 정치구조가 변화하고 있다면, 변화의 요인들을 정확히 인식하는 것이 바람직한 통치술을 정비하는 데 있어 기초작업이 될 것이다. 그런데 현대정치의 변화는 한국사회에만 국한되는 것이 아니므로, 현대 유럽정치를 새로운 시각으로 진단하고 있는 몇몇 선구적 학자들의 이론적 틀을 검토하는 과정에서, 우리 정치현실이 해결해야 할 과제들을 자연스럽게 찾아낼 수 있을 것이다.[5]

5 특히, 기든스의 분석은 현대 서유럽 정치가 당면한 딜레마를 명료하게 보여주고 있다는 점에서 이 논문에서 중요한 토론의 전거로 활용할 수 있을 것이다. 기든스는 서유럽에서 좌파와 우파의 정치구분이 더 이상 실효가 없다는 논리에 근거를 제시하기 위해서 현대정치의 특성들을 다섯 가지로 요약하고 있는데(기든스, 2001b, 2008), 필자는 이것들을 근대정치의 통치술과 관련하여 세 가지 수준에서 정리하고자 하며, 이를

1) 주권적 통치술의 변화

주권적 권력을 관리하던 근대적 통치술의 범위와 성격이 오늘날 크게 변화하고 있다. 여기서는 이른바 세계화의 문제가 논의의 핵심으로 등장한다. 현대정치의 가장 특징은 세계화로 말미암아 민족국가단위를 기반으로 하는 근대정치의 영토적 특징이 사라졌다는 점이다. 세계화는 지금까지 주로 경제적 차원에서 논의되었으나, 기든스는 그 외연을 더욱 확장하여 우리의 생활세계를 지배하던 시간과 공간의 범위가 달라지고 있다는 사실을 강조한 바 있다. 여기에는 정보통신 기술의 발달에 따른 생활권 축소가 중요하다. 그렇지만 세계화의 문제를 두고 서유럽과 달리 한국정치는 몇 가지 주의해야 할 점이 있다.

첫째, 필자가 느끼기에 기든스 논리의 이면에는 세계화란 정치적으로나 경제적으로나 피해갈 수 없는 숙명적 단계인 것처럼 생각하는 전제가 있는데, 한국적 상황에서는 세계화 현상을 받아들이는 자세가 서구와는 분명히 다를 수밖에 없다. 우선 중요한 사실은 서구 선진국가들 사이에서 세계화란 새로운 국면으로 접어들고 있는 후기 자본주의 체제의 적응과정이며, 자본축적의 논리에 따른 생산의 재편과정이다. 그런데 이러한 과정이 과연 한국경제에 어떠한 영향을 줄지에 대하여 심각하게 고려해 보지 않을 수 없다. 김대중, 노무현 정부에서도 환란위기를 극복하고 경쟁력 있는 국가경제체제를 만든다는 구호 아래 적극적으로 외자유치를 진행시키며, 은행들의 통합과정을 강제적으로 추진했다. 그러나 이러한 경제적 문호개방이 자칫 초국적 투기세력의 막강한 자본력 앞에 한국경제가 지나치게 노출될 가능성이 있다는 점을 경계해야 한다. 더구나 한국의 경우 세계화는 곧 미국화

기반으로 한국정치가 준비해야 할 새로운 통치술(혹은 새로운 국가운영의 원리)의 과제와 목표를 점검해 보고자 한다.

를 의미하는 상황으로 치닫고 있어 대단히 위험스럽다. 과거 박정희 정권 이래 수출만이 국가의 살길이라는 명분 아래 수출의존적 국가 개발사업을 추진한 결과 현재 한국은 대미경제의존도가 지나쳐 자생력 있는 경제구조를 만들어 가는 것이 대단히 어렵게 되었다. 미국경제가 호황을 누리며 세계자본주의의 헤게모니를 이끌어가는 상황이라면 한국에도 불리할 것이 없으나, 요즈음 같이 미국경제가 위험스러운 경제불황에 빠진 상황에서 세계화라는 명분 아래 미국경제에 밀착하는 것이 과연 득이 될지에 대하여 정책적 차원에서 신중히 고려해 보아야만 한다.

둘째, 세계화 과정을 통해서 한국정치는 지금까지 의심의 여지없이 지켜왔던 혈연적 민족주의에 대하여 새로운 해석을 내려야만 하는 처지가 되었다. 이 문제는 특히 해외에 흩어져 있는 한국동포의 정치 참정권 문제나 국내에 거주하는 외국인 노동자들의 법적 지위문제, 그리고 통일을 준비하는 새로운 시각을 준비해야 하는 과업과 연결되고 있다. 해외동포문제가 동족이라는 차원을 넘어서 그들의 정치적 입장을 고려해야 하는 문제라고 한다면, 국내에 체류하는 외국인 노동자들의 문제는 정치적 관리의 차원에서 점차 이 땅에서 함께 살아가야 할 운명공동체라는 인식의 전환을 통해서 해결해야 할 과제이다. 한국 근현대사에서 가장 취약한 부분이 외국에 대한 경험부족이었고, 이에 대한 정치적 대응이 미숙했다는 점인데, 이제는 지나친 사대적 자세와 더불어 지나친 경멸의 차원 모두를 넘어서야 한다.

남북문제 또한 이와 동일한 맥락에서 생각해 볼 것들이 있다. 예를 들어 한국정치세력 중에서 이른바 진보진영은 북한을 동족이라는 구호 아래 지나치게 혈연 중심적으로 대하려고 하는 반면, 나머지 수구세력들은 북한을 적으로 간주하려는 강경한 자세를 전혀 바꾸려 하지 않고 있다. 그 원인을 구태여 꼽자면 군사정권시절의 왜곡된 반공교육의 부정적 영향 탓이지만, 어째든 이제 북한을 바라보는 태도가 좀더 유연해질 필요가 있다. 이것은 진보와 수구 양 진영에 모두 태도변화를 요구한다. 이제 한국정치는 북한에게 혈족이나 적이라는 이분법적 차원을 넘어서 새로운 정치정체성을 부여해야한다. 특히 지금까지 대북관계의 정치적 입장정리가 모두 정부주도로 이루어졌으나, 이러한 국가주도 혹은 정부주도의 정책들이 여러 가지 부작용을 만들어 왔던 것도 사실이다. 따라서 이제는 민간차원에서 대북관계를 열어갈 수 있는 유연한 통치술이 요구된다고 하겠다.

셋째, 국가운영의 틀을 보다 거시적 관점에서 재고해 보아야 한다. 해방 이후 한국정치의 최대 목표는 근대국가의 완성이었고, 이를 위해 동원된 정책목표가 바로 산업화와 근대화였다. 모든 국가적 역량이 부국강병에 모아졌다고 해도 과언이 아니다. 그러나 지난 수십 년간의 근대화 정책이 가져온 사회적 피해와 부작용에 대해서 이제는 더 이상 간과할 수 없게 되었다. 과연 근대화와 산업화의 목표가 무엇인가에 대해서 보다 근본적인 개념검토가 필요하게 된 것이다. 벡의 표현을 빌려 설명한다면(1998, 2000) 한국사회가 지금까지 추구했던 산업화 정책이 '단순 근대화'의 차원이었다면, 이제는 스스로의 모습을 살펴보고 모순을 해결해 갈 수 있는 새로운 개념의 '성찰적 근대화'의 과정이 도입되어야만 한다. 그렇다고 민주화를 강조했던 이른바 진보세력에도 문제가 없는 것은 아니다. 산업화만을 강조하는 것이 민중들의 삶을 향상시키지 못한다는 의미에서 지양되어야 한다면, 지나치게 민주화 논리만을 강조해서 산업화의 성과가 무시된다면 국가 전체로 보아 큰 손실을 감수해야 하기 때문이다. 따라서 오늘날 진보의 화두는 '산업화'와 '민주화'의 양분법을 넘어선 "진보적 산업화"의 논리를 개발하는 것에 맞추어져야 한다.

넷째, 여기서 한발 더 나아가 보다 급진적으로 한국정치의 체질개선을 도모한다면, 지금까지 당연한 것으로 간주되었던 자유주의 이념에 대해서도 다시 한 번 점검해 보아야 할 단계이다. 서유럽 정치사에서 정치체제의 조직과 운영의 원리로 등장했던 다양한 정치이념들이 순수한 형태로 현실에 적용된 사례는 없으며, 언제나 다른 정치이념과 혼합된 형태를 띠어 왔다. 따라서 한국정치가 금과옥조처럼 생각하는 자유민주주의라는 정치이념이 보다 신축적으로 한국현실정치에 적응력을 갖추기 위해서는 사회주의 모델과 같은 다른 이념적 지향과 혼합하는 시도를 해볼 필요가 있다. 이러한 시도는 진보진영에게도 사상적 근본주의를 넘어설 것을 요구한다. 예를 들어 민중주의를 지지하는 이념 기반이 맑시즘이나 서유럽의 사회민주주의 전통에 있다고 한다면, 한국의 정치현실에 이러한 모델이 과연 아무런 수정 없이 적용될 수 있을지 심각하게 고민해야 한다는 것이다.

예를 들어 '시장주의적 사회주의 모델'이 가능한가를 스스로 물어야 한다. 강고한 한국사회의 이데올로기적 대립들이 이러한 사상적 시도를 어느 정도 허락할지는 미지수이다. 한국사회가 당면하는 수많은 병리적 현상들이 이른바 자본주의적 경제체제와 자유주의 정치조직에서 유래하는 부정적 효과에서 연유한다는 사실을 보수진영에서 인정해야 한다. 그런 만큼 한국의 진보가 국민들에게 새로운 대안을 제시하지 못하는 이유가 유럽식 사회민주주의 모델에 집착하기 때문은 아닌지 반성해야 한다. 보수나 진보 모두에게 문제는 미래사회에 대한 비전을 마치 고정된 사회모델로 인식하고, 한국정치는 서유럽이 진행했던 사회적 궤적을 빠른 시간 내에 쫓아가는 것이라고 생각하는 단선적 사고이다. 한국에서 근대성(국가발전)을 논하기 위해서는 반드시 식민성에 대한 반성이 있어야 하며, 선진국 모델을 추종하기 위해서는 (자유주의적 관점에서든 혹은 사회민주주의적 관점에서든) 반드시 국민들의 계급적 특성과 감성적 흐름을 이해하고 있어야 한다. 사회제도의 변화는 이념과 이성적 사고에만 기초하는 것이 아니라, 계급갈등과 감성의 변화와 같이 개인들의 미시적 가치관의 변화와도 밀접하게 연결되어 있기 때문이다. 이러한 맥락에서 진보진영의 인사들은 좀더 섬세하게 국민들의 마음이 어떻게 변화하는지를 눈여겨 살펴야 한다.

2) 훈육적 통치기술의 변화

근대적 개인주의의 모델이 큰 변화를 겪고 있다. 예를 들어 근대 자유주의 정치는 자신의 이해관계를 정확하게 알고, 이를 정치적 결정에 반영하려는 자율적 개인(*autonomous individual*)을 정치이론의 전제로 삼고 있었고, 사회주의 정치이론 또한 개인들이 자신들의 개별적 이해관계를 초월하여 진단적 연대를 이루어 낼 수 있는 공공적 관심사에 대하여 강조했다. 국가권력은 좌/우를 막론하고 학교, 공장, 군대 따위와 같은 훈육적 조직들을 동원하여 자율적 개인을 양성하거나 혹은 집단적 연대감을 고무하는 데 통치술의 초점을 맞추었다. 그런데 오늘날 현실정치 속에서 움직이는 개인들은 근대정치가 생각했던 자율적 개인도, 집단적 연대감을 갖춘 개인도 아니며, 자기우선의 이기적 개인들로 전락해버렸다. 더구나 이제는 국가기구에 의해서 개인들의 정체성이 형성되는 시기는 지나버린 느낌마저 든다. 기든스는 이러한 개인주의의 변질은 전통과 관습의 후퇴와 관련되어 있을 뿐, 이것이 도덕성의 타락과 관련되는 것은 아니라고 판단하고 있다(기든스, 1993). 다시 말해 사회적 변혁기에 적응하지 못한 개인주의의 과도기적 현상이며, 따라서 새로운 형태의 개인주의가 다시 만들어져야 한다.

사실 개인주의의 변질에 대해서는 이미 오래 전부터 문제가 제기되었다. 예컨대 1968년을 전후로 한 시기에 서구사회에서 개인주의의 변질을 지적하는 이른바 나르시즘적 개인주의(라쉬, 1989)라는 용어가 등장한 바 있으며, 이때부터 계급정치의 종말이라는 예언도 함께 거론된 바 있다. 현대사회에서 개인들의 정체성을 규정하는 것은 생산관계나 학교와 같은 재생산체계가 아니며, 그들의 행동을 결정하는 것도 임금(맑스)이나 명예(베버) 따위로 축소될 수 없는 처지에 이르렀다. 이제는 물질적 욕구 못지않게 사회적 욕망의 체계를 관리해야 할 단계에 이르렀다. 한 사회에서 개인들은 자신이 노동자나 학생 혹은 경영자라는 단일한 역할체계에 묶여 있기보다는, 다중적인 문화적 정체성을 향유하려고 한다. 따라서 개인들을 관리하던 근대적 훈육체계의 통치술이 변화되어야 한다. 한국사회에서도 개인주의의 변형은 대단히 심각한 사회적 문제를 낳고 있는데, 그 내용을 다음과 같이 정리해 보고자 한다.

첫째, 정치권에서 하루속히 인정해야 할 사실은 오늘날의 개인들이 이데올로기 국가장치가 부여하는 기능적 역할체계를 쉽사리 받아들이지 않는다는 점이다. 과거 유신정권에서 반공교육에 길들여진 교육행정가들은 아직도 사회구성원들의 사회적 일탈행위를 법적 제재를 통해서 통제할 수 있다고 생각하고 있을지 모르나, 이제 한국사회에서도 개인들의 정체성 형성과정이 다문화적 통로와 연결되기 때문에 일정한 가치관과 도덕성을 강제적으로 주입할 수 있는 단계를 벗어나고 있다. 즉, 이제 개인들이 관심을 갖는 대상은 정치제도로부터 비가시적인, 욕망의 체계와 관련된 것들이다. 따라서 그들의 욕망이 어떠한 과정을 통해서 형성되며, 그것이 정치적 가치관에 어떠한 영향을 주는지를 면밀하게 살펴야 한다. 이것이 바로 '라이프스타일의 정치'(*politics of lifestyle*)이다. 과거에는 민주, 권리, 인권, 자율과 같은 주장이 정치권의 중대한 이슈였다. 이러한 시대를 '해방의 정치'의 시기였다고 불러볼 수 있다. 그런데 현대는 사생활이 중요한 관심사로 등장했다. 개성이 중요시되는 세상에서 생활의 정치는 개인들의 내적 세계와 관련된 사안에 관심을 갖는다. 예를 들어 낙태문제, 성 정체성의 문제, 건강, 다이어트, 성행위, 유전공학 등 얼핏 기존의 관점에서 보면 정치적 사안이라고 생각되지 않는 주변적인 것들 혹은 미시적인 것들이 개인들의 삶을 규정하는 데 큰 역할을 한다. 더구나 이것이 정치적 가치관의 형성에 큰 영향을 주고 있다. 쇠고기 파동과 관련된 촛불 민주주의가 그 전형적인 예이다.

둘째, 과거 권위주의 정권이 강고한 민족주의 이념교육을 강조했다면, 세계화의 시대에 과연 한국민족의 정체성을 어떻게 재형성해야 하는가라는 문제도 대단히 시급하다. 월드컵 축구 이후 확산되는 한-일간의 문화교류 등도 사실은 보다 심층적으로 보면 한국인의 문화적 정체성을 어떻게 인정할 것인가라는 문제와 깊숙이 연결된 문제이다. 한국 현대사에서 개인들의 정체성은 정권의 필요에 의해서 강제적으로 주조되었다. 그렇지만 이제는 개개인들이 국가권력의 범위를 넘어서 어떠한 성격의 개인주의를 갖게 되는가를 면밀히 살펴야 한다. 이것이 한국의 사회적 통합을 달성하는 과제와도 밀접하게 연결된다. 과거 정치적 필요성에 의해서 사회적으로 강요되었던 안정, 복종/자유, 평등, 해방이라는 가치들을 대신하여 새로운 가치관들, 예를 들어 자율, 쾌락, 만족들이 개인들의 행동을 규정하고 있다. 이러한 가치들은 과거의 정치적 경험에서는 대단히 사소한 것으로 경시된 것이 사실이지만, 이러한 가치와 기대들이 개인들의 사적 영역을 이루는 주요한 대상이라는 것을 깨닫고 이것을 정치권으로 흡수하는 작업이야말로 새로운 통치술이 해결해야할 과제이다.

셋째, 한국사회의 계급갈등과 관련된 사회분열의 문제를 해결해야 한다. 우선 한국사회 계급구성의 메커니즘을 정확히 파악할 필요가 있다. 대체로 한국학계에 축적된 계급에 대한 연구성과를 살펴보면 물질적 가치지향에 따라 계급적 행동이 결정되기보다는 아직도 지역주의나 연고주의가 정치와 연관된 계급행동의 주요한 변수라는 것이 일반적인 평가다. 지금까지 우리사회에서 지역문제는 경제개발의 혜택이 불균등하게 분배되어 생긴 것이라는 인식이 지배적이었다. 그러나 보다 정교하게 이 문제를 연구해 보면 거기에는 경제적 분배뿐만 아니라 지역의 집단적 감정이나 언론에 의한 부정적 효과들과 같이 다양한 요인이 중첩되어 있음을 알게 된다. 따라서 이제는 지역문제를 해결하는 데 개인행동들의 심층적 요인들을 살펴보아야만 한다.

필자가 여기서 지역문제를 거론하는 이유는 서유럽의 경우와는 달리 한국정치가 발전하기 위해서는 개인들의 지역주의적 정체성을 계급적 정체성으로 변화시켜야 하기 때문이다. 계급정당의 출현이야말로 지역주의 문제를 해결할 수 있는 돌파구이다. 정치권이 더 이상 지역주의를 정권획득에 이용해서는 안 되며, 한국의 정당구조가 하루속히 계급기반을 전제로 한 정책정당으로 탈바꿈해야 한다. 그럼에도 불구하고 민주노동당이나 진보신당은 물론 민주당마저 한국의 계급구조와 계급적 변동의 구체적인 메커니즘을 이해하지 못하는 것으로 보여 매우 안타깝다. 노동자를 서민이나 피지배계층으로 인식하는 것이 틀리지 않지만, 과연 그들의 정치행동이 다양한 사회적 쟁점(교육문제, 환경문제, 대북문제 등)에서 지속적인 계급성으로 분석될 수 있는가를 밝혀내야 한다. 또 그동안 계급개념으로 포착되지 못했던 사회적 집단들(강남의 학부모, 장애인들, 지역의 엘리트 등)이 어떠한 정치행동양식을 보이는지를 보다 구체적으로 연구해야 한다. 한국의 진보주의 정당인들이 인식하는 계급개념은 19세기에 머물고 있는 반면, 현장에서 살아가고 있는 국민들의 계급적 정체성은 이미 21세기에 와 있다. 전근대적 사고방식으로 포스트모던적인 정치행동을 설명하고, 정책입안을 하여 지지를 호소한들 무슨 소용이 있겠는가?

3) 안전망 통치술의 변화

인구를 관리함으로써 사회질서를 유지했던 근대적 통치술이 새로운 차원으로 변화하고 있다. 주된 이유는 사회적 위험의 개념이 바뀌고 있기 때문이다. 벡의 《위험사회》라는 책은 오늘날 국가운영의 기본방침이 어떻게 바뀌어야 하는지를 새로운 시각으로 서술하고 있다. 벡에 따르면 근대정치사에서 국가가 개인을 관리하고 보호하기 위해서 전제했던 위험의 수준은 대부분 산업재해와 관련되어 있었다. 예를 들어 산업현장에서 흔히 나타나는 신체적 훼손이나 실업의 위험들이 바로 그것이다. 따라서 산업사회에서 국가가 동원했던 통치술의 기본방침은 개인들이 겪게 될 위험이 사후적으로 보상될 수 있는 성격이 아니라고 본다. 예를 들어 광우병이나 암과 같은 질병의 사회적 확산은 전체 인구의 대부분을 위협하는 사회적 재해임에 분명하지만 이에 대한 통제를 사후적으로 관리하거나 보상할 수는 없다. 이러한 사회적 재해는 본질적으로 사회적 생산시스템이나 삶의 질적 문제와 관련되기 때문이다. 바로 여기에서 경제개발과 환경보전이라는 이율배반적 요인들을 어떻게 조화시킬 수 있을 것인가라는 딜레마가 제기된다. 이 문제를 해결하는 방식으로 벡이나 기든스는 '성찰적 근대화' 개념을 앞세워 시민사회의 성숙한 자세를 촉구하고 있다. 다시 말해 시민사회 내부에서 정치나 경제 혹은 문화와 관련된 문제점들을 찾아내고 이것을 '삶의 정치'와 연결지어감으로써 위험의 문제를 스스로 해결해 간다는 구상이다. 최근 하부정치(기든스, 1993) 혹은 아정치(벡, 1998)라는 개념이 자주 사용되는 것도 이러한 이론적 맥과 궤를 같이 한다. 이 점과 관련해서 한국정치의 문제점을 진단해 보자.

첫째, 한국사회에서 사회적 안전망과 관련된 통치술의 구축은 두 가지 과제를 동시에 해결해야 한다. 우선 한국은 아직도 산업사회에서 요구하는 복지국가 체제가 미흡하다. 그럼에도 불구하고 서유럽 사회가 경험하는 새로운 위험의 종류가 역시 한국사회에도 나타나고 있다. 말을 바꾸면 한국사회는 여전히 산업사회의 사회구조를 완전히 버릴 수 없는 생산구조를 가지고 있지만, 그렇다고 탈산업사회에 대한 비전을 완전히 포기할 수도 없다는 것이다. 부국강병의 논리 아래서 아직도 산업생산력이 국가경쟁력이라는 사고를 완전히 벗어나지 못했지만, 곳곳에서 일어나는 환경재해를 통해서 새로운 경제개발의 계획을 준비해야 한다는 경고를 무시할 수 없는 처지에 있다. 이것은 주권적 통치술의 변화과정을 설명하는 과정에서 잠시 언급된 권력구조의 정비 문제와 맞물려 있다. 자본주의/자유주의라는 과거의 경제/정치의 논리를 고집하는 한 이른바 생태적 사회질서를 만들어 내기란 현실적으로 불가능하다.

둘째, 시민사회의 활성화와 관련하여 필자는 시민사회조직의 질적 변화를 촉구하고자 한다. 필자는 학문과 언론분야와 관련하여 적극적인 시민운동이 생겨나기를 바란다는 점을 강조하고 싶다. 필자가 보기에 한국정치에는 새로운 지식의 패러다임이 절실히 필요하며, 이러한 맥락에서 대학과 언론분야의 개혁이 매우 중요하고 시급하다. 사실 김대중-노무현 정부의 가장 중요한 치적이라면 대북관계를 꼽을 수 있을 것이다. 그럼에도 불구하고 대북원조나 협상을 두고 남한사회에서 여러 가지 갈등이 끝이지 않았던 가장 큰 이유는 지식의 유통과정을 제대로 관리하지 못했기 때문이라고 필자는 평가하고 있다. 이제는 한국사회의 이념적 스펙트럼을 만들어 내는 지식인의 계급적 기반과 사회적 기반 등에 대하여 철저한 검증이 있어야 한다. 지식인은 결코 보편적 인물이 아니며, 정치변혁의 투쟁 이면에는 지식의 패권투쟁이 있다는 사실을 알아야 한다. 이를 통해서만이 국가통치 체제에 대하여 본격적인 반성이 가능하다. 따라서 지식인의 역할이 그 어느 때보다 중요하다. 각 분과별로 전문적 지식인과 시민운동이 연대를 해야 하며, 그 연대는 지역뿐만 아니라 국경을 넘어서야 한다.

셋째, 지식의 공급과 유통과정이 사회정책의 성공에 대단히 중요한 역할을 한다. 독일의 질서자유주의 정책의 성공사례를 통해서 드러나듯이, 한 사회가 통상적인 수준에서 합의를 보이고 있는 개념들, 예를 들어 질서, 자유 등과 같은 용어들에 대한 개념정의가 이루어지는 수준과 방법에 따라서 정권이 추진하고자 하는 구체적 정책들의 성과가 달라진다. 일견 경제정책의 수립과 추진은 대단히 전문적 영역이며,

질서나 자유와 같은 개념들은 일반인들이 시민사회에서 유통되는 지식의 흐름 속에서 자연스럽게 습득하게 되는 상식적 영역이라고 간주된다. 그래서 서로간의 관계를 간과하기 쉬우나 시민사회의 영역에서 국가가 추진하는 전문적 정책에 대하여 어느 정도 인식하고 동의를 보내는가가 국가정책의 성패를 좌우하는 중요한 요인이다. 더구나 국가가 추진하는 정책의 기조는 경제와 정치 그리고 문화를 관통하여 일관성이 있어야 한다. 독일의 경우 질서자유주의 정책을 추진하는 동안 경제분야에서뿐만 아니라 정치구조 혹은 지방자치에 이르는 연방구조에까지 질서와 자유에 대한 일관된 입장을 견지하고 있었으니, 이것이 바로 세계 제2차 대전 이후 독일이 새로운 정치경제체제를 성공적으로 완성할 수 있었던 원인이라고 할 수 있다.

이와 대비하여 한국정치의 병폐를 지적한다면, 국가정책의 전문성과 시민사회의 상식수준에 여전히 괴리가 존재하며, 국가정책이 경제나 정치분야에 일관성이 부족하다. 필자는 이러한 문제점들의 원인을 언론의 무능력과 한국 학문의 자생력 부족에서 찾고자 하며, 이에 대한 대안으로서 한국정치는 권력과 진실의 게임을 조정할 수 있는 통치술을 정비해야만 한다.

■ 참고문헌

강내희, 1996, "사이버 문형과 주체형성: 사이버 정치의 조건들", 〈문화과학〉 가을호.

______, 1998, "신자유주의 문화", 김세균 편, 《자본의 세계화와 신자유주의》, 문화과학사.

______, 2002, "욕망과 이데올로기 혹은 제국과 국가", 〈문화과학〉, 겨울.

강명구, 1993, "선거와 지역갈등", 〈한국정치학 회보〉 2(2).

강상중, 1997, 《오리엔탈리즘을 넘어서》, 이산.

강성만, 2007, "'미국산 지식이 세계를 지배한다' vs. '미국의 패권은 이미 해체기다': 미국을 보는 두 시각", 〈한겨레〉, 2007년 9월 6일자.

강수돌, 2001, 《다시 지식인을 묻는다》, 삼인.

강심호, 2005, 《대중적 감수성의 탄생》, 살림.

강원택, 2000, "지역주의 투표와 합리적 선택: 비판적 고찰", 〈한국정치학 회보〉 34(2).

강정인, 1998, 《세계화, 정보화, 그리고 민주주의》, 문학과 지성사.

______, 2002, 《민주주의의 한국적 수용》, 책세상.

______, 2004, 《서구중심주의를 넘어서》, 아카넷.

______외, 2002, 《민주주의의 한국적 수용》, 책세상.

강준만, 1993, 《권력과 언론》, 학민사.

겐이치로, 2004, 《국제문화론》, 풀빛신서.

경상대 사회과학연구소, 2000, 《디지털 혁명과 자본주의 전망》, 한울.

고세훈, 2003, "대안체제로서의 '이해관계자 자본주의': 영국과 한국의 경우", 〈국제정치 논총〉 43(2).

공병호, 2005, 《부자의 생각, 빈자의 생각》, 해냄.

곽차섭, 1996, 《마키아벨리즘과 근대 국가의 이념》, 현상과 인식.

구해근, 2002, 《한국노동계급의 형성》, 창작과 비평사.

______·홍두승, 2001, 《사회계층 계급론》, 다산출판사.

기든스, 1991, 《사회이론의 주요 쟁점》, 문예출판.

______, 1997, 《현대성과 자아정체성》, 새물결.

______, 1998, 《사회구성론》, 자작아카데미.

______, 2001a, 《현대성과 자아 정체성》, 새물결.

______, 2001b, 《제 3의 길》, 생각의 나무.
______, 2008, 《좌파와 우파를 넘어서》, 한울.
______외, 1998, 《성찰적 근대화》, 한울.
김경현, 2005, "로마제국: 통합과 방위", 〈세계정치〉 26(1), 봄/여름호.
김기정, 2000, "문명과 국제 정치", 〈Emerge〉 8월호.
김동춘, 2002, "노동자의 정치적 계급형성", 《김경동교수 정년기념논문집》.
김만흠, 1994, "정치균열, 정당정치, 그리고 지역주의", 〈한국정치학 회보〉 28(2).
______, 1997, 《한국정치의 재인식》, 풀빛.
김명섭·문정인 외, 2006, 《동아시아의 전쟁과 평화》, 연세대 출판부.
김명환, 1973, 《리더십론》, 박영사.
김병곤, 1999, "신자유주의 국가론의 이념적 정체성과 정치철학적 기원", 《신자유주의와 국가의 재도전》, 풀빛.
김병국·김용민 외, 1999, 《한국의 보수주의》, 인간사랑.
김비환, 2002, "20세기 자유주의의 진화와 21세기의 과제: 민족주의, 다원주의 그리고 민주주의와의 관계를 중심으로", 〈국제정치논총〉 41(3).
김상배, 2002, "정보화시대의 지식구조: 수잔 스트레인지의 개념화를 넘어서", 〈한국정치학 회보〉 38(3).
______, 2005a, "문화산업과 정보문화", 하영선 엮음, 《21세기 한반도 백년대계》, 풀빛.
______, 2005b, "정보화시대의 제국: 지식/네트워크의 세계정치론의 시각", 〈세계정치〉 26(1), 봄/여름호.
______, 2006, "정보화시대의 문화제국: 실리우드(*Siliwood*)를 중심으로", 미간행 논문.
김상환, 2000, "영상과 더불어 철학하기", 한국영상문화학회, 《이미지는 어떻게 살고 있는가》, 생각의 나무.
김석근, 1995, "유교와 자본주의의 선택적 친화력?: 한국의 경험과 비판, 그리고 전망", 한국정치학회 연례학술대회 발표문.
김석준, 1991, 《한국자본주의국가위기론》, 풀빛.
______, 1995, 《국가변동론》, 법문사.
______, 1998, 《한국사회의 신중간계급》, 제주대.
______, 2002, 《국가능력과 경제통치술》, 이화여대 출판부.

김석준 · 이선우 · 문병기 · 곽진영, 2000, 《뉴거버넌스 연구》, 대영문화사.
김성구, 1998, "자본의 세계화와 신자유주의적 공세", 김세균 편, 《자본의 세계화와 신자유주의》, 문화과학사.
김승수, 2000, 《디지털 제국주의》, 나남.
김영국, 1995, 《마키아벨리와 군주론》, 서울대 출판부.
김영민, 1999, 《지식인과 심층근대화》, 철학과 현실사.
김왕배, 2001, 《산업사회의 노동과 계급의 재생산: 일상생활 세계의 불평등에 대한 성찰》, 한울 아카데미
김용환, 1999, 《홉스의 사회 · 정치철학》, 철학과 현실사.
김원동, 1999, "계급과 투표행위", 신행철 외 지음, 《한국사회의 계급연구》, 아르케.
김일곤, 1999, "유교적 자본주의의 인간존중과 공생주의", 〈동아시아 문화와 사상〉 2호, 열화당.
김재한, 1995, 《게임이론과 남북한 관계》, 한울.
김정로, 2001, "생활양식연구와 피에르 부르디외", 〈사회와 문화〉 제 13집.
______, 2002, "산업사회의 구조변동을 둘러싼 논쟁과 생활양식 분석에 대한 연구", 성균관대 사회학과 박사논문.
김진균 외, 1986, 《한국사회의 계급연구 I》, 한울.
김진균 · 조희연, 1986, 《한국의 하층계급 연구》, 한울.
김진송, 1999, 《서울에 딴스홀을 허하라》, 현실문화연구.
김진영, 1998, "세계화와 헤게모니", 〈한국정치학 회보〉 32(1).
김현경, 2006, "한국의 지적 장은 식민화되었는가?", 서울대 비교문화연구소 논문집.
김혜인, 2000, "사이버스페이스에서의 자아정체성", www. cyberculture. re. kr.
나간채, 1991, "지역간의 사회적 거리감", 김학민 외 지음, 《지역감정연구》, 학민글밭.
남궁곤 외, 2005, 《네오콘 프로젝트》, 사회평론.
네그리 외, 2008, 《다중》, 세종서적.
네그리 · 하트, 2001, 《제국》, 이학사.
노병만, 1998, "지역할거주의 정치구조의 형성과 그 원인분석: 지역감정 · 지역갈등 개념을 대신하여", 〈한국정치학 회보〉 32(1).
동즐로, 2005, 《사회보장의 발명》, 동문선.

드잘레이 · 브라이언트, 2007, 김성현 역, 《궁정전투의 국제화》, 그린비.

라라인, 1990, 《역사유물론의 재구성》, 인간사랑.

라쉬, 1989, 《나르시시즘의 문화》, 문학과 지성사.

라키토프, 1995, 《컴퓨터 혁명의 구조》, 문예출판사.

랏자라토, 2005, "자본-노동에서 자본-삶으로", 랏자라토 외 지음, 《비물질 노동과 다중》, 갈무리.

______ · 네그리, 2005, "비물질적 노동과 주체성", 랏자라토 외 지음, 《비물질 노동과 다중》, 갈무리.

래쉬 외, 1998, 《기호와 공간의 경제》, 현대미학사.

레이코프, 2006, 《코끼리는 생각하지마》, 삼인.

로랑, 2001, 《개인주의의 역사》, 한길사.

루소, 1999, 《사회계약론》, 서울대 출판부.

리처, 1987, 《현대사회학이론》, 형설출판사.

______, 2003, 《맥도날드 그리고 맥도날드화》, 시유시.

모스, 2002, 《증여론》, 한길사.

마르쿠제, 2004, 《에로스와 문명》, 나남.

마키아벨리 · 홉스, 1993, 임명방 · 한승조 역, 《군주론/리바이어던》, 삼성출판사.

맑스, 1991, 《자본론 I 》, 비봉출판사.

맥퍼슨, 1991, 이유동 역, 《소유적 개인주의의 정치이론》, 인간사랑.

메를로퐁티, 2002, 《지각의 현상학》, 문학과 지성사.

몰리 · 로빈스, 1999, 《방송의 세계화와 문화 정체성》, 한울.

무어-길버트, 2001, 《탈식민주의! 저항에서 유희로》, 한길사.

문옥표 외, 2006, 《우리 안의 외국문화》. 소화.

문지영, 2002, "한국에서의 자유주의와 자유주의 연구: 문제와 대안적 시각", 정치사상학회 발표논문.

뮐러, 2000, 《문명의 공존》, 푸른숲.

민경환, 1991, "사회심리적으로 본 지역감정", 김학민 외 지음, 《지역감정연구》, 학민글밭.

바버, 2003, 《지하드 대 맥월드》, 문화디자인.

박기덕, 2006, 《한국 민주주의 이론과 실제: 민주화, 공공화, 안정화》, 한울.

______편, 1998, 《민주주의와 정치제도》, 세종연구소.

박세일, 2006, 《대한민국 선진화 전략》, 21세기북스.

______ · 장훈, 2003, 《정치개혁의 성공조건》, 동아시아 연구원.

박영준, 2008, "촛불집회를 보는 두 지 시각: 대중의 두 얼굴과 좌파의 정치학", 제4차 맑스꼬뮤날레 3차 워크샵 발표논문, 6월.

박우순, 2002, 《행정학의 새로운 패러다임》, 법문사.

박정순, 1997, 《대중매체의 기호학》, 나남.

박종성, 2006, 《탈식민주의에 대한 성찰》, 살림.

박주원, 2003, "한국 자유주의론과 한국 자유주의", 〈정치비평〉, 상반기.

박지향, 2000, 《제국주의》, 서울대 출판사.

______, 2005, "왜 지금 제국인가", 〈세계정치〉 26(1), 봄/여름호.

박해광, 2002, 《계급, 문화, 언어》, 한울 아카데미.

박현채, 1990, 《사회구성체 논쟁》 1, 2, 죽산.

박형준, 1986, "구조주의 계급론에 대한 연구", 김학노 · 박형준 외, 《국가. 계급. 사회운동》, 한울.

______, 2001, 《성찰적 시민사회와 시민운동》, 의암출판.

박효종, 2001, 《국가와 권위》, 박영사.

______, 2002, "중도 가면은 벗어라", 〈조선일보〉, 2002년 4월 5일자.

______외, 2005, 《한국의 보수주의를 논한다》, 바오.

박훈탁, 1998, "패러다임과 정치: 경제사회학과 과학사회학의 시각에서 이해하는 금융시장 붕과의 정치적 원인", 미간행원고.

배리, 1990, 《비판정치이론》, 인간사랑.

백승욱, 2005, "미국헤게모니의 쇠퇴와 제국", 〈세계정치〉 26(1), 봄/여름호.

______엮음, 2005, 《'미국의 세기'는 끝났는가?》, 그린비.

벡, 1997, 《위험사회》, 새물결.

______, 1998, 《정치의 재발견》, 거름.

______, 2000, 《적이 사라진 민주주의》, 새물결.

벨, 1987, 《뉴미디어와 정보사회》, 나남.

보드리야르, 1992, 《기호의 정치경제학비판》, 문학과 지성사.

부동, 1990, 《무질서의 사회학적 위치》, 교보문고.

비르노, 2004, 《다중》, 갈무리

사이드, 1991, 《오리엔탈리즘》, 교보문고.

______, 2001, 《도전받는 오리엔탈리즘》, 김영사.

새시대전략연구소, 2001, 《차기 대통령의 바람직한 리더십》, 새시대전략연구소.

서경교 · 김웅진, 2001, 《동아시아의 정치변동》, 인간사랑.

서관모, 1989, "신중간제계층과 계급분석", 〈경제와 사회〉, 제 4호.

손호철, 1993, 《전환기의 한국정치》, 창작과 비평사.

______, 1995, "국가-시민사회론: 한국정치의 새 대안인가?", 《해방 50년의 한국정치》, 새길.

______, 1999, 《신자유주의 시대의 한국정치》, 푸른숲.

승 준, 2005, "비물질적 노동과 주체성의 출현", 랏자라토 외 지음, 《비물질노동과 다중》, 갈무리.

신복룡, 1996, "한국의 지역감정의 역사적 배경", 《현대 한국정치의 재성찰》, 한울.

신욱희, 1998, "구성주의 국제정치이론의 의미와 한계", 〈한국정치학회보〉 32(2).

심광현, 2002, "이데올로기 비판과 욕망의 정치학의 절합", 〈문학과학〉 겨울.

______, 2003, 《문화사회와 문화정치》, 문화과학사.

안병진, 2005, "네그리와 하트의 제국론: 제국론에서의 미국의 위상에 대한 논의를 중심으로", 〈세계정치〉 26(1), 봄/여름호.

안승국 외 지음, 1995, 《민주주의론 강의》, 인간사.

안청시, 1987, "정보화사회와 민주주의", 김세원 편, 《정보화사회의 도전》, 무역경영사.

에더, 2000, 《새로운 계급정치》, 일신사.

엘리아스, 1996, 《문명화 과정》 I, II, 한길사.

여명숙, 1998, "사이버스페이스의 존재론과 그 심리철학적 함축", 이화여대 박사학위논문.

우실하, 1998, 《오리엔탈리즘의 해체와 우리문화 바로읽기》, 소나무.

우철구 외, 2004, 《현대국제관계이론과 한국》, 사회평론.

월러스틴, 1996, 강문구 역, 《자유주의 이후》, 당대.

윌리암스, 1988, 《광고기호론》, 열린책들.

유팔무, 1990, "최근 계급론 논의의 몇 가지 문제점", 〈경제와 사회〉 제 6호.

윤도현, 2000, 《계급이여 안녕?》, 한울.

윤소영, 1987, 《에티엔 발리바의 정치경제학 비판》, 한울.

윤영민, 2000, 《사이버공간의 정치》, 한양대 출판부.

이근식·황경식, 2001, 《자유주의란 무엇인가?》, 삼성경제연구소.

이명남, 1998, "자유와 권력관계의 매개변수와 유형화: 자유주의 정치 스펙트럼을 중심으로", 〈국제정치논총〉 38(2).

이성형, 2004, "성장기 동아시아의 정치변동", 〈동아연구〉 46집.

이수형, 2005, "제국의 관점에서 바라본 미국의 군사안보전략과 21세기 국제정치", 〈세계정치〉 26(1), 봄/여름호.

이승환, 1999, "아시아적 가치논쟁과 한국의 유교문화", 〈새천년을 향한 한국사회의 비전〉, 아태평화재단 23차 학술회의 자료집, 아태평화재단.

이연호, 2001, "한국에서의 경제개혁과 국가성격의 변화: 금융구조개혁을 중심으로" 한국정치학회, 한구사회학회 공동주최, '한국사회의 대변환; 국가-시민사회를 중심으로' 논문집.

이재열, 1996, 《경제의 사회학》, 나남.

이진경, 2002, "혁명의 욕망 욕망의 혁명", 〈문화과학〉, 겨울.

이한우, 1995, 《우리의 학풍과 학맥》, 문예출판사.

임영일, 1987, "계급문제의 재검토", 〈사회연구〉.

임혁백, 1992, "민주화 시대의 국가-시민사회의 관계틀의 모색: 국가, 시장, 민주주의", 한국사회학회·한국정치학회 편, 《한국의 국가와 시민사회》, 한울.

______, 2001, 《세계화시대의 민주주의》, 나남.

장미혜, 2000, "소비양식에 미치는 문화자본과 경제자본의 상대적 효과", 연세대 사회학과 박사논문.

전재성, 2000, "현실주의 국제 제도론을 위한 시론", 〈한국정치학회보〉 34(2).

정기도, 2000, 《나, 아바타 그리고 가상세계》, 책세상.

정성기, 2002, 《탈분단의 정치경제학과 사회구성: 사회구성체 논쟁의 부활과 전진을 위하여》, 한울아카데미.

정성진, 2004, "《제국》: 맑스주의 비판", 〈맑스주의 연구〉 창간호, 한울.

정용화, 2004, 《문명의 정치사상: 유길준과 한국근대》, 문학과지성사.

정윤재, 2001, 《장면, 윤보선, 박정희: 1960년대 초 주요 정치지도자연구》, 백산서당.

정진상, 1991, 《주변부 사회구성체론과 국가》, 한울.

정진영, 2000, "국제정치 이론논쟁의 현황과 전망", 〈국제정치논총〉 40(3).

정태석, 1998, "구조/행위와 거시/미시의 교차연계에 관한 방법론적 연구", 서울대 사회학과 박사학위 논문.

제솝, 2000, 《전략관계적 국가이론》, 한울.

조기숙, 1996, 《합리적 선택: 한국의 선거와 유권자》, 한울.

______, 2000, 《지역주의 선거와 합리적 유권자》, 나남.

〈조선일보〉, 2002, 4월 5일; 5월 2일; 5월 3일자.

조성대, 2001, "지역주의, 공간이론, 그리고 2002년 대통령 선거: 부산·경남 유권자 사례 분석", 2001년도 한국정치학회 연례학술회의 발표문.

조　은 외, 1991, "한국사회의 계급구조", 〈한국사회학〉, 제 25집.

조정환, 2008, "2008년 촛불봉기: 다중이 그려내는 새로운 유형의 혁명", 제 4차 맑스 꼬뮤날레 3차 워크샵 발표논문, 6월.

조한혜정, 1995, 《글 읽기와 삶 읽기》, 또 하나의 문화.

조희연, 1998, 《한국의 국가·민주주의·정치변동》, 당대.

중앙선거관리위원회, 2002, "16대 대통령 선거자료집".

진원숙, 1996, 《마키아벨리와 국가이성》, 신서원.

차성수, 2001, "정체성의 정치: 개인주의화와 시민 사회의 재구조화", 미간행 논문.

______, 2002, "정체성의 정치: 개인주의화와 시민사회의 재구조화", 동아대-강소성 대학의 합동세미나 논문집.

채수명, 2002, 《한국 대통령학과 대권 시나리오》, 이유.

최갑수, 2005, "제국에서 근대국가로: 유럽사에 대한 하나의 역사적 조망", 〈세계정치〉 26(1), 봄/여름호.

최영진, 1999a, 《한국지역주의와 정체성의 정치》, 오름.

______, 1999b, "한국지역주의 논의의 재검토", 〈한국정치학회보〉 33(2).

______, 2001, "16대 총선과 한국 지역주의 성격", 〈한국정치학회보〉 35(1).

최장집, 1991, "지역감정의 지배 이데올로기적 기능", 김학민 외 지음, 《지역감정연구》, 학민글밭.

______, 1993, 《한국민주주의의 이론》, 한길사.

______, 1997, 《한국의 노동운동과 국가》, 나남.

______, 2002, 《민주화 이후의 민주주의》, 후마니타스.

______, 2006, 《민주주의의 민주화: 한국 민주주의의 변형과 헤게모니》, 후마니타스.

최정운, 1992, 《지식국가론》, 삼성출판사.
최평길, 1998, 《대통령학》, 박영사.
캘리니코스 외, 2007, 《제국이라는 유령》, 이매진.
커밍스 외, 2004, 《대학과 제국》, 당대.
터커, 1977, 《리더십과 정치》, 까치.
토플러, 1995, 《제 3물결의 정치》, 한국경제신문사.
톰린슨, 1994, 《문화 제국주의》, 나남.
투렌, 1994, 《탈산업 사회의 사회이론》, 이화여대 출판부.
트렌드, 2001, 《문화민주주의》, 한울.
폴킹혼, 2001, 《사회과학방법론》, 일신사.
푸코, 1987, 《말과 사물》, 민음사.
______, 1994, 정일준 역, 《미셸 푸코의 권력이론》, 새물결.
______, 1997, 《자기의 테크놀로지》, 동문선.
하버마스, 1996, 《도덕의식과 소통적 행위》, 나남.
하비, 1997, 《포스트 모더니티의 조건》, 한울.
하영선 엮음, 2002, 《21세기 평화학》, 풀빛.
______, 2005, 《21세기 한반도 백년대계》, 풀빛.
하영선·남궁곤 엮음, 2007, 《변환의 세계정치》, 을유문화사.
학술단체협의회 엮음, 2003, 《우리 학문 속의 미국》, 한울.
한국산업사회학회, 2001, 《전지구적 자본주의와 시장전체주의체제》.
한국여성연구소, 1999, 《우리 여성의 역사》, 청년사.
한배호, 1997, 《한국의 민주화와 개혁》, 세종연구소.
한상욱, 1995, "정보화사회의 리더십에 관한 연구", 단국대 행정대학원 석사학위논문.
한상진, 1987, "한국 중산층은 과연 보수적인가?", 《민중의 사회과학적 인식》, 문학과 지성사.
______, 1991a, "탈지역의 잠재력과 민주발전", 김학민 외 지음, 《지역 감정 연구》, 학민글밭.
______, 1991b, 《중민이론의 탐색》, 문학과 지성사.
______편저, 1986, 《제 3세계 정치체제와 관료적 권위주의》, 한울.
한승완, 2001, "통일 민족국가 형성을 위한 시론", 사회와 철학연구회 편 《세계화와 자아 정체성》, 이학사.

한완상, 1991, “한국 중간제계층의 정치의식”, 〈사상〉 겨울.
함성득, 2000, 《한국의 대통령과 권력》, 나남.
함재봉, 1998, 《탈근대와 유교》, 나남.
허쉬먼, 1994, 《열정과 이해관계》, 나남.
헌팅턴, 1997, 《문명의 충돌》, 김영사.
______외 편, 2001, 《문화가 중요하다》, 김영사.
헨리 민쯔버그 외, 2005, 《리더십》, 21세기북스.
홀, 2000, “문화적 정체성의 문제”, 홀 외, 《모더니티의 미래》, 현실문화연구.
홍두승, 1988, “직업과 계급: 집략분석을 통한 계급 분석”, 〈한국사회학〉 제 2집.
홍성민, 1999, “새로운 인간과학을 위한 인식론적 기초탐구 : 베르그송의 인간관”, 프랑스문화학회 편, 《21세기 인간 밑그림 그리기》, 만남.
______, 2000a, 《문화와 아비투스》, 나남.
______, 2000b, “권력과 육체: 문화민주주의 가능성을 탐색하며”, 《문화와 아비투스》, 나남.
______, 2000c, “새로운 인간과학을 위한 인식론적 기초탐구: 베르그송의 인간관”, 《문화와 아비투스》, 나남.
______, 2000d, “한국정치학의 정체성과 학자들의 아비투스”, 《문화와 아비투스》, 나남.
______, 2001, “한국정치학의 정체성과 탈식민주의”, 〈21세기 정치학회보〉 11(1).
______, 2002a, “계급 아비투스와 정체성의 정치: 한국 지역주의 담론에 대한 비판적 소고”, 〈사회연구〉 4집.
______, 2002b, “정체성과 국제정치”, 〈국제정치논총〉 42집 1호.
______, 2003a, “서유럽 정치사에서 통치성의 의미와 한국정치에 주는 함의”, 〈정신문화연구〉 봄호.
______, 2003b, “한국정치와 계급분석: 참여정부시대의 문화민주주의론”, 〈비평〉 여름.
______, 2004, “한국민주주의의 문화론적 이해: 지식 이전의 국제정치학과 한국정치의 언어적 표상”, 〈문화과학〉 38, 여름호.
홍성태, 2000, “네트의 혁명 이데올로기 비판”, 〈디지털문명비평 구운몽〉, 창간호, 안그라픽스.
황병덕, 1992, 《대전환기의 세계사회》, 한울.

황수익, 1994, "정치학의 합리적 선택접근법", 김웅진 편, 《방법, 방법론과 한국정치학》, 한울아카데미.

황주홍·황필홍, 2002, 《패자부활전-희망의 다른 이름》, 풀빛.

황태연, 1994, 《지역패턴의 나라》, 무강미디어.

휴즈 외 지음, 2000, 《사회연구의 철학》, 한울아카데미.

Actes de la Rechrche en sciences sociales, 2004, n. 152~154.

Adler, E. and Haas, P., 1992, "Conclusion: Epistemic Communities, World Order and the Creation of Reflexive Research Program", *International Organization* 46(1).

Alexandre, J. C., 1995, "The reality of reduction", *Fin de Siecle social theory*, Verso, pp. 128~212.

Althusser, L., 1968, *Lire le capital, tome I, II*, Maspero.

______, 1974, *Pour Marx*, Maspero.

______, 1976, *Position*, Editions sociales.

Amsden, A., 1989, *Asia's next Giant: South Korea and Late Industrialization*, N. Y.: Oxford University Press.

Appadurai, A., 2003, *Modernity at Large: cultural dimension of globalisation*, Minnesota University Press.

______, 2005, *The social life of things: commodities in cultural perspective*, Cambridge University press.

Archer, M. S., 1995, *Realist social theory: the morphogenetic approach*, Cambridge University press.

Arnold, D., 1993, *Colonizing the Body*, University of California Press.

Ashcroft, B., Griffiths, G. and Tiffin, H. (eds.), 2006, *The Post-colonial Studies Reader*, second ed., London and N. Y.: Routledge.

______, 2002, *The Empire Writes Back*, London and N. Y.: Routledge.

Badie, B., 1992, *L'État importé*, Fayard.

Balassa, B. 1988, "The Lesson of East Asian Development: An Overview", *Economic Development and Cultural Change*, 36(3).

Balibar, E., 1998, "Droit de l'homme et droits du citoyen: la dialectique moderne de l'egalite et de la liberte", *Acutel Marx* n. 8.

Barry, A. (ed.), 1992, *Foucault and Political Reason*, UCL press.

Barthes, R., 1957, *Mythologies*, seuil.

______, 1985, *Aenture semiologique*, Seuil.

Baudrillard, J., 1973, *Le Mirror de la production*, Gallile.

______, 1982, *A l'ombre des majorite silencieuses*, Denoël /Gonthier.

Bayart, J. F., 2004, *Le gouvernement du monde: Une critique politique de la globalisation*, Fayard.

Becker, T., 1993, "Teledemocracy: Gathering mimentum in state and local governement", *Spectrum*, spring.

Bell, D., 1966, *The cultural contradictions of capitalism*, Basic book.

Benige, J. R., 1986, *The control revolution: Technological and economic origins of information society*, Cambridge, M. A.: Harvard Univ. Press.

Bergson, H., 1993a, *Essai sur les Donnes Immediates de la Conscience*, PUF.

______, 1993b, *Matiere et Memoire*, PUF.

Bhabha, H., 1994, *The location of culture*, London and New York: Routledge.

Bidet, J., 1990, *Theorié de la Modernité*, PUF.

Biersteker, T. J. and Weber, C. (ed.), 1996, *State Sovereignty as social construct*, Cambridge University Press.

Bloom, W., 1990, *Persona: identity, national identity and international relations*, Cambridge University Press.

Boltanski, L., 1982, *Les cadres, la formation d'un groupe social*, Minuit.

Bonnafous-Boucher, M., 2003, *Un libéralisme sans liberté: Du terme "liberalisme" dans la pensée de Michel Foucault*, L'Harmattan.

Bourdieu, P., 1966 "Condition de classe et position de classe", *Archive europeenne de sociologie*, tome VII.

______, 1970, *La Reproduction*, Muniut.

______, 1971, "Le marché des biens symboliques", *L'année sociologique* 22, pp. 49~126.

______, 1972, *Esquisse d'une thérie de la pratique*, Droz.

______, 1974, "Genèse et structure du champ religieux", *Revue Fraçarse de socialogie*, XII.

______, 1976a, "La production de la croyance", *Actes de la recherche en sciences sociales*, n. 13.

______, 1976b, "L'anatomie du goût", *Actes de la recherche en sciences sociales*, n. 4.

______, 1977, "Sur le pouvoir symboliques", *Annales* 3, mai-juin, pp. 405~411.

______, 1979, *La distinction*, Minuit, 최종철, 1996, 《구별짓기: 문화와 취향의 사회학》 상·하, 새물결.

______, 1980a, "L'identite et la representation", *Acte de la Recherches en Sciences Sociales*, n. 35. Nov.

______, 1980b, *Le sens pratique*, Minuit.

______, 1981, "La representation politique", *Acte de la Recherches en Sciences Sociales*, n. 36~37, Feb/Mars.

______, 1982, *Ce que parler veut dire*, Fayard.

______, 1984, "Espace sociale et genese des classes", *Actes de recherche en science sociale*, n. 52~53.

______, 1986, "La force du droit", *Recherches en Sciences Sociales*, n. 64, Sep.

______, 1987, *Choses dites*, Minuit.

______, 1989, *La noblesse d'etat*, Minuit.

______, 1990, "Les Conditions Sociales de la Circulation des Idees", *Cahiers d'histoire des litteratures romanes* 14(1~2).

______, 1994, *Raisons pratique*, Seuil.

______, 1995, "L'Etat et la concentration du capital symbolique", B. Théret(ed.), *L'etat, la finance et le finance et social*, La Découverte.

______, 1996, *Sur la television*, Liber, 현택수, 1998, 《텔레비전에 대하여》, 동문선.

______, 1997, *Méditations pascaliennes*, Seuil.

______, 1999, "Rethinking the State: Genesis and Structure of the Bureaucratic Field", G. Steinmetz(ed.), *State/Culture*, Cornell University press.

______, 2000, *Propos sur le champ politique*, Press Universite de Lyon.

______, 2002, "Les conditions sociales de la circulation internationale des idées", *Actes de la recherches en sciences sociales*, n. 145.

______ et Boltanski, L., 1975, "Le titire et le poste", *Actes de recherche en science sociale*, n. 2.

Broways, X., Duhamel, O., Parodi, J., Weber, H., 1992, *La Raison D'etat: Politique et Rationalite*, PUF.

Brubaker, R., 1985, "Rethinking classical theory", *Theory and society* 14.

Brydan, D., ed., 2000, *Post-colonialism*, vol. 1~5, Routledge.

Burchell, G., 1991, "Peculiar interest: civil society and governing; the system of natural libety", G. Burchell(ed.), *The Foucault effect*, Chicago University Press.

______, 1996, "Liberal government and technique of the self", A. Barry(ed.), *Foucault and political reason*, UCL Press.

______, Gordon, C. and Miller, P. (ed.), 1991, *The Foucault Effect*, The University of Chicago Press.

Caillé, A., 1981, "La sociologie de l'intérèt est-elle intéressante?", *La sociologie du travail* 23(3).

______, 1989, *Critique de la raison utilitaire*, Agalma la decouverte.

Calhoun, C., 1994, *Social Theory and Politics of Identity*, Blackwell.

Camic, C., 1986, "The matter of habit", *Americian Journal of Sociology* 91(5).

Canclini, G., 1993, *Transforming the modernity*, The Univ. of Texas Press.

______, 1995, *Hybrid cultures*, University of Minnesota Press.

Canivez, P., 1995, *Eduquer le citoyen?*, Hatier.

Cardini, F., 1982, *La culture de la guerre*, Gallimard.

Cascardi, A. J., 1992, *The Subject of Modernity*, Cambridge Univ. Press.

Castells, M., 1998, *The Power of Identity*. Blackwell.

Champagne, P., 1990, *Faire l'opinion*, Minuit.

Charle, C., 2003, "Les References Etrangeres des Universitaires", *Actes de la recherche en sciences sociales*, n. 148.

Cohn, B. S., 1996, *Colonialism and its forms of knowledge*, Princeton University.

Columbia, A., et al. (eds.), 2005, *Postcolonial Studies and Beyond*, Duke University Press.

Cox, R., 1986, "Social forces, states and world orders", Keohane (ed.), *Neorealism and its critics*, Columbia University press, 홍성민 편, 1991, 《포스트모던의 국제정치학》, 인간사랑.

Dauvin, P. et Simeant, J., 2002. *Le travail humanitaire: les acteurs des ONG, du siege au terrain*, Paris: Presses de Sciences-Po.

Dean, M., 1999, *Governmentality: Power and Rule in modern society*, Sage Publication.

Derian, J. D. (ed.), 1995, *International theory*, New York Univ. Press.

Devin, G., 1995, "Norbert Elias et l'analyse des Relations internationales", *Revue Fransaise de Science Politique*.

Deyo (eds.), 1987, *The political Economy of the New Asian Industrialism*, Ithaca: Cornell University Press.

Dezalay, Y., 1992, *Marchands de Droits: la restructuration de l'ordre juridique international par les multinationales du droit*, Fayard.

______, 1993a, "Des notables aux conglomérats d'expertise: esquisse d'une sociologie du 'big bang' juridico-financier", *Revue d'économie financière*, n. 25.

______, 1993b, "Multinationales de l'expertise et deperissement de l'Etat", *Acss*, 96/97, mars.

______, 2000, "De la genèse d'une politique symbolique à un marché de consultants et médiateurs: stratégie juridiques et enjeux politiques dans le champ européen de l'expertise sur l'environnement", *CNRS*, novembre.

______, 2004, "Les courtiers de l'international", *Actes de la recherche en sciences sociales* n. 151~152.

______ and Garth, B. G., 1996, *Dealing in Virtue: International Commercial Arbitration and the Construction of a Transnational Legal Order*, Chicago University Press.

______ and Garth, B. G., 2002a, *The Internationalization of Palace Wars: Lawyers, Economists, and the Contest to Transform Latin american*

States, Chicago: University of Chicago press.

______ and Garth, B. G., 2002b, *Global prescriptions: the production, exportation and importations of a new legal orthodoxy*, Michigan University press.

Diamond, L., 1999, *Developing Democracy: Toward Consolidation*, Johns Hopkins University Press.

______ and Plattner, M.(eds.), 1998, *Democracy in East Asia*, Johns Hopkins University press.

______ et al.(eds.), 1999, *Democracy in developing countries: Latin America*, Lynne Rienner Publishers.

______ and Kim, Byung-Kook(eds.), 2000, *Consolidating Democracy in South Korea*, Lynne Rienner Publisher.

Donzelot, J., 1979, *The Policing of Families*, Pantheon Books New York.

______, 1984, *Linvention du Social*, Fayard.

______, 1991, "The mobilisation fo Society", G. Burchell ed., *The Foucault effect*, Chicago University Press.

______, 1994, *L'invention du social*, Edition de Seuil.

Doyle, M. W., 1986, *Empires*, Cornell University Press.

Dubar, C., 1996, *La socialisation: Construction des identités sociales et professionnelle*, Armmand colin.

Dubet, F., 1994, *Sociologie de l'experience*, Seuil.

Dubet, F. et Martuccelli, D., 1998, *Dans quelle societe vivons-nous?*, Seuil.

Dunn, R. G., 1998, *Identity crises: A social critique of postmodernity*, University of Minnesota Press.

Dussel, E. and Barber M. D., 1995, *The Invention of America*, New York: Continuum.

Ellis, R. J. and Thomson, M., 1997, *Culture Matters*, Westview Press.

Evans, P., 1995, *Embedded Autonomy: States and Industrial Transformation*, Princeton: Princeton Universtiy Press.

Eyal, G., 2005, "The making and breaking of the Czechoslovak political field", Loic Waquant eds., *Pierre Bourdieu and Democratic politics*, polity.

Falk, R. A. and Kim, S. S., 1980, *The war system: An interdisciplinary approach*, Westview Press.

Featherstone, M., Lash, S. and Robertson, R., 1997, *Global Modernities*, Sage Publications.

Fisher, D., 1983, "The role of philanthropic foundations in the reproduction and production of hegemony: Rockefeller Foundations and the social sciences", *Sociology* 17(2), mai, pp. 206~233.

Foucault, M., 1978a, "Securite, Territoire, population", *Dits et Ecrits*, vol. III, Gallimard.

______, 1978b, "Gouvernmentalite", *Dits et Ecrits*, vol. III, Gallimard.

______, 1979, "Naissance de la biopolitique", *Dits et Ecrits*, Vol. III, Gallimard.

______, 1980, *Omnes et singulatum: vers la critique de la raison politique*, Harvard University Press.

______, 1982a, "Le sujet et le pouvoir", *Dits et Ecrits*, Vol. III, Gallimard.

______, 1982b, "Espace, savoir, et pouvoir", *Dits et Ecrits*, Vol. III, Gallimard.

______, 1984a, *Le souci de soi*, 이혜숙 역, 1990, 《자기에의 배려》, 나남.

______, 1984b, "L'ethique du souci de soi comme pratique de la liberte", *Dits et Ecrits*, Vol. III, Gallimard.

______, 1988, "La technologie politique des individus", *Dits et Ecrits*, Vol. III, Gallimard.

Gaxie, D., 1978, *Le sensw cache*, Seuil.

George, J. and Campbell, D., 1990, "Patterns of dissent and the celebration of difference: critical social theory and international relations", *International Studies Quarterly* 34.

George, S. et Sabelli, F., 1994, *Faith and Credit: The World Bank's Secular Empire*, Westview Press.

Gingras, Y., 2003, "Idees d'universites", *Actes de la recherche en sciences sociales* n. 148.

Goldberg, D. and Quayson, A. (eds.), 2002, *Relocating Postcolonialism*, Blackwell Publishing.

Goldstein, J., 1993, *Ideas, Interest, and American Trade policy*, NY: Cornell University Press.

______ and Keohane, R. O. (eds.), 1993, *Ideas and Foreign Policy: Beliefs, institutions, and political change*, Cornell University Press.

Gordon, C., 1991, "Governmental rationality: An introduction", G. Burchell (ed.), *The Foucault effect*, Chicago University Press.

Goyard-Fabre, S., 2001, *Politique et Philosophie dans L'oeuvre de Jean-Jacques Rousseau*, PUF.

Guilhot, N., 2001, *The Democracy Makers: Foreign Policy Activists, Political Scientists and the Construction of an International Market for Political Virtue*, European University Institutions.

______, 2004, "Une vocation philanthropique: George Soros, les sciences socials et la regulation du marche mondial", *Actes de la Recherche en Sciences Sociales*, n. 151~152.

______, 2005, *The democracy makers: Human rights and the politics of global order*, Columbia University Press.

Guiomar, J. Y., 1990, *La Nation Entre L'histoire et La Raison*, La Découverte.

Haas, P., 1990, *Saving the mediterranean*, N. Y. : Columbia Univ. Press.

Hayek, F. A., 1978, *The constitution of liberty*, Chicago University Press, 자유기업센터, 1998, 《자유헌정론》.

Held, D., 1991, "Democracy, the nation-state, global system", Held ed., *Political theory today*, Cambridge Polity.

______, 1992, "Democracy: From city-states to a cosmopolitan order?", *Political studies*, special issues.

Hindess, B., 1998, "Liberalism, socialism, and democracy", A. Barry (ed.), *Foucault and political reason*, UCL Press.

Huntington, S. P., 1993, "The clash of civilizations?", *Foreign Affairs*, Summer.

______, 1996, *The clash of civilizations and the remaking of the world order*, Simonand Schuster.

Inglis, R., 1979, "Good and Bad Habitus: Bourdieu, Habermas and the condition of England", *The sociological Review* 27(2).

Ingram, D., 1982, "The possibility of a communication ethic reconsidered: Habermas, Gadamer and Bourdieu on discours", *Man and World*, n. 15.

Karnow, S., 1989, *In our Image*, New York: Random House.

Katzenstein, P. J.(ed.), 1996, *The culture of national security: Norms and identity in world politics*, Columbia University Press.

Katznelson, I. and Zolberg, A. R., 1986, *Working-Class Formation*, Princeton University press.

Keck, M. et Sikkink, K., 1998, *Activists beyond Borders*, Cornell University Press.

Kim, Seonghyeon, 2003, "La Diplomatie économique autour du contrat du TGV coréen: une sociologie du grand contrat international", *Thèse*, EHESS.

Koo Hagen, 1991, "Middle classes democratization and class formation", *Theory and Society* 20.

Kouvelakis, E., 1994a, "Du retour de lindividu à une politique de lindivid alité", *Economies et Societés* 30~31.

______, 1994b, "Lindividualite contemporaine entre repli et resistance", *Economies et Societés* 34.

Krasner, S.(ed.), 1983, *International regime*, Cornell University Press.

Kratochwil, F., 1982, "On the notion of 'interest' in international relations", *International Organization*, Winter.

Laclau, E., 1995, "Universalism, particularism, and the question of identity", Rajchman(ed.), *The identity in question*, Routledge.

Ladriere, P. et Gruson, C., 1992, *Ethique et Gouvernabilite*, PUF.

Lapid, Y., 1989, "The third debate: On the prospects of international theory in a post-positivist era", *International Studies Quarterly* 33.

______ and Kratochwil, F.(ed.), 1996, *The return of culture and identity in IR theory*, Lynne Rienner Publishers.

Libera, A., 1992, *La Philosophie Medievale*, PUF.

Lindemann, T., 2004, "Identité Démocratiques et Choix Stratégique", *Revue Française de science politique* 54(5), octobre 2004.

Lipovetsky, G., 1983, *L'ere du vide*, Gallimard.

Lyon, R., 1991, *Informational society*, Cambridge: Polty Press.

Mann, M., 1986, *The Sources of social power*, Cambridge University Press.

Mary, A., 1992, "Le corps, la maison, le marché et les jeux", *Lectures de Pierre Bourdieu*, Cahiers du LASA, n. 12~13.

Mauss, M., 1950, *Anthropologie et Sociologie*, PUF.

______, 1993, "Technique du corps", Mauss, M., *Anthropologie et sociologie*, PUF.

______ et Durkheim, E., 1969, "De quelques formes primitives de classification", *Oeuvres tome II*, Minuit.

Merleau-Ponty, M., 1993, *Phénomenologie de perceptition*, tel gallimard, 류의근 역, 2003, 《지각의 현상학》, 문학과 지성사.

Meyer, J. W., 1999 "The changing cultural content of Nation-state: A World society perspective", G. Steinmetz. ed., *State/Culture*, Cornell University Press.

Mignolo, W., 1995, *The Darker side of Renaissance: Literacy, Territoriality and Colonialisation*, Ann Arbor: University of Michigan Press.

______, 2000, *Local histories/ Global designs: Essays on the coloniality, subaltern knowledges and border thinking*, Princeton: Princeton University Press.

Min, Byoungil, 2000, "The formation of class in modern epoch of Japan", Ph.D dissertation, University of Chicago.

Mouzelis, N., 1995, *Sociological theory: what went wrong?*, Routledge.

Nancy, F., 1989, "Rethinking the puplic sphere", *Unruly Practice: Power, Dicourse, and Gender in Contemporary Theories*, University of Minnesota.

Neiberg, F. and Plotkin, M., 2004, "Internationalisation et développement", *Actes de la recherche en sciences sociales* n. 151~152.

Nye, J., 1991, *Bound to lead*, New York: Basic Books .

Onuf, N. G., 1989, *World of our making*, University of South Carolina Press.

Pearson, J. (ed.), 1985, *Discourse and Truth: The Problematization of Parrhesia*, Evanston, Illinois: Northwestern University.

Percheron, A., 1974, *L'unvers politique des enfants*, FNSP, colin.

Peterson, V. S., 1993, "The politics of identity in international relations", *The Fletcher Forum of World Politics*, Summer.

Piaget, J., 1932, *Le jugement moral chez l'enfant*, Paris, PUF.

Pieterse, J. N. and Parekh, B., ed., 1995, *The decolonization of imagination*, Zed Books Ltd.

Pizzorno, A., 1989, "Foucault et le conception liberale de l'individu", *Michel Foucault philosophe Rencontre internationale*, Seuil.

Procacci, G., 1993, *Gouverner la misere: la question sociale en France 1789~1848*, Edition du Seuil.

Przeworski, A., 1989, *Capitalism and social democracy*, Cambridge University Press.

Quijano, A., 1989, "Paradox of modernity in Latin America", *International Journal of Politics, Culture, and Society* 3(2), winter.

______, 2000a, "Colonial of power, ethnocentricism, and Latin America", *NEPANTLA* 1(13).

______, 2000b, "Colonialidad del poder y clasificacion social", *Journal of World-Systems Research* 6(2), special issue, Summer/Fall.

______, 2005, "The challenge of the indigenous movement in Latin America", *Socialism and Democracy* 19(3), November.

Rachman, J., 1995, *The Identity in Question*, Routledge.

Rawls, J., 1993, *Political liberalism*, Columbia University Press, 장동진 역, 1998, 《정치적 자유주의》, 동명사.

Rose, N., 1998, "Governing advaced liberal democracies", A. Barry (ed.), *Foucault and political reason*, UCL Press.

Rozman, G., 1992, "The Confucian Faces of Capitalism", M. Borthwick ed., *Pacific Century*, Boulder: Westview Press.

Said, E., 1979, *Orientalism*, Vintage.

Santiso, J., 1998, "Circulation des idées et relations internationales", in Marie-Claude Smouts(sousla direction de), *Les nouvelles relations internationales: pratiques et théories*, Presse de Science Po.

Schatski, T. R., 1987, "Bourdieu's theory of practice", *Inquiry* 30(1~2).

Senellart, M., 1989, *Machiavéelisme et Raison d'Etat*, PUF.

______, 1995, *Les Arts De Gouverner*, Editions Du Seuil.

Shapiro, M., 1989, "Textualizing global politics", Der Derian and Michel Shapiro ed., *International intertextual Relations*, Lexington Press, 홍성민 편저, 1992, 《포스트모던의 국제 정치학》, 인간사랑.

Shaw, M., 1991, *Post-Military society*, Polity Press.

Singly, F. D., 1982, "La gestion sociale des silence", *Consommation-Revue de Socio-Economie*, n. 4.

Spivak, G. C., 1988, *In other Worlds: essays in cultural politics*, Routledge.

______ and Guha, R. (eds.), 1988, *Selected subaltern studies*, Oxford University Press.

Stanley, P. W. (ed.), 1984, *Reappraising an Empire*, Cambridge, Mass.: Harvard University Press.

Steinmetz, G., 1999, *State/Culture*, Cornell University press.

Sztompka, P., 1979, *Sociological Dilemmas: Toward a dialectic paradigm*, Academic Press.

______, 1991, *Society in Action*, The University of Chicago Press.

Texier, J., 1977, "Sur la détermination en demière instance", *Sur la dialectique, Centre d'études et recherches marxiste*, Editions socials.

Thompson, E. P., 1996, *The Making of the English Working Class Vintage books*, 나종일 외 역, 2000, 《영국 노동계급의 형성》, 창작과 비평사.

Tilly, C., 1975, *The formation of national state in western europe*, Princeton, N.J.: Princeton University Press.

Tosel, A., 1994, *Du matérialisme de Spiniza*, Kimé.

Touraine, A., 2005, *Un nouveau paradigme*, Fayard.

Trend, D., 1995, *Radical Democracy*, Routledge.

Tu Wei-Ming(eds.), 1992, *The Confucian World Observed*, Honolulu, The East-West Center.

Walker, R. B. J., 1990, "The concept of culture in the theory of international relations", J. chay(ed.), *Culture and International Relations*, Praeger.

______, 1993, *Inside/Outside: International relations as political theory*, Cambridge University Press.

Wallerstein, I., 1974, *The Modern World-System I, II*, New York: Academic Press.

______, 1992, "Americanity as a concept, or the Americas in the modern world-system", *International Journal of Social Science*, n. 134.

Walzer, M., 1984, "Liberalism and the art of separation", *Political theory* 12(3), August.

Wendt, A., 1987, "Agent-structure problem in international relation theory", *International Organizations* 41(3), Summer, 홍성민 편, 1991, 《포스트모던의 국제정치학》, 인간사랑.

______, 1994, "Collective identity formation and the international state", *American Political Science Review*, June.

______, 1995, "Anarchy is what states make of it: The social construction of power politics", J. D. Derian(ed.), *International Theory*, New York University Press.

______, 2001, *Social theory of International Politics*, Cambridge Univ. Press.

Wiener, N., 1954, *The human use of human beings: Cybernetics and society*, Doubleday Anchor Books.

World Bank, 1993, *The East Asian Miracle: Economic Growth and Public Policy*, Oxford University Press.

Zarka, Y. C., 1994, *Raison et Deraison D'Etat*, PUF.

찾아보기

(용어)

ㄱ・ㄴ

ㄷ·ㅁ

ㅈ · ㅊ

ㅋ · ㅌ · ㅍ

ㅎ

기타

찾아보기

(인명)